·小学学科教育研究丛书·

小学语文教育研究
1949—2019

张　华
赵明玉　著
王聪颖

甘肃教育出版社

图书在版编目（CIP）数据

小学语文教育研究：1949—2019 / 张华，赵明玉，王聪颖著. -- 兰州：甘肃教育出版社，2023.11
（小学学科教育研究丛书 / 潘洪建，刘久成主编）
ISBN 978-7-5423-5666-6

Ⅰ.①小… Ⅱ.①张… ②赵… ③王… Ⅲ.①小学语文课—教学研究 Ⅳ.①G623.202

中国国家版本馆CIP数据核字(2023)第140059号

小学语文教育研究（1949—2019）

张　华　赵明玉　王聪颖　著

策　　划	薛英昭　孙宝岩
项目负责	谢　璟
责任编辑	吴洁琼
封面设计	杨　楠

出　　版	甘肃教育出版社
社　　址	兰州市读者大道568号　　730030
电　　话	0931-8773136（编辑部）　0931-8773056（发行部）
传　　真	0931-8435009
淘宝官方旗舰店	http://shop111038270.taobao.com

发　　行	甘肃教育出版社	印　　刷	兰州人民印刷厂
开　　本	787毫米×1092毫米　1/16　印张 24.75　插页 3　字数 375千			
版　　次	2023年11月第1版			
印　　次	2023年11月第1次印刷			
书　　号	ISBN 978-7-5423-5666-6　　定价　82.00元			

图书若有破损、缺页可随时与印厂联系：0931-7365634
本书所有内容经作者同意授权，并许可使用
未经同意，不得以任何形式复制转载

总 序

中华人民共和国成立至今，已走过70余年的岁月，风风雨雨，历尽沧桑。为了继往开来，我们有必要对以往的成就作以总结。"前事不忘，后事之师"，人们期盼从成长的经验中吸取智慧和力量，迈向自信和成熟。小学教育研究是教育科学研究的一个基本领域，经过70余年的发展，成就斐然，留下了深刻的印记，但也存在一些有待检视的问题。梳理成果，总结经验，讨论问题，能为小学教育持续发展及其研究夯实地基，提供思想资源。

无论是学科教育还是学科教育研究都需要历史的积淀，需要在原有地基上开拓前行，这样方能有所突破，有所创造。根基缺乏，难以行远。该系列研究定位于学术史研究，以区别于一般意义上的对小学学科教育的研究，它侧重对学科教育研究之研究，更关注理论的进步、思想的发展、学术的演进。本系列研究包括小学语文、小学数学、小学科学、小学社会、小学艺术5个科目，涵盖1949—2019年各个科目课程、教材、教学、学习、评价、教师成长等主题，涉及文献包括著作、教材、期刊、辑刊、报纸等，尽可能充分地展示70年来各学科教育研究的成果。各个主题的成果展示的结构一般为三大部分："研究历程""主要成就""反思与展望"。"研究历程"分阶段介绍阶段背景、主要内容、阶段特征，概貌性描绘不同阶段学科教育研究的基本图景。"主要成就"包括学术观点、成果及其争论，展示不同领域学科教育研究的主要成就。"反思与展望"部分审视各个领域研究存在的问题，诸如研究主题、研究内容、研究方法、研究视角、研究队伍等，总结70年学科教育研究存在的基本问题。基于问题,结合国际学科教育研究的趋势与我国小学教育实际,提出解决问题的对策、方略,展望未来学科教育研究的发展路径与方向。通过70年学科教育研究的历史回顾、成就梳理、问题检讨,力图勾勒70年小学各个学科教育研究的轨迹、脉络与画卷,为未来我国小学学科教育发展与研究提供必要借鉴,为深化、拓展小学学科教育研究尽微薄之力。

该项研究是团队成员持续5年辛勤工作的成果。5年来,由于沉重的课务、繁多的杂务,研究者们常常力不从心,难以投身其中,研究工作时续时断,进展缓慢。同时,由于70年研究资料有限,特别是1980年前的资料十分匮乏,搜寻的困难也影响了研究的进度。感谢扬州大学课程与教学论专业、小学教育专业部分研究生的协助,他们通过当当等图书售卖平台、中国知网、学校图书馆,收集、整理文献资料。感谢扬州大学教育科学学院两届领导持续关注研究进展,督促、指导相关研究工作,为研究工作的顺利展开提供人力、物力、财力支持与协助,并资助丛书的出版。

70年研究需要大量文献的支撑,为了完成该项工作,研究者们不辞辛劳,从各个渠道、多种途径寻找研究资料。在原始资料的基础上爬梳、概括、提炼。5年来,围绕70年学科教育研究系列问题,我们先后召开研讨会、交流会20余次,反复讨论、推敲,数易其稿,真可谓"焚膏油以继晷,恒兀兀以穷年",力图以简明的语言、浓缩的文字,在有限的篇幅内概要性地展示70年学科教育研究的主要成果,帮助读者鸟瞰70年小学学科教育研究成就,同时,夯实研究地基,为后续研究提供出发的新起点。凡直接或间接引用的专题文献资料,均在文中括号标注。需要提及的是,近年来,部分研究生围绕小学学科教育研究领域相关主题,如课程标准比较、教材研究、教学设计,撰写出一批较高质量的学位论文,丰富了小学学科教育研究成果,为小学学科教育研究注入了新的活力。本系列研究引用了他们的研究成果,由于篇幅的限制,参考文献未能细列,仅仅在正文中括号注明,读者可上中国知网查阅。感谢他们对小学学科教育研究做出的贡献。

由于小学学科教育研究70年之研究工作涉及面广,时间跨度大,研究周期长,尽管我们广泛地搜索研究资料,但可能还是挂一漏万,对研究文献观点的概括及其评价可能不够准确,还望读者批评指正。

丛书出版得到扬州大学出版基金、扬州大学教育科学学院国家一流专业小学教育专业建设经费的资助,特表感谢。

丛书可供高校师范专业本科生、研究生,中小学教师、教研员,学科教育研究人员阅读,亦可作为中小学教师在职培训读物。

《小学学科教育研究丛书》编委会

2023 年 1 月

目　录

第一章　小学语文教育研究概述 …… 1
第一节　小学语文教育研究的内涵与价值 …… 2
　　一、小学语文教育研究的内涵 …… 2
　　二、小学语文教育研究的价值 …… 3
第二节　小学语文教育研究的对象与任务 …… 4
　　一、小学语文教育研究的对象 …… 4
　　二、小学语文教育研究的任务 …… 5
第三节　小学语文教育研究的方法 …… 6
　　一、小学语文教育研究方法的分类 …… 6
　　二、小学语文教育研究方法的特点 …… 8
第四节　小学语文教育研究的发展历史与趋势 …… 9
　　一、小学语文教育研究的发展历史 …… 9
　　二、小学语文教育研究的发展趋势 …… 13
第五节　小学语文教育研究的代表性人物及主要著述 …… 15

第二章　小学语文课程研究 …… 22
第一节　小学语文课程研究的历程 …… 23

一、1949—1976 年的小学语文课程研究 …………………………… 23

　　　二、1977—2000 年的小学语文课程研究 …………………………… 29

　　　三、2001—2019 年的小学语文课程研究 …………………………… 33

　第二节　小学语文课程研究的主要成就 ………………………………… 37

　　　一、小学语文课程性质研究 …………………………………………… 37

　　　二、小学语文课程标准研究 …………………………………………… 47

　　　三、小学语文课程目标研究 …………………………………………… 52

　　　四、小学语文课程改革研究 …………………………………………… 57

　　　五、儿童文学与小学语文课程研究 …………………………………… 65

　第三节　小学语文课程研究的反思与展望 ……………………………… 74

　　　一、小学语文课程研究的反思 ………………………………………… 74

　　　二、小学语文课程研究的展望 ………………………………………… 76

第三章　小学语文教材研究 ……………………………………………… 78

　第一节　小学语文教材研究的历程 ……………………………………… 78

　　　一、1949—1976 年的小学语文教材研究 …………………………… 79

　　　二、1977—2000 年的小学语文教材研究 …………………………… 82

　　　三、2001—2019 年的小学语文教材研究 …………………………… 86

　第二节　小学语文教材研究的主要成就 ………………………………… 88

　　　一、小学语文教材的设计理念研究 …………………………………… 88

　　　二、小学语文教材的内容研究 ………………………………………… 100

　　　三、小学语文教材的比较研究 ………………………………………… 113

　第三节　小学语文教材研究的反思与展望 ……………………………… 117

　　　一、小学语文教材研究的反思 ………………………………………… 117

　　　二、小学语文教材研究的展望 ………………………………………… 119

第四章　小学语文教学研究 ……………………………………………… 121

　第一节　小学语文教学研究的历程 ……………………………………… 121

  一、1949—1976 年的小学语文教学研究 …………………………… 121

  二、1977—2000 年的小学语文教学研究 …………………………… 123

  三、2001—2019 年的小学语文教学研究 …………………………… 128

 第二节 小学语文教学研究的主要成就 ………………………………… 132

  一、小学语文教学理论的研究 ………………………………………… 132

  二、小学语文教学实践的研究 ………………………………………… 150

 第三节 小学语文教学研究的反思与展望 …………………………… 183

  一、小学语文教学研究的反思 ………………………………………… 183

  二、小学语文教学研究的展望 ………………………………………… 187

第五章 小学语文学习研究 ……………………………………………… 191

 第一节 小学语文学习研究的历程 …………………………………… 191

  一、1949—1976 年的小学语文学习研究 …………………………… 191

  二、1977—2000 年的小学语文学习研究 …………………………… 193

  三、2001—2019 年的小学语文学习研究 …………………………… 194

 第二节 小学语文学习研究的主要成就 ………………………………… 197

  一、语文学习的理论研究 ……………………………………………… 197

  二、小学语文识字与写字学习及其指导研究 ……………………… 203

  三、小学语文阅读学习及其指导研究 ……………………………… 216

  四、小学语文写作学习及其指导研究 ……………………………… 232

  五、小学语文口语交际学习及其指导研究 ………………………… 242

 第三节 小学语文学习研究的反思与展望 …………………………… 244

  一、小学语文学习研究的反思 ………………………………………… 244

  二、小学语文学习研究的展望 ………………………………………… 248

第六章 小学语文教师专业发展的研究 …………………………………… 251

 第一节 小学语文教师专业发展研究的历程 ……………………………… 251

一、1949—1976 年的小学语文教师专业发展研究 ………… 251
　　二、1977—2000 年的小学语文教师专业发展研究 ………… 254
　　三、2001—2019 年的小学语文教师专业发展研究 ………… 261
　第二节　小学语文教师专业发展研究的主要成就 ………… 267
　　一、小学语文教师素养内容的相关研究 ………………… 267
　　二、小学语文教师专业发展与专业结构的相关研究 …… 287
　　三、小学语文教师专业发展路径与策略的相关研究 …… 293
　第三节　小学语文教师专业发展研究的反思与展望 ……… 297
　　一、小学语文教师专业发展研究的反思 ………………… 297
　　二、小学语文教师专业发展研究的展望 ………………… 301

第七章　小学语文教育评价研究 ………………………… 303

　第一节　小学语文教育评价研究的历程 …………………… 303
　　一、1949—1986 年的小学语文教育评价研究 …………… 304
　　二、1986—2000 年的小学语文教育评价研究 …………… 305
　　三、2001—2019 年的小学语文教育评价研究 …………… 307
　第二节　小学语文教育评价研究的主要成就 ……………… 308
　　一、小学语文课程评价研究 ……………………………… 308
　　二、小学语文教材评价研究 ……………………………… 313
　　三、小学语文教学评价研究 ……………………………… 317
　　四、小学语文学习评价研究 ……………………………… 323
　　五、小学语文教师评价研究 ……………………………… 330
　第三节　小学语文教育评价研究的反思与展望 …………… 334
　　一、小学语文教育评价研究的反思 ……………………… 334
　　二、小学语文教育评价研究的展望 ……………………… 336

参考文献 …………………………………………………………… 339

前　言

　　语文教育在中国有着悠久的历史，从原始社会的言语教育到夏商时的读写教育，语文教育在中国文化的形成与代际传承，以及中华民族人格养成进程中发挥着重要的作用。《周礼》"六艺"中的"书"，代表了官学系统中语言教育的地位；孔子对"诗"的推崇则可视为文学教育的早期样本。成书于先秦的《史籀篇》，是有记载以来较早的一本识字教材，对后世产生了深远的影响。识字教育，作为中国古代"蒙学"的重要内容，与中国语言文字的变革互为表里，经过几千年的发展，形成了丰厚的经验。伴随着语文教育的发展，中国古代语文教育的研究也取得了丰硕的成果。从刘勰的《文心雕龙》关于文学作品写作与鉴赏的论述，到朱熹的阅读理论，古人对阅读的研究成绩斐然。习作方面，历代的文话、诗话、赋话和曲话，组成了诗文写作研究的主体，其他如《声律启蒙》《古文观止》皆可视为习作教学的范本。古代语文教育成果既丰，也对当代小学语文教育产生了深远的影响。

　　20世纪初，语文学科从经学中脱胎而生，早期仍保留读经的传统，及至20世纪20年代终以"国语""国文"的形式开启了语文教育现代化的步伐。这一时期的语文教育研究，以教学法研究为主，杂以语言学、心理学、文学等视角。中华人民共和国成立后，"语文"作为学科的名称得以确立，语文教育研究迈入新时代。自1949年至2019年，小学语文教育的70年经历了十七年时期的曲折前进，"文革"时期的遽然中断，改革开放的拨乱反正，以及21世纪以来的快速发展等历程，语文教育研究在筚路蓝缕中不断取得新的成果。回顾70年的小学语文教育研究,既是对当代语文教育进行一个阶段性的总结,也为接下来的语文教育研究提供一些经验和建议。

70年的研究历程,我们大体划分为三个时期:即1949—1976年,这一阶段属于小学语文教育研究的起步和缓慢发展时期,研究成果数量较少,也缺乏一定的深度,围绕语文学科性质的一系列探讨,以及关于语文教学的探索成为这一时期为数不多的亮点;1977—2000年为第二个阶段,这一时期小学语文教育研究得到了全面恢复,研究成果开始增多,随着西方课程与教学理论的不断引入,小学语文教育研究的视野进一步拓展,教育研究的科学化程度也得到了进一步提升。2000年至今,伴随新一轮课程改革的展开,小学语文教育研究也开始朝着全面化和多样性的方向迈进,研究力量得到了前所未有的增强,研究成果质量双增。

基于这样的分期情况,本书从课程研究、教材研究、教学研究、学习研究、教师专业发展研究和评价研究等方面对小学语文教育研究70年来的主要历程和成就进行概述,针对当前的研究现状,提出反思并展开继续深入研究的展望。全书分为七章,具体编写内容如下:

第一章,小学语文教育研究概述,主要包括小学语文教育研究的内涵和价值、对象与任务、研究方法、发展历史与趋势。此外,本书还对70年来小学语文教育研究的代表性人物及其主要成就进行了概述。

第二章,小学语文课程研究,主要从小学语文课程性质的研究、小学语文课程标准研究、小学语文课程目标研究、儿童文学与小学语文教育等方面展开。

第三章,小学语文教材研究,主要围绕"一纲一本"时期的教材研究、"一纲多本"时期的教材研究和"统编本"时期的教材研究等,从教材内容、助学系统、作业系统等维度展开综述。

第四章,小学语文教学研究,主要从小学语文教学理论的研究、小学语文教学实践的研究两个方面进行总结。

第五章,小学语文学习研究,主要包括语文学习的理论研究,识字写字、阅读、写作、口语交际等实践活动的学习及其指导研究等内容。

第六章,小学语文教师专业发展研究,主要从小学语文教师素养内容、小学语文教师专业发展与专业结构、小学语文教师专业发展路径与策略等方面归纳了相关研究成果。

第七章,小学语文教育评价研究,主要从小学语文课程评价、小学语文教材评价、小学语文教学评价、小学语文学习评价、小学语文教师评价等方面总结了相关研究成果。

本书具体分工是:第一、二、三、七章由张华编写,第四、六章由赵明玉编写,第五章由王聪颖编写。在编写过程中,我校硕士研究生叶敏芝、成轼、黄琪、陈慧影、沈洁、彭祖玲、王振辉、陈娇、张萌、朱梦怡等同学帮助收集、整理了大量文献资料,本书的出版,得到了扬州大学出版基金的资助,在此一并表示衷心感谢。

在本书的编写过程中,尽管我们利用多种途径收集相关资料,并进行海量阅读、提炼,但限于时间、水平和经验的不足,难免有所疏漏和不当之处,敬请读者批评指正。

《小学语文教育研究》编委会
2022 年 8 月

第一章 小学语文教育研究概述

语文设科,肇于清末。光绪三十年(1904),晚清政府颁布《奏定初等小学堂章程》和《奏定高等小学堂章程》,在科目中规定初等小学设"读经讲经"与"中国文字"两科,高等小学设"读经讲经"与"中国文学"两科,被视为近代意义上的语文学科之先导。彼时的语文学科,教材内容基本上仍以"四书五经"为主,兼及《孝经》及其他儒家经典。(张世栋,2004)随着五四运动的兴起,语言文化领域爆发的白话文运动对语文教育产生了深远的影响,白话文作品即"语体文"成为小学语文教科书的主要内容,"国语"与"国文"逐渐成为小学语文学科与中学语文学科的代名词。中华人民共和国成立伊始,"语文"作为学科名称得以确立,叶圣陶先生称:"'语文'一名,始用于一九四九年华北人民政府教科书编审委员会选用中小学课本之时。前此中学称'国文',小学称'国语',至是乃统而一之。彼时同人之意,以为口头为'语',书面为'文',文本于语,不可偏指,故合言之。亦见此学科'听''说''读''写'宜并重。诵习课本,练习作文,固为读写之事,而苟忽于听说,不注意训练,则读写之成效亦将减损。"(叶圣陶,1994)伴随着语文学科名称的确立,学界围绕语文课程的性质进行了持续的思考,展开了一系列大讨论。从强调语文的工具性与政治性,再到思想性,以及人文性,经过近五十年的大讨论,"工具性与人文性的统一"被确定为语文课程的基本特点。可以说,每一次关于语文课程性质的讨论,都是对语文学科的一次深入的认识。

第一节　小学语文教育研究的内涵与价值

　　语文教育,既属于母语教育,从这个层面来看语文教育的研究具有世界共通性;同时,因为中国语言文字的应用有其深远的历史积淀和文化特性,因此又带有明显的中国特色,有其民族性。听、说、读、写,是语文学习的主要实践活动,也是语文教育研究需要重点关注的四个方面。小学语文教育的研究,在研究主体上与中学语文有共通之处,尤其是一些本原性问题如课程性质、课程内容、学业评价等方面存在共性;同时因为学段要求的特殊性,小学语文教育研究又具有独特的价值,比如其与儿童文学的关系、与儿童观的联系等。廓清小学语文教育的内涵与独特价值,明晰小学语文教育的任务及目标,对于推动小学语文教育研究深入发展,指导教学、促进教学改革不断走向深入等诸方面都有重要的意义。

一、小学语文教育研究的内涵

　　小学语文教育研究是小学语文教育各有关从业人员(以小学教师、教育职能部门人员、高校和研究机构的研究人员为主)运用科学的方法,针对小学语文教育领域的现象及其规律进行的一种创造性的认识活动。小学语文教育研究既有教育性,其研究根据小学生接受语文教育的特点,研究和探索更科学、更合理的教育教学内容和方法,达到提高教育质量的目的;还有实践性,其研究的主要目的和任务是解决小学语文教育教学中的现实问题,为小学语文教学实践和教学改革服务。此外,小学语文教育研究还具有综合性的特点,其研究既属于课程与教学研究,同时又要联系语言学、文学和心理学等多学科知识,体现出多学科综合的特征。

　　由于研究主体、研究内容和研究的主要路径等方面存在诸多差异,小学语文教育研究概括起来大致有三种类型:一是经验总结型。从事这一类型研究的主体是小学语文教师。他们通过对自身教学工作的深入思考,总结经验教训,在此基础上形成研究体会并与同行交流。二是理论探讨型。从事这一类型研究的主要是高校教师或研究机构科研人员。他们在理论层面对小学语文教育的若干问题提出新的探索。小学语文教师的研究优势在于其具有丰富的实践经验,问题意识强,例证鲜活,成果的指向性非常明确;高校或研究机构的科研人员则在理论视野和学科素养上更有优势,善于从宏观的层面思考问题。三是理论与实践结合型。经验有待于理论指导,理论又需要实践的检验,将理论与实践相结合,可以使其成果更具真实性和准确性。因此应当提倡实践工作者加强理论学习,理论工作者应经常深入一线,并且提倡两类研究者共同合作,不断积累成果,推动小学语文教育研究的科学、良性、可持续发展。

二、小学语文教育研究的价值

小学语文教育的发展离不开研究者有目的、有计划、系统地运用科学的方法对小学教育相关问题进行的研究,而小学语文教育研究也成为小学语文教育改革与发展的重要推动力。有研究提出,语文教育研究立足于解决实践中出现的问题,有助于提高教学质量,提升教师人生境界,实现教师专业化。(魏本亚,2008)也有专家认为,语文教育研究的价值体现在两个方面:首先,对于语文教育来说,能建构语文教育理论,提高语文教育质量,指导语文教育改革;其次,对于语文教师来讲,可以提高语文教师的教学素养,促进语文教师的专业发展,提升语文教师的人生境界。(徐林祥,2010)

首先,小学语文教育研究推动了小学语文学科的改革与发展。自设科以来,关于语文课程性质的讨论持续开展,每一次论争都推动着小学语文教育教学的改革和发展。小学语文教育从业人员只有积极投身教学科研,在科研中求改革,在改革中求发展,在发展中求创新,才能保持小学语文学科旺盛的生命力。

其次,小学语文教育研究有利于小学语文教育教学质量的持续提高。小学语文教育研究针对的是教育教学过程中出现的真问题,教育教学改革中的真实经验,研究方向明确,研究方法科学,具有很强的实际指导意义。

再次,小学语文教育研究有助于提高小学语文教师素质,实现小学语文教师的人生价值。真正的教育专家，都是从教育教学实践中锻炼出来的。21世纪以来，我国小学语文教师的培养逐渐进入本科化，研究生教育也取得了长足的进展，师范生的教学能力和科研能力齐头并进。因此，积极引导和推动小学语文教师从事小学语文教育研究，能提高小学语文教师素质，实现小学语文教师的人生价值。

第二节　小学语文教育研究的对象与任务

我国有几千年语言、文字和文学教育的历史，形成了丰富的语文教育经验。无论是传统"蒙学"关于韵语识字的探索，还是孟子、朱熹等人关于阅读教学的论述，抑或是文学评论著作中关于作文方法的总结，都可以看作是语文教育研究的发轫之作。20世纪以来，小学语文的改革与研究开启了现代化的步伐并得到了全面的展开，形成了稳定的研究对象和明确的研究任务，取得了丰硕的研究成果。

一、小学语文教育研究的对象

从知识层面看，传统语文教育主要包括识字教育、阅读教育和写作教育等方面的内容。在此基础上，近代语文学科从听、说、读、写等四个方面培养学生的语文素养。20世纪末，"听话"与"说话"整合为"口语交际"，因此语文学科的内容主要由"识字""阅读""作文""口语交际"和"综合性学习"等实践活动组成。随着课程理念的进一步发展，语文实践活动的主要组成部分进一步凝练为"识字与写字""阅读与鉴赏""表达与交流""梳理与探究"等四个方面。从学科层面上看，小学语文教育的研究一方面要以语言、文字及其运用为主要研究对象；另一方面，又要结合课程与教学论、学习心理学等理论，对小学语文课程、教材、教学与教师发展等进行全面的研究。有学者梳理了改革开放以来小学语文教育研究的主要研究论文，将这些成果按照研究对象划分为如下11个板块：小学语文课程与教学的性质；小学语文教材；小学语文教改实验；拼音教学；识字写字教学；阅读教学；写话与习作教学；口语交际；语文活动与综合性学习;儿童文学与小学语文教学;小学语文课程与教学评价等。(吴亮奎,2014)也有研究认为,小学语文教学法的研究对象,就是在小学教育中为什么要教学语文,教学什么和怎样去教。具体一点来说,就是根据党的教育方针,小学教育目的,语文学科的性质特点,儿童年龄特征,特别是思维特征和语言发展的规律,研究小学语文教学的目的、要求、内容、原则、方法等;重点是研究小学语文教学的规律,既包括小学语文教学的一般规律,也包括识字、写字、读书、作文、基础训练诸方面教学的原则、方法等。(高惠莹、麻凤鸣,1982)王荣生提出,语文教育研究包含七个层面,即人——语文活动层面;人——语文学习层面;语文科层面(语文课程与教学论层面);语文课程具体形态层面;语文教材具体形态层面;语文教学具体形态层面;语文教育评价层面等。(王荣生,2003)有学者认为,语文教育研究的模块包括语文教育史研究;语文课程论研究、语文教学论研究、语文交叉研究和元研究(即关于如何研究语文教育的研究)等。(李海林,2005)也有学者提出,所谓语文教学论,其研究对象就是语文教学的现象和规律,主要是语文教学活动中,教师向学生传授知识、训练技能的教与学的双边活动过程。(周庆元,2005)语文教育研究的对象,可以从宏观和微观两个层面考察。宏观上,可以把语文教育研究的对象界定为语文教育问题,即反映到语文教育工作者大脑中、需要探明和解决的关于语文教育的实际矛盾与理论困惑;微观上,语文教师、学习语文的学生、语文课程、语文教学、语文教育环境、语文教育历史、语文教育现状、语文教育未来等构成语文教育研究的核心要素。魏本亚将语文教育的研究对象分为"两条线索""五个板块"和"七个层面"。"两条线索",即纵向的研究语文教育古今发展;横向的比较中外语文教育。"五个板块",包括:语文课程论板块;语文教学论板块;语文教师论板块;语文学习论板块;语文教育史板块。"七个层面"即上述王荣生提出的语文教育研究七个层面。(魏本亚,2008)

二、小学语文教育研究的任务

小学语文教育研究的任务,一定程度上取决于小学语文学科的任务。有研究认为,小学语文教育研究的主要任务,是致力于如何更好地帮助儿童发展语言能力,形成语文素养。(蒋仲仁,1957)也有学者提出,小学语文教学法的研究任务,是要掌握小学语文的教学规律,提高教学效率,这直接关系到基础教育的质量。该研究认为:第一,教学经验不能代替教学法理论;第二,语文知识不能代替教学法修养;第三,教学艺术和教学规律是统一的。(麻凤鸣,1982)有学者以小学教育研究为主轴,将研究任务分为三个板块:"学习与研究"主要涉及对学习思想、启发式教学思想的领悟,对语文教育发展史的追寻,对21世纪语文素质教育的憧憬;"教学与研究",是对小学语文教学论的理解,对语文教改热门课题的研究,对提高小学语文教师教育教学水平的期盼;"实验与研究",是对集中识字教学实验的操作,对小学教育整体改革的探索。(丁剑鸣,2000)从宏观上看,小学语文教育研究的任务主要在于探索学科教育规律和推动学科的可持续发展;从中观上看,小学语文教育研究的主要任务是积累学科教育事实与成果,建构学科教学的范式与模式;从微观上讲,小学语文教育研究的主要任务则是提高语文学习和教学的科学化水平,帮助学生更好地形成语文素养,促进教师提升专业素养。

第三节　小学语文教育研究的方法

一、小学语文教育研究方法的分类

作为教育教学研究,小学语文教育研究的方法有其普遍性的一面,也有其独特性的一面。从普遍性来看,小学语文教育研究是关于教育教学的研究,因此诸如调查研究、实验、行动研究等方法是小学语文教育研究常用的方法。从特殊性来看,小学语文教育研究是关于语言、文字及言语运用与习得的研究,需要采用语言文字领域的研究方法,如文本分析、文字训诂等方法。

教育学研究方法方面,小学语文教育研究方法因研究阶段的不同存在一定差异。有研究提出教育研究的方法由选择课题的方法、研究过程的方法和研究报告撰写的方法等组成。其中,选题的原则包括需要性原则、科学性原则、创造性原则、可能性原则等;研究的方法包括问卷法、实验法等。(戴宝云,1992)有学者将教育研究的步骤分为:选择课题、文献综述、形成假设、选择方法、变量分析、选择被试、制定方案、资料整理、得出结论、撰写科研报告等。(丁炜、陈静逊,2014)学界对研究过程的方法开展了一系列的研究,总结出归纳了观察法、调查法、实验法、经验总结法、个案研究法、行动研究法、文献研究法、教育测量法、内容分析法和比较法等具体的研究方法。这些研究方法,有学者认为包括观察实验、调查研究、总结移植和比较分析四个方面。(周庆元,2005)也有学者从三个方面归纳了语文教育研究的范式。首先,语文经验主义研究范式,包括语言分析研究法、文学研究法、经验总结法、文献研究法等;其次,语文实证主义研究范式,包括语文实验研究法,语文调查研究法;再次,语文自然主义研究范式,包括语文教育叙事法、语文案例研究法、语文个案研究法、语文行动研究法等。(魏本亚,2008)徐林祥将语文教育研究的类型概括为基础研究与应用研究,定性研究与定量研究,宏观研究、中观研究与微观研究,描述性研究、解释性研究与探索性研究,事实性研究、规律性研究、价值性研究与规范性研究等五个层面,以及文献研究方法、量的研究方法、实验研究方法、调查研究方法、质的研究方法、案例研究方法、叙事研究方法、历史研究方法、比较研究方法和行动研究方法等十个方面。(徐林祥,2010)除上述小学教育研究的常规方法,有学者特别谈到了人种志的研究方法。人种志研究主要运用于如下研究:第一,关注区别于主流文化的"异文化"群体,譬如外来务工者子女的教育,班级中的非正式群体;第二,需要一个相对完整的、比较小的文化聚落,譬如一座村庄、一所村小、一个班级;第三,要求研究者长期地与当地人一起生活,通过自己的切身体验获得对当地人及文化的理解,一般来说时间是一个学期或一个学年。(严开宏,2010)

上述研究方法,维度不一,或详细或简略,都是语文教育研究中常用的方法,在使用的过程中既有独立性,同时也要综合考量。在开展研究的过程中,我们要根据研究对象的差异性,选择一种或综合运用几种研究方法,力图使研究更加科学。

二、小学语文教育研究方法的特点

如《义务教育语文课程标准(2011年版)》所述,语文课程是一门学习语言文字运用的综合性、实践性课程。因此,小学语文教育研究方法也具有复合性、丰富性、多样性、系统性、实践性、艰巨性等特点。(徐林祥,2010)

(一)理论与实践紧密结合

有研究认为小学语文教学法是一门理论与实践密切结合的学科。离开实践它将变成无源之水,无本之木。这一特点,决定了该学科研究的基本方法就是理论与实践相结合。首先,要学习相关理论和吸收有益经验。要运用马克思主义的立场、观点、方法去分析研究小学语文教学中的实际问题;要有雄厚的理论基础和丰富的科学知识;要批判继承小学语文教学的传统经验,认真总结中华人民共和国成立以来的经验;要批判吸收外国小学语文教学的经验,包括历史上的经验;要注意吸收国内外在语言学、心理学、文字改革、教育工艺学等方面的研究成果,使该学科的研究生动、活泼、富有生命力。其次,认真研究小学语文教学实践。可以采用观察法、调查与统计、测验法、教学实验等方法,认真研究小学语文教学实践,丰富和发展小学语文教学法的理论。(麻凤鸣,1987)

(二)研究具有跨学科特征

张志公先生曾指出,传统语文教育与哲学教育、人生教育、社会教育乃至自然科学教育杂糅在一起构成大综合的教育形态,尚未从中分化出来,成为独立的课程,因此综合性是语文学科的一个基本属性。(张志公,1962)同样,研究小学语文教育,也要有跨学科的视野。首先,从语言学的角度,如申小龙关于汉语言人文性的讨论,王宁关于语文教育中文字的论述等,都是从语言学的角度分析语文教育问题。其次,从儿童文学的角度,如朱自强、王泉根、徐冬梅等人关于儿童文学与小学语文教育之间的关系的探讨。有学者提出,在小学语文教学中加强文体特点的研究,对于进一步钻研教材、改进教法、提高教学效益是很有实际意义的。(周一贯,1983)正确把握文体特点,有助于准确地、深入地理解教材;不同文体的课文应当有不同的教程设计和教学方法,教师只有正确把握文体特征,才能采用与之相对应的教法。再次,从生命教育、科学教育等视角研究语文教育。语文教育中的生命教育,如窦桂梅、马群仁、武振江等研究者的相关论文;科学教育方面,如罗朝述、李传庚、栾成勇等人围绕教材、教学中呈现的科学教育进行了研究。

第四节　小学语文教育研究的发展历史与趋势

一、小学语文教育研究的发展历史

中华人民共和国成立以来历史阶段的划分,往往分为十七年时期、"文革"时期和改革开放以来的新时期等。整体上看,小学语文教育的研究在这三个时期也呈现出不一样的态势。十七年时期,小学语文教育研究主要关注语文课程的性质、教学方法的改进等。"文革"时期,中小学教育处于停滞状态,相关研究也止步不前。改革开放以来,随着教育教学领域的拨乱反正,小学语文教育研究也开始全面恢复和发展,在研究深度和广度上取得了显著成果。

(一)关于小学语文课程的研究

中华人民共和国成立70多年来,关于语文课程的研究虽经历了一段时期的停滞,总体上仍呈现出逐步深入的特征。1949—1976年,是小学语文课程研究的起步与探索时期,新旧教育的比较研究和语文课程性质的讨论是这一时期的主流。1977—2000年属于"拨乱反正"与继续发展时期。吕叔湘针对语文教育重提"少慢差费"问题,20世纪末的语文教育大讨论,以及对语文活动课程的关注,是这一时期研究的重点。2001—2019年,小学语文课程进入全面纵深发展时期,小学语文课程的比较研究、儿童文学与小学语文课程的研究、小学语文的跨学科研究等受到了学界的持续关注。语文课程的研究视角在朝不同方向拓展。语文课程建设参与人员来源逐步多样化,一些语言学研究学者、文学研究学者、课程与教学论研究学者纷纷参加到语文课程理论的研究中,使语文课程理论的基础不断坚实,这也有利于语文课程从相邻学科中汲取有益营养。语文课程研究面在不断扩大,既有宏观层面的建构,又有微观层面的探讨;在语文课程理念上,着重于以人的发展为最终目标的课程构建理念逐步树立,极大地改善了过去语文课程研究以语言学为主要基础的单一局面。

(二)关于小学语文教材的研究

中华人民共和国成立以来,我国小学语文教材的编写与出版大体上经历了"一纲一本""一纲多本"和"统编本"等几个阶段,其中"一纲一本"和"统编本"均属于统编教材。1950年9月,出版总署召开全国出版会议,会上确定了中小学教材全国统一供应的方针。1950年12月1日,人民教育出版社成立,承担研究、编写、出版中小学教材的任务。1951年2月,政务院文化教育委员会批准出版总署制订的《1951年出版工作计划大纲》,明确要求"人民教育出版社开始重编中小学课本,并于本年内建立全国中小学课本由国家统一供应的基础"。"一纲一本"时期的小学语文教材研究,廓清了语文教材编制的基础问题,如选文标准、字体、内容编排等方面,这些为小学语文教材的健康发展奠定了坚实的基础。1988年5月,国家教委在山东省泰安市召开九年制义务教育教材编写工作会议。会议讨论了《九年制义务教育教材建设规划方案》。《方案》规定,凡计划编写九年制义务教育中小学全套教材的单位和集体,需将编写计划报省、自治区、直辖市教委中小学教材审查机构批准,并报国家教委中小学教材办公室备案。"一纲多本"的课程政策,要求加强教材的基础性、多样性和灵活性。同时,九年制义务教育教材提倡专家、编辑、教学研究人员和教师相结合,编写人员要具有较高的本专业知识水平,具有教育学、心理学的基本知识,具有一定的教学实践经验,有一定的写作能力。围绕不同教材的特色,学界对编写理念、选文标准、教材特色等方面今进行了深入研究,并针对不同版本的教材开展了比较研究,积极探索更为合理的小学语文教材架构。党的十八大以来,中央高度重视教材工作,并作出了一系列重要指示,明确提出教材建设是国家事权。中小学道德与法治(思想政治)、语文和历史是新时代落实立德树人根本任务,引导学生树立正确世界观、人生观、价值观的核心教材。三科教材实行国家统一编写、统一审查、统一使用,是新时代党中央关于教育工作的重大部署。根据中央要求,2012年教育部启动义务教育道德与法治、语文、历史教材统编工作,2017年秋季学期义务教育三科教材在全国小学和初中的起始年级投入使用,2019年秋季学期实现义务教育阶段所有年级全覆盖。针对统编本小学语文教材的编写理念、使用策略、创新之处等方面,学界进行了有益的探索。

(三)关于小学语文教学的研究

从黎锦熙《新著国语教学法》(三段六步式教学法)、王森然《中学国文教学概要》到阮真的《中学国文教学法》,从叶圣陶、朱自清的《国文教学》、蒋伯潜的《中学国文教学法》到凯洛夫的"五个环节"教学法,再到恩·柏·卡诺内庚的《语文教学法》,百余年来语文教学研究取得了丰硕的成果。中华人民共和国成立以来,我国的小学语文教学研究主要经历了中华人民共和国成立初期的经验探索与理论初创阶段、改革开放至20世纪末的研究积淀与发展阶段、21世纪以来的成熟与发展阶段。小学语文教学研究从单纯地探索教学法逐渐走向关注学生发展、关注课堂生态的立体的、生动的学术研究之路。特别是21世纪以来,在课程改革的大背景下,小学语文教学研究越来越聚焦于生动、鲜活的小学语文课堂,许多优秀的教学理论研究成果逐渐在小学语文课堂中扎根生长。课堂教学成为小学语文教学研究的主阵地,而研究重点就是如何以先进的教育学理论为指导,改革语文课堂教学。

(四)关于小学语文学习的研究

对小学语文学习进行全面研究至为关键,从宏观上说其关系到语文课程标准的制定和语文教材的编写,从中观上说关系到语文教学的组织与实施,从微观上说关系到学生个体的身心成长和学习效率的提高。70年来,我国心理学领域、语文教育理论研究及小学语文实践领域中的工作者围绕上述问题从不同的方面、不同的层面展开了不同程度的研究。这些研究从不同的方面深化了人们对语文学习的认识,推动了语文教育的科学发展。1949—1976年的小学语文学习研究主要集中在以下几个方面:①关于集中和分散识字教学效果的比较和经验总结;②关于初入学儿童学习汉字记忆特点的研究;③关于教学方法、教学程序及其与记忆关系的研究;④关于字(词)义理解的研究;⑤关于汉字学习难易度的研究;⑥关于错别字的心理研究;⑦速示条件下对汉字的分析、概括、辨认能力和字形的知觉形位的研究。"文革"期间,对于语文学习心理的研究再度中断,只有极少数学者坚持做些零星的探讨。1977—2000年的小学语文学习的科学研究得以迅速的恢复,对一些问题的探讨更为深入,方法也更科学性。华东师范大学、杭州大学不少研究者做了很多研究。尤其是一些研究者开始用普通心理学的体系,借鉴心理学原理直接阐述语文教学和学习中的心理学问题,重点探讨学生在语文学习中的观察、感知、注意、记忆、想象、思维的表现和能力的培养。1989年申纪云出版了《小学语文教学心理学》,这是中华人民共和国首次出版的运用心理学原理以小学语文教与学为研究对象的专著。另外,香港、台湾对汉语学习研究也较为重视。2001年教育部颁布了《全日制义务教育语文课程标准(实验稿)》,掀起了我国的新课程改革,从此我国的小学语文学习研究进行了一个新的历史时期。

(五)关于小学语文教师发展的研究

自20世纪80年代以来,教师专业发展已成为国际教育研究的一个专门领域,世界各国都把教师素质的提高作为教育改革的核心,按照国际教师专业发展的研究脉络,教师专业发展经历了由被动发展到主动发展的转变。我国小学语文教师的专业发展也正是按照如此轨迹延展至今。中华人民共和国成立以来,我国小学语义教师的发展经历了从学历补充,到学历教育,再到专业自主发展的漫长历程。我们越来越清楚认识到,21世纪语文教育改革的关键在教师,广大小学语文教师需要重新对自己进行角色定位与素养的提升。

(六)关于小学语文教育评价的研究,与基础教育教学的改革基本同步

西方的教育改革及其评价方法传入中国后,当时的一些学者开始借用其评价方法来改革语文教学。中华人民共和国成立以来,小学语文教育评价以教学大纲(课程标准)为线索,从无到有,经过曲折的发展,正逐渐由单一化、工具化和功利化评价走向科学化评价。21世纪以来,新一轮基础教育课程改革在教育评价上取得了巨大突破,教育评价研究呈现百花齐放的态势。2020年10月,中共中央、国务院印发的《深化新时代教育评价改革总体方案》明确提出,义务教育学校重点评价促进学生全面发展、保障学生平等权益、引领教师专业发展、提

升教育教学水平、营造和谐育人环境、建设现代学校制度以及学业负担、社会满意度等情况。这也为小学语文教育评价的全面展开和研究的深入发展指明了方向。

二、小学语文教育研究的发展趋势

有学者指出,语文教育研究长期以来存在"三多三少"的现象,即意气用事的多,充分说理的少;自以为是的多,逻辑论证的少;消极批判的多,有效建构的少,缺乏科研的含金量。(倪文锦,2003)也有研究认为,课程与教学的性质是小学语文课堂与教学改革的重点,小学语文教育研究对语文教学的形式进行了辨析,强调工具性和人文性的统一;对思维训练的认识也逐渐深入,呈现出形式向内容的迈进;语文学科中的审美教育源自学科本身;语文素养的内涵不断深化;语文学科的视野逐步走向科学。小学语文教材建设在探索中寻找教材的多样性,教材内容的研究更加注重全面性和多样化,教材的结构形式更加关注语文学科的教育价值。小学语文教改实验则经历了"教法与学法研究""系统改革"和"寻求儿童的语文"等阶段。吴忠豪等人认为,小学语文教学改革应该摆脱"二元对立"的思维方式,回归语文教学本位;反思经验式、主观化的教学实践,重视语文课程、教材与教学的科学研究;重构语文课程形态——从"阅读"向"表达"倾斜;警惕追求表面形式的倾向,提倡求真务实的实践精神。因此,对于研究科学性的关注,是学界在对小学语文教育研究历程的回顾与反思中重点关注的问题。(吴亮奎,2014)

(一)教育研究与教育实践的结合更加紧密

小学语文教育教育科研阵地的前移,促使教师逐渐成为教育科研的主力军。教育研究的主要内容逐步向教学实践推进,专业研究工作者与教师合作开展研究成为新常态,又以教师为主要研究力量,教育研究与教育实践的结合更加紧密,教育研究的成果应用于实践、指导实践更为直接。

(二)小学语文语文课程性质的研究讨论将继续深入

当前,关于小学语文课程性质的讨论暂告一段落,但"工具性与人文性统一"的基本特征仍有进一步深入研究的价值。随着统编本语文教科书对于国家意志的强化,革命文化类选文篇幅的增强,中华优秀传统文化元素的进一步充实,语文课程的政治性重新得到了体现。因此,对于语文课程的基本特征,有待进一步研究和总结。"①在国际、国内基础教育改革的背景之下,根据21世纪对人才培养、对语文教育的要求,怎样进一步认识语文这门学科?它在基础教育中居于怎样的地位?应起怎样的作用?②面对人类社会已进入信息社会的现实,需要培养哪些语文能力?哪些能力需要调整?③针对语文是工具,具有很强的实用性和开放性,怎样在提高课堂教学效率的前提下,加强实用性,体现开放性,让学生生动活泼、兴趣盎然地学语文、用语文?④为了体现教育教学目标,语文教材应作何改革?⑤为了使学生自主地、创造性地学,在教学思想、教学方法、教学手段及教学评估等方面如何加以改进?"(黄金明,2001,第3页)要回答诸如此类的问题,将进一步推进社会主义新时期小学语文课程研究的持续深入发展。

(三)小学语文教学研究将与课程改革以及学生的全面发展密切相关

首先,随着《义务教育语文课程标准(2022年版)》的颁布实施,围绕核心素养的研究,以及核心素养理念在具体课程与教学实践中的"落地",必将成为一个可持续探讨的主题。对于已经熟悉并深入实践了"三维目标"教学的一线教师们,这也无疑是一个更大的挑战。从对新的理念的学习,以及如何转化为日常教学实践,都需要一线教师的积极推动。可以预见的是,未来的研究中,一线小学语文教师的相关教学改革实践会成为一种重要的研究资源;教学论等相关领域的学者研究也将在高中阶段"核心素养"的理论与实践基础上继续拓展至小学阶段的具体问题上来。其次,小学语文课堂中新型师生关系的构建是小学语文教学研究中的一个历久弥新的话题。自从21世纪之初的课程改革以后,对语文教学中师生关系的研究更加显得必然且迫切。事实上,对这种新型师生关系的研究早在20世纪八九十年代叶圣陶先生和袁微子先生的研究中就早有预见,其论述也鞭辟入里。如今在课程改革不断地推动下,这种师生关系的变革正悄然发生在我们的小学语文课堂之中。改革后的师生关系,使得教师的任务和责任都更重了,是新旧师生关系转变过程中的矛盾所在。尽管经过新课程改革之后,教学中的这些问题得到了聚焦与关注,但是,我们也不得不承认,小学语文教学中长久以来所形成的问题,并非一朝一夕就可以解决。攻克这些难题也正是坚定地开展小学语文教学改革的前进方向。再次,小学语文教学研究中知识与能力之间辩证关系构建也将继续向理论研究层面推进,并将进一步受到广大一线小学语文教师与教学研究者的聚焦与关注。小学语文的知识与能力之间的关系,尽管早在理论层面上达成了辩证统一的应然理想状态,但在现实的小学语文课堂中二者之间也确实长久期间存在着矛盾。这种矛盾问题也是由来已久、长期存在的。可以预见的是,未来一段时间内每一位小学语文教师的课堂中,知识与能力之间的关系将仍然处于矛盾和博弈的过程之中。今后小学语文教学研究中对各种教学方法、教学模式的关注,实际上都将最终指向知识与能力之间的关系这一深层问题。由于小学语文教学历史上偏重于关注语文知识而忽视能力,近些年的教学改革与研究中非常重视学生语文能力、语文素养的研究;但我们也不能在强化能力的同时忽略了语文知识的基础地位。二者之间的辩证统一关系决定了小学语文教学研究必将在推动知识与能力的统一关系构建方面做出巨大努力。这其中既要发掘中国传统语文教学中的智慧结晶,又将吸收、整合国外优秀教学研究成果。

第五节 小学语文教育研究的代表性人物及主要著述

中华人民共和国成立 70 年来,小学语文教育虽然走了一些弯路,但总体上仍保持着持续不断向前发展的态势。一方面,小学语文教育领域涌现出一批又一批教育名家,不断探索小学语文教学的改革;另一方面,小学语文教育研究领域也涌现了一大批研究大家,他们为我国小学语文教育的改革与发展提供了充分的智力支持。在此,我们简单介绍一些具有代表性的小学语文教育专家及其主要建树。

一、吴研因(1886—1975),江苏江阴人。吴研因曾主持我国小学体制改革,领导制定了《小学工作条例四十条》《小学生守则》等,所编《新法教科书》(1920)、《新学制教科书》(1923)等多种小学课本和教员用书在当时广泛使用。

吴研因对小学语文教育的探索主要体现在他的课程观与教材观两个方面。在课程上，吴研因主张课程的制定应该遵守以下原则：适应个别差异，不受学科限制，顾及生活的各个方面，适应一般儿童，度量经验的教育价值，持续不断的努力，适当的排列，等等。在教材上，吴研因认为，教材必须适合儿童心理，符合当时儿童的需要，凡是儿童能自己观察到、亲身体验到的内容，都是活教材，教学中可随时加以利用。对于那些不切合儿童生活、不能激起儿童情感、不适合儿童想象的，都不能作为儿童读书的材料。

二、叶圣陶（1894—1988），江苏苏州人。自1912年起，叶圣陶先生一直从事语文方面的教学、编辑、出版工作。叶圣陶先生的语文教育思想博大精深、内涵丰富，他提出的习惯培养说、语文工具观以及"教是为了达到不需要教"等观念都深深地影响了中华人民共和国语文教育。吕叔湘曾在《〈叶圣陶语文教育论集〉序》中通观叶圣陶先生的语文教育思想，认为叶圣陶先生教育思想中最重要的有两点：其一是关于语文学科的性质：语文是工具，是人生日用不可缺少的工具。其二是关于语文教学的任务：教语文是帮助学生养成使用语文的良好习惯。叶圣陶先生认为，学习语文目的在运用，就要养成运用语文的习惯，因此，他特别强调语文素养中的听说读写能力的培养，提出语文课的目的是让学生掌握语言文字这种工具，培养他们的接受能力和发表能力。对于小学语文教材的编写，叶圣陶提出内容以儿童生活为中心，取材从儿童周围开始，随着儿童生活与进展，逐渐拓展到广大的社会。

三、陆静山（1904—1996），江苏无锡人。陆静山对小学语文科的识字、阅读、作文、写字等教材、教法的编写，都有自己的见解。他认为应当吸取与总结国内外行之有效的经验，在此基础上，编出有中国特色的教材，采用与之相应的教法。关于阅读，他强调朗读能力的培养，认为朗读是培养学生初步的读书能力的主要方法，在此基础上逐渐培养默读能力。关于识字教学，他针对当时存在的小学生识字不巩固的问题，认为"集中识字"和"基本字带字"是识字教学科学化的开端。从1971年起，为了研究小学识字教学等问题，陆静山花费了三年多时间，查阅了《毛泽东选集》一至四卷用字用词的情况，一个字一个词地做了记录，进行了统计,为研究识字教材和教学问题,提供了一项重要参考材料。

四、吕叔湘(1904—1998),江苏丹阳人。早在1944年,吕叔湘就发表了《文言与白话》等有关语文教育的文章。中华人民共和国成立之后,吕叔湘先生亲自主持和参与了许多重大语文活动和语文工作计划的制订,在语文学科的性质、目的任务、教育内容、教学方法、教材建设、语文教师性质等领域有深刻而独到的见解。吕叔湘先生重视语文教育的社会功能,强调语文的"工具性",积极普及语文知识。1951年与朱德熙合作撰写的《语法修辞讲话》在《人民日报》连载以后,在社会上产生了很大的影响,成为人们学习汉语规范的教科书。吕叔湘先生提出的"语言训练观",受到教育界的普遍重视。吕叔湘先生认为,"语文的使用是一种技能,一种习惯,只有通过正确的模仿和反复的实践才能养成。"因此,他把学习语言的一般过程归结为"模仿—变化—创造"的公式。1978年,吕叔湘先生在《人民日报》发表《当前语文教学中两个迫切问题》一文,直指我国中小学语文教学存在着少、慢、费、差的问题。提出改革中小学语文教学的重要课题——"提高语文教学的效率,用较少的时间取得较好的成绩"。

五、斯霞(1910—2004),浙江诸暨人,20世纪50年代,她创造出"字不离词、词不离句,句不离文"的小学语文随课文分散识字教学法。斯霞教识字主要是通过课文进行的,被称作"随课文识字"。和集中识字相比,"随课文识字"继承了新文化运动以来小学语文以语体文为主,采用边识字边阅读、寓识字于阅读之中的方法,把生字词放在特定的语言环境中,放在具体的一篇篇课文中来感知、理解和掌握。斯霞认为:认识规律离不开具体环境,离不开反复接触反复实践,教儿童识字同样如此;有了具体的语言环境,儿童对生字词的识记就容易得多,省力得多。在教学方法上,斯霞悉心研究,不断改进。她重视课文内容与生字词的各种不同关系,采用多种教学方法:有的把一篇课文中的生字集中起来先教,有的部分先教,有的边学课文边教,有的学过了课文再重点教生字词。她尽可能采用实物、标本、模型、图片、幻灯片、简笔画,或通过动作、表情、语言描绘,使孩子们把对生字词的第一印象深深印在脑海。她还引导儿童用眼、耳、鼻、舌、手等感官参与获得新知识的活动,让学生瞧一瞧、听一听、闻一闻、摸一摸、尝一尝、做一做,收到了事半功倍的效果。斯霞的教育思想还体现在"童心"和"母爱"上,母亲般地关怀和教育儿童全面成长。斯霞曾说:"我也搞不清楚什么叫'母爱',什么叫'童心'。我不懂得这些理论。我只觉得工人爱机器,农民爱土地,解放军爱武器,教师很自然就要爱学生。"在斯霞看来,作为一名教师,如果你不爱自己的学生,教育工作怎么能做得好呢?对斯霞来说,社会公认的"童心""母爱"思想,只是她对教育发自肺腑的一种付出。

六、袁微子(1913—1991),浙江桐庐人。曾任人民教育出版社编审、全国小学语文教学研究会名誉理事长。为帮助教师搞好教学,他在编教材同时,亲登讲台试教,开创了编辑人员上讲台试教的范例。他认真总结我国小学语文传统教学经验,吸收国外的先进经验,根据党的教育方针,提出了小语教材及教学改革的主张。他认为,小学语文教材及教学的改革,要以马克思主义哲学为指导,把辩证唯物主义的基本观点渗透到语文学科中去,在发展学生语言的同时,提高他们的认识能力,从小培养他们的无产阶级世界观。他指出,小学语文教材的编写,不仅要编选好课文,还应强调按语文基本功训练的要求,安排若干重点项目,组织一个完整的系统,有计划有步骤地进行训练,使教材建设逐步走向科学化。在教学中,他着重强调要处理好学习语文与认识事物的关系,语文教学与思想教育的关系,传授知识与培养能力的关系,教与学的关系,并强调思维训练,发展智力,培养自学能力,以适应培养现代化建设人才的需要。

七、张志公(1918—1997),河北南皮人。张志公先生对语文教育研究的贡献,主要在于对中国传统语文教育的研究。他认为要提高语文教育工作有三件事需要做,其中之一就是对传统语文教育的研究。他还提出要研究我们的教育方针,研究社会主义建设所要求于语文教育的任务,研究我国语言文字的特点,研究我国当前青少年和儿童的语文状况,研究他们语言文字能力成长发展的规律,总结中华人民共和国成立以来和中华人民共和国成立前革命根据地的语文教育经验,总之是研究当前与语文教育有关的种种实际。对于语文教育目标的,张志公先生曾提出语言能力与文学欣赏能力同等重要,缺一不可。此外,张志公先生还提出了语文教学的六字箴言,即"精要、好懂、有用"。

八、霍懋征(1921—2010)，山东济南人。20世纪50年代，霍懋征在不断总结经验的基础上，进一步提出了"数量要多，质量要高，速度要快，负担要轻"的十六字教改方针，把着眼点放在提高课堂质量、开发学生智力、激发学生学习兴趣、培养学生学习能力上。改革开放以来，霍懋征深入实施素质教育，积极在小学语文教学中进行创新教育，开发学生的创新意识和创造潜能，努力为培养全面发展的具有良好素质的创新型人才打好基础。霍懋征秉持以爱执教、文道统一的教育思想，曾提出"没有爱就没有教育"的主张。她坚信"没有教育不好的学生"，用"激励、赏识、参与、期待"的教育艺术，成功教育好每个学生。她信奉教师的爱不仅直接影响着眼前的教育教学质量，而且必然会影响着国家和民族的未来。在长期从事语文教学中，她始终强调语文教学的首要任务是要从思想品格和道德情操方面育人，坚持把语文教学与思想教育、审美教育统一起来，教书育人，寓德于教。关于课堂教学，霍懋征的经验主要包括三个方面：一是讲得准确、精练，讲在关键处；二是精心设计课堂提问；三是加强课堂练习。

九、袁瑢(1923—2017)，江苏南通人。袁瑢的教学经验主要包括以下几个方面：一是抓住字词句，深入理解课文思想内容；二是有讲有练，精讲多练；三是发展语言和发展思维相结合；四是抓好课外阅读。在教学风格上，袁瑢具有"细、实、活、深、严"的特点。所谓细，就是既备课，又备人。教学过程要组织严密，从课文和学生的实际出发，每一步教学步骤应该细致而具体，由浅入深、由易到难、环环相扣、逐步提高。所谓实，就是教学目的要明确、具体、落到实处。采用多种方法和途径，使学生学有所得、学得扎实。讲课要实实在在，不搞浮夸的花架子，讲究实效。所谓活，就是在教学过程中，要十分重视启发引导，激发学生的主动性和积极性，促使学生内因起作用，要重视发展学生的思维。实中寓活，生动活泼。所谓深，就是对教材要钻得深、挖掘得深。讲课要有一定的深度，即使是简单的知识。也要挖掘深层的含义，不能浅尝辄止。所谓严，就是对学生的语文基本功和良好的学习习惯要严格训练、严格要求，要面向全体学生。（曾萱，2017）

十、朱作仁(1928—2011)，浙江温岭人。朱作仁先生长期从事学科心理学，特别是语文教学心理与教学法的教学和研究。先后开设过普通心理学、教育心理学、哲学、教育学、语文教学心理学与教学法等课程。他长期深入中小学进行科学实验和调查研究，将语文教学法与心理学结合起来，成为我国语文学科心理学系统研究的开创者之一。他于1984年出版的《语文教学心理学》专著，被不少专家誉为"具有学术价值和理论意义的开创性研究成果"。朱作仁强调语文教学必须讲求"大三实"和"小三实"，"大三实"是"从实际出发，实事求是，讲求实效"，"小三实"是"真实、朴实、扎实"。关于语文教育研究，朱作仁先生强调要有创新的眼光和缜密的思维。朱作仁先生的科学思维方法集中体现在以下三点：一是辩证思维方法。二是归纳思维方法。三是定性分析和定量分析相结合。

十一、李吉林(1938—2019)，江苏南通人。1978年，李吉林开始情境教学的实践探索与研究，从小学语文情境教学到情境教育、情境课程，创造性地把儿童的情感活动和认知活动巧妙地结合起来，极大地调动了学生的学习积极性；提出了一系列自己独特的教育主张，构建了具有民族特色和时代气息的情境教育理论体系与操作体系，为儿童的快乐、高效学习探索出一条有效的路径。裴娣娜教授提出，情境教育对我国教学理论与实践发展的重要贡献，主要体现在以下方面。重新认识教学的本质。什么是现代教学？情境教育为我们提了一种新的思考视角。现代教学，是以人的现代发展为特征，关注人与社会的发展，并以此构建自身的理论、逻辑体系和方法。重新认识语文学科的性质。情境教育的理论引发人们对语文课程性质的重新思考。长期以来，人们围绕语文学科工具性与人文性问题争论不休，而这两种基本观点大有形成各自学派的趋势。情境教育，传承并发扬了中国语文学习文与道相统一的重要特点及教学传统，通过两个层面的情境创设，一是"亲、助、和"的师生人际情境，二是"美、智、趣"的学习情境，围绕儿童为主体的活动与环境的有机统一，做到"形真、情切、意远、理寓其中"的情境审美价值的展现。重新建构语文学科的教学过程与策略。基于语文是生活的写照，是典型化了的生活，李吉林认为，语言文字的学习应引导儿童去感受客观世界的美，去体验、认识生活的真实，从而使情境教学开创了语文教学进程及策略的新思路。这一突破集中表现在三个基本命题的形成：一是"回到生活"；二是"创设情境"；三是"活动体验"。"回到生活"，让语文教学回到真实的生活，给儿童一个真实的世界,与学生生活实际相联系,使语言符号学习与鲜活的生活经验连接,从而使语文教学从封闭走向开放。李吉林认为,封闭的语文课堂切断了鲜活的源头,符号与生活之间断裂了。"没有源泉的语言,没有源头的思维,没有生命的气息,必然是僵死的"。确立了情境教育的现代教学基本命题。①情境教育的教学目标是从根本上改进学生的生存方式和生活方式,促进学生的个性全面和谐发展和良好人格的养成;②遵循"真、美、情、思"教学设计,使学生的学习具有探究性、美感性、体验性和反思性;③情境教育的教学内容选择,重在理解和掌握知识,加强学科知识的整合,面向生活实际,体现教学的实践性以及文化性;④通过情境创设,实施以"关注生活""情境体验""活动构建"为内涵的发展性教学策略。(裴娣娜,2012)

十二、于永正(1941—2017),山东莱阳人。于永正老师勇于革新,敢为人先,以语文教学改革为突破口,为小学素质教育工作带来了一缕清新的风。他把如何启迪学生的智慧、挖掘学生潜能、激发学生的创造天赋作为主要研究课题,形成了"以学生为本,以读书为本,以创新为本","重感悟、重积累、重迁移、重情趣、重习惯"的教学特色。在小学作文教学上,他实践了"言语交际表达训练",在全国有较大的影响。关于"备课",于永正老师提出:①备课不等于写教案,备课包括钻研教材、搜集信息、了解学生、考虑教学思路和教学方法、写教案等。②隐性备课最重要,钻研教材、查阅资料、搜集信息、备学生、思考教法等隐性比写教案更重要。③要思考教法,在思考教法的时候,必然"备学生""备学法"。④教案一定要写,但不要拘泥于形式。⑤讨论与自读尤为重要。

第二章　小学语文课程研究

　　课程研究，在中国起步较晚。20世纪20年代，受欧美教育思想的影响，我国陆续有学者开始关注课程、教材与教法，诞生了最早一批课程论著作。1923年，商务印书馆出版的程湘帆著《小学课程概论》，是我国近现代较早的课程论著作。1928年，广西教育厅编译处出版了王克仁的《课程编制的原则和方法》，同类著作还包括徐雉著《中国学校课程沿革史》（上海太平洋书店，1929）、朱智贤编《小学课程研究》（商务印书馆，1931）、熊子容著《课程编制原理》（商务印书馆，1934）等。这些著作对小学课程的目的、范围、教材的性质和功用、教材内容的选择和组织、教科书的编辑，对教学方法、作业要项、教学要点、成绩考查、教具使用等进行了论述。这些研究内容应该说涉及了课程论的一些问题，但是内容比较零散、具体，主要在于指导实际操作，与语文课程论学科体系的建立尚有很大距离。就语文课程而言，1925年商务印书馆出版了著名语言学家黎锦熙的《国语教学法讲义》，提到"三段六步式教学法"。所谓三段，即理解、练习和发展。每一段又可分为两步，第一段分为预习和整理两步，第二段分为比较（并概括）和应用（表演等）两步；第三段分为创作和活用两步。梁启超《中学以上作文教学法》（中华书局，1925）全面讲述了各类文体所应遵循的规则以及提高作文水平的方法，语言生动而有说服力。王森然的《中学国文教学概要》（商务印书馆，1929）不仅含有深厚的中学语文教学法和语文教材编排思想，而且还建构了一个包括课目纲要、教学材料、教学方法等在内的清晰而宏大的中学语文课程内容体系。袁哲编著的《国语读法教学原论》（商务印书馆，1936）把读法作为一个独立的科学领域进行研究。其突出的特点在于:第一,把心理学的研究成果引进语文教学,专设"心理论"一篇,从心理学角度来研究阅读教学。第二,主张"全文法"的阅读教学法。所谓"全文法"是在总结欧美各国读法教学的基础上,针对我国传统的程式化的"文字-语句-段落-全篇"的阅读教学法提出的,是主张从文章的总体认知为出发点,把文章作为一个统一体来进行阅读教学的理论。阮真的《中学国文教学法》(正中书局,1939)体现出独特的语文教材观。该书从当时的教学实际出发,就国文教学中的教学目的、教材的编制、作文教学、辅助学程和特设学程分别进行了详细的论述。蒋伯潜的《中学国文教学法》(中华书局,1941)从提高教师素养去构建语文课程教学论体系。叶圣陶、朱自清合著的《国文教学》(开明书店,1945)围绕中学生国文程度,通过讨论让国文教育从文白之争的附庸真正进入人们的视野,开始了从理论到实践、从课程标准到教材教法的全面研究。

第一节　小学语文课程研究的历程

中华人民共和国成立以来,关于语文课程的研究虽经历了一段时期的停滞,总体上仍呈现出逐步深入的特征。首先,通过对语文课程的性质、文道关系的讨论,语文学科的基本性质得以厘清。其次,广大一线教师在识字教学、阅读教学和写作教学等领域开展的教学改革取得了丰硕的成果,形成了众多教学经验,诞生了风采各异的小学语文教学流派。再次,伴随教材的改革,教材研究也日益深入,尤其是教材和课程标准的比较研究,成为一时的"显学"。大体上,我们可以将中华人民共和国成立70年来的小学语文课程研究分为三个时期。中华人民共和国成立后至改革开放为第一时期,包括了十七年时期和"文革"十年;改革开放至20世纪末,是为第二个时期;21世纪以后,可以算作是第三个时期。(李青、苑昌昊、李广,2020)

一、1949—1976年的小学语文课程研究

(一)研究背景

伴随着中华人民共和国的成立,教育领域在学制、课程、教材等领域开启了

一系列的改革,取得了一定的成效。

  1.语文定名。"语文"一词,常出现在我国教育界著作中,早期如黎锦熙曾用以指"国语""国文",陈望道《修辞学发凡》中也用"语文"指语言与文学。最早将"语文"一词作为母语学科名称来使用的是20世纪20年代活跃于中学语文教育界的穆济波。1923年他撰文指出,"惟本国语文一科,较诸学科实居于特殊地位"。(穆济波,1923,第5页)这里明确将"语文"视作母语学科的名称使用。随后,包括魏冰心、程其保在其论著中指出,语义包括国语与国文两种。沈百英先生于1947年率先提议用"语文"两字来总称"说话、读书、作文、写字"四科。1949年,华北人民政府教科书编审委员会选用中小学课本之时,采用"语文"作为学科名称。1950年6月,中央人民政府出版总署编审局编辑出版了全国统一的语文教材,其《编辑大意》称,说出来的是语言,写出来的是文章,文章依据语言,"语"和"文"是分不开的。语文教学应该包括听话、说话、阅读、写作四项。1950年,教育部拟定的《小学语文课程暂行标准(草案)》进一步强调,所谓语文,应是以北京音系为标准的普通话和照普通话写出的语体文。陶本一、于龙提出我们所说"语文"至少应该有三个方面:作为"天赋"的"语文",即人类生而获得的语言本能,它是人类大脑里预设的语言器官和文法基因,是习得和学得语言的前提和基础;作为"素养"的"语文",是指人在言语实践中,通过不间断的、大量的语言刺激——交流和学习,逐渐习得、学得和内化的一种综合语言素质;作为"学科"的"语文",是一个系用培养综合语言素质——能够自觉地、理性地、熟练而艺术地运用语言的素质——的逻辑体系,它更强调"学得",是"天赋"和"素养"之间重要(而非唯一)的通途。(陶本一、于龙,2007)

  2.学制改革。中华人民共和国成立后,中小学教育的社会主义改造的首要工作就是改革学制新。中国中小学学制改革经历了1951年第一次改革、1958年第一次改革高潮、中小学学制的拨乱反正、"普九"背景下的中小学学制改革、新课程改革背景下的中小学学制改革、深化教育体制机制改革背景下的中小学学制改革六个阶段。(龚鹏飞,2021)受美国学制的影响,民国政府采用了"六三三"学制,其中小学阶段又采用"四二"学制,将小学分为初小和高小两个学段。1951年

10月,中央人民政府公布了《政务院关于改革学制的决定》。该决定关于小学段学制的内容提道:小学的修业年限为五年,实行一贯制,取消初、高两级的分段制。入学年龄以七足岁为标准。毕业后,得经过考试升入中学或其他中等学校。新学制颁布后,有意见指出教师的水平跟不上学制的改革,因此导致新学制在实施的过程中出现了很多问题。于是,1953年8月,教育部颁发《小学(四二制)教学计划(草案)》,暂停小学的"五年一贯制",转而实行"四二制"。

1958年,中共中央、国务院印发的《关于教育工作的指示》指出,现行的学制是需要积极地和妥当地加以改革的,各省、市、自治区的党委和政府有权对新的学制积极进行典型试验,并报告中央教育部。经过典型试验取得充分的经验之后,应当规定全国通行的新学制。这份文件是这一时期中小学学制改革的指导文件。由此,中华人民共和国中小学学制改革进入了第一次高潮,改革试验很快在全国铺开。当时,全国各地的中小学学制改革试验有:小学五年一贯制,中学五年一贯制,中小学"三四二"制、"九二"制等十余种学制。例如,试验小学五年一贯制的就有河北、山西、上海等15个省份及直辖市;试验中学五年一贯制或者中学"三二"制的有吉林、陕西、甘肃等6个省份。在这些学制改革试验中,虽有一部分是经过各级教育主管部门批准的,但更多是未经批准仓促上马。这种混乱的局面很快引起中央的注意。1959年,中央相继召开会议、下发文件,治理学制的改革乱局,强调中小学学制改革的方针是巩固、调整和提高,并在此基础上有重点地发展。之后,试验学校的规模逐渐有所控制。

3.汉语、文学分科教学。1951年3月,时任中宣部副部长胡乔木在教育部召开的第一次中等教育会议上指出,语文教育目前存在着特别混乱的现象,其原因就是没有把语言教育和文学教育分开,现在的语文教学甚至将文学、语言、社会科学三种教育混在一起,三者都重要,但不能混淆,一混淆就什么也不是了。1953年12月,中央语文教学问题委员会给党中央写了《关于改进中小学语文教学的报告》,提出了汉语、文学分科的具体实施意见。1954年初,党中央决定中学语文教学实施分科教学,人民教育出版社组织专家着手讨论及编制汉语、文学分科教学大纲和教材。随后不久,叶圣陶就分科教学的意义及有关问题向北京市语文教师作了《关于语言文学分科的问题》的报告。报告认为:语言学与文学性质不同,语言学是一门科学,文学是一门艺术,性质不同,知识体系就不同,教学任务也有所不同。1956年7月,教育部发布《关于中学、中等师范学校的语文教材分成汉语、文学两科教学并使用新课本的通知》,同时,教育部召开全国语文教学会议,推行分科教学。同年秋,分科教学在全国各中学正式推广实施。实施不久,首先在高中文学教学中遇到了大多数教师难以胜任的问题,继而按照中国文学史顺序编写的、以《诗经·关雎》开篇的高中文学课本,受到了教育界及教育界以外的各方面权威人士的非议。随着国际国内形势的发展变化,到1957年下半年,中央有关部门的领导人相继出面,强调语文教学必须为无产阶级政治服务,指示要以政治论文、报纸社论改换中学语文教材。1958年春,分科教学被正式否定,同年秋季重新合并为语文课。

4.改革教学。中华人民共和国成立后,小学语文教育界进行了一系列影响深远的教学改革。如1958年斯霞老师开始进行"随课文分散识字"实验;同年,在辽宁省黑山县北关实验学校首先开展了"集中识字"实验。1960年,北京景山学校也开始集中识字的教学改革。从1951年开始,丁有宽老师先后在26个教学班进行了八轮教改实验,经历了初试、再试、验证、深究四个阶段,逐步形成了以"记叙文为主体的读写结合五步系列训练"的小学语文教学新体系。

"文革"期间语文教学完全处于停顿状态。"文革"开始后,全国各级各类学校先后经历了停课、串联、复课、上山下乡等运动,正常的教学秩序被终止,而且中小学的瘫痪状态也持续了两年之久。

这一时期,我国共颁布实施了两个小学语文教学大纲和一个课程标准,即1950年颁布的《小学语文课程暂行标准(草案)》、1956年颁布的《小学语文教学大纲(草案)》,以及1963年颁布的《全日制小学语文教学大纲(草案)》等。

(二)研究内容

1.新旧教育的比较研究。1949年,中华人民共和国成立,新的教育体系也呼之欲出。中华人民共和国的小学教育,既是根据地教育的延续,也继承了国统区的基础教育成果。"新教育中,还遗留着许多旧教育的成分。这是历史的必然性。"(吴研因,1950)20世纪50年代末60年代初,张志公收集传统语文教育的资料并从传统语文教育中探求语文教育的经验,出版《传统语文教育初探》一书。该书为传统语文教育勾勒出四大步骤:集中识字——进一步的识字教育——读写基础训练——进一步的阅读训练和作文训练;并总结出传统语文教育的主要经验是:集中识字,识字、写字分别进行,重视句的训练——属对,强调多读多写。这一研究成果,对当时的语文教学起了积极作用。

2.语文课程性质。1949年,确立了语文学科的名称,明确了语文教育兼具思想政治教育和语言文字教育双重使命。1954年10月,在叶圣陶主持下,拟订、公布了《改进小学语文教学的初步意见》(下文简称《意见》)。《意见》指出:小学语文科的任务就是对儿童进行祖国语言的教学,训练儿童使能理解和运用祖国语言,具有阅读和表达的能力,并培养他们对祖国语言的爱好。《意见》还强调,教给儿童的语言是用北京话做基础发展起来的民族共同语。有的地区的语言跟民族共同语在语音上和词汇上有一些差异。因而小学的语文教学还负有使这些地区儿童的语言趋于规范化的任务。《意见》将小学语文科的内容分为五个部分,即识字、写字、汉语(包括词汇、语法和修辞)、阅读、叙述和作文。

1959年6月,上海《文汇报》开辟专栏,开展了关于语文教学目的任务的讨论,拉开了语文教学"文道之争"的序幕。两个月后,讨论的范围逐渐扩展到全国多个省市,不少地区和学校专门组织了研讨会,《光明日报》等报刊也先后发表文章。1959年6月3日,上海育才中学语文教师刘培坤在《文汇报》发表《"文"与"道"——关于语文教学目的和任务之我见》,概括了当时对"文"与"道"关系的三种认识:一是以"文"为主,二是以"道"为主,三是"文""道"并重。1961年1月,《文汇报》又开展了"怎样教好语文课"的讨论,继续和发展了1959年关于语文教学目的任务的讨论。同年12月,《文汇报》发表社论《试论语文教学的目的任务》,对这场讨论做了总结。社论认为:"语文,归根结底是一种工具,是阶级斗争的工具,是生产斗争的工具,是交流思想和感情的工具,是传播知识的工具。"这场讨论逐步明确了语文科的性质:兼有思想性和工具性的特点。1963年5月,教育部颁布的《全日制小学语文教学大纲(草案)》明确提出语文的工具性,"语文是学好各门知识和从事各种工作的基本工具"。1958年9月,中共中央、国务院发出了《关于教育工作的指示》。《指示》提出"必须把生产劳动列为正式课程,每个学生必须依照规定参加一定时间的劳动"。在教育事业发展中,提出从大区到省、地、县都要建立比较完整的教育体系,要求在15年左右时间内普及高等教育。在这一历史大背景下,语文教学强调"政治性、思想性、战斗性",突出了课程的社会性,语文课上成了政治课。课程实施中尝试追求"高指标",用"大跃进"的方式解决教学问题,远离了学科规律与特点。

针对语文教学方面的主要偏向,一是把语文课教成政治课,一是把语文课教成文学课,提出反对把语文课上成为政治课、历史课或文学课,代表性成果如宋家淇、晁樾、蒋仲仁、李贶训等人的相关论文。

(三)阶段特征

这一时期,关于小学语文课程的研究处于起步阶段,对于一些基础问题的探讨和争议在这一时期表现得比较突出。

1.研究内容相对集中。这一时期对语文教育的研究,集中在几次关于语文课程的性质的讨论上。1949年以前小学语文教育与1949年以后小学语文教育的对比分析,语文课程的性质,语文课程标准、教学大纲的研究,语文教材的研究,都是这一时期比较集中的研究对象。此外,对语文教育相关问题的讨论,往往以某刊物为阵地,集中展开讨论。如"刘吴之争"的《人民教育》,"文道之争"的主阵地《文汇报》,以及《江苏教育》关于"四二学制"的讨论,等等。

2.研究方法以文本分析为主。对于传统教育研究,如吴研因、叶圣陶、张志公等人,既有深厚的传统文化素养,且在中华人民共和国成立前有着长期从事中小学语文教学的实践,故相关研究既能从教学实践出发,又非常重视文本资料的梳理。此外,关于语文课程性质的讨论,对课程标准、教学大纲和教材的研究,都是以文本分析为主,较少涉及教学研究。

3.开始关注教学改革的研究。随着"集中识字""分散识字"等教学改革的开展,相关研究也随之兴起。如1961—1980年以《人民教育》为主对"集中识字"教学改革的持续探讨,发表了辛安亭的《我对小学集中识字的一些看法》,时蓉华、万云英的《三种集中识字方法的对比》,刘曼华、马淑珍、童正玉的《集中识字试验二十年》等文章。

二、1977—2000 年的小学语文课程研究

(一)研究背景

1.在学制改革上,开始恢复"六三三"学制。1977 年,邓小平提出改革当时中小学学制的设想。1978 年,教育部颁发了《全日制十年制中小学教学计划(试行草案)》。这份文件明确了当时全国各地中小学的学业年限为十年,小学五年,中学五年。其中中学"三二分段",初级中学为三年,高级中学为二年。所有学段均实行秋季入学。另外,这份文件也允许当时多数农村地区的中小学九年制继续实行,同时让一部分有条件的学校按计划逐步过渡到全日制十年制学校。过渡计划应该从小学和初中一年级开始试行,其余年级采取适当步骤逐步过渡。这份文件有力地促进了中小学教育秩序的恢复和学制的统一,为接下来的改革发展营造了良好的环境。在《全日制十年制中小学教学计划(试行草案)》的实施过程中,部分地区出现了小学负担加重、无法普及小学教育的情况。与此同时,一些学者呼吁恢复"六三三"制,例如苏渭昌、金林祥等人撰文呼吁将中小学学制改为"六三三"制。1980 年,中央书记处同意了教育部提出的适当延长小学学制的意见。同年年底,中共中央、国务院印发《关于普及小学教育若干问题的决定》,决定恢复"六三三"制。全国各地中小学学制大都迅速恢复到"六三三"制。虽然在恢复到"六三三"制的过程中存在着一哄而上的情况,但这一举动从客观上统一了各地的中小学学制,为我国后续颁布实施义务教育法、形成中小学阶段基本学制和多种学制并存的局面奠定了基础。

2.在举国拨乱反正的大背景下,教育也逐渐从"文革"浩劫中复苏。1978 年,颁布了《全日制十年制学校小学语文教学大纲(施行草案)》,全面推进小学语文教育的恢复与发展。1986 年,颁布了《中华人民共和国义务教育法》《全日制小学语文教学大纲》等法律文件。1992 年颁布了《九年义务教育全日制小学语文教学大纲(试用)》。面对百废待兴的语文教学现状,广大语文教学工作者首先致力于

恢复正常的教学秩序。同年全国教育工作会后,进入"教学为主""加强双基"的阶段。

3.20世纪80年代中期开始,小学语文教学开始了整体改革。主要是用整体观念对语文教学全面观照,探索小学语文教学整体改革的内容和方法。整体改革开始渗透了现代课程观。1989—1991年,全国相继出现了内地版、沿海版、浙江版、H版、S版等多版本的义务教育小学语文教材,打破了全国学生使用一套教材的局面。1992年4月颁布的《九年义务教育全日制小学语文教学大纲(试用)》,其根本的指导思想就是着眼于民族素质的培养,充分发挥小学语文在提高学生科学文化素质和思想道德素质中的作用。2000年颁布的《九年义务教育全日制小学语文教学大纲(试用修订版)》把语文教育引向了"立足于学生的发展,为他们的终身学习、生活和工作奠定基础"的素质教育视野,以促进学生发展作为根本目标,并且把"从整体上提高学生的语文素养"作为语文素质教育的学科本体目标。这个大纲把语文教学发展带进了一个新天地。

(二)研究内容

1.重提"少慢差费"问题。针对如何解决语文教学效率低的问题,吕叔湘提出了三点原则性的意见:首先,要进行深入细致的调查研究;其次,要允许教师做些改进教学的试验;再次,教学要讲求实效。语文课一定要当作语文课来教,不应当把它教成政治课。对于另一种把语文课讲成创作课的偏向,同样是没有认清语文课主要是工具课这个特点。作文教学,命题一定要得当,要让学生有话说,不能迫使他们无中生有说空话,甚至说假话。(吕叔湘,1978)针对小学语文教学中的少慢差费现象,许多一线教师也通过教学实践的形式寻求解决策略。如霍懋征以一个学期的语文课改革为例,从一开始五课时教一课书,到三课时、两课时、一课时教一课书,到两课时教三课书,三课时教六课书,基本上做到了增加读的数量,提高了读的质量,减轻了学生负担。霍懋征提出,首先要解放思想,冲破量力性原则,根据学生实际情况适当加大阅读量。(霍懋征,1979)

2.研究借鉴赞可夫的教育思想。论文方面如杜殿坤通过解读赞可夫(杜译为赞科夫）关于语文教学的论述,认为赞可夫不是把语文作为一门工具性学科来教的,他既没有规定学生要掌握多少词汇,也不要求直接地教给学生阅读技巧,也不提倡讲字、词、句、篇,更加反对让学生按别人所列的提纲作文。他认为,语文是使学生认识世界、发展学生的思维的一门学科。(杜殿坤,1980)吴立岗从"培养精细的观察力,扩大儿童的知识面""创造诱人的情景,激发儿童说话和写作的动机""提倡'读读议议'的方法,养成儿童独立思考的习惯"等角度介绍了赞可夫的语文教育思想。论文提出,赞可夫认为语文学科对完成小学的教学任务具有特别重要的意义,并且根据语言与感知,语言与思维以及语言与儿童心理特点相互间的复杂关系,从广阔的背景上提出了语文教学的一系列指导思想。(吴立岗,1980)其他作者,如聂小山、魏大义、马俊铭等人也都从不同的侧面对赞可夫的教育理论做出了符合当时小学语文教育要求的介绍与分析。

3.20 世纪末的语文教育大讨论。1997 年,以《北京文学》第 11 期发表的邹静之《女儿的作业》、王丽《中学语文教学手记》和薛毅《文学教育的悲哀》一组文章为标志,社会上发起了一场声势浩大的中小学语文教育大讨论,《光明日报》《中国青年报》《中国教育报》《北京青年报》《南方周末》等报刊相继加入讨论。关于这次讨论的情况,王丽主编的《中国语文教育忧思录》(教育科学出版社,1998)孔庆东、摩罗、余杰主编的《审视中学语文教育》(汕头大学出版社,1999)均有所反映。

4.开始关注语文活动课程。1993 年,国家教委在《九年义务教育全日制小学、初级中学课程计划》中规定,我国义务阶段的课程是由学科类和活动类两部分组成。提出要在全国广大中小学开设活动课程,并指出活动课程的内容主要包括社会教育活动、科学技术活动、文学艺术活动、体育卫生活动等。1997 年,张冠湘、钟贤权等人相继撰文关注语文活动课程。钟贤权有学者提出,语文活动课应是"专栏型""板块型"的集学习、活动、休闲、娱乐为一体的"杂志式"语文活动园地。其主要栏目包括基础语文活动(知识、能力、学习、文化等)、趣味语文活动(游戏、竞赛等)两个方面。(钟贤权,1997)语文活动课程是培养学生"创新"思维能力的极佳途径。首先,语文活动课程的"活动"性特征有利于学生创新思维的培养。其次,语文活动课程的综合性特征有利于学生创新性思维的培养。再次,语文活动课程的长效性特征有利于学生创新性思维的培养。最后,活动课程的贴近性特征有利于学生创新思维的培养。(孙汉洲,1999)值得注意的是,这一阶段的研究基本上主要针对中学语文活动课程而言。有研究认为小学语文活动课程是小学语文教学中大量引入学生学习实践活动的一种新课型是学科性和活动性的结合。它对于培养学生的自主性促进学生全面素质的提高具有语文学科课程难以替代的育人功能。(钱琼箫,2000)

此外,这一时期还有一些研究涉及语文课程史的梳理。如对于叶圣陶先生的研究,有学者提出其为汉语文课程建设提供的新的东西,主要包括:把"发展思想"列为汉语文教学目的的首项。对初中国语科的学目第一次作了合理的分解和规定。如把历来规定的"读文"或"读书"的学目,分解为"精读"和"略读"两个学目。(顾黄初,1990)

(三)阶段特征

1.拨乱反正、文道统一成为时代的主旋律。首先,语文教育大家如叶圣陶、吕叔湘、朱德熙、张志公、刘国正等在研究中起到引领作用,针对语文教育的若干重大问题拨乱反正,发挥了号召和引领作用。这一时期的研究有利于重新确立语文工具论的指导地位,廓清了培养正确理解和熟练运用祖国语言文字能力这一语文教育的基本任务。

2.研究的合力逐步形成。1980年,中国教育学会小学语文教学专业委员会(简称"全国小语会")成立。全国小语会的成立,旨在研究小学语文教学理论和实际问题,探讨语文教学规律,交流教学经验,加强协作,为改革小学语文教学,提高教学质量贡献力量。在研究会成立大会暨第一届学术年会上,与会学者肯定了小学语文是一门重要的基础学科和工具学科,同时认识到现实的小学语文教学质量还不高,与培养人才、提高全民族的文化科学水平之间存在着差距。1982年,全国小语会第二届学术年会决定创办《小学语文教学》作为会刊,1983年正式出刊。此后每年,全国小语会都会举办学术年会,研讨小学语文教育教学中的新情况、新问题。全国小语会的成立,进一步整合了相关领域的研究力量,对小学语文教育研究起到了重要的引领作用。

3.广大语文教师教学改革与研究热情高涨,涌现出一大批有影响的教学成果和教学名师。以李吉林为例,1978年李吉林开始情境教学的实践探索与研究,从小学语文情境教学到情境教育、情境课程,创造性地把儿童的情感活动和认知活动巧妙地结合起来,极大地调动了学生的学习积极性;提出了一系列自己独特的教育主张,构建了具有民族特色和时代气息的情境教育的理论体系与操作体系。

三、2001—2019年的小学语文课程研究

(一)研究背景

1.课程改革与教材建设快速推进。进入20世纪90年代,人们越来越认识到,中国教育面临的最严峻的挑战在于基础教育。因此,中共中央、国务院决定大力加强基础教育,把基础教育作为20世纪90年代整个教育事业发展的重点。1993年12月13日,中共中央、国务院印发《中国教育改革和发展纲要》,提出"两基"任务:到20世纪末,实现基本普及九年义务教育,基本扫除青壮年文盲,全面提高教育质量。1999年,中共中央、国务院颁发了《关于深化教育改革全面推进素质教育的决定》,明确提出建立新的基础教育课程体系的要求。同年5月5—6日,在北京举行了"语文课程标准研制的设想"研讨会;2000年5月,制定了义务教育语文课程标准研制方案;2001年7月,颁布了《全日制义务教育语文课程标准(实验稿)》。课程标准对语文课程的性质与地位的表述是:"语文是最重要的交际工具,是人类文化的重要组成部分。工具性与人文性的统一,是语文课程的基本特点。"语文课程改革追求的目标是:全面提高学生的语文素养,正确把握语文教育的特点,积极倡导自主、合作、探究的学习方式,努力建设开放而有活力的语文课程。与课程标准配套的语文教材小学12套,初中、高中各7套。这时,教材建设"一纲多本"的负面影响开始逐渐显现,给一线教学、教研和教材管理带来问题甚至混乱,导致利益分割中的无序竞争。(顾之川,2009)某些地方教材出现政治性或民族宗教问题,引起中央关注,才有后来"统编本"语文

教材出现。

党的十八大以来,以习近平同志为核心的党中央高度重视教育,把教育作为实现中华民族伟大复兴的奠基工程,摆在优先发展战略地位,推进教育现代化,建设教育强国,办好人民满意的教育,培养德智体美劳全面发展的社会主义建设者和接班人。习近平总书记先后视察北京师范大学、北京大学、北京海淀区民族小学、北京八一学校,主持召开大中小学教材建设会议、全国教育大会,提出一系列新理念新思想新观点,系统回答了中国教育事业的方向性、根本性、全局性、战略性问题。这为新时代中国教育事业发展提供了根本遵循和行动指南。

2014年,国务院颁布《关于深化考试招生制度改革的实施意见》;2016年,中共中央发布《关于加强和改进新形势下大中小学教材建设的意见》,启用语文新教材;2017年,中央发布《关于深化教育体制机制改革的意见》,成立国家教材委员会,教育部发布《普通高中课程方案》和《普通高中语文课程标准(2017年版)》;2019年中央发布《中国教育现代化2035》,国务院办公厅发布《国务院办公厅关于新时代推进普通高中育人方式改革的指导意见》,中共中央、国务院印发《关于深化教育教学改革全面提高义务教育质量的意见》。语文教育迎来百年未有之大变局,伴随着中华民族伟大复兴的脚步,稳健迈入全面复兴时期。(顾之川,2019)

2.信息技术与小学语文课程整合提上议程。20世纪80年代新技术革命的浪潮席卷全球,改革开放的中国也感受到了冲击,现代化形势更加紧迫。1983年,邓小平为北京景山学校题词:"教育要面向现代化,面向世界,面向未来。"教育面向现代化,关键是教育内容的现代化和教育方式的现代化,要把中国教育同世界科学技术的发展联系起来。1994年,由原国家教委基础教育司立项、全国中小学计算机教育研究中心领导,何克抗教授、李克东教授等牵头组织的《小学语文"四结合"教学改革试验研究》,把小学语文的识字、阅读、作文教学与计算机教育有机地整合在一起,做到"识字教学、阅读理解、作文训练、计算机应用"四结合。在此基础上,由北京师范大学现代教育技术研究所领衔开展的《网络环境下基础教育跨越式发展创新实验研究》,包括《小学语文学科的跨越式发展创新实验研究》,它依据儿童思维发展新论,"力图通过两年左右时间,使中国儿童'能读会写'——掌握2500—3000以上常用汉字,并能写出800—1000字左右结构完整、通顺流畅的文章";探索了语文识字、阅读、写作三位一体创新教学模式,充分发挥了学生学习的自主性,激活儿童的认知潜能,培养学生的创造性思维。1998年,全国中小学计算机研究中心的有关研究人员第一次提出了课程整合的概念。2000年10月,陈至立在第一次全国中小学信息技术教育工作会议上提出要"努力推进信息技术与其他学科教学的整合"。这是第一次从政府的角度提出了课程整合的概念,并由此引发了从政府到民间的全国性"课程整合热"。课程整合与校校通、信息技术必修课、网络教育一样都成为当前中小学信息技术教育的热点和焦点。

(二)研究内容

1.小学语文课程的比较研究。改革开放以来,小学语文教育教学的国际视野进一步拓展,与海外及港澳台地区的教育交流进一步加深,为绕课程的跨区域研究也得到了空前的关注。小学语文课程的比较研究主要包括两个方面:首先是课程标准的研究,其次是课程内容的研究。在课程标准方面,也存在两种研究思路,一种是课程标准的纵向研究,即对比分析不同时期的小学语文课程标准,探索课程理念的嬗变;另一种是课程标准的横向研究,通过中外课程标准的比较分析,以他山之石,为我国小学语文课程的进一步发展提供借鉴。课程内容的比较研究,以横向研究为主,关注点更多在于港澳台与内地的课程内容比较。此外,还有课程改革的比较研究,主要借鉴海外母语课程改革的有益经验,为我国小学语文课程改革提供参考。

2.儿童文学与小学语文课程的研究。儿童文学与小学语文教育之间有着不可分割的密切关系,研究儿童文学与小学语文教育,无论对于发挥儿童文学的价值,还是提升小学语文教育水平,都有着积极的现实意义。关于儿童文学与小学语文课程之间的关系,徐冬梅、朱自强、王泉根等都进行了深入的研究。其中,王泉根认为,儿童文学和学校教育中的语文教育是"一体两面""手心手背"之事,因为两者的目标群体一致。儿童文学是小学语文的重要课程资源,是实现小学语文教学理念与课程标准的内容支撑、形象支撑、审美支撑。(王泉根,2019)

3.小学语文的跨学科研究。小学语文课程的综合性,在这一时期受到了研究者的关注。中华人民共和国成立初期,因语文教材中包含有自然等学科内容,故有一些成果涉及学科交叉研究,但数量较少。21世纪以来,学科交叉研究作为研究方法被学界广泛接受,小学语文课程的交叉研究也开始兴起,比如关于语文课程美育功能的研究,就引起了学者的关注。有研究认为,语文学科的本质属性是:工具性、教育性、审美性。(肖北方、杨再隋,1995)也有学者提出,提倡人文性,多是强调语文学习的文学熏陶、文化价值、审美教育、情感培养、人格完善等诸多"非工具性能力"的培养目标。(雷实,2000)

(三)阶段特征

语文课程问题研究视角在朝不同方向拓展。语文课程建设参与人员来源逐步多样化,一些语言学研究学者、文学研究学者、课程与教学论研究学者纷纷参加到语文课程理论的研究中,使语文课程理论研究的基础不断坚实,有利于语文课程从相邻学科中汲取有益营养。语文课程研究面在不断扩大,既有宏观层面的建构,又有微观层面的探讨;在语文课程理念上,着重于以人的发展为最终目标的课程构建理念逐步树立,极大地改善了过去语文课程研究以语言学为主要基础的单一局面。但在克服语文课程问题方面仍然存在一定程度的局限性,具体表现在如下两个方面。

1.语文课程研究总体来说缺乏个性。在语文课程研究中存在一定的跟风现象,围绕某一专家的某种观点,或某些纲领性、政策性文件的发布,出现了新的学术增长点时,马上就有大量研究者蜂拥而上,集中发文,这种研究集中现象能在一定程度上解决一些本原性的课题,但抓热点的同时也会造成一些基础研究无法深入开展,更容易造成学术资源的浪费。在热点问题的研究中,不乏重复与拾人牙慧之语。

2.研究缺乏课程论视野。研究者将语文课程研究与自己的专业背景或所选择的某一门学科理论(如语言学、文学、文章学)紧密联系,在论述语文课程问题时将某一门学科的理论当作语文课程理论的绝对基础；或者将叶圣陶、吕叔湘的观点直接套用到现时的语文课程理论中。大量的小学语文课程研究往往从语文所涵盖的学科基础出发，而不是以课程的视点整合语文所涵盖的相关学科研究成果，将学科研究中的对立思想移植到语文课程理论之中并造成语文课程的二元对立。

第二节 小学语文课程研究的主要成就

70 年来，学界对小学语文课程的研究历程虽几经波折，但总体上仍呈现出螺旋式上升的势头，尤其是新时期以来伴随着研究视野的开阔、教育教学理念的转变，以及教育改革的不断深入，对于语文课程性质的研究逐渐深入，对于小学语文课程设计及课程标准的研究更加系统化、科学化，关于儿童文学与小学语文课程之间的关系有了更清晰的认识。

一、小学语文课程性质研究

20 世纪末，中央教育科学研究所原所长阎立钦曾指出"长期以来影响语文教学质量和效益提高的一个重大问题就是对语文学科的性质把握不准。"（阎立钦，1999，第 55 页）诚然，关于语文课程的性质，历来众说纷纭，成为困扰语文学科研究的最核心问题。有研究者统计，仅 1980—1989 年间公开出版的《中小学语文教学法》专著中，对语文课程性质的表述竟有十三种之多。（肖北方、杨再隋，1995）此后，仍有各种不同的说法，如：工具性、知识性、科学性、基础性、技能性、实践性、社会性、社会实践性、社会应用性、思想性、文学性、艺术性、移情性、统一性、螺旋性、直线性等等。中华人民共和国成立以来经历了"工具性""政治性""思想性""人文性"等讨论，并随着"文道之争""工具性与人文性"等论争的不断深入，逐步形成了"工具性与人文性的统一，是语文课程的基本特点"这一基本共识。关于语文课程性质的讨论，也告一段落。

（一）历年课程标准（教学大纲）对语文课程性质的定义

1950 年《小学语文课程暂行标准（草案）》认为，"所谓语文，应是以北京音系为标准的普通话和照普通话写出的语体文。少数民族小学,除教学本民族语文外,教学汉语汉文时,也应以此为标准。"1956年颁布的《小学语文教学大纲(草案)》首次以"工具"定性小学语文学科,提出"小学语文科是以社会主义思想教育儿童的强有力的工具。小学语文科是各科教学的基础……小学语文科的基本任务是发展儿童语言,提高儿童理解语言的能力和运用语言的能力。"1963年《全日制小学语文教学大纲(草案)》进一步明确语文的"工具性",认为"语文是学好各门知识和从事各种工作的基本工具……小学语文教学的目的,是教学生正确地理解和运用祖国的语言文字,使他们具有初步的阅读能力和写作能力。为了达到这个目的,要着重识字,写字和作文的训练,要选文质兼美的范文教学生精读,一部分还要背诵。上述训练,要通过多读多练来完成。"这年的大纲同时也提出,一般不要把语文课讲成文学课或者政治课。1978年颁布的《全日制十年制学校小学语文教学大纲(试行草案)》指出,"语文这门学科,它的重要特点是思想政治教育和语文知识教学的辩证统一。在语文教学中,教师要坚持无产阶级政治挂帅;要在培养学生读写能力的过程中,注意课文的思想内容与表现形式的内在联系,正确地进行思想政治教育和语文知识教学。"特别强调语文学科在思想政治教育中的特殊重要性,而这一论述在1980年的《全日制十年制学校小学语文教学大纲(试行草案)》中得到了延续,该大纲称:"语文这门学科,它的重要特点是思想教育和语文教学的辩证统一。在语文教学中,教师要在培养学生读写能力的过程中,注意课文的思想内容与表现形式的内在联系,正确地进行思想教育和语文教学。"1986年颁布的《全日制小学语文教学大纲》是中华人民共和国成立以来颁布的唯一不带"实验""草案"等字样的教学大纲,具有特殊意义。在这份大纲中,也强调语文的思想性,指出"小学语文是基础教育中的一门重要学科,不仅具有工具性,而且有很强的思想性,对于贯彻教育方针,促进学生德、智、体、美全面发展,适当加强劳动教育,培育有理想、有道德、有文化、有纪律的社会主义公民,提高全民族的思想道德和科学文化素质,建设社会主义物质文明和精神文明,有着重要意义。"1988年的《九年制义务教育全日制小学语文教学大纲(初审稿)》提出,"小学语文是义务教育中的一门重要学科,不仅具有工具性,而且有很强的思想性。"1992年《九年义务教育全日制小学语文教学大纲(试用)》也强调,"小学语文是义务教育中的一门重要的基础学科,不仅具有工具性,而且有很强的思想性。"都对语文教育的工具性和思想性提出明确要求。在20世纪90年代人文思潮的影响下,对于语文学科本质属性的讨论也进入到人文性的视域之中。2001年,教育部颁布《全日制义务教育语文课程标准》(实验稿),在"语文课程的性质与地位"一节中,开篇就明确提出"语文是最重要的交际工具,是人类文化的重要组成部分。工具性与人文性的统一,是语文课程的基本特点。"这一论述在《义务教育语文课程标准》(2011年版)及《义务教育语文课程标准》(2022年版)中得以保留,成为当前小学语文课程性质最权威的解答。

(二)关于语文课程工具性的研究

对于语文学科工具性的认识,经历了百余年的发展和演进。有研究将学界对语文学科工具性的研究大致分为四个阶段,即自设科以来至中华人民共和国成立前（1904—1948）为第一阶段,此时认为语文课程是表情达意的工具;1949—1976年,是为第二阶段,语文课程是基本工具及政治工具;1977—1995年,是第三阶段,语文课程是基础工具;1996至今属于第四阶段,语文课程是交际工具。(李良品、王晋,2005)这种划分方法,基本上仍是从工具性这一单独特性概括了不同阶段的研究特征。

考镜源流,我们可以发现学界关于语文工具性的表述产生于语文独立成科后不久。1931年,程其宝先生提出"语文为表达思想的工具"。1923年,穆济波先生也提出"语文只是人类生存必有之一种工具。"中华人民共和国成立以来,较早关注语文课程工具性的学者是"语文三老"。早在20世纪50年代,叶圣陶先生就告诫我们:"语文教育的一个主要任务是让学生认识语言现象,掌握语言规律,学会正确地熟练地运用语言这个工具,让他们能够在参加各种斗争的时候,参加各种共同工作的时候,正确地表达自己的思想,正确地理解别人的语言,因而能够正确地执行任务,做好工作"。(叶圣陶,1955,第27-33页)1962年,张志公先生发表《说工具》一文,强调语文教学的工具性。然而,正如顾黄初先生所言,无论是张志公,还是叶圣陶、吕叔湘等,虽然"都说过'语文工具'这类的话,但很少说语文学科是工具学科或说语文学科的基本属性是工具性"。(顾黄初,1997,第6页)有研究认为,语文科的教学活动就应该适应语文科是工具学科这个性质,要让学生真正掌握语文这个工具,就要引导学生从事运用语文的实践。(吴攸之,1957)中华人民共和国成立以来的相当长时间内,"工具说"成为指导语文课程与教学的主要观点,这点在历年的语文教学大纲中体现得尤为明显。如1958年,受"大跃进"影响,语文被认为是"是反映社会现实,进行阶级斗争、生产斗争的有力工具。"1963年的《全日制中学语文教学大纲(草案)》对"工具性"进行了系统的定位,认为"语文是学好各门知识和从事各种工作的基本工具",并提出"不仅做好革命工作和学好革命理论需要掌握语文工具,参加生产劳动和进行日常工作也同样需要掌握语文工具。""文革"时期,语文仍被视为"阶级斗争工具",要"为无产阶级专政服务"。1978年,叶圣陶先生在《大力研究语文教学,尽快改进语文教学》一文中,也认为语文是从事学习和工作的基础工具。1980年《全日制十年制学校小学语文教学大纲(试行草案)》继续强调,"掌握了语文这种基础工具,对于学习其他各门知识,是非常重要的。"1986年《全日制小学语文教学大纲》指出:"学生掌握了这个工具,不仅具有日常交际的本领,而且有利于学习各门功课,获取新的知识,有利于今后的发展。"1988年颁布的《九年义务教育全日制小学语文教学大纲》指出:"语文是学习和工作的基础工具,语文学科是学习各门学科的基础。"1990年颁布的《全日制中学语文教学大纲》同样规定,"语文是学习和工作的基础工具,语文学科是学习各门学科的基础。"可以说,中华人民共和国成立以来关于语文课程性质的认知,绝大部分的时间都是围绕"工具"说开展的。

  在认可语文学科工具性的同时,也有研究从其他角度分析语文学科的审美教育价值,认为语文学科的本质属性是:工具性、教育性、审美性。如果把工具性归之于求真、教育性归之于求善、审美性归之于求美,那么我们可以认为语文的学科性质是真善美的统一,而且从人类发展中追求真善美的历程看,求真先于求善求美,求美必以求真、求善为基础,求真是基础,求善是关键,求美则是最终目的。(肖北方、杨再隋,1995)有学者认为,语文作为信息的载体,他在实际运用中总是承载着人们所要表达的情理意趣的。在语文学科中学习语文,主要是学习承载着人们情理意趣的语文,而不是孤立的、静止的、不表现任何实际内容的语文。因此,学习语文的同时也学到了古今中外作者们所要表现的情谊理趣味。这是语文学科中学习语文的显著特点。(顾黄初,1997)

20世纪90年代以来,学界对语文工具性的认识随着人文思潮的发展而出现了弱化或轻视现象,针对此,有研究提出语文的基础工具性质,是语文教学的基点,也是语文教学改革的根本点和出发点。语文课程就是学习正确理解和熟练运用祖国语言文字的课程,语文教学必须教学生切切实实地在训练中学会操纵和使用语文工具,即着眼于掌握字、词、句、篇的运用能力,不容许离开这种语文训练去空讲大道理,空讲理论知识,并且要把训练学生运用字、词、句、篇的能力和理解语言所表达的情感与思想的能力结合起来。这种语文工具论本身即拒绝语文训练的"技术化",认为工具论会导致"技术化"是对工具论的误解。(顾之川,2013)针对"工具论"受到的冷落和批判,有研究提出:语文是一门以培养学生正确地理解和运用祖国语言文字的能力、帮助学生掌握语文工具为根本目的任务的文化基础课程,语文课教学生掌握语文工具应该做到"文道统一"。"工具论"紧紧抓住"语文课程是干什么的"这一根本问题正确地揭示了语文课程的本质。理解"工具论",应着眼于其表达的课程理念而不要只在表述形式上兜圈子,应将作为"语言"的"语文"和作为一门课程的"语文"的性质区分开来,正确看待"工具性"和"人文性"之间的主从关系。实践表明,"工具论"富于生命活力。语文教育应坚持"工具论"。(陈勇,2010)也有学者对工具论提出不同的意见,认为,"工具论"与"工具性"不是一个概念,"工具论"是指关于语文教学的一种理论,包括理论命题,以该命题为核心的范畴体系,以及得到这一命题和范畴体系的逻辑过程和思维过程;"工具论"则是这个范畴体系中中的一个核心范畴。纵观整个现代语文教育史,语文教学实际上是在不断地在不同层次上走回头路:一段时期走到工具性一极,走不通,又退回到思想性;思想性的一极还是走不通,于是又退回到工具性。(李海林,1996)因此,也有学者通过解读语文"三老"有关语文学科性质的论述,结合各版本的课程标准,对语文学科的"工具性"提出质疑。认为首先语文不等于"语言",其次,语文不等于"语文课"。因此,不能简单把语言的工具性等同于语文的工具性。(李维鼎,1997)以至于有研究者提出,语文要抛弃工具说,摆脱实用主义,坚持"文道统一",才能走上正确的道路。(包培淮,2001)

(三)关于语文课程人文性的研究

语文课程人文性特征的研究,固然发端于20世纪90年代的人文精神大讨论,更直接得益于语言学领域关于汉语人文性的相关研究。1987—1988年,复旦大学申小龙教授连续发文,关注汉语言的人文性,认为我国传统的语文研究注重汉语人文价值的阐释与开发。语文特级教师于漪以《弘扬人文,改革弊端》为题,发文称:"要走出困境,提高质量,须弘扬人文。不承认语文的人文性,必然是只注重语文形式,忽视语文内容……忽略语文的人文性,必然只强调语文工具而看不到使用语文工具的人……今日的语文教育要有中国特色,就要弘扬优秀的民族文化精神,就要有面向21世纪的浓郁的时代进取精神,变语言形式教学的单一功能为知、情、意教育统一的多功能,变低效率为高效率,尊重和发展教的个性与学的个性,探索与现代教育技术结合的途径,开创百花齐放的新局面。"在文中,于漪还指出"语文学科作为一门人文应用学科,应该是语言的工具训练与人文教育的综合"。文章在全国中语界产生了比较大的影响。(于漪,1995,第2-5页)1996年,《文汇报》刊发于漪专访《关于语文教育人文性对话》,文中,于漪再一次强调,"语文教学中工具性、人文性皆重要,不可机械割裂。抽掉人文精神,只在语言文字形式上兜圈子,语言文字就因失去灵魂、失去生命而暗淡无光,步入排列组合文字游戏的死胡同;脱离语言文字的运用,架空讲人文性,就背离了语文课,步入另一个误区。二者应有机结合,使之相得益彰"。(于漪、程红兵,1996)

有学者提出,语文教育人文性包含三层意义:一是指汉语汉字中所包含的民族的思想认识、历史文化和民族感情;二是指引导学生开掘汉语汉字的人文价值,注重体验汉族人独特的语文感受,学习中华民族的优秀文化;三是指尊重和发展个性,培养健全的人格。概括地说,语文教育人文性就是教人如何做。(吴治中,1997)有研究认为,人文精神讨论与世界课程发展趋势互相呼应,引起了课程领域对知识中所蕴含的丰富精神价值及其在培养完善人格中作的关注和挖掘。(耿娟娟,1998)针对部分教师把"人文性"简单地等同于"思想性"的现象,有学者指出,把握教材或自觉开发一切可利用的课程资源,将人文教育渗透于自然平常的教育教学过程中,渗透于学科交流整合之中,超越以往"思想教育"的狭隘单调刻板。(邵巧治,2002)也有学者认为,语文课程"人文性"的提出有其特殊的历史语境,在新课改中它一度被泛化,演变为一股"反知识"的思潮。知识进化理论提出:教育的过程是知识价值实现的过程。语文课程"人文性"的内涵可以从个体与知识的交往过程角度描述为一个"基石"的确认、两重"进化"的转变,也就是语文客观知识的文化内蕴价值被确认、发掘、内化的过程。(周敏,2009)同样,我们也要警惕语文学科人文性的"迷茫",防止对学生进行人文教育时出现实践偏差:一是简单地将语文学科的"人文性"等同于"文化性";二是在语文学科的工具性与人文性之间,片面夸大人文性。(龚晓林,2011)

关于人文性的实现路径,有学者提出,人文性在语文教材选文中基本上以显性状态呈现,相对容易发现,而在语文知识和语文教学对话中则以隐性状态呈现,相对不易觉察。因此,目前大多数人对语文课程人文性实现路径的认识还主要停留在选文上,尤其是选文的言语内容上(相对于选文的言语内容来说,其言语形式中和创作过程中内蕴的人文精神更加隐蔽)。一方面,由于认识不到人文性实现路径的多元,只能看到选文中尤其是选文言语内容中蕴涵的人文性,致使教学中不论拿到何种类型的选文,都会不顾其他而热衷于解读并拓展选文的言语内容,一定程度上导致了人文性的泛化;另一方面,对语文知识和语文教学对话中内蕴的人文性的忽视,又导致了"淡化知识"倾向和缺乏对教学对话正当性、合宜性的反思,从而又在很大程度上妨害了对选文内蕴人文精神深入、有效地解读,甚至还会出现用反人文精神的姿态来解读有人文内涵的作品!这实际上又导致了人文性繁荣表面下的依然弱化,人文性只能悬在空中。(毋小利,2014)

(四)关于语文课程"工具性与人文性统一"的研究

工具性和人文性的统一是对语文学科性质和特点的科学界定。有学者提出,"语文"学科的"文",既不是"文学",也不是"文字",它的含义是"书面语言";"语文"是"口头语言"和"书面语言"的合称。语言是人类共有的一种社会现象。语言既是物质的又是精神的。语言的功能是表达思想感情、交流思想感情,传递人类文化。语言和思维、思想既是统一的,又是有区别的。语文教学的工具性和人文性的统一,是根据语言的性质和功能确定的;小学语文是一门工具性、人文性、情感性很强的学科。语文教学体现人文性,既要突出以人为本,又要体现文化性。工具性和人文性的统一,既要体现语言形式和内容的统一,又要贯彻寓教于文。(田本娜,2002)倪文锦针对当时语文教育界,尤其是中小学一线语文教师,对语文的工具性与人文性还时有争论,在具体教学实践中仍感到难以把握的基本情况,认为不管出于何种目的或动机,只要我们忽视或轻视语文科的工具性,片面地、人为地夸大思想性或人文性,我们的语文教育就一定会受到挫折,学生不仅得不到应有的思想教育或人文熏陶,而且语文水平也必会下降无疑。(倪文锦,2007)有研究者从"以人为本"的指导思想出发,认为培养学生的语文能力,是语文课"人文性"的题中应有之义,切不可把"人文性"和"工具性"对立起来。(王世堪,2009)针对具体教学实践环节出现的"重工具轻人文"或"重人文轻工具"现象,有研究提出工具性和人文性不可偏废,要根据语文教学全过程进行适时调整。即小学阶段:工具为基,人文为助;初中阶段:工具为轴,人文为领;高中阶段:工具为本,人文为用。让"工具性"与"人文性"在语文教学全过程中动态前行。(刘月娥、李臣之,2015)

(五)其他性质的研究

1954年,在时任教育部副部长兼人民教育出版社社长叶圣陶先生主持讨论通过的《改进小学语文教学的初步意见》中,提出通过文学作品、科学知识等教学,培养儿童的社会主义政治方向、辩证唯物主义世界观的基础和共产主义的道德。该文件进一步针对教学中出现的思想政治教育混乱现象指出,语文学科的思想政治教育就包括在语文教学当中,并不是什么"外加"的项目。有的教师片面地强调思想政治教育,于语文教学外,牵强附会,节外生枝,胡乱"联系实际",把语文课当作政治课。有的老师恰恰相反,读读写写,死抠文字,置教材的思想政治内容于不顾。《意见》还指出,语文教学的过程中就包括了思想政治教育,要从对教材的透彻理解当中贯彻思想政治教育的目的。针对语文教学中过于强调思想政治教育的现象,蒋仲仁发文称,不要把语文课讲成政治课,于是有关政治的一点儿也不敢提及;不要把语文课讲成文学课,于是有关文学的一点儿也不提及。这两面都太机械,都太绝对化。为了避免这种机械的绝对化的理解,比较全面的提法是:"一般不要把语文课讲成政治课,或者讲成文学课"。(蒋仲仁,1964)语文课就是语文课,它不是政治课,不能把语文课当政治课教。如果把语文课教成政治课,目的虽是为了政治服务,是为国家需要服务,但其结果恰恰对社会主义建设不利。因此,要把语文课教好,必须明确以下几个问题。首先要认识语文基本训练的重要性。其次,认识学好语文的关键是多读多写,其他省劲的办法是没有的。更重要的是,我们在进行语文教学时,要把思想政治教育和语文基本训练统一起来,每讲一篇课文,就要认真讲清课文本身的思想内容,但不要过多地牵扯许多枝节问题。课文本身讲得深透,学生自然就会得到启发,受到思想教育。然后就要讲如何运用语言文字表达思想内容。这方面,讲得越认真,学生对语言文字理解也就越深刻。这样互相渗透,互相作用,不但语文基本训练可以进行得踏实有效,思想政治教育也会进行得有声有色。(洛寒,1961)张志公认为,教学的科学性从教学的内容以及这些内容的安排组织上反映出来,具体地说,首先从教材中反映出来。同时,也从教学工作中反映出来。就教学工作来说,科学是基础。但是,仅仅有科学性是不够的,还需要有教学艺术。我们平常说,在语文教学中要用好的东西对学生进行感染熏陶,潜移默化。能够做到这一点就是很高的教学艺术。(张志公,1979)

  语文到底姓什么?21世纪初,《中学语文教学》刊发了系列文章,有学者认为语文学科的性质应为言语性。如潘新和提出,"言语",指的是个人在特定语境中的具体的语言运用和表现。"语言"来自"言语","言语"包含了"语言"。"言语性",是指语文课程所独具的学习"个人在特定语境中的具体的语言运用和表现"的特殊属性。简而言之,语文课程的特性,即学习言语,包括学习语言,但终极目的是学习言语,学习言语,包括学习个人的口头语言与书面语言的实际运用和表现。(潘新和,2001)也有学者认为,语文课程的性质就是语言性,是以语言为本位的教育,并认为这一假设具有丰富的理论内涵和多维的性质包容性,对语文课程的改革与发展具有重要的实践意义。(岳增学、孙福坤,2005)贡如云提出,语文课程的性质可以抽象为话语经验,即语文课程是通过学生主体的话语实践,并与外在教学环境进行持续互动,进而获得话语经验的一门课程。话语经验课程论有助于我们重构语文教育目的观,有助于省察语文课程的核心目标,有助于建构文本解读的新范式,有助于反思母语教育的公平问题。(贡如云,2019)

(六)课程性质的国际视野

甘其勋在对"中外语文学科性质观"进行比较之后,提议将"思想性"或"人文性"与"工具性"框架"闲置"起来:"如果(对于文科性质)短期内难以完全达成共识,不妨借鉴国外的两种做法:一是暂时搁置,不做争论,寓学科性质于各项教学目标之中;二是不对'语文'的性质作笼统的界定,而分别界定阅读、写作、口语交际各子项的性质,以免纯概念之争,而把主要精力集中于研究语文教育的更为紧迫的实际问题"。(刘士镇、洪宗礼,2001)耿红卫认为,很多国家的语文课程都很重视语文自身的工具价值,注重语言文字的实际运用,强调"在任何领域的学习中,语言都是重要工具"。在加强语文基础知识的学习、发展学生智力的同时,国外一些语文课程也极其关注对学生的文学熏陶。尽管许多国家语文课程标准并未单列"思想道德教育目标",但它们都很重视语文课程的育人功能,注意提高学生的伦理道德,帮助他们形成国家观念,将其培养成为有责任心的公民。(耿红卫,2008)倪文锦则从更宽阔的视野来看待这一问题,指出,围绕语文课程性质与范围,人们的探索没有停滞不前,并出现了一些新的观点。比如韩国1997年公布的"国语教育课程"标准,对该课程的性质陈述反映的教育思想相当广泛,显而易见,"这种性质观是难以用工具性和人文性一句话就可以概括的"。(刘士镇、洪宗礼,2001)韩雪比较分析了美、英、德、法、日、苏、中七国母语课程标准,得出以下四点启示:一是七国中小学语文科的性质及其教育目的的确立都经历了一个或长或短的历史演变过程;二是语文科性质和教育目的同社会的政治制度、科技发展程度、文化教育传统息息相关;三是语文科性质和教育目的同各国教育体制和学制状况密切相关;四是语文科性质和教育目的同教育理论的发展水平密切相关。(朱绍禹、庄文中,2001)

二、小学语文课程标准研究

70年来,我国一共颁布了三个小学语文课程标准,五部小学语文教学大纲,分别为1950年《小学语文课程暂行标准(草案)》、1956年《小学语文教学大纲(草案)》、1963年《全日制小学语文教学大纲(草案)》、1978年《全日制十年制学校小学语文教学大纲（试行草案）》、1986年《全日制小学语文教学大纲》、1992年《九年义务教育全日制小学语文教学大纲(试用)》、2001年《全日制义务教育语文课程标准(实验稿)》、2011年《义务教育语文课程标准》等。作为教材编写、教师教学和学生学习的主要依据,历年教学大纲、课程标准的颁布实施,都会在学界引起热烈的探讨。

(一)中华人民共和国成立后小学语文课程标准(教学大纲)的学习心得

1957年,《江苏教育》围绕新发布的《小学语文教学大纲(草案)》,针对"为什么说发展儿童语言是小学语文科的基本任务"这一话题开展了学习讨论,有研究者提出这要从语言和思维的关系来看。言语是表达思想的工具。思想只有用言语表达出来,只有经过言语倾吐出来,只有被传达和被体现出来的时候,它才能成为思想。所以,教儿童学习语言,同时也就是发展他们的思维。(吴攸之,1957)蒋仲仁分别以《小学语文科的任务》《小学识字教学》《小学的阅读教学》《小学语文课文学作品的教学》《小学的汉语教学》《小学的作文教学》等为题目发表了七篇《全日制小学语文教学大纲(草案)》学习笔记。有研究指出,要钻研好教材,要求教师还需有政治理论知识、社会知识和自然知识等。但从语文的基础知识来看,主要还是以上几方面,其中又应以语言知识为基础。为提高业务水平,教师必须通过钻研教材和业务进修,下决心把语言基础知识学好,学扎实,达到能在钻研具体语文时灵活运用这些知识的要求。(黎厚垣,1962)也有学者在学习2001年颁布的《全日制义务教育语文课程标准(实验稿)》时,将其与历届大纲比较阅读,提出过去我国中小学课程设计过于注重学科课程,忽视综合课程和综合实践活动,把学生定格在书本世界里,断绝了和生活世界的联系。课程学习强调理论性,忽视实践性,注重认知,忽视学生个体对客观世界的体验、感悟,使课程远离学生的生活实际,失去了实践和应用的价值。(杨再隋,2001)

21世纪以来,随着新课改的逐步深入,以及《全日制义务教育语文课程标准》(实验稿)、《义务教育语文课程标准》(2011年版)的颁布实施,相关解读和研究工作也随着增多,相关著作如杨鼎夫等编《小学语文课程标准解读与课例分析》(广东人民出版社,2003),林治金、张茂聪主编《小学语文课程标准研究与实施》(山东教育出版社,2005),赵翠明、申晓辉主编《小学语文课程标准与教学》(苏州大学出版社,2015),陈晓波、张洪玲主编的《课程标准解析与教学指导·小学语文》(北京师范大学出版社,2019)等,这些著作均以课程标准的研修为切入点,对课程理念、课程目标、课程内容及实施建议等进行深入比较、分析和解读。在此基础上,从实践层面上帮助教师更好地理解课程标准的要求,通过案例帮助教师在课堂教学中落实新版课程标准的理念。

(二)对课程标准(教学大纲)内容的研究

课程标准(教学大纲)是指导学科教学的纲领性文件,要有较高的理论站位和科学依据;也要有明确的指导性和可操作性。有研究从理论层面、文本呈现、文本表述三个方面,反思《全日制义务教育语文课程标准(实验稿)》中存在的问题。认为课标在理论层面缺少科学系统的理论支撑;文本呈现方式方面,谁是《标准》的读者群模糊不清;文本表述不够准确。研究继续指出,《标准》的真正读者应该是一线教师、学生、家长,必须让他们一看就懂,就知道做什么,而目前的定位仿佛是研制者自己,是从事语文教育教学研究的专家学者。于是一本本的解读出现了,一篇篇的文章发表了,但《标准》的具体实施者——教师,仍然不懂。研究还指出,研制人员忙着借鉴外国理念,贩卖"各种"似懂非懂的词汇,定错了读者群,忽略了《标准》的通俗性与可读性。(王玲,2003)有学者通过解读1963年的语文教学大纲,认为克服语文教学的随意性,追求确定性的课程内容,是我国语文教育界应继续努力的方向。1956年中小学语文分科教学大纲的核心便是追求语文课程内容的确定性。其编制的经验和教训说明:没有课程内容支撑的课程目标,必定落空;不指向课程目标的课程内容,绝不是合适的内容;课程目标变化,必然要求课程内容做相应的调整;课程内容不变,变化了的课程目标注定不可能实现。这也提示我们:语文课程标准的研制,要把重心放到课程目标的支撑研究上,放到课程内容的目标指向研究上,尤其要做好具体项目的研制这一基础工作。(王荣生,2008)

对于课程标准内容的准确性,有学者认为,目前语文课程诸标准内部和相互之间存在着严重分歧甚至矛盾,由此引发了语文教学的诸多弊病。研究提出,要想消除这种分歧、矛盾与弊病,必须让语文课程持有一个共同的基本标准。这个基本标准来自四个方面:首先,规范性标准:即规范性内容是否正确,包括字音、字形、字义、语法形式等是否正确。其次,生活常识标准:即是否符合生活认知常理,用到生活常理的,应用生活常理判断;如果明显违背常理,那就应该否定。再次,话语关联标准:即是否符合话语认知规律,如果话语前后缺乏明显联系、话语前后联系不指向交际目标、话语前后联系明显错误,那就应该否定。符合话语认知规律的正确程度来自话语前后联系指向交际目标的紧密程度。最后,公度标准:依据前三个标准,语言使用者之间深入具体语境互相探讨,批判检验,最大限度地求得一致,以保证语文课程具体实践中求得操作上的对话协调与有效沟通。基础教育课程改革背景下的语文课程标准也必须接受这个基本标准的制约。(王元华,2011)

(三)小学语文课程标准的比较研究

1.不同时期课程标准(教学大纲)的纵向比较。历年课程标准(教学大纲)的编制,既有其根据时代要求进行的创新,同时也体现了一定的继承性,这就给不同时期、不同版本的课程标准(教学大纲)的纵向比较研究提供了很好的条件。2001年7月颁布的《全日制义务教育语文课程标准》在旧大纲的基础上进行了较大幅度的调整。有研究指出,从外在形式上看,改动较大,尤其是教学评价一部分,在大纲中仅2000年版中将其列为一个单独部分,且仅用数百字篇幅表达,而在新标准中,不仅从总体上说明了评价的思路,而且从识字与写字、阅读、写作、口语交际、综合性学习等五个方面提出了详细的评价建议。这种变化体现了内在思想的深层变革。(程晓云,2002)有研究通过对 2001 版《全日制义务教育语文课程标准》与中华人民共和国成立以前的课程标准(1929—1949)进行比较,提出新课标应增加文学欣赏种类,尤其是文学名著、歌词、戏剧和期刊的阅读,大力提倡演讲和辩论,加强阅读基本功练习,重视练习的实用性。(王旻霞,2005)有学者对中华人民共和国成立以来不同时期语文教学大纲(课程标准)在小学识字量方面的规定,从应"识"、应"会"总字量,各学段(年级)应"识"、应"会"字量和识字程度要求三个项目进行比较分析,发现不同时期语文教学大纲(课程标准)在小学识字量方面的规定不断发生变化,这种变化显得无序而随意。在语料库统计技术日益完善的今天,要研制《基础教育常用字表》,就需建立与小学生学习和生活有关的种种大型语料库,把识字教学和小学生的未来发展联系起来。(胡根林、陶本一,2009)也有研究者以小学语文课程标准(教学大纲)为切入点,纵向比较百年来汉语拼音课程功能定位、内容要求、时间安排及教学方法等,可看出我们必须要坚守汉语拼音识字与正音的功能定位,减少不必要的烦琐内容。(姜俐冰,2018)有学者考察出设科以来文言文"浅易"标准的研制关乎教学材料的选择与难易度。研究指出,自概念提出以来,各个时代的各种课程标准对"浅易文言文"的规定与表达一直比较模糊。对"浅易"的界定基本原则:以具体古书为例界说;由词汇与句法的常见与否界定;不依时代的远近定难易;依文章质量而定;依合乎中学生的阅读心理而定。(张秋玲,2013)

2.中外课程标准的比较研究。改革开放以来,随着教学大纲、课程标准研究的深入,尤其是随着中外教育交往的日益频繁,中外课程标准的比较研究方兴未艾。1999 年 5 月,小学初中语文教材教法课程标准改革研讨会在华中师范大学举行,会议论题包括国外及港台地区小学初中语文(母语)教学标准、内容、方法比较研究、我国小学初中语文教材教法改革趋向研究,以及新语文课程标准、新教材编写设想、新的教学方式和评价标准等。一方面,中外教学大纲的比较研究成为研究的热点。期刊方面,有学者对比了中韩两国的小学教学大纲,认为两者在体例、性质和目的上大同小异;教学内容和要求有些差异,即中国大纲没有明示"内容体系""国语知识"和"文学常识",韩国的课程没有明示"教学的总要求",在"识字写字"等方面也没有明确要求;两国在教学方法和教学评估方面也有不同。(权瑚,2001)图书方面,有学者分别对比分析了中国与美国、英国、澳大利亚、日本、韩国、新西兰、爱尔兰、芬兰、新加坡、南非、加拿大大不列颠哥伦比亚省等国家或地区的小学母语课程标准,通过多国比较研究中得出概括性结论,提炼出修订、完善我国语文课程标准的若干启示。(刘华,2017)有研究者对英、法、美、俄、日、新加坡等国家关于母语教育规律的认识,以及母语课程的实践(如课程设置形态、教学目标、教材编写、教学过程,教学方法等),做了比较科学的研究。(吴忠豪,2009)有学者比较了中国、美国、日本等国家的小学语文课程标准和小学语文教材的演变历程与特点,结合不同国家的案例,分析了教材结构和内容,着重指明了世界小学语文课程标准和小学语文教材改革的发展趋势。(夏家发,2012)有学者对美国、俄罗斯、英国、德国、日本等五国的小学语文课程作简要介绍与异同比较,从课程属性及课程的重要性都有较为深入的比较研究。(何晓文,1996)有研究对比了中美两国的义务教育语文课程标准在理念与设计思路、目标与内容、实施建议等方面的异同。文章认为,美国语文课程标准比我国语文课程标准更加重视教育公平,其课程目标设置更为细致。二者的比较为我国语文课程标准的进一步完善提供了诸多启示:应重视相关研究结论和研究证据的支持,提高课程标准的实证性;着力课程目标细化、具体化,增强可操作性、可评估性;加强学科联系与交叉,重视跨学科学习语文。(曾素林、郭元祥,2013)通过中美澳三国母语课程标准比较分析,有研究发现我国语文在课程标准结构上存在能力表现标准缺失,课程目标缺乏清晰可操作性,课标层级缺乏组织性等问题。借鉴美澳课程标准的优点,我国课程标准需要在课标结构上完善能力表现标准,增强课标表述的清晰规范性,让课标成为教学与评价的依据。(杨钦芬,2016)通过对比中外小学语文课程目标,对当前我国小学语文教学提出以下启示:在课程目标设置上,变"阅读核心"为"表达核心";在教材编写上,变"阅读教材"为"语文教材";在教学时间

分配上,变"阅读主导"为"表达主导";在教学内容上,变"理解课文"为"表达实践"。(吴忠豪、陈建先,2008)

3.对外国课程标准的研究。伴随着出国访学机会的增多,海外文献引介的便捷,针对外国母语课程标准的研究也取得了一定的进展。有学者通过对比德国两个州的课程标准,提出,我国语文课程标准研制中的课程形态设计,要强化对课程形态的内部论证,增强对多种语文课程形态的容纳力。(王荣生,2007)金荷华通过分析德国、日本、法国等国家的课程标准,有学者指出21世纪以来世界各国语文课程标准在结构模式及内容编排各具个性特色,具有代表性的有三种:"能力说"特色;"内容说"与"能力说"兼具特色;"课程设计与评价整合"特色。进一步指出我国现行《语文课程标准》在结构模式及内容呈现方面都有需要改进之处。突出的问题是:缺乏规范教学内容的"内容标准"和便于操作的"能力标准";忽略母语学习中的重要内容,如词汇语法等;使用者必须在研究解读中改进并完善。(金荷华,2011)

4.与港澳台地区的比较。改革开放以来,两岸四地经贸交往频繁,文化交流也开展得如火如荼,这为四地语文教育的互鉴提供了基础。有研究通过比较大陆《语文课程标准》(实验本)与台湾《语文课程纲要》,认为,海峡两岸语文课程在课程构架、课程目标、课程路向方面体现出我国语文课程发展的新特点,在课程理念、能力指标、教材编选上各具特色。强调指出,教师参与课程、再建构课程是真正落实课程文件的关键所在。(韩艳梅,2003)有学者从共性元素、独创性元素、所属的结构类型及其整体性与阶段性四个方面比较两岸四地语文课程标准的框架结构,分析异同,从中发现对汉语文课程标准的基本结构规律四地是有共识的,但两岸四地语文课程标准在框架结构的完整性、关联性等方面仍需加强。(王红岩,2010)

三、小学语文课程目标研究

学习祖国语言文字的运用,是小学语文课程的重要目标之一,这点早在语文设科之处即有定论。1903年,由晚清政府颁布的《奏定学堂章程》中提出,中国文学"其要义在使通四民常用之理,解四民常用之词句,以备应世达意之用。并使习同行之官话,期于全国语言统一,民志因之团结"。1923年《小学国语课程纲要》的课程目标为:"练习运用通常的语言文字,引起读书趣味,养成发表能力,并涵养性情,启发想象力及思想力。"1932年《小学课程标准国语》的目标从以下四个方面进行表述:"练习运用国语,养成正确的听力和发表力;学习平易的语体文,欣赏儿童文学,培养阅读能力与兴趣;练习作文,养成发表情意的能力;练习写字,养成正确的书写能力。"从最初的寥寥数语,到后来系统地提出听说读写的能力目标,语文课程标准在目标制定上取得了长足的发展。

中华人民共和国成立后,教育领域全面学习苏联,中小学和高等教育均"以俄为师",在教育领域凯洛夫的《教育学》对我国影响深远,强调进行共产主义教育,教育的价值取向来自于苏联。语文课程需要帮助学生树立社会主义政治方向;培养辩证唯物主义世界观;培养共产主义道德,特别是爱国主义精神,共产主义劳动态度,集体主义精神,自觉地遵守纪律的精神,爱护公共财物和坚韧、勇敢、谦逊、诚实、俭朴等品德,热爱祖国语言文学,提高认识能力,发展想象能力;培养正确的审美观点,特别是对社会生活的明辨是非、善恶观念和热烈的爱憎感情。"文革"期间全国没有统一的语文课程标准和课程目标,各地按照当时的政治思想路线自行编写教材,语文课程目标的德育功能发挥到极致,被认为是"阶级斗争工具",语文课程目标的美育、智育要素被忽视,进入价值迷失时期。"文革"结束后,教育领域开始逐步肃清遗留的问题,重构语文课程目标的价值取向,社会主义价值观一直贯穿于此后的语文改革中。1978年教学大纲的教学目的和要求为:从小培养学生的无产阶级世界观,培养学生识字、看书、作文的能力,初步培养准确、鲜明、生动的文风。1980年,提出小学语文教学"必须重视从小培养学生的无产阶级世界观"。1986年小学语文教学大纲强调培养有理想、有道德、有文化、有纪律的社会主义公民,培养学生听说读写能力和良好的学习习惯,并进行思想品德教育。1991年对现行小学语文大纲进行补充,强调进行了解中国历史文化的教育,弘扬民族文化与民族精神。自此,语文教育目标一直延续到2000年。2000年新颁布的小学语文教学大纲中新增加入"立足学生的发展,为其终身学习、生活、工作奠定基础"。

2001年,我国开始新课改,第一次明确使用了"课程目标"这一术语,颁布《全日制义务教育语文课程标准(实验稿)》,课程目标面向全体学生,致力于使每一个学生都能获得现代公民必须具备的基本语文素养,用"语文素养"取代"语文能力",使学生爱学习、会学习,为终身教育服务。课程目标根据"知识和能力""过程和方法""情感态度和价值观"三个维度展开设计,分为总目标和阶段目标,通过识字与写字、阅读、写作、口语交际、综合性学习五个方面表现出来。2011年,颁布《义务教育语文课程标准(2011年版)》,在2001年实验稿的基础上,对课程目标增加了发展个性、培养合作精神、学习科学的思想方法、发展感受和理解能力这些新要求,强调激发学生的主动意识和问题意识。对于课程目标的研究,可以从理论架构、实践与反思等角度进行归纳。

(一)语文课程目标的理论架构

20世纪90年代以来,陆续有研究者关注语文课程的目标,开展了卓有成效的研究。雷实提出"教育目标的新三级层次",即"态度与技能""实用技术""知识"三级层次,引人注目地将"态度"与"技能"并列在一起。雷实论述道:"通过语文教学,从小就应培养少年儿童通过听说读写主动获取信息,并能分辨正误、好坏,在日常言语交际中做互相理解和关心;学习摆事实讲道理,独立思考,不屈从也不固执;确定文责自负、言而有信的基本态度等等。这类目标已不单单是技能培养,而是一代好文风、一代好人风的培养。未来的语文教学必须将此置于重要地位,强调这一方面的要求"。(雷实,1998)郑国民根据现代课程理论和改革的基本理念,尝试把语文教育课程目标体系分为情感态度养成、能力发展和语文知识、文化的积累三个领域。在这个体系中,能力发展是核心,知识、文化积累是基础,情感态度养成是灵魂,是保证能力发展和知识、文化积累的必要条件。三者之间相互依存、相互促进。(郑国民,2000)王荣生认为语文课程目标第一层表述为"教学目的",第二层次表述为"教学内容和要求",同时认为态度、策略和能力三足鼎立,将构成今后中小学语文课程目标的基本框架。(王荣生,2001)方智范认为,《义务教育语文课程标准(实验稿)》制定课程目标的出发点包括:①

从全面提高学生语文素养的理念出发,加强了课程目标中"情感态度与价值观"这一重要维度。也就是说,培养学生高尚的道德情操和健康的审美情趣,形成正确的价值观和积极的人生态度是语文课程的重要内容,而不是一种外在的附加任务。②从语文课程的性质和特点出发,突出课程目标的实践性,将"过程与方法"这一维度也作为目标的组成部分。③从现代社会对未来公民素质的要求出发,对语文的"知识与能力"这一维度也有新的理解。当今已是信息化时代信息的多样性和信息传播的多渠道是这一时代的显著特点;人际交往不仅普遍,而且日益显得重要,对人的实践能力和创新能力的要求也越来越高。因此,现代公民所应具备的语文能力就不仅仅局限于过去所理解的相对狭隘的听说读写能力,而有了新的含义。(方智范,2002)薛晓嫘提出,语文课程目标是预期的语文学习结果。根据谁定目标与谁用目标的划分,将教育目标分为教育目的、课程目标和教学目标三个层级。课程目标由学科专家制定;是社会对学校教育的宏观计划;具有终极意义是教学的方向目标;是对教学的总体要求对各类学校的所有教学活动都起着指导作用;体现着社会的意志和要求具有主观性和指令性在某一历史时期相对稳定。文学习作应纳入语文课程目标在实用文体写作之外再加文学习作,看似增加了学生的学业负担,其实不然。一味地写作实用文体,学生易生枯燥单调之感;适当穿插几次文学写作,换一换思维方式、变一变言说方式、表达技法,学生反会增添兴趣。(薛晓嫘,2006)也有研究者探讨以培育写作五大素养为目标,彻底改变之前以阅读学、文章学、语言学、文艺学知识构成的"大杂烩"式认知背景,以培育写作者、立言者为目的,以"表现—存在论"语文学为基本认知背景,建构科学的语文课程目标与内容体系。(潘苇杭、潘新和,2015)

关于总目标,有研究认为三维目标总体上没有主次之分,但考虑到以往大纲过分强调知识和能力的偏失和目前语文教学实际的需要时突出了情感态度和价值观维度,强调了过程和方法维度,其实质即三个统一(过程与结果、认知与情感、接受与体验)。认为十条"总目标"涵盖了语文素养的各个方面,在设计上体现了层次性和交融性的特点。贯彻落实"总目标"的要求时必须"突出主体性、体现时代性、强化实践性"。(郭根福,2004)崔峦认为"总目标"努力体现课程性质,加强课程的实践性与学生学习的自主性,使目标具有时代性和前瞻性;"阶段目标"注重体现学习目标的整体性、阶段性和连续性,正确处理基础性与发展性的关系,明确提出情感态度和学习习惯方面的目标。目标从三个维度提出、体现新思路以外,还表现在:课程目标很好地体现了语文课程的基本理念,特别是全面提高语文素养的理念,转变学习方式,使学生学会学习的理念。(崔峦,2002)

(二)课程目标的实践与反思

随着我国课程与教学理论的发展,人们对课程目标研究的逐渐深入,课程目标研究取得了一定成就。改革开放以来,我国课程目标研究从"双基"到"三维目标",再到如今的"核心素养"时代,逐渐适应了时代发展对人才提出的需求。关于语文课程目标的实践及反思研究的主体往往是广大教育工作者。这方面的成果大致可分为两类:一类是领会、把握新课标的精神,属于间接实践;一类是将新课标的精神具体运用到语文教学的心得与体会,介绍在语文教学中实施的方法与经验,属于实践求真。就实践而言,随着新课改的开展,"三维目标"在落地的过程中产生了一系列的问题。有研究指出,在不少实施新课标的公开课里,上课者力求充分展示"三维目标"之如何贯彻落实;评课者也将"三维目标"作为尺度来评价一堂课是"传统的"还是"现代的",并以此区分公开课的优劣。该研究指出,要把握好"三维目标"各维度之间的关系,比较积极而稳妥的做法是在注重基础知识和基本技能的同时,关注过程与方法、情感态度与价值观。(廖晓翔,2005)张璐璐认为语文教学应该注意语文基础知识、基本技能,更注意政治思想教育;注意智力因素培养,更注意非智力因素培养。在语文教育过程中,注意教育的实践性,更要注意教育的综合性,使语文素养的各个方面都同时得到有机和谐的发展。(张璐璐,2002)有学者系统的回顾了三维目标研究的成果,将研究分为解读、争论和反思三个阶段。认为课程改革三维目标研究中存在的主要问题主要是层次不明,缺乏定位;概念分歧,缺乏深化;研究薄弱,指导乏力;方法单一,缺乏多元。(谢淑海,2012)王策三曾提到三维目标的"虚化"问题,认为三维目标在理论上是没有经过充分研究的,是有重大缺陷的,缺陷在什么地方呢?它没有指明三者各自的地位以及它们之间的结构和关系。(王策三,2006)关于改进课程目标的策略方面,有学者提出了新课程三维目标如何整体实现的策略:多维性与整体性的统一、一致性和差异性的统一、显性目标与隐性目标的统一、横向关联与纵向层次的统一。(任京民,2009)

郑国民认为课程目标取向的选择是编制课程目标的重要环节。从理论而言是在过程与结果、隐性与显性、唤起性与规定性之间的选择与侧重。在实际决策过程中,对现实课程目标取向的恰切分析,决策的理性和情境性、课程实施者以及课程理论研究和课程实验的现状等因素都制约着课程目标取向的选择。(郑国民,2002)陈玲玲则以2006年扬州中考语文试题为例,从七个方面说明语文课程目标精神的领会和运用。就反思而言,主要表现为对教学大纲中教学目的暴露的缺陷、大胆的质疑以及对现行课程标准中课程目标的细枝末节的修修补补。有学者从交际学的角度确定了口语交际能力的构成要素,在借鉴美、日、英等国的小学语文口语交际课程目标的基础上,结合对语文教育专家的访谈,提出了我国小学语文口语交际课程目标。(史力范等,2009)张云鹰认为,小学语文活动课则作为语文学科课有机组成部分,对实现小学语文教学目标、促进学生整体素质的提高,起着举足轻重的作用。它的整个活动过程都贯穿着发挥学生主体性这一基本思想,其主要目的是在语言实践的活动中,增强学生主体意识,发展学生主体能力,塑造学生主体人格,尊重学生兴趣、爱好的需要。(张云鹰,2003)雷实认为百年来中国语文课程设计的文化开放,走过一条"西学东渐—半开放—封闭—努力全开放"的曲折之路。在改革开放的大背景下,我国基础教育语文课程在内容、目标、策略等方面重新设计,给语文课程带来了积极变化:语文课程标准明确提出要"尊重和理解多元文化""吸取人类优秀文化的营养""了解人类丰富的社会生活和情感世界",语文课程目标有了新亮点,语文教材进步明显。我们还需不断地从世界母语课程的新发展中汲取营养,解决语文课程仍然存在的关键性问题,努力做到文化开放的深度相知与理性相和。(雷实,2017)

四、小学语文课程改革研究

1989年,北师大实验中学教师沈心天、谭雪莲、陈云澂发表《关于高中语文课程改革的粗浅探讨》,介绍该校语文教材教法十年改革的成绩与思考,从而拉开了中小学课程改革研究的序幕。

(一)关于语文课程改革目标及基本理念的研究

搞好中小学语文课程改革对于实施素质教育来说至关重要。有研究结合山东龙口实验小学的教学改革实践,提出"双轨课程"的改革设想。所谓双轨课程结构,就是把小学语文课程分为课堂教学与实践教学两大部分:课堂教学以本为本,精读精讲,保证基础训练,实行"我教你学",称为"甲轨";实践教学是自选内容,随读随写,提倡自我发展,实行"你学我教",称"乙轨"。即课内与课外双轨运行。(徐志铁,1998)雷实提出,语文课程改革应根据这些要求,从中小学课程的整体性改革目标出发,全面认识其学科性质,调整其价值取向,重新确定它的目标体系,更新知识内容,变革教学方式。为此,应就语文课程改革的基本观念继续深入讨论。首先,关于工具性与思想性。雷实认为任何时候也不能否定语文学科的工具性特征。语文学科的思想性是指通过语文教学对学生进行思想道德教育,这是语文课程重要而又必然的目标。其次,关于人文性和科学性。雷实提出,提倡人文性,多是强调语文学习的文学熏陶、文化价值、审美教育、情感培养、人格完善等诸多"非工具性能力"的培养目标。还有"灵感、顿悟、直觉"等"非逻辑认识能力"的培养。人文性、工具性、思想性三者(或加之其他特性)既有区别也有着紧密的联系,将其割裂甚至对立起来也是不妥的。语文教学同样要让学生了解科学的进展,学习科学的表达方式,从而树立科学态度,培养创新精神。最后,关于语文课本与语文课程资源的开发。雷实认为,在课程开发上,完全集中与地方割据都不利于学校课程的充分开发。这就要求校长、语文教师掌握语文教学的发展趋势,发掘本地的课程资源,为学生的充分发展,运用好手中的课程开发权利。围绕这一改革将有许多前期研究和培训工作,现行语文教学研究、辅导、评价的运行机制也将作出相应的改变。(雷实,2000)郑国民指出,语文课程改革的基本理念包括:语文教学在培养合格公民方面的基础性作用;语文教学应该面向全体学生,使每位学生都获得自信心和成就感;语文教学过程是学生主动体验、积极参与和探究的过程;重视源头活水,加强语文教学和社会生活的紧密结合;语文教学应该符合祖国语言文字的特点和规律,重视语文学习习惯的养成;语文教学要适应信息化社会的新变化,鼓励学生充分利用各种信息源,拓宽视野,获得选择、判断信息的技能;建立全面的、有利于学生发挥潜能的评价机制。(郑国民,2000)顾黄初认为,语文学科课程改革的趋势大致可以从目标的多元化、内容的综合化、结构的板块化、要求的弹性化等角度去理解。(顾黄初,2000)王荣生结合香港特区中国语文课程改革及发展的趋势,提出进入20世纪90年代,香港大大加快了中小学课程改革的步伐,新的课程政策接连出台,其中对内地语文课程影响比较大的,是内地语文及文化课程的引进、目标为本课程的实施和对校本课程的推行这三项。三项改革的总方向,是摆脱过于依赖"教科书"的"教教材",从而使中国语文课程与教学切合学生的学习兴趣、能力和需要。旗帜鲜明地倡导语文课程的"师本"构建,是香港21世纪中国语文课程改革的方向,然而如何构建"校本"乃至"师本"的语文课程、如何动用广泛的"学习材料"自行编制适应于特定学生的教材,也是当前亟待解决的问题。(王荣生,2002)倪文锦在《当前我国语文课程改革十大特点与趋势》一文中认为,从宏观上看,本次语文课程改革的特点和发展趋势主要有以下几点。一是坚持先进的课程理念,在正确的课程理论指导下改革;二是在课程性质上,坚持工具性与人文性的统一;三是淡化"语文知识"和机械训练,突出言语实践活动;四是新课程的教学,信息化和素质化的两种趋势将日益明显;五是关注传统,弘扬民族文化,强调人文精神的培养;六是面向未来,增强课程的现代意识,加强信息技术的运用;七是加强学生的学习主体地位,倡导研究性学习;八是教师角色与教学方式将发生重大转变;九是教材编写注重心理学基础,程序性知识将得到加强;十是课程评价重视知识与能力、情感与态度以及价值观的综合评价。

(二)关于语文课程改革应注意的问题的研究

2003年至2004年,崔峦在《小学语文教学》以七篇连载的形式发表长篇论文《课程改革中的语文教学》,在对语文课进行反思的前提下,从"对课改的基本估计""课改中的识字、写字教学""课改中的阅读教学""课改中的习作教学""课改中的口语交际教学""课改中的综合性学习"等六个方面系统分析课改中出现的问题,探讨应对策略。2004年,崔峦又发表了《小学语文课程改革要正确处理四个关系》一文,认为小学语文课程改革中要正确处理好四个关系:一是准确理解语文课程的性质、特点,正确处理工具性与人文性的关系;二是全面提高学生的语文素养,正确处理学习语文与学习做人的关系;三是强化"导学"功能,正确处理接受性学习与自主、合作、探究学习的关系;四是增强资源意识,正确处理用好教科书与开发、利用相关课程资源的关系。(崔峦,2004)韦志成也认为,在新课程实施中存在一些棘手的问题,包括:语文课程目标与全面育人的关系;教师角色转换与学生的关系;师生平等对话与讲授的关系;注重体验与训练的关系;语文教科书与课程资源的关系;语文课程特点与综合性学习的关系;乐学与苦学的关系;课程评价与考试的关系,语文教育继承与创新的关系;母语教育与借鉴国外母语教育经验的关系等方面。(韦志成,2004)范冬梅认为,语文课程改革中出现了诸多问题,主要包括:工具与人文相结合,切实转变语文课程性质观;知识能力,过程方法与情意相结合,全面提高学生的语文素养;知识能力,过程方法与情意相结合,全面提高学生的语文素养等三个方面。(范冬梅,2009)也有学者提出,小学语文课程由封闭式向开放式转变是学科发展的必然趋势,对形成学生的语文能力多有裨益。开放式小学语文课程应具有以下特征:首先,全面体现语文课程的价值;其次,拓展学生学习时间和空间,建立开放的课程结构;再次,在大课程观的指导下,实现学习方式的多样化。(魏薇,2001)

(三)关于语文课程改革的内容

赖瑞云指出,《全日制义务教育语文课程标准(实验稿)》在表述课程的新理念时,"体验"一词是使用频率最高的词之一,一共有16处,几乎分布在每个部分。体验类词语,除"体验"本身外,最多出现的词组是"情感体验""独特体验",还有"审美体验""体验情感"等等。文章以为,在语文课程中侧重使用这一词很有道理,是课程改革理论的一般原理运用于具体实践的很好体现。语文文课程标准侧重用了"体验"以及情感体验、独特体验、审美体验等概念,是理论(课程改革理论)运用于具体实践的很好体现。它把这一切加起来,既针对了文学的情感性、形象性(直观可感)的特点,又针对了我国以往教育中学生主动参与、自觉发现太少的弊端。(赖瑞云,2002)基于语用学的建构,基础教育语文课程改革呈现出统一、有序、明晰、高瞻远瞩的格局,即以语用体验为核心,以话语为基本单位,将语言要素和规则层面的语形、语义和生活体验层面的个人状况、自然和社会情境,整合为"人—文语境"。经过"语境化",建构语文教学以及语文教学所涵盖的话语、说话者和听话者以及社会发挥重要作用。(王元华,2014)有研究较早关注信息技术在语文课程改革中的重要意义,认为信息技术介入语文课程改革,将有利于语文课程目标的实现,有利于现代社会所需人才的培养,更有利于语文课程标准理念的落实。(蔡祖泉,2002)有学者认为,语文课改的实质就是范式转型,即从指令型课程向创生型课程的范式转型。百年来,在以杜威为代表的儿童中心主义、苏联凯洛夫教育思想、后现代主义教育观等外国重要教育思潮的影响下,语文学科曾出现过儿童经验型、教师指令型、师生创生型等多种课程范式。每一种课程范式的诞生,都以一定的教育哲学思想为背景,并有自己的实践主张,从而对课堂教学创造力产生了显著影响。(潘涌,2008)

(四)关于语文课程改革与小学教育的研究

课程改革的目标,无疑是更好地推动学生学习语文知识,形成良好的语文素养。2005年,王荣生发表《语文课程改革与小学生"双基"的培养》一文,指出语文课程改革不存在要不要"双基"(注,也被称为"二基",后文同)的问题。将语文课程改革与"双基"培养对立起来,是人为制造的混乱;将强调语文实践、主张探究性学习看成是对语文基础知识和基本技能的削弱甚至放弃,这是完全错误的。王荣生认为,我们所面临的问题是,培养什么样的"双基"? 学习哪些语文知识和技能? 如何学习? 有研究认为,新课程改革的实行要求小学语文教师应具备以下基本素质:一是过硬的听说读写能力;二是掌握丰富的综合知识;三是热爱本职工作,具有较高思想道德水平,在工作中充满激情;四是系统的教育学、心理学知识;五是良好的教学设计和教学组织能力;六是自我完善和自我发展能力。(葛雅慧、王凤霞,2008)有学者通过对农村小学语文教师素养的现实分析,发现农村小学语文教师基本素养偏低,分析其原因,主要有两项,一是对农村小学教师素养定位过高、涉及方面过多、理想化过重,教师不知道从什么地方提高；二是对小学语文教师的培养培训不够科学，偏离了小学教育的基本规律，偏离了小学语文教师对知识的需求轨道。（于海洪、查建华，2009）

2003年，倪文锦发表《义务教育语文课程评价与考试改革》一文，提出要按照语文课程评价的精神加强考试改革。首先，命题立意的指导思想要从知识、能力转到语文素养上来。其次，坚持从知识与能力、过程与方法、情感态度与价值观三个维度进行综合考评。第三，定性评价和定量评价相结合，更应重视定性评价。还有学者针对高校小学教育专业课程如"小学语文课程与教学论"的课程改革展开研究。"小学语文课程与教学论"是本科小学教育专业的核心课程，基础教育语文课程改革对小学语文教师素质提出了新的要求，现行的"小学语文课程与教学论"教学已明显滞后，学界对课程的改革提出了各自的观点。如孙建龙、王云峰认为，"小学语文课程与教学论"是高师小学教育专业的核心课程，本学科课程的建设既要考虑到基础教育课程改革过程中小学语文教育的发展现状及其对教师的要求，又要从教师专业发展的角度，考虑职前教育与职后教师发展的衔接与联系。就学科目的而言，既要奠定扎实的从教基础，又要培植发展潜能；就学科内容而言，它应以主干课、选修课、实践活动、课题研究与学术活动等构成一个完整的课程体系，以便于学生的整体发展；就教学方式方法而言，它应密切联系小学语文教学实际，构建一个以反思实践为核心的教学模式；就教学评价而言，它应为促进小学语文教师的职前专业发展服务。（孙建龙、王云峰，2005）龙文希提出课程改革的思路是，强化教育专业课程，增加"如何教"的内容的学习和训练，扩大《小学语文教学法》课程在小学师资培养中的课时比例，改变过去那种冀图以一书在手，便能包揽语文教育教材与教学的方方面面、语文教育理论与方法的所有环节的想法和做法，把教材与教学、理论与方法糅和在一起的《小学语文教学法》分化改组成《小学语文教育概论》《小学语文教材概论》《小学语文教学技能》《小学语文教育科研》等课程。（龙文希，2003）

辛涛提出"小学语文课程与教学论"课程新体系构想。在课程内容要打破单一的理论课程模式，设置多样化的课程，可设置核心课程、扩展课程和实践课程三个部分。核心课程为必修课，主要由"小学语文课程与教学论"等课程组成；扩展课程是对核心课程的补充和延伸,主要包括小学语文教育心理学、小学语文教育科研方法等;实践课程主要培养师范生的教学实践能力,包括教学模拟实践,教学见习和实习等。扩展课程在开课形式上均为公共选修课程,在开设的时间上做到大学四年不断线。通过这些课程可以构建高师学生良好的语文教育学科知识结构,提高师范生从师任教的专业素养。(辛涛,2009)刘灿群认为,课程的建设、改革就教学方式方法而言,应将理论讲授、案例分析、微格训练、实践与研究活动等结合起来。(刘灿群,2008)有学者指出:课程结构改革主要解决课程层次提升和学科结构领域扩充的问题,应本着各有侧重、区分能级、明确阵地的原则,构建语文学科教育类课程的新格局;教材建设改革主要解决目前学科教育类课程教材存在的不足,适应当前小学教育专业建设的需要,编写贯彻《语文课程标准》课程理念的新教材;义务教育《语文课程标准》贯穿的语文课程理念,要求学科教育类课程要转变观念,进一步强化实践教学,提高学生语文教育实践的能力水平,培养学生从事小学语文教育的兴趣和情感,等等。(尚继武、张广杰,2005)也有研究认为,教材改革的两种思路:一是按小学语文教学分低、中、高三个年段的现实,分年段编写,加强学段教学的针对性。并且各年段编写结构基本一致,遵循一般教学的展开过程的逻辑,此为经。二是以课标规定的五个板块即识字与写字、阅读、写话与习作、口语交际、综合性学习为主要教材内容,此为纬。各板块内容,以其教学设计为编排重心,将课标构成与分析、教材解读、课堂教学研究,既作为单独的知识学习,又作为教学设计部分的条件和应用,以此将课程与教学合而为一。(王宗海、肖晓燕,2007)有学者认为,在教学内容上应教给学生科学的教学理念、常用的教学策略、细致的小学语文教材分析方法、相关的语文基础知识,以使学生形成基本的语文教学技能;在教学形式上则当贯穿"一宗旨、三层次、五结合、七行为"的教学整体设计思路。长沙师范学校对五年制全科型小学教育专业语文课程从课程和教材、教法和学法、实践和实训、考试和考核等方面进行了一系列改革和探索。(李荣英,2009)

(五)对语文课程改革的反思

有研究认为,语文课程的改革过程中存在认识的误区和教学操作上的失误。"以学生为主体"就是让学生多说多讲,让学生占用较多的课余时间开展"自主、合作、探究"式的教学,就是让学生组成小组进行讨论,大家共同研究问题;鉴赏课文写作之美只通过反复诵读就可实现;对课程改革与考试的关系认识定位不准确;新课程要淡化语法、修辞的学习。(刘如正,2006)有学者提出,随着基础教育课程与教学改革的推进,小学语文教育得以"返魅",使其在吸收、借鉴多元文化的基础上更具有时代性和生命力。然而,在给予肯定的同时,也要从国外先进教育理念与我国教育改革实践的对接、新课程与教学改革的实践反思、当前教育环境、教师资源储备等方面进行深度、细致地反思,以构建全面、科学、合理的小学语文教育价值体系,使小学语文课程与教学改革真正落到实处,素质教育得到良好的发展,教育制度改革不断向前推进。(高贵忠、任京民,2013)有学者认为,现代语文教育要走出困境,就要从课程论层面寻找问题的症结,对症结施以外科手术式的系统重构:改变"讲读课文"为主的语文课程形态,建构以学生语文实践为主要方式的课程形态;明确规定语文课程内容,改变课程内容由施教者选择的随意无序状态;调整以阅读为重点的课程取向,建构理解与表达并重,适当侧重运用的课程结构。通过探讨其他地区教育改革,分析当下的语文课程改革。(吴忠豪、汤振纲,2010)范锦飘回顾自21世纪初至2012年小学语文新课程改革,大致可以分成两个阶段,第一阶段是全民讲"新课程、新理念"的阶段,第二阶段是理性回归的阶段。因此,作者认为十年来小学语文新课程改革仍然有不少问题与困难值得我们反思,主要是教学理念与教学实践协调融合的问题、语文课教什么的问题和创造力缺失的问题。展望小学语文今后发展的方向,必将往生本语文、儿童语文、书香语文的方向发展,更加注重学生个人生命成长。(范锦飘,2012)有学者认为,从理念建构到实践探索,再到深化发展,语文新课改已走过二十年的发展历程,在价值取向、课程内容、课堂生态、课程实施、教材建设、教师专业发展上取得了重要成就,但仍存在课程理念模糊、课程内容缺失、课程实施虚化、课程评价固化等问题。该文从坚持正确语文课程取向、完善语文课程内容、落实语文课程实施、开发语文课程资源等七个方面描绘出语文课程改革的美好前景。(刘茜、周可心,2021)有研究提出,语文课程改革有一些很好的思想,但也存在一些误区,核心问题是理性精神的缺失。从理性与人类发展、民族文化、当代社会和素质教育的关系来看,理性应当是素质教育的主题,并应成为语文课程的重要目标,语文课程改革应当高扬理性精神。语文课程改革缺失理性,主要有文化传统特点、对语文课程改革的反思不够、认知结构上的简单化分析、对理性与创新的关系存有误解、简单照搬后现代主义文化等多方面的原因。(吴格明,2012)

(六)课程改革的交流与互鉴。2000年5月29日至6月5日,内地和台湾、香港、澳门中小学教科书制度研讨会在台北召开。台湾中小学课程与教材领域里的九年一贯课程设计,课程内容统整,校本课程开发,教科书多样化等成为会议中引人注目的焦点。同年6月15日至19日,内地、台湾、香港义务教育课程之比较研究学术会议在北京召开。会议集中研讨的专题有四项。首先,课程政策。代表们就课程政策的主体,课程政策的形成过程,课程政策的科学性、合理性、合法性,校本课程,课程三级管理体系等问题,展开了别开生面的讨论。对课程政策中存在的问题,代表们呼吁课程理念的重建。其次,课程设计。主要讨论了课程设计的理论基础、社会脉络、过程因素、取向和模式、典范以及遇到的问题等。再次,课程实施。三地代表分别介绍各地的督学情况,并讨论了课程专家在教育课程改革中的定位、学校本位的教师进修等问题。最后,课程指导和评价。代表们针对课程评价的范围、内容、制度、方式、标准、方法,以及课程评价与教育评价和教学评价的关系等问题展开了热烈讨论。

五、儿童文学与小学语文课程研究

中国儿童文学的发展,大体与近代语文学科的发展同步。1923年,由吴研因起草的《新学制课程标准纲要·小学国语课程纲要》中明确提出,语文教材中要有儿歌、谜语、童话等儿童文学体裁相关内容。"这一时期的教材,用'猫云狗曰'去代替'诗云子曰'……遭到守旧派的反对,并把这样的教科书说成是'猫狗教育'。"(李伯棠,1985)作为中国儿童文学理论的奠基人,周作人把儿童文学,称之为"小学校里的文学",并按照幼儿前期、幼儿后期和少年期的不同成长时期将儿童文学的体裁分为诗歌、寓言、童话、天然故事、传说、写实故事、戏曲等,提出"儿童相信猫狗能说话的时候,我们便同他讲猫狗说话的故事,不但要使他们喜悦,也因为知道这过程是跳不过的——然而又自然的会推移过去的,所以相当的对付了,等到儿童要知道猫狗是什么东西的时候到来,我们再可以将生物学的知识供给他们。"(周作人,2018)基于儿童文学与小学语文教育之间不可分割的密切关系,研究儿童文学与小学语文教育,无论对于发挥儿童文学的价值,还是提升小学语文教育水平,都有着积极的现实意义。

(一)关于儿童文学与小学语文教育之间关系的研究

小学语文教育的发展,离不开儿童文学的持续滋润。在探索儿童文学与小学教育之间的互动关系方面,当前的研究主要从人文性的角度出发,指出儿童文学在陶冶性情、增进美感等方面对儿童情感、态度、价值观产生的潜移默化的影响。如有研究认为儿童文学有助于实现小学语文教育的"人文"目标和"语文素养"目标。因此,儿童文学是小学语文教育必不可少的课程资源。(乔继英,2010)孙建国基于《义务教育语文课程标准(2011年版)》指出,重视儿童文学教育的人文性,小学语文教育就有可能提升较高的水准。(孙建国,2012)韩秋明指出,儿童文学是小学语文教育的重要组成部分,改进儿童文学作品的教学有助于推动小学语文教育的发展。(韩秋明,2014)王泉根认为,儿童文学和学校教育中的语文教育是"一体两面""手心手背"之事,因为两者的目标群体一致。儿童文学是小学语文的重要课程资源,是实现小学语文教学理念与课程标准的内容支撑、形象支撑、审美支撑。(王泉根,2019)

关于儿童文学与小学语文教材的研究主要有以下两方面:一是研究教材是如何以"儿童文学化"的标准进行编写的,即以儿童文学的视角研究小学语文教材,二是单纯对小学语文教材中的儿童文学作品选文所进行的研究。有研究提出,所谓儿童文学化,就是用科学的知识做材料,拿儿童的兴趣做编制标准,从实质方面看是各科知识的读本,但是从形式方面看却是文学。(范远波,2007)有学者指出所谓"儿童文学化",是指把儿童文学当作小学语文教育的主要资源。因此,语文教材的"儿童文学化"现仍未形成定论,主要指以儿童文本为主体进行教材编写,它对选文和编排这两方面提出要求,选入教材的儿童文学作品需满足艺术性、思想性、趣味性以及语文教育价值,教材编排上则需满足儿童审美趣味及其心理发展规律。(张璇,2016)

(二)关于小学语文教材中的儿童文学选文研究

20世纪二三十年代以来,小学语文教材开启"儿童文学化"的步伐,教材的编写模式逐渐以儿童为本位,基本顺应了儿童的心理发展规律。中华人民共和国成立后,在相当长的历史时期内语文教材过分强调政治教育色彩,儿童文学基本被排除在小学语文教材之外。直到1981年人民教育出版社编写了六年制小学语文课本时,一些中外优秀的儿童文学作品才重新回归语文教材,儿童文学又重新与小学语文教材有了沟通。

首先,关于小学语文教材中儿童文学选文存在的不足。朱自强通过分析小学语文教材中非儿童文学化的典型案例,提出教材中非儿童文学现象主要表现为:第一,情境的模糊、混乱;第二,缺乏生动、细腻的心理过程描写;第三,教材失去了原作的幽默感和趣味性。同时语文教材非儿童文学化选文问题包括:第一,儿童文学的文类不全、资源流失的问题;第二,儿童文学经典、优秀作品的缺失。(朱自强,2010)有学者指出教材选文"儿童文学化"存在七大缺失,一是资源利用的局限性,缺失民间文学、幻想文学和幽默文学;二是文类不完整,儿童文学按细类20多种类型,但小学教材选文中儿童文学的文体却很有限,儿童故事最多,童话和儿童散文其次,再次是寓言。三是数量不够,当前小学语文教材中有很多选文看似是儿童文学,实际上并非为儿童文学作家的作品,是由出版教材的编辑们自己写出来的,其特点是"短小轻薄",即篇幅短小、人文思想性薄弱;四是质量不高,最有代表性的、公认的优秀儿童文学经典作品没有被选用进教材,教材在选文时都不太注重作品的原始状态,大多数的儿童文学选文是改编过的;五是国际化视野不够开阔,当前的小学语文教材选文对外国儿童文学的资源利用存在一定的问题;六是文体偏离年龄、年级特点,当前小学语文教材中以儿童故事、儿童诗、童话为主,低学段缺少儿歌和儿童报告文学两种文体,特别是选编在低年级教材中的儿歌数量太少。高学段儿童故事占有绝对领先地位,虽增加了儿童小说这一体裁,但作品的体裁类型却明显减少;七是主题缺失。"爱的主题""自然的主题""顽童的主题"作为儿童文学的三大主题,在当前的小学语文教材中,前两个主题相对体现得较为充分,体现"顽童的主题"的选文则很少。(张璇,2016)

综上,关于教材中儿童文学选文问题主有以下四个方面:一是选文并非以儿童视角出发,不符合年龄阶段特征;二是选文文体种类贫乏混乱,国内外作品数量不均衡;三是原文被过度改编从而丧失了原有的儿童性;四是选文中蕴含不利于儿童健康成长的隐性思想。

其次,多篇硕士论文关注到不同版本教材儿童文学选编情况的分析,主要通过对不同版本教材儿童文学选文的研究主要包括选文特色、选文存在不足以及与之对应的编写建议。如有研究从选文体裁分布情况、外国文学选文情况、选文改动情况三个角度入手对人教版小学语文教材中的儿童文学选文进行分析发现人教版小学语文教材选文存在的问题,分别是:"成人化"倾向盛行,选文内容存在不真实的情况,选文改动不得当的情况。由此提出选文改编要慎重,培养学生想象力的选文和趣味性选文要增加。(付宇婧,2014)有研究通过对沪教版小学语文教材中的儿童文学选文进行研究,沪教版小学语文教材共包含350篇文通文学选文,插图丰富、题材众多,儿童文学选文很大程度上充分体现了艺术性、思想性、趣味性、科学性,可以说做到了文质兼美。其最大特点为选择了一些科普类的文章,即"儿童科学小品",但仍存在一些不足之处,如选文体裁种类不全,谜语、儿童戏剧等缺失;出现了一些情感虚伪、叙事失真的伪文章;"成人化"说教严重;"文包诗"课文的不协调;文章注释不规范。因此该研究提出要注重助读系统的编排,选文要注重儿童本位,应多样化、多元化,并且改编要慎重,此外还可借鉴国内外经典教材的编写经验。(王靛青,2015)有研究认为苏教版小学语文教材中的儿童文学选文体裁多样并根据儿童心理进行编排,但教材中存在儿童文学选文思想内容重复,体裁分布不均,成人化视角的儿童人物形象,童话主题单一等问题,因此教材编写者需重视这些问题。(王雪纯,2016)有研究根据对统编版小学语文教材中的儿童文学选文进行量化统计,发现儿歌、童话和儿童散文这三类体裁在其中比例最大,选文篇目最多,来源非常广泛,可谓古今中外,古代、现代、当代、中国、外国,上下五千年均有涉及。有现当代著名儿童文学作家作品,也有古代著名作家作品,有文章原封不动选入,也有经过删减和改编的,还有编者自己编写创作的作品,选文质量高,称得上文质兼美。(叶素玲,2019)

(三)关于小学语文教师儿童文学素养的研究

儿童文学既为小学语文学科的重要文学体裁,其在师范教育尤其是以小学教师为主要培养对象的中等师范教育中必居主导地位。早在20世纪二三十年代,我国即诞生了最早一批儿童文学理论专著,如魏寿镛、周侯予编写的《儿童文学概论》(商务印书馆,1923)即被广泛用作师范学校儿童文学课的教科书。此外,如无锡第三师范学校教师朱鼎元编写的《儿童文学概论》(中华书局,1924)、张圣瑜编著的《儿童文学研究》(商务印书馆,1928)等,都是彼时中等师范学校的讲义。

中华人民共和国成立以来,师范院校的中文系、教育系曾兴起过开设儿童文学课的热潮。可惜好景不长,到1958年,国家提出了"学制要缩短,课程要精简"的教改方针,儿童文学又被一刀砍掉。直到1978年,全国第一次少儿读物创作出版工作座谈会在庐山召开,重新提出高等院校要开设儿童文学课。除部分师范大学开设儿童文学课程外,中等师范学校均开设有儿童文学课程。(蒋风,2015)但是,儿童文学创作与研究力量的薄弱积重难返,因此也造成广大语文教师儿童文学素养上呈现出各种各样的问题。

首先,研究者指出,小学语文教师应该具备一定的儿童文学素养。如陈晖提出教师的儿童文学修养包含对儿童文学的基本情感和态度、丰富阅读儿童文学的经验、对儿童文学的全面认识和理解以及组织学生开展阅读活动的能力和技巧。(陈晖,2007)徐冬梅认为,"儿童文学素养"即热爱儿童、具备儿童视角、对儿童文学的理解和讲述能力、对儿童文学的鉴赏和判断能力以及儿童文学创作能力。(徐冬梅,2008)

其次,关于小学语文教师儿童文学素养现状的研究。有研究通过对江苏三市和广西柳州柳城县一小学进行的问卷调查发现,小学语文教师儿童文学素养严重缺失,主要原因为教师职前没有接受儿童文学教育,职后没有接受儿童文学培训,再加上小学语文教师工作繁杂缺少阅读时间。因此,小学语文教师儿童文学素养严重缺失。这种缺失带来的后果是教师缺乏对儿童阅读的指导技能,缺乏对儿童心理的理性了解。(李娟,2008)有人开展了一项关于中小学语文教师阅读儿童文学作品情况的调查,结果发现教师阅读儿童文学及接受儿童文学教育的意愿强烈,但对国内外儿童文学作家及其作品的认识却有所局限,且大多数从事基础教育的语文教师缺少对儿童文学知识的系统学习。有学者通过调查发现北京市小学语文教师儿童文学基础知识、基本理论缺乏;对儿童文学文本解读得不充分;教师的儿童阅读相关理念亟待更新。总体来说,教师的儿童文学素养不容乐观。(许军娥,2008)有研究发现,农村小学语文教师儿童文学素养严重缺失,主要表现为:对儿童文学与小语文教学的关系认识不足;儿童文学专业知识贫乏;对中外儿童文学作家知之甚少;儿童本位意识淡薄;赏析作品的能力及引导学生阅读、写作的能力欠缺。(李繁,2012)

综上所述,小学语文教师儿童文学素养的缺失早在十年前就引起了研究者们的关注,但这一问题并未随着时间推移得到切实改善。近年来,无论是农村还是城镇的小学语文教师,其儿童文学素养依旧堪忧,主要表现为:教师在职前职后都缺乏系统性的培训,理论基础薄弱;相关理念落后;缺乏儿童文学作品的阅读积累;对儿童文学作品的推广力度和创作能力较低。

再次,对于如何提升小学语文教师的儿童文学素养,研究者指出,可以通过职前培养、职后培训和自主研习三个途径来加强教师的儿童文学素养。(李娟,2008)有研究认为小学语文教师的儿童文学素养的培养可从三个方向进行努力:职前师范教育要提高对儿童文学课程的重视;职后教师培训要加强儿童文学课程的建设;教师通过自学儿童文学理论知识、大量阅读相关作品以及在教学中注重审美与知识的统一来提高其儿童文学素养。(张久久,2015)也有学者提出从职后集中培训重点开设儿童文学相关课程、在线教育平台的网络学习、整合微信公共社交平台资源、儿童阅读主题名师工作室引领、教师自主阅读和

家校合力阅读活动实践等多方面结合。（李繁，2019）

最后，关于儿童文学与小学语文师资的培养。王泉根在谈儿童阅读运动时提到将近99%的中小学语文教师、幼儿园教师竟然不知道儿童文学为何物，更谈不上如何向学生推荐、导读优秀儿童文学作品。其原因是缺少儿童文学的知识结构，究其根源为读大学或大专时学校没有开设儿童文学课程。据统计，在最需要开设儿童文学专业的师范院校中文系、教育系中，竟然95%以上都没有儿童文学课程。（王泉根，2011）有研究提出，高校"儿童文学"课程多就儿童文学的历史发展、文学理论、文体进行解读，只是就文学谈文学，无教学方法策略等，导致师范生学儿童文学，只是从文学角度去解读；学教学论就是单论教学方法、技巧，而缺少丰厚的文本具体指向与根基。（闵海燕，2013）认为高等师范院校小学教育专业应不断完善课程结构，在深入拓展儿童文学学科教学基础上更好地培育未来中小学语文教师的语文素养、语文能力。因此，高师院校小学教育专业儿童文学课程必须做出调整：调整中文学科知识类课程之课程观，最大限度激活学生学习潜能；改变儿童文学课程目标模式，以经验对接、实践应用为价值取向；优化儿童文学课程的课程资源，构建灵活、开放的课程结构；强化儿童文学课程的"教育意识"，积极谋求与中小学语文教育的深度融合；儿童文学课程要改变"单一性"课程格局，积极建设"结构性"课程生态；儿童文学课程要转变"静态化"教学模式，努力构建"动态化"课程形态；儿童文学课程要适度淡化"文学性"价值取向，不断强调"教育化"课程目标；儿童文学课程需要走出"边缘化"课程氛围，逐步建立"核心化"课程地位。简言之，在课程观念上，强调"能力本位"与"实践应用"两位一体；在课程建设上，力求"结构性"和"教育化"双管齐下。（李学斌，2014）有学者提出，在小学语文师资培养的体系中，儿童文学是不可或缺的。它能裨补一般文学史漠视儿童文学进程的缺漏，并对其予以理论的抽象与概括。它能引导师范生重建儿童诗性之"在"，对自我童年人格予以涵养和持存。此外，师范生对儿童文学的理解将直接影响今后对小学语文的教学，因而它能将大学课堂与小学课堂进行有效的链接，能以具体现实的路向和途径为小学教育教学积累资源。（龙永干，2018）

由此可见，儿童文学课程在小学语文师资培养中发挥着举重若轻的作用，它对师范生影响深远。但现如今师范院校儿童文学课程的开设情况却存在诸多不足。此外，大多数院校的课程教学仅停留在文学理论层面，未能充分发挥其教育性功能，儿童文学课程于整个课程体系中处于孤立状态，要想改变现状需从课程观念和课程建设两方面下功夫。

(四)关于儿童文学与小学语文教学的研究

著名儿童文学作家梅子涵曾归纳儿童文学阅读指导过程中所存在的目标方法误区，包括：一是在阅读的范围方面，大多局限在课本方面，很少从课外选择好的作品以增加学生的阅读量，提高学生的阅读兴趣。二是在观念方面还需要调整。如大多教师基本上把阅读作为语文课教学的一部分，没有从"阅读素养"方面认识作为阅读的目的和情景、阅读和生活的联系，没有认识到可以将阅读融入生活的各个层面，并强调阅读的乐趣等。三是在方法方面只是按照传统的语文课程把阅读当作一种技能，用教语文课程的方法总是提这样那样的问题，把文学或者儿童文学当作了"十万个为什么"。(曾玲，2012)

首先，关于小学语文教学中儿童文学的教学问题，有学者认为小学语文课堂儿童文学教学的最主要问题是教师不能抓住儿童文学的特征进行教学，主要表现有：没有抓住儿童文学的美学特征进行教学以及不能抓住儿童文学的文体特征进行教学。(王金禾，2011)有研究者根据一项对桂林市小学的儿童文学教与学现状的调查中发现，教师的教学理念、教学方法以及对阅读的指导存在不足。学生对儿童文学兴趣浓厚，然而从中获得的巧趣却不多，他们认为自己应该从中获取乐趣，却与自己内心的游戏精神背道而驰。知识和道理几乎占据了学生对儿童文学所有的阅读体验，限制了他们作为儿童所特有的天马行空的幻想，限制了他们接受文学审美教育、与文本对话的机会。(龙雯琚，2015)

综上所述，目前在儿童文学教学中存在两方面的问题：一是学生未能树立正确的阅读观从而难以从儿童文学作品中获得趣味性与启发性的阅读体验；二是由教师本身儿童文学素养缺失所导致的，对儿童文学的教学理念陈旧，理论知识浅薄，教学范围狭隘，教学方法固化。

其次,关于儿童文学教学策略。有研究认为要使儿童文学资源得到更好的利用,从小学语文课堂教学的角度来说,可以聚焦以下教学策略:一是根据儿童文学欣赏的特点教学,在整体感知的基础上进行亲身体验;二是根据儿童文学的文体特征(儿歌、童话、寓言、故事、小说、散文、科学文艺等)进行教学;三是从儿童本位出发教出儿童情趣。此外,将儿童文学与小学语文课外阅读相结合也同样重要,教师应及时推荐各类优秀儿童文学作品,开展各种形式的阅读活动并给学生自由的阅读空间。(朱立芳,2006)也有学者提出,儿童文学阅读指导策略包括:一是激发学生阅读儿童文学的兴趣;二是依据儿童发展的阶段性特点,选择恰当的儿童文学读物,构建儿童的文学阅读能力;三是发挥儿童文学的特有功能,让儿童从儿童文学中读出"文学味"。(沈红,2010)儿童文学教育过程中进行儿童哲学教育是存在可能性的,并可以通过注重师生互动、启发学生想象和鼓励探究学习的方式进行开展。(孙建国,2011)有学者提出,学校在小学语文阅读教学中要有效运用儿童文学资源:一是学校要为小学生群体提供儿童文学阅读教育的平台,创设阅读儿童文学的环境;二是要强化儿童文学作品的诵读教学;三是要将课堂上的理解感受与课外实践表演相结合,促使学生通过肢体语言领悟作品的情感内涵。(隋丰俊,2014)要实现小学语文儿童文学作品的有效教学,首先教师要提升儿童文学素养,还要丰富教学方式,增加语文课堂学习乐趣,联系生活,深化儿童文学作品内涵,利用儿童文学作品提高学生的分析能力。(张厚莲,2017)

综上,儿童文学与小学语文教育研究在近二十年中引起了学者们的关注,并已获得一定的研究成果。就内容方面而言,对儿童文学与小学语文教学的研究最多,但研究主题重合度较高且未获得较为突破性的进展。关于小学语文与教材的研究大多集中于教材中的儿童文学选文分析,而对儿童文学与教师的研究则局限于教师儿童文学素养,所提出的提升策略也多属泛泛之谈。因此,如何促使两者相互融合、相互促进,充分发挥儿童文学在小学语文教育中作用,仍值得未来的研究者们深思。

第三节　小学语文课程研究的反思与展望

70年来,我国课程研究范式经历了从无到有、从西方经验借鉴到本土自觉探索的艰辛发展历程。经过70年来的研究,我们在课程性质、课程目标等领域取得了许多研究成果,但也遗留了一些问题。由于我们缺乏对语文课程本身深入的思考,课程观念淡漠,课程定位的偏差——几乎定位于学科中心课程,按照严密的知识或训练体系建构学科内容结构,课程性质认识的模糊等,带来了课程实施的诸多问题。于是招来了自1997年末开始的,对语文教育"祸国殃民""贻误苍生"的指责,称为"世纪末的尴尬"。总之,我国小学语文课程的研究起步较晚,研究的基础比较薄弱,体系构建还不甚成熟,并且深受国外课程研究的影响,尚未形成具有中国语文教育特色的课程研究领域。为此,我们必须不断地反思我们的小学语文课程研究,及时发现并检讨存在的问题,针对此提出展望。

一、小学语文课程研究的反思

罗生全将中华人民共和国成立70年来的课程论研究历程分为大教学论下的课程论"隐匿"范式、大教学论下的课程论"突围"范式、课程论研究的全面西学范式、课程论研究的社会批判范式、课程论研究的解释学范式以及课程论研究的混合设计范式等,提出迎接新的时代挑战,课程研究范式应从"技术—控制"走向"文化—社会"建构,从"悬置—静止"走向"关系—意义"生成,从一元化的理解式建构走向本土变革式理论创生,从封闭式的方法坚守走向开放式的大数据依托,从科学化语言走向诗性化语言,以此来抒写课程研究领域自己的故事,创中华人民共和国话语。(罗生全,2019)对于小学语文课程研究而言,一方面需要坚持科学化的研究方向,依托大数据时代的背景,改变以往"玄妙笼统"的课程教学历史;另一方面也要立足本土,从中国传统语文教育中汲取营养,结合母语教育实际情况,开展具有中国特色和中国话语体系的课程研究。

(一)理论研究与实践研究的结合性有待进一步提升

纵观70年来小学语文课程的研究,除早期"语文三老"及老一辈教育家能很好地结合教育教学的实践进行课程目标、实施与评价的研究,新时期以来的研究往往存在理论思考与教学实践背道而驰的现象。一方面,高校和研究机构的专家学者对课程论的研究日益深化,呈现出系统化、多元化的特点;另一方面,绝大多数小学语文教学从业人员对课程的研究都停留在表层,往往从自身教学实践出发分析课程设计与实施,少有对小学语文课程原理和方法的观照。同时,因为语文教育与文学、历史学和哲学等都有密切的联系,因此相关研究也受制于上述基础学科素养的缺乏,难以深入开展。

(二)研究的视角不够宽,重复率比较高,创新性成果少

70年来,有相当一部分研究只是对国家相关政策、文件精神的解读,或者盲目照搬国外的观点。在政策文件和领导讲话的解读过程中,有相当多的研究都是在唱赞歌,对于课程设计与实施过程中出现的诸多问题视而不见,有的研究浮于表面,隔靴搔痒。一些研究者缺乏全局观念或更为系统的课程理念,把对课程理论的研究变成了用新的术语来重复那些人们已经熟悉的旧知识,而这些新的术语对课程研究领域的发展几乎或根本没有新的贡献。此外,小学语文课程研究的随意性很强。相当一部分研究者从事课程研究都是从个人经验出发,零敲碎打,抑或是针对某个具体问题进行着无休止的抽象争论,没有体现出研究的层递性。靳玉乐等提出:"从教育研究的发展趋势看,课程论研究无疑需要研究者确立自身的立场和价值观,但这并不是说偏执于自己的研究领地而对课程进行封闭研究,课程论研究需要关注不同理论与方法之间的联系,采取反思—批判取向为基础的综合取向。(靳玉乐、罗生全,2009)对于小学语文课程研究而言,也要具有研究的综合取向。

(三)研究成果数量还不够多,对一些重要问题领域的研究还很薄弱

关于小学语文课程的研究,受课程论研究滞后的影响,研究时间不长,相应地方研究成果也不如教学、教材研究。从早期对课程教学大纲的解读,到后来对语文课程目标的争议,再到对《义务教育语文课程标准》的跟进式研究,大多数的研究都不够深入,特别是基于教学实践的实证性研究还较为欠缺,对于义务教育课程标准实施过程中的成绩、问题等缺乏系统和深入的总结反思,对于广

大农村地区小学语文课程的研究还缺乏关注。此外，在一些新课改以来的热点问题上，又出现了矫枉过正的现象，如课程评价领域，黄甫全提出，在课程评价中出现了严重的偏向，主要表现为："重视评价的工具性，忽视评价的本体性；重视成就性评价，忽视诊断性评价；重视结果性评价，忽视发展性评价；重视终结性评价，忽视过程性评价；重视量化评价，忽视定性评价；重视科学性评价，忽视人文性评价。"（黄甫全，1999）这些不足，都需要我们在今后的研究中予以重视。

二、小学语文课程研究的展望

站在中国课程论发展百年的历史节点，有学者展望中国课程论的未来发展，提出在学科体系上，应回归课程研究的原点，推进课程论的学科群建设；在教材体系上，基于人才培养的需要，分层分类开发优质适学教材；在话语体系上，中国学者要根植于本土文化传统，完善中国特色的课程论体系。（王鉴、单新涛，2020）结合小学语文课程发展演变的历程，我们认为未来语文课程研究可以从以下几个方面进一步深化研究。

（一）建构与时俱进的语文课程研究内容

纵观70年来的小学语文课程研究，我们不难发现，其始终依托于教育教学的重大历史事件。当前，随着《义务教育语文课程标准（2022年版）》的颁布实施，核心素养的理论架构逐步深入小学课程建设之中。在课程目标的研究上，如何将当前的语文素养融入核心素养的话语体系之中，结合教育教学实践，探索核心素养背景下的小学语文课程，必将成为今后一段时间小学语文课程研究的一个热点话题。同样，在人工智能时代，小学语文课程内容正在朝着跨学科的方向进行改革，正在打破孤立的学科结构，重新整合学科内容。在此背景下，语文课程的研究应具有前瞻性和引领性，不断建构与时俱进的研究内容。

（二）课程改革理念与小学语文教学的深度结合

21世纪以来开展的基础教育改革，在课程理念上有诸多创新之处，也在某种程度上推动了教育教学实践的变革，对课堂教学产生了一定的影响。然而，不可否认的是，课程改革理念的研究与小学语文课堂的变革之间还存在不短的距离。在实际教学中,仍存在对"学生主体"的观念认识不清,对"三维目标"的理解机械而片面等问题。诸如此类,都需要理论界与教学一线能紧密结合,立足教学中的真问题,做有价值的研究,真正把课程改革的成果落实到行动中,造福学生。

(三)强化小学语文课程评价体系研究

21世纪,我国课程研究和课程改革发展的必然趋势之一,是建立课程评价体系。随着课程改革理念的日益深入人心,围绕评价的改革也悄然升温。在小学语文课程评价的过程与方法上,学界和教学一线老师都进行了卓有成效的探索,在接下来的研究中,希望二者能形成合力,探索出行之有效的科学的课程评价方法。

此外,我们还要注意到,现阶段对语文教师专业发展尤其广大农村地区的小学语文教师的专业发展的研究较为薄弱。从时代发展来看,当前的小学语文教师亟须从知识型教师转向智慧型教师,从"教知识"变为"用智慧教学"。要实现这一转变,针对语文教师专业化发展的教师教育和相关研究就显得尤为重要。

第三章　小学语文教材研究

第一节　小学语文教材研究的历程

中华人民共和国成立以来，我国小学语文教材的编写与出版大体上经历了"一纲一本""一纲多本"和"统编本"等几个阶段，其中"一纲一本"和"统编本"均属于统编教材。1950年9月，出版总署召开全国出版会议，会上确定了中小学教材全国统一供应的方针，全国中小学一律使用国定的统编本，不再使用自编本。1950年12月1日，人民教育出版社成立，承担研究、编写、出版中小学教材的任务。1951年2月，政务院文化教育委员会批准出版总署制订的《1951年出版工作计划大纲》，明确要求"人民教育出版社开始重编中小学课本，并于本年内建立全国中小学课本由国家统一供应的基础"。1988年5月，国家教委在山东省泰安市召开九年制义务教育教材编写工作会议。会议讨论了《九年制义务教育教材建设规划方案》。《方案》规定，凡计划编写九年制义务教育中小学全套教材的单位和集体，需将编写计划报省、自治区、直辖市教委中小学教材审查机构批准，并报国家教委中小学教材办公室备案。"一纲多本"的课程政策，要求加强教材的基础性、多样性和灵活性。同时，九年制义务教育教材提倡专家、编辑、教学研究人员和教师相结合，编写人员要具有较高的本专业知识水平，具有教育学、心理学的基本知识,具有一定的教学实践经验,有一定的写作能力。党的十八大以来,中央高度重视教材工作,并作出了一系列重要指示,明确提出教材建设是国家事权。中小学道德与法治(思想政治)、语文和历史是新时代落实立德树人根本任务,引导学生树立正确世界观、人生观、价值观的核心教材三科教材实行国家统一编写、统一审查、统一使用,是新时代党中央关于教育工作的重大部署。根据中央要求,2012年教育部启动义务教育道德与法治、语文、历史教材统编工作,2017年秋季学期义务教育三科教材在全国小学和初中的起始年级投入使用,2019年秋季学期实现义务教育阶段所有年级全覆盖。(郭戈,2019)

一、1949—1976年的小学语文教材研究

中华人民共和国的成立,标志着语文教材的编制揭开了全新的一页。作为编印教材的主要负责单位,人民教育出版社出版了近十套小学语文教材,不断推陈出新,有力地推动了小学语文教材事业的发展。与之相对应,关于语文教材的研究也呈现出日益繁荣的局面。

(一)研究背景

自中华人民共和国成立至"文革"结束,是为小学语文教材编制的第一个时期。这一时期,人教社的成立,标志着教材统编时代的到来,而关于语文课程的争论,以及各类政治运动对起步阶段的教材编写影响颇深。同时,小学语文教材编制的一些基本原则如阅读中心论、教材印刷用字、选文标准等也都确立于这一阶段。

1950年,新修订的《初级小学国语课本》《高级小学国语课本》和《初级小学临时国语课本》《高级小学临时国语课本》同年出版发行,是第一套全国通用的小学语文教材。这套教材虽然是过渡性教材,但开创了全国使用统一教材的格局,中小学逐步走向一个"教学计划"、一个"教学大纲"和一套"教科书"的"一纲一本"时代。1950年8月,教育部颁布《小学语文课程暂行标准(草案)》(简称《暂行标准(草案)》),教材选编要点提出,"语文教材以阅读为中心""语文课本的选材可适当地照顾其他科目也要彼此照顾,联络应用"。以纲要形式规定了"语文

教材编写以阅读为中心",这一编写原则对之后语文教材编写和语文教学产生了深远的影响,我国70年小学语文教学基本走的都是以阅读教学为中心的路子。1951年10月,政务院颁布《关于改革学制的决定》,规定了中小学的学制,小学实行五年一贯制,取消初、高两级分段制。1953年8月,教育部颁发《小学(四二制)教学计划(草案)》。小学"五年一贯制"停止转而实行"四二制"后,教育部开始制定适用于"四二制"的小学各科教学大纲,并于1956年颁发。1954年10月,在叶圣陶主持下,拟订、公布了《改进小学语文教学的初步意见》。依据《初步意见》和《教学大纲(草案)》编写的《初级小学课本语文》,其中阅读、汉语没有分开编写,一、二年级以识字为重点,三、四年级增加了常识课文。《高级小学课本语文》的阅读课本以文学作品为主,基本上是文艺性选文,文体相近。文学、汉语分科教学,是中华人民共和国语文教材改革的第一尝试,实践很短。1954年,教材开始编写,1955年开始试教,1956年全国推广,1958年停止使用。

这一时期教材的特点是以老解放区的一些语文课本为蓝本,吸收,1949年以前国统区一些语文课本有益的编写经验。它注重课本的思想政治性,紧密配合当时的革命形势,选入大量反映革命战争和政治运动的文章,基本上肃清了封建的、买办的、法西斯的反动思想对教材的各种影响,在思想教育方面起了一定的积极作用。但这套课本对语文训练和语文知识重视不够,缺乏系统、具体的安排。

20世纪60年代,人教社编制了新编十年制学校中学语文课本(试用本)和新编十二年制学校中学语文课本。十年制课本,是根据中央关于缩短年限、提高质量的指示,在1960年编出初稿,1961年至1964年间修改为试用本。这套教材的主要特点有:采用集中识字方法编写识字教材,继承"先识字,后读书"的传统语文教育经验;贯彻"多读多写"原则;选材内容以培养"小革命家"为目标,教育学生爱祖国、爱党、爱人民、遵纪守法、热爱劳动等;选材面广,致力于扩大学生的知识领域。教材较好地吸收了语文课程教学改革实验的研究成果,采用集中识字方法编排识字内容,编排方法多种多样,如看图识字、形声字、同音字、形近字归类识字、反义词、多音字归类比较等,体现出低年级以识字为重点。十二年制课本,是根据《全日制小学语文教学大纲(草案)》规定的语文教学目的,在吸收十年制课本的成功经验基础上编制而成。这套教材的显著特色是教学内容的安排,以培养学生阅读能力和写作能力的顺序为主要线索,组成由浅入深、循序渐进的体系。教材重视基础知识传授和基本技能训练,注重知识的系统性,体现了语文学科的工具属性。同时,教材还为落实"多读多练"编排原则提供了必要的条件和相应的措施。此后,语文教学走上了正确轨道,教学质量明显提高,为我国的语文教材和语文教学改革积累了宝贵的经验。

(二)研究内容

1.对于教材编制理念的研究。1952年至1953年,围绕小学语文教材的编写,刘御、朱文叔、吴研因等人以《人民教育》为阵地,展开论战,史称"刘吴之争"。通过论争,吴研因对语文教科书的编写提出了几点希望:①希望编写语文课本要走群众路线,让小学教育工作者和全国小学教师大家展开讨论;②希望把不易解决的问题,要用我国语文教学的实际经验来证明,别只看见苏联教俄文的经验。

2.对选文文学体裁的关注。在小学语文教材里,选有各种不同形式的作品。要分辨这些作品的体裁,有的比较容易,有的则有一定的难度,如寓言与童话的区别。因此,有研究者就小学语文教材中的文学体裁进行说明和分析。相关论文包括:王碧岑《谈谈小学语文教材中的文艺体裁》(《教育半月刊》,1954);王一屏《谈谈小学语文教材中的几种文章体裁》(《语文知识》,1959);赵国财《大家都来论语文教学工作小学语文教材中的文章体裁问题》(《黑龙江教育》,1960);孙若《小学语文的识字教材是怎样安排的》(《人民教育》,1961),等等。

3.对省编教材的关注。1958年9月,教育部发出《关于今后不再颁发教学用书表的通知》,提出人民教育出版社仍编辑出版通用的基本教科书,供各地选用外,各地可以自编教材。在此政策支持下,浙江、上海、河北、福建、江西等地均编制了本省市小学语文教材。相关省市的研究人员纷纷刊文,介绍省编小学语文教材的基本内容和特点。相关研究性文章包括:浙江文教学院语文教研组《省编小学语文教材的基本内容和基本精神》(《小学教育通讯》,1960);《1961年春季小学语文教材分析》(《黑龙江教育》,1961);本省五年制小学语文教材编审小组《省编五年制小学语文第二册教材介绍》(《福建教育(初等教育版)》,1961),等等。

(三)研究特征

1.确立了以阅读为研究重点。1950年8月,教育部颁布《小学语文课程暂行标准(草案)》(简称《暂行标准(草案)》),教材选编要点提出"语文教材以阅读为中心","语文课本的选材可适当地照顾其他科目也要彼此照顾,联络应用"。以纲要形式规定了"语文教材编写以阅读为中心",这一编写原则对之后语文教材编写和语文教学产生了深远的影响。因此,阅读也成为语文教育研究的核心内容。

2.注重教材选文的研究。除上述选文体裁的相关研究,对选文内容的研究也是这一时期的重点,倪文锦在《中国百年语文教材的文化选择》中谈到,语文教材改选编是社会意识形态的选择和价值观念再生产的过程。现在很多版本的小学语文课文存在着"山寨经典"和"模式教材体"的现象,小学语文教材只有在价值追求上回归儿童本位,实践上通过多种方式,才能引导学生传承文学经典的人文价值,实现教育意义的回归。辛安亭认为,小学语文教材存在诸如阅读部分内容和语言都很贫乏,识字和写字的安排不够科学等问题。(辛安亭,1955)

二、1977—2000年的小学语文教材研究

(一)研究背景

粉碎"四人帮"以后,尤其是党的十一届三中全会以来,中国的社会主义建设进入新的发展阶段。1977年,根据《全日制十年制学校语文教学大纲(试行草案)》的精神,人教社于1980年基本完成《全日制十年制学校小学课本(试用)语文》,是为"文革"结束后第一套全国通用小学语文教材。从1984年秋季开始,由人民教育出版社编制的六年制小学课本(试用本)语文课本开始投入。这套教材在选材内容上,消除了"紧跟形势"的痕迹;在编排体例上,适当减少教学内容,放缓坡度,安排更加科学;识字教材、三种类型课文和基础训练、读写训练点更加符合小学生学习语文的规律;在装帧设计上,更加科学美观;还出版了一系列与教材配套的辅助教学材料。

1986年，我国颁布了《义务教育法》，1987年10月，国家教育委员会颁发《全国中小学教材审定委员会工作章程》，规定在统一教学基本要求的前提下，有领导、有计划地实现教材的多样化；教材实行审定制。1988年又颁布了《义务教育全日制小学、初级中学教学计划（试行草案）》。义务教育小学语文教科书力图体现这三个文件的精神，根据"一纲多本"的原则，国家教委亲自组织了其中的八套义务教育初中语文教科书的编写工作，这次共编写的将近二十套教材，有九套教材在1992年经由国家教委中小学教材审定委员会学科审查委员会审查通过，并于1993年秋季起在全国试用。这些教材的编写者既有国家级教材编制的职能部门，也有地方的实验教材编写组，同时还有一些教育科研机构和高等院校的研究人员。

(二)研究内容

1.各版本教材的编写理念分析

每一版教材的编辑出版，都需要对其编写理念和教材特色进行一个简单的接受。这项工作，既由教材编辑者完成，同时也有研究者参与。如苏教版小学语文(试用)教材给人最突出的印象便是"简"。结构体例简，课文类型简，知识内容简，课后作业、单元练习等，无所不简。（高万同，1997）冀教版小学语文教材以其丰富的人文内涵，鲜明的时代精神，灵活开放的学习方式，为学生营造出一个广阔的语文学习空间，为学生语文综合素养的全面提高提供了一个良好的发展平台。（陶月华、李学红，2003）北师大版小学语文教科书编写的指导思想以义务教育课程计划和小学语文教学大纲为依据，充分体现学科的性质特点，从儿童的年龄特点出发，既注意加强思想品德教育，注意发展学生的智力和非智力因素，又注意扎扎实实地进行语言文字训练，同时注重教给学生学习方法和思维方法，加强自学能力和良好学习习惯的培养。（刘秀英，1999）人教版小学语文教材编写的指导思想新编小学语文教材以马克思主义、毛泽东思想和邓小平理论为指导，根据教育要面向现代化、面向世界、面向未来的精神和教育必须为社会主义现代化建设服务的战略思想，以及九年义务教育要培养社会主义一代新人的目标进行编写。（陈先云，1999）杨再隋、罗佳鑫认为，一套好的语文教材，记录了历史沧桑,勾画了时代风貌,描绘了人生百态,是一个时代重要的文化现象和文化成果。质量是教材的生命,特色是质量的保证,创新是特色的源泉。他们提出,湘教版小学语文教科书要让教材走进儿童的生活世界和情感世界,成为生动活泼、富有童趣、面带微笑的教材。教材编制。(杨再隋、罗佳鑫,2015)霍懋征立足人教版语文教材,提出有一套好的教材应是提高义务教育质量的前提条件。这就要求我们的教材编者有责任和义务以一个明确的指导思想来编写一套崭新的,适应时代需要的教材,为培养适应21世纪需要的社会主义建设者和接班人,以提高整个中华民族的素质。(霍懋征,1992)

2.各版教材内容研究

教材的选文,既是各版本特色所在,同时也是研究的关键点。针对西师版小学语文教材的选文,有研究认为,其具体标尺为:精、新、活、情、美、意、趣、丰等,以体现经典性与现代性、审美性与实用性、知识性与趣味性等结合,让孩子们认识中华文化的丰厚博大,吸收民族文化智慧。关心当代文化生活,尊重多样文化,吸取人类优秀文化的营养。(董小玉,2005)有学者以人教版小学语文教材古诗词为研究对象,从选文数目及体裁分布、题材选择角度考察其选文现状。文章认为古诗文的选文存在儿童视角缺失、主题意识忽视等问题。(薛剑莉、万素花、秀梅,2015)袁楣鸿以沪教版小学语文教材为例,认为语文教材作为传播社会文化、培养学生价值观的重要载体之一,其对学生的社会性别角色认知有着潜移默化的影响。通过分析二期课改后沪教版小学语文教材,针对教材中主要人物和插图中人物的性别数量比例、两性人物的职业分布范围和数量、名人倾向几方面进行统计,发现女性角色始终都处于劣势。从历史文化、刻板印象、性别平等意识方面对其原因予以揭示,通过这些讨论,最终提出推进性别平等教材的建议。(袁楣鸿,2017)许晓放、张雄以人教版小学语文教材为例,认为教材编订围绕鼓励人和自然和谐相处、促进个体行为规范、提高社会责任感、培养和谐人际关系这四个主题进行文章的甄选。从选文的主题看,其中的德育因素包含了个体、群体、社会国家以及世界三个层次。同时,德育因素的呈现方式也以间接呈现为主,寓德育于文章的字里行间,对学生产生潜移默化的影响。(许晓放、张雄,2015)梁静、包海诚以人教版小学语文教科书中对传统节日的体现来分析当前小学语文教育中对我国传统节日的重视程度,经统计分析研究,我国当前的人教版小学语文教科书对传统节日的重视程度还远远不够,需要不断改进。(梁静、包海诚,2017)

3.教材的使用研究

有研究认为,受语文学科的特点、教科书编写水平、学校课程安排、某些名师名家影响、教师自身因素等内外因的影响,小学语文教师使用教科书乱象频发,存在许多不当使用的问题。正确合理地使用小学语文教科书,就要提高教科书的编写水平,充分发挥名师课堂的导向作用以及提高教师使用教科书的能力。(张依芳,2015)卢谦提出,当前主要版本的母语教材存在选文经典性与时代性缺失、儿童立场与儿童文学缺位、"主题组元"选文结构有缺陷、练习设计科学性与系统性缺乏等不足。母语教材编写应做到编选与创作结合,彰显经典性与时代性;坚持儿童立场,强化儿童文学;做到编写体系科学,可操作性强;建构便教利学的练习系统,真正让母语教材的编写更贴近一线教学。(卢谦,2016)

4.教材编写经验的历史钩沉

首先,中国古代语文教育教科书及其当代价值的研究。如《三字经》对识字教学的影响,传统蒙学读物的当代启示等。其次,民国时期语文教材的现实意义研究。最后,民国时期语文教育名家的教育思想总结,如吴研因、刘御这两位在20世纪50年代激烈论争的语文教育名家,其教育思想也得到了较多的关注。

(三)研究特征

1.研究内容进一步拓展。随着小学语文教科书版本的增多,研究的视野也进一步开拓。这一阶段的研究除关注各版教科书的编写理念,选文内容与得失,以及教科书的使用外,还通过对民国时期教科书编写进行历史钩沉,提出可供当前语文教科书编写借鉴的经验。

2.研究的视角更为开阔。学科交叉研究在这一时期得到了很好的发展,很多研究者开始试着从德育、美育,甚至从科学技术等角度分析小学语文教材,取得了一定的成果。

3.研究方法更为多样。小学语文教材研究在原有"历史研究""比较研究""内容分析法研究"以及"动态分析法研究"的基础上,进一步增加了社会学视角的研究、语言学视角的研究和心理学视角的研究等。

三、2001—2019年的小学语文教材研究

(一)研究背景

"一纲多本"的教材编制政策,虽然有利于调动地方和出版社参与教材建设的积极性,且在教材的编写出版中呈现出全新的局面,但在具体操作的过程中也产生了一系列问题。在2009年举行的专题会议上,与会专家提出由于市场的介入,教材的选择使用往往受经济等因素左右,不能真正做到选优;此外,由于出版社自身的条件的限制,再加上教材编写和评审的机制不够健全,教材编得比较仓促,影响到教材质量。因此,教材编制过程中的选文、插图等方面一旦存在不足,往往会形成社会关注的热点事件。鉴于此,根据中央领导的指示精神,德育、历史和语文这三科教材实行统一编制,教育部负责统筹工作。2011年,教育部组建了三科教材的编写团队。语文编写组主要由三部分人组成,一是学科专家,包括一些作家、诗人,二是优秀的教研员和教师,三是以人教社中语室和小语室为主的编辑。2016年,中办、国办印发《关于加强和改进新形势下大中小学教材建设的意见》,专门就教育部统编三科教材提出了明确要求。同年,在经过编写大纲、样张、征求意见,大纲送审,到进入编写,广泛征求意见,确定选文,反复讨论和调整体例框架,编写导语、习题等复杂、曲折的编写过程,以及顺利通过14轮评审后,"统编本"小学语文教材终于得到通过,并批准投入使用。2017年秋季学期,全国中小学生从起始年级开始使用"统编本"语文教材。经过了三年的过渡期,"统编本"语文教材在2019年全面覆盖义务教育阶段所有年级,此前各地使用的多种形态的教材告别中小学课堂,成为历史。

(二)研究内容

1.编写理念

教材建设是国家事权,体现了国家的意志。《关于加强和改进新形势下大中小学教材建设的意见》提出,成立国家教材委员会,指导和统筹全国教材工作,

贯彻党和国家关于教材工作的重大方针政策,研究审议教材建设规划和年度工作计划,研究解决教材建设中的重大问题,指导、组织、协调各地区各部门有关教材工作,审查国家课程设置和课程标准制定,审查意识形态属性较强的国家规划教材;根据需要成立专门委员会,负责国家规划教材的编写指导和审查;教育部设立教材局承担国家教材委员会办公室工作。

对于统编教材的编写理念,学界展开了一定的研究相比之前人教社及各出版和编制的小学语文教科书,"统编本"小学语文的选文上一个变化就是课文数量减少,教学类型增加,还有就是格外重视中华优秀传统文化的弘扬。温儒敏指出,统编本小学语文在选文上强调了以下四点:"经典性,文质兼美,适宜教学,同时要适当兼顾时代性"。(温儒敏,2018)

2.选文研究

统编本教材在选文上一个很大的特色,就是增加了古诗文的比重。因此,关于古诗文选文的研究,成为这一时期的一个热点。除此之外,统编本小学语文教材中民间文学选文、儿歌选文等都得到了一定的关注。赵晓珍、刘月香对统编本小学语文教材1~6年级儿歌选文进行研究,从数量、内容、押韵及篇章结构等四个方面进行分类统计和分析,并结合统编本教材的编写理念归纳出统编本小学语文教材儿歌有选材范围较广,培养方向使小学生更加全面,内容既与生活相联系,更加"接地气""实用",又重视小学生对传统文化的学习,体现出民族性,同时还解放天性,使个性潜能充分发展,篇幅较短,适合身心发展规律且有音韵之美,节奏极具明朗性等特征。(赵晓珍、刘月香,2021)

3.比较研究

教材比较研究在这一时期持续升温,主题分为整体比较、"同文异样"比较、课文选文比较、相同篇目比较、助读系统比较、语言文字比较、写作系统比较、练习系统比较、拼音部分比较、语文知识比较、作业系统比较、阅读部分比较、口语交际比较等。

(三)研究特征

1.研究内容更细,但质量参差不齐。文献质量参差不齐,研究刊物泥沙俱下,研究者以一线教师和硕士毕业论文为主,一线中小学教师缺乏理论素养,研究生有一定的研究能力,但缺乏实践经验,其研究缺乏深入的探究和理论的升华。

2.研究主题更加集中,对教材中传统文化类选文的关注持续深入。这一时期的研究更加重视小学语文教材传承中华传统文化。统编本小学语文教材优秀传统文化渗透研究直接成果数量有限,主要有:渗透要素在汉字、古典文学和诗词、古代文学作品、传统文化常识、传统民俗文化等;渗透途径在生活实践、立足语文课堂、识字教学、阅读教学、文化实践教师实施和教学融合。

第二节　小学语文教材研究的主要成就

在中华人民共和国小学语文教育研究中,教材编制上的争议率先展开。中华人民共和国成立伊始,小学语文教材由解放区教材改编而成,《初级小学国语课本》沿用国语、常识混编的方式,《高级小学国语课本》适当增加了常识性的选篇。常识性课文主要介绍政治、生产、自然、生活、历史、地理、生理卫生等方面的知识。1950年,"语文教材编写以阅读为中心"的原则正式提出并对后世产生深远影响。70年来,小学语文教材研究在摸索中前行,既经历了"刘吴之争"的大讨论,也因选文的问题广受关注。整体而言,小学语文教材选文上注意选入既富有教育意义又具有语言文字特色的课文;注意"文道统一"兼顾课文体裁的丰富多样。以阅读教材为主体,将识字、写字教材,听话、说话、作文教材合而为一。这些成就的取得,离不开小学语文教材研究的持续推进。

一、小学语文教材的设计理念研究

(一)"刘吴之争"

1952年7月,五年制小学语文教材的编写主持者刘御在《人民教育》先后发表了《浅谈小学课本语文第一册的思想内容和教学要求》《介绍小学课本语文第一册形式方面的五个特点》等文,朱文叔发表《小学语文第一册八个练习的说明》一文,介绍五年制小学语文第一册教材。在《编者按》中,《人民教育》希望全国读者能"体会编者的愿意进行教学,同时也望教师对于这个课本的各方面提出意见"。同年,萧垠发表《〈谈谈小学课本语文第一册的思想内容和教学要求〉一文的读后感》,认为教材"并未能完全地和正确地解决了这个语文课本的思想教育问题",提出"首先,作者在涉及思想教育的教学要求时,对于初入学的儿童的年龄特征问题,是估计的不足的,因此在很多地方提出了过高的要求。第二,作者对于通过语文课进行思想教育的特点是认识不足的。这个特点是:在于通过语言的发展,去进行思想教育。"1953年初,教育部通知全国各地对小学试用课本提出意见,在短短的几个月内,就收到了434份意见材料。《人民教育》于1953年第2期刊登了部分来信,包括王静的《我对"四会"问题的意见》,徐子长的《课本字体的商讨》,马群的《某些课的要求太广泛》等,同年第11期,发表了由时任教育部指导司司长吴研因执笔撰写的《各地区对小学试用课本语文第一册的批评建议》,对各地的材料进行了归纳总结。文章对刘御提出的教材的五个特点逐一进行批评,认为都是有问题的,并指出各地意见完全正确的有如下几点:①许多课文内容较深,儿童不易理解。②有些课文太长,不易使儿童掌握全文前后大意。③有些句子太长,儿童不宜卒读。④韵文太少,不很适于儿童诵习。⑤有许多抽象的生词非初入学儿童所能了解。⑥生字太多。⑦用宋体字排印,在教学中增加了许多人为的困难。⑧写字任务太轻。⑨插图不够细致、清楚。⑩没有详尽具体的教学参考。文章认为,新教材缺点多于优点,编者对于儿童心理不熟悉,对汉语文的特点未充分注意。在文末,吴研因进一步解释,该文写作是综合了各地材料,并由陆静山、吕敬先、王叔敏、霍懋征、刘永让、黄秀芬等共同整理、斟酌后形成的意见,是集体智慧的结晶。针对这些批评,刘御一一予以回应。1952年,刘御发表《再谈小学课本语文第一册的思想内容和教学要求——答萧垠同志》一文,回应萧垠的批评,称:"有些地方是属于各人的认识不同,有些地方则是一种误解",其文章"并没有主张'把语文教育和思想教育分开'的意思"。1954年,刘御又发表了《关于小学语文教材的几个问题——答吴研因先生对试用课本语文第一册的批评》,针对吴研因的文章,提出不能对这本教科书的优点"略而不谈",并指出,这本书的优点包括:在思想上和内容上体现了社会主义教育的精神。在形式上有了新的萌芽,比如篇幅扩大了,相当地注意了语法训练,把阅读材料和写字材料分别开来并且采用印刷体来排印阅读材料。1954年,小学五年一贯制停止施行,五年制小学课本语文第一册也改变成了六年制初级小学语文课本第一册,且改动很多。然而,围绕小学语文教材的争论并没有结束。1955年,吴研因发表《读〈关于小学语文教材的几个问题〉——我对小学语文教材的主张兼答刘御先生》一文,除对刘御的批评进行反驳外,吴研因还在文中对如何学习苏联教材编写的经验提出了自己的看法,提出"尤其在语文教材方面,我不主张一切照抄、照做"。

(二)教材编制的原则与基本理念

中华人民共和国成立70年来,我国中小学语文教材的编写指导思想,大体经历了这么几个发展、变化过程。中华人民共和国成立初期,全国上下掀起学习苏联的热潮。苏联的教育、教学经验,对我国中小学教材编写产生很大影响。在语文教育领域出现的语言和文学分课教学,即是一个显著的例子,此外如"红领巾教学法"的兴起,也与苏联教育的影响有直接关系。在这一时期的教学大纲中,无论是1956年颁布的中小学语文教学大纲,还是依据大纲编写的中小学教材,都把汉语知识放在突出重要的地位。因此,这个时期教材编写的指导思想,在政治上强调思想教育,在学科教学上强调知识的系统性。1958年的教育大革命,导致语文教材成了空洞说教的政治课本,语文课上成了政治课,语文教学质量大大降低。经过反思和讨论,1963年大纲第一次明确语文学科的工具性。这一认识决定了当时的大纲和教材,都强调加强"双基",提倡多读多练,读写结合。粉碎"四人帮"后,教育一方面"拨乱反正""正本清源",一方面把目光投向国外。教育界逐渐形成了既重视知识,又注重能力的知能平衡的教学观。在这种教学观的指导下,并受到叶圣陶等老一辈语文教育家的启发,教材编写强调精选读写知识,设计训练项目,注重训练,培养能力。进入新时期以来,随着教育领域改革的持续深入,语文教育界对语文学科性质的认识不断拓宽和深化。教材编写的指导思想把促进学生的发展作为学习的出发点和归宿,教材建设要有利于学生创新精神和创造能力的培养。(王凤玲,2010)

教材的编写是一项复杂的集体工作,在此过程中,需要结合学界的研究成果和教育实践中的成果紧密结合起来,要体现课程标准的相关要求。汪潮以中华书局出版的《小学语文》为例,分析了小学语文教材编写的五个基本理念,即语文教材是工具性和人文性的统一体;语文教材既是教师"教"的教本,也是学生"学"的学本;语文教材不只是记载知识,更重要的是为提升学生的语文素养服务;语文教材既要注意语文基础知识、基本技能的学习,更应关注社会生活现实;语文教材不是既定的、封闭的系统,而知识一个预设的、开放的系统。(汪潮,2006)杨再隋提出,小学语文学科要为学生学好母语打下坚实基础,课程标准强调要立足于学生的发展,为小学生今后学会生存、学会学习、学会创造打好基础,我们也要把基础教育看成是走向生活、走向人生的通行证。(杨再隋,2006)何更生认为,语文教材的编制必须体现课程标准的精神,充分强调了语文教材编制的规范化、多样化、民族化、现代化、生活化、人文与科学统一。语文教材编制应具有正确的指导思想和鲜明的时代特色;语文教材编制应符合学生身心特点和语文能力发展规律;语文教材应注重培养学生的创新精神和实践能力;语文教材应具有多元性、开放性和一定的弹性;语文教材应正确处理必修课程与选修课程的关系。(何更生,2007)也有学者提出,小学语文教材作为小学语文教育的载体,在注重文化多元性的同时,不可忽视价值取向的平衡。该研究通过分析苏教版小学语文教材发现,其在乡土文化选文上有"乡韵"而缺"乡情",重"量"的提升而轻价值取向的守恒,乡土文化选文缺失"根"的培育,使得乡土文化在多元文化大发展和城市文化取向的小学语文教材中逐渐失声。(潘祝青,2017)

关于语文教材编制的原则,何更生认为可以分一般性原则和特殊性原则两种。一般性原则包括人文性原则、文学性原则、时代性原则、基础性原则、兴趣性原则;特殊性原则包括:语文教材编写要以马克思主义为指导,坚持面向现代化,面向世界,面向未来;语文教材应体现时代特点和现代意识,关注人类,关注自然,理解和尊重多样文化,有助于学生树立正确的世界观、人生观、价值观;语文教材应符合学生的身心发展特点,适应学生的认知水平,密切联系学生的经验世界和想象世界,有助于激发学生的学习兴趣和的创新精神;语文教材应注意引导学生掌握科学的语文学习方法；语文教材内容的安排应避免烦琐化,简化头绪,突出重点,加强整合,注重情感态度、知识能力之间的联系,致力于学生语文素养的整体提高；语文教材呈现的体例和方式应灵活多样,避免模式化；语文教材要有开放性和弹性。(何更生,2007)

(三)语文教材编制的体例与模式

在长期的探索实践中,语文教材已形成多种编制模式。从分和合的关系看,有合编(综合)型和分编(分科)型；从教材的组织看,有文选型、单元组织型、模块组织型等；从单元的组织看,有文体型、专题型、主题型等；从贯穿的线索看,有主线型(阅读主线型、写作主线型、知识主线型、方法习惯养成主线型)和多线交织型等。(温立三,2016)有研究认为,小学语文教材结构类型主要包括"合编型""文选型""专题型"和"主题—情境型"等四种。合编型语文教材就是把听说读写等语文课程所有学习内容编成一套教材或一本教材甚至一个单元的编写类型。文选型语文教材编写模式依据某种教育思想或政府颁布的有关语文教学指令性文件,根据学生水平,选择文字材料,按照一定的顺序将一篇篇选文组合在一起。专题型是一种以"话题—任务"为核心,以实现综合性学习和变革学习方式为功能的选择与组合课程教材内容的范型。(顾书明,2017)有学者指出,人教版、北师大版和苏教版小学语文教材共同体现出"主题—情境"的编写体例。认为"主题—情境"是从语文教科书编排设计的层面而言的,是指语文教科书组织编排单元的核心要素。就内涵而言,"主题"是指根据学生的生活经验、学习兴趣及汉语丰富的表意功能和独特的文化内涵来确定的语文学习主题,而"情境"是围绕主题设计的一系列语文实践活动的背景。(郑国民,2011)

"文选型"的语文教材,在我国一直被视为正宗,从《诗经》的删定到《文选》的编撰,"文选型"教材贯穿了语文教育的始终。有学者指出,"文选型"教科书有两种基本的类型,一种是单纯的范文汇编,一种是以汇编的范文为学习内容的绝对中心而辅之以注疏和评点。后者在漫长的历史进程中得以不断充实,成为语文教科书的主要类型。(王荣生,2003)文选型教材有它合理的一面,但是由于教材内容的巨大包容性,使文选型教材具有教学目标多样取向的可能。一篇课文,可以从思想内容角度教学,也可以从审美的角度展开;可以教学字词句,也可以教学语修逻;可以从阅读角度讲,也可以从写作的角度学。从不同的角度选材,同一篇课文可以选进高中课本,也可以编入初中课本。面对有着多向度价值的教材,不少教师在教学中模糊了教学的目标,使教学的价值取向处于混乱之中。(郭亚丹,2019)因此,有学者认为,语文教材提"文选型"不太妥当,提"编选型"才是全部含义的准确把握与恰当表达。即使把文章"选"来了,还要按照课程标准的要求和教材思路重新"组编"成另一种书:"教科书"。所以,这个成书过程而形成的"编选型"才是语文教材的本质特点。(林惠生,2019)

值得一提的是,统编本小学语文教材在编排结构上有了明显的变化,即采用"双线组元"的形式。所谓"双线组织单元结构",指按照"内容主题"(如"修身正己""至爱亲情""文明的印迹""人生之舟"等)组织单元,课文大致能体现相关的主题,形成一条贯穿全套教材的、显性的线索,但又不像以前教材那样给予明确的单元主题命名;同时又有另一条线索,即将"语文素养"的各种基本"因素",包括基本的语文知识、必需的语文能力、适当的学习策略和学习习惯,以及写作、口语训练,等等,分成若干个知识或能力训练的"点",由浅入深,由易及难,分布并体现在各个单元的课文导引或习题设计之中。每个单元都有单元导语,对本单元主题略加提示,主要指出本单元的学习要点。(温儒敏,2019)

(四)义务教育课程标准实验教科书审读意见

2001年起,教育部在全国范围内推荐义务教育课程标准实验教科书《语文》教材共三套。这三套教材分别由人民教育出版社出版一套、北京师范大学出版社出版一套、江苏教育出版社和华东师范大学出版社联合出版一套。这三套教材都是依据《全日制义务教育语文课程标准》(实验稿)提出的课程理念和教材编写建议编制的。此后,湘教版、语文A版/S版、鄂教版、冀教版、西南师大版、长春版、教科版、中华书局版也先后通过中小学教材审查委员会审查。(任光霞,2020)关于上述教材的基本情况,教育部基础教育教材审定工作办公室编订的《义务教育课程标准实验教科书概览》(小学篇)(人民教育出版社,2006)完整地记录了各版本语文的审查意见,摘录如下:

1.人民教育出版社组织编写的教材。本教材由崔峦主编,教材有如下特点:做好幼小衔接,平稳过渡;加快识字,重视写字;坚持选文的高品位和典范性;以专题的形式组织教材内容;教材呈现方式富有新意和活力,编写角度由关注教师的教,转向既方便教师的教,更方便学生的学;教材体现开放性和弹性,增强适应性。审查意见认为,这套教材很好地体现了工具性质与人文性统一的课程特质。选文大多文质兼美,题材广泛,体裁多样,难易适度。新开发的课文能反映时代精神和优秀传统,符合语文学习要求,有利于学生逐步形成积极的人生态度和正确的价值观,有利于学生提高语文素养。教材呈现方式符合所在学段学生的认知水平和心理特征,并有利于学生自主选择。围绕专题组织教学内容,贴近儿童生活,体现的语文学科与其他学科、与生活实际的综合。专题安排合理有序,有利学生"学会做人、学会做事、学会认知、学会学习"。活动设计力求引导学生在听说读写活动中积累、思考、运用、掌握学习方法,养成良好学习习惯。课后练习注重基本知识与基本能力,有利于具体落实各年段的基础性目标,同时也注重启发性和趣味性。不少练习有利于学生的自主合作探究学习。编写语言规范,装帧设计朴实大方。审查意见还指出,把握基础,实中有活,循序渐进,便利教学,是该教科书的一个主要特色。

2.高校中文系教师参与编写的小学语文教材。如中华书局版《语文》,即由北京师范大学郭预衡教授、复旦大学章培恒教授和北京大学陈平原教授联合主编;北京师范大学出版社出版的《语文》教科书(简称"北师大版"),由北京师范大学马新国教授和郑国民教授主编;西南师范大学出版社出版的《语文》教科书(简称"西师大版")由西南大学董小玉教授主编;湖北教育出版社出版的《语文》教科书(简称"鄂教版"),由华中师范大学王先霈教授担任主编,等等。上述教授大多为各高校汉语言文学专业的专家,因此其选文的标准更具专业性。如中华书局版《语文》教材的特点包括:促进由"教材"向"学本"方向转变;建构"话题—连动"教学单元;凸现学习重点;呈现更有利于学习的编排方式;侧重语言的理解、积累和运用。审查意见提出,重视文化传承,注重名家名篇,是该教材的主要特色。选文题材比较多样,能努力开发新课文,邀请著名作家参与教材的创作,不失为有益的尝试。北师大版教材有如下特点：教材的开放性和灵活性；广阔的适用性；注重兴趣的激发和培养，发展创新思维和实践能力；注重语文学，培养学生学会学习，培养学生学会学习；整体推进，全面发展学生的语文素养。此外，该教材的结构独具特色，是以学生语文实践活动为核心，采用适合学生认知水平的主题或情境，以主题单元作为教材的呈现方式。每个主题单元强调整体和综合，强调综合性语文学习。编写者提出"兴趣先导，学会学习，整体推进，文化积累"的编写指导思想，符合《义务教育语文课程标准（实验稿）》的精神。教材设计了两个与学生同龄的人物形象，伴随学生一起学习，使课文增加了亲切的感觉和生动活泼的气氛，有些学习内容也从学生的角度提出问题，能引起激发兴趣和引导思考的作用。此外，该教材还吸收我国识字教学改革的经验和方法，综合运用到课文中，特别是注意到学生在识字学习过程中容易出现的主要问题，有针对性地设计一些练习。

鄂教版教材力图体现"整体建构、注重体验、强化探究、主动发展"的编写理念，阶段目标明确，一些活动设计较好操作，有积极的导向性和示范性，在改变语文的教与学的方式上有所创新。单元的组合虽然没有主题词，但各课有一定的内在联系，又不受主题的限制，语文特性较为突出。选文整体质量较高。既关注思想内容，符合学生的认识发展，也注重题材、体裁多样，贴近学生，生动有趣，难易适度，文化内涵比较丰富，有时代气息和现代意识，力图实现学生与文本的对话。识字部分采用分阶段综合运用各种识字方法的安排，每一个阶段，以一种识字方法为重点，用儿歌、谜语、童话、神话卡通人物等方式帮助识字，趣味性强，集中识字与分散识字相结合，努力体现"识写分流，多识少写"的原则，拼音设计有特色，以学习和生活场景的图画呈现和教授汉语拼音，体现了学习的综合性。口语交际的设计能为学生创设丰富的交际情境，让学生用语言来表达自己，打动别人。中高年段习作的设计，注重从激发学生表达欲望入手，鼓励学生在观察体验的基础上写自己想说的话，习作形式丰富，指导方法多样，有利于实现多向互动。"语文乐园"的设计综合性强，富于情趣，注重引导学生感悟，积累和运用语言，关注创新意识和语文基本能力的培养，指导性、操作性也较强，是本教科书的一个亮点。

西南师大版教科书注意突出本土特色，力图利用西部多民族文化资源，编选了一批反映民族风情，具有地域特色的课文，让学生受到熏陶和感染，从而认识热爱和关注西部。编者视野比较开阔，能关注多元文化，注意科学性与人文性兼顾，现代与传统并存，选文题材和体裁也较多样。立足于促进学生发展，注意从一定年龄段的学生实际出发，编写的内容和形式，贴近学生生活，富有儿童情趣，一年级以"汉字娃娃"做串联人物，充当学习伙伴，形象可爱，增强了教科书的亲和力。每课后面提供一个平台，让学生自主地写字、写词、写句，培养自主学习的意识和习惯。汉语拼音部分有意对拼音教学内容重新做了组合，注意方言与普通话的差异，在比较中分辨和记忆，有利于突破教学重点和难点，识字教学注意简化头绪，"小步快进"，认识事物与识汉字相结合，努力降低难度，减缓坡度。语文实践活动的设计，注意课内外联系，尽量采用寓学于玩的方式，致力于提高学生的综合素养练习设计，注意整合具有"活"和"实"的特点，高年段给课文加上旁批，有引领阅读的作用。

3.长期在一线参与教学的教育名家编写的教材编写。如长春出版社出版的由张翼健、张笑庸主编的《语文》教科书（简称"长春版"），江苏教育出版社出版的由张庆、朱家珑主编的《语文》教科书（简称"苏教版"），湖南教育出版社出版的由杨再隋、曾国伟主编的《语文》教科书（简称"湘教版"），河北教育出版社出版的由郭振有、陶月华主编的《语文》教科书（简称"冀教版"）等等。这些教材无论是呈现方式，还是组元方式，都体现了"学生中心"的理念。如长春版教科书把汉字系统视为一个极丰富的精神家园，为儿童营造一个充满生活活力的多彩的世界，关注儿童识字的乐趣和需要，充分体现汉字文化与创造智慧，注重识字方法与学习方式的多元化、多样化和识字过程的个性化。审查意见指出，该教材的编写者吸收了我国多年来识字教学的成功经验及多种方法，让学生初步了解汉字演变、形声字构成、词语搭配的一些规律性知识，揭示一些字词的文化内涵，让学生受到文化的熏陶。

苏教版教科书体现了简约化的思想，目标明确，力求"以约驭博"；教材彰显了民族化的理念,勇于继承民族的优秀文化,富于开拓进取的创新精神;教材洋溢着现代化的气息,并积极探索出了一条与现代化教学媒体相结合的道路,做到不断推陈出新,与时俱进。审查意见认为,该教材选文既能体现时代精神,又突出中华文化优秀传统,入选课文题材丰富,体裁多样,富有文化内涵而又有童趣,有利于激发学生的学习兴趣,有利于学生树立正确的世界观、人生观和价值观,有利学生语文素养的整体提高。教科书内容重点突出,教学目标集中明确,重视儿童的语言实践活动,重视语言积累和语感,培养练习活动,简明扼要,力求抓住语文学习的基本要因素。特别关注学生养成良好的学习习惯。教材的呈现方式符合学生的认知特点,有助发挥学生的主体积极性,掌握基本的学习方法,提高学习效果。编写语言规范,课文字体醒目,关注儿童用眼卫生。编校精心,插图美观,印刷精良。该教科书的识字教学,有创意情境识字,字串识字等方法,富有韵味,便于记诵,提高了识字教材的文化品位,有力激发学生识字兴趣,掌握识字方法,增强对祖国语言文字的热爱之情。

冀教版教材以"八个文化主题统领生活领域"组元,意在引导学生面向生活,促进学生健全人格和语文素养发展。教材结构比较清晰,专题组元,配合综合性学习和"阅读链接",内容较丰富,形式也多样。练习设计力求落实语文学习的基本要求,基本适合相应年级学生的学习水平与学习兴趣,并且关注语文学习与生活实践的联系,关注于课外阅读的指导。有些练习设计具有启发性和开放性。此外,本套教材的插图比较活泼,有儿童情趣。

语文出版社(A版)教材选文视野比较开阔,重视多元文化,选材较新较活,深入浅出,多为学生喜闻乐见,符合学生阅读心理和语言发展要求,语言清新自然。编写思路清晰,结构合理,拼音、识字、阅读、说话、写话、综合性学习各部分要求明确,阶段目标清楚,重点突出。"语文百花园"内容丰富多彩,力图体现阅读与写作课内与课外的沟通培养,听说读写综合能力,注意帮助学生增加语言积累,形式生动,引导学生进行自我评价和相互评价。这些都有利于教学方式的转变。语文出版社(S版)教科书创设汉语拼音情境图,激发儿童学习兴趣;综合识字,早期阅读;选文视野开阔,传承民族优秀文化,体现多样性文化;重视语言文字的规范。审查意见认为,该教材自行选编的新课文多,体现了较强的课程资源开发意识。整体设计合理,编写思路简明清晰,单元设置数量适中。识字教学的安排自有创意,先学简短有趣课文,然后分散学习拼音,避免集中学习拼音的枯燥,会拼音识字及发展语言创设良好语境。这是本套教科书的一个显著特点。

湘教版教材的特点表现为:调整结构,注重整合——探索教材新的呈现方式;学生为本,自主探究——着力学生学习方式的转变;人文情怀,熏陶感染——蕴含丰富情感,激发生命潜能;口语先行,片段过渡——发挥母语优势,遵循习作规律;综合实践,整合拓展——在"语文活动"中综合运用,在综合运用中探究创新。该教材的呈现方式符合所在年级学生的认知水平和心理特征,有助发挥学生的主体积极性。大部分的课后练习和语文活动难易适当,能引导学生积极思考,努力探索,促进知识能力与情感态度的全面发展,重视口语交际的教学,安排的内容基本得体。教材的版式、装帧、插图,明快清新,编写语言文字质量较高。审查意见认为本套教材的特色既努力落实各年段目标,也较好地实现低、中、高年段之间的顺利过渡。

(五)教材改革与理念之争

中华人民共和国成立70年来,伴随着课程改革的步伐,小学语文教材也衍生出了不同的版本。每一版新教材都是在总结历套教材编写经验的基础上编写而成的,体现了时代发展的痕迹,也反映了课程、教学改革的新思路。

关于教材改革,学界保持了持续的关注。蔡玉琴认为,改革小学语文教材应遵循的原则有:教材内容应具有鲜明的思想性和教育性;教材内容应具有知识性和趣味性,贴近学生生活;教材要为培养学生的能力,发展学生的智力服务;教材的编排应具有科学性和规范性;教材改革应注意吸收教改新成果。教材既是课程改革的产物,同时也在推进教学改革中发挥着重要的作用。(蔡玉琴,2000)崔峦提出,要深入钻研教材,理解编辑意图,把教材的特点用够用足,让教材为改进教学服务。(崔峦,1996)也有研究指出,要推进小学语文教材的改革,必须审慎选择经典,增强教材的人文性;合理设计篇目,增强教材的时代性;合理设置文体,增强教材的多样性;参考教学意见,增强教材的实用性。在教材改革的过程中,坚持经典的人文价值不动摇,丰富文体的形式,同时赋予教材的时代特色,并且尊重教学现状的基础上,将理论和实践相结合。只有坚持诸多元素的统一和集合,方能实现语文教材多方面的教育价值,从而使得小学的语文教育更上一层楼。(潘荷,2011)

教材改革,是课程改革中最显著且最易为大众所感知的部分,因此也往往会形成社会热点事件。21世纪以来,围绕教材改革的热点事件层出不穷,其中最主要的就是选文标准之争。2005年,上海市二期课改语文教材中《狼牙山五壮士》一课被删除,同时,人民教育出版社出版的小学语文教材将《狼牙山五壮士》一文由五年级教科书中调整到了与语文教材配套使用的四年级下册《同步阅读》中。教材编写的这一变化,在当时引起了很大的轰动。针对此事件,《当代教育科学》2005年第10期以专题的形式,发表了多篇论文,包括:孟庆军《小学教材取材要适合儿童发展——从上海市小学语文教材剪裁〈狼牙山五壮士〉说起》、许丽英《小学语文教材选材的历史性与时代性——由〈狼牙山五壮士〉一文从教科书中被删想到的》、陈静漪《解读小学语文教育——从〈狼牙山五壮士〉一文被删说开去》,等等。无独有偶,2007年,有媒体反映鲁迅作品在语文教材中的占比正在减少,出现了所谓的教材"去鲁迅化"。更有人夸大其词,称之为"鲁迅大撤退",迅速形成社会讨论热点。此类文章包括:郭珊、邓碧波《金庸取代鲁迅?语文教改之惑》(《南方日报》,2007);戴少刚、孙德玉《论我国语文教材编选的课程价值取向——从"鲁迅作品大撤退"谈起》(《教育实践与研究》,2011);赵敏《不可撤退的鲁迅——谈"鲁迅大撤退"现象》(《忻州师范学院学报》,2018),等等。不过,经相关专家和教材编辑部门的辟谣,关于"去鲁迅化"被证实是一个噱头,属于自媒体时代的娱乐狂欢。也有研究认为,如果从积极的角度评价由教材改革引起的争论,它所引起的对新课程改革的关注和体现出的课程知识选择价值取向上的多元化,有益于新课程改革的进一步深化和我国教育事业的健康发展。(戴少刚、孙德玉,2011)无论是《狼牙山五壮士》还是鲁迅作品,都没有离开语文教材,诚如温儒敏教授所说,"无论哪个语文教材版本,鲁迅至今仍然是选收篇目最多的作家。""鲁迅已经积淀为现代最重要的精神资源,所以让中学生

接触了解一点鲁迅,是非常必要的,教材编写必须重视鲁迅。但重视不等于选文越多越好。"(温儒敏,2010)

社会上对教材内容的关注,主要指向选文内容是否适合语文学习?是否适合当时小学生的认知规律?以及如何提高教材的针对性和适应性等难题。此外,长期以来教材的"城市化""贵族化"问题,成为教材使用过程中无法回避的难言之隐。(许丽英,2005)有研究认为,改革开放以来,我国城市和乡村发展的不平衡状况日益加剧,表现在教育方面,教育资源的不均衡越来越突出。最大的不平衡表现在城乡学生的视野、认知水平、情感体验等方面,教材作为文化再生产的载体,如何提高针对性和适应性,兼顾城乡差异一直是教科书编写者的难言之隐。(张济洲,2008)

二、小学语文教材的内容研究

叶圣陶先生提出,编写教材要有个次第或次序。有多少项目必须训练,要进行研究。至于训练项目的安排,要根据儿童的智力发展、生活的经验进行排列,比较浅近的在前,比较难一点的在后,有些项目要有重复,在重复中逐步加深。有些项目还要有交叉。(陈国雄,1981)吴立岗认为,中小学语文科的教材体系是一个复杂的系统,包含着众多的子系统。诸如语言能力系统,一般心理能力(包括智力、情感和意志活动能力)系统,字、词、句、篇和各种文章体裁知识技能系统,等等。但是起主导作用的却是语言能力系统,其他的子系统都是受其制约并为其服务的。(吴立岗,1988)有研究根据小学语文学科的性质、特点和教学目的的要求,以及大纲对小学语文的编排,提出了三条原则,四种方法。三条原则是:①"文道统一"的原则;②符合语文学习规律的原则;③循序渐进的原则。四种方法即:①识字提出掌握与不掌握两种要求,以增大阅读量;②安排三类课文以培养自学能力;③安排综合性的基础。(陈序中,1983)

(一)教材选文研究

李伯棠的《小学语文教材简史》(山东教育出版社1985)较早系统研究了小学语文教科书。在书中,李伯棠从"旧中国的小学语文教材""中央苏区和抗日根据地的小学语文教材""中华人民共和国的小学语文教材"等三个方面分析了小学语文教材的历史演变。此外,该书还讨论了"小学语文教材发展史上的几次论争""小学语文教材与文字改革""小学语文教材的字汇研究""小学语文教材的插图、字体和装帧的演变""小学语文教材审查制度的演变"等专题。李伯棠认为,要编写新的小学语文教材,必须注意以下三点:一是编排体系的科学化,要建立以培养读写能力为主线的语文教材的编排体系;二是语言的规范化,选作语文教材的文章,必须文质兼美。具体地说,就是要求语言规范,内容健康,又便于教学;三是形式的多样化,课文的形式要活泼多样,有儿童特点,能引人入胜,要能唤起学生学习的兴趣,激发学生自学的积极性。除"三化"外,李伯棠还认为今后编写新的语文教材应尽可能做到"两性",即教材的相对稳定性和因地制宜的灵活性。

王荣生根据语文教材的"选文"类型及不同类型的功能发挥方式,结合他对中外语文教材的比较和研究,把语文教材里的选文鉴别为四种类型——定篇、例文、样本和用件。(王荣生,2003)所谓定篇,指教学大纲或课程标准中规定语文课程必学的篇目,是语文科课程规定的内容要素之一。所谓例文,本身不是语文课程内容的构成,它属于"用什么去教"含义的语文"教材内容"。所谓样本,就是典型,它是从学生现在在读或将来要读的现实情境中的真实取样,是学生按自己的经验(阅读经验和生活经验)在与文本交往过程中,形成怎样读、怎样写的方法或能力,这种方法或能力,就是这种类型想要生成的课程内容。有学者认为,我们现在使用的教材,就是以样本体系为例来编排的。所谓用件,实质上是提供信息、介绍资料、使学生获知所讲的事物。(李华平、刘敏,2011)除王荣生的"四分法",关于语文教材选文的分类,还有黄厚江的"三分法",即经典性文本、一般性文本和辅助性文本。王君的"六分法",即主题型文本、语用型文本、写作型文本、思辨性文本、诵读型文本和拓展性文本,等等。

针对选文的不同文体类型,陈先云提出了"文体协调"的观点,认为文体协调主要为调和小学语文教科书选文中各类文体之间的矛盾而提出的,关注的是选文的语言形式标准。每一种文体都有其独特的学习价值,受小学语文学习目标、儿童学习能力等因素的制约,客观上对文体提出了一定的要求。文体协调主要体现在两个方面:从横向上看,应处理好实用性文章与文学作品的关系,在小学阶段应遵循实用性文章为主,文学作品相辅而行的选文原则,突出语文学科的教学特性;从纵向上看,各类文体在不同年段应有所侧重,以满足各年级学生语文学习的不同发展需求。(陈先云,2016)

纵观百年来中国语文教材发展演变的历史,有学者提出中国现代语文教材结构形态发生了许多变化:由"经本"到"文本";由"文言独统"到"文白合一";由"文选型"到"单元型";由"混编型"到"分编型";由"单元型"到"模块专题型"。结构形态变化的背后还隐含着理念的摇摆带给实践者的诸多困惑。具体地说,就是教材的价值取向指向知识还是指向学生;教材内容选择经典还是选择消费文化;教材结构安排采用逻辑结构还是板块结构;教师教教材还是用教材教。明晰这些问题能够给教材的编写者以及使用者以启迪。(魏本亚,2008)

首先,关于教材的内容,研究者提出要把培养学生的创新精神、实践能力,搜集、处理信息的能力和分析、解决问题的能力,以及对自然环境和人类社会的责任感、使命感等放在首位。崔峦提出,教材要有开放性和弹性。在合理安排基本课程内容的基础上,给地方、学校和教师留有开发、选择的空间,也为学生留出选择和拓展的空间,以满足不同学生学习和发展的需要,语文教师应高度重视课程资源的开发和利用,小学语文教材不是语文教学的唯一凭借。(崔峦,1990)小学语文是为儿童学习语言和文字打基础的学科,教材使用的语言文字必须规范。(蔡玉琴,1993)汉语拼音教学是识字与写字教学的重要组成部分。我国现行出版的小学语文教材大多把拼音教学放在教材的起始阶段,新生入学7~8周接触的是拼音,小学生活从拼音开始。由此可见汉语拼音编排的重要性。人教版、苏教版及北师大版等出版的小学语文教材紧扣《全日制义务教育语文课程标准(实验稿)》要求,并借鉴了同内外教学改革和教材编写经验,在原通用教材上有了较大改进。但对于他们的汉语拼音编排在趣味性和操作性这两方面还应再强化。(沈玲蓉,2006)有学者研究发现,随着年级升高,教材所凸现的生命意义在不断地充盈和丰满。学生在学习教材时,不知不觉中随着教材成长而成长,思想得到了提升,意志变得坚强,人格日趋完善。所以我们不能舍近求远,

而须挖掘并整合教材资源,用好文本,让学生和教材共同成长。(李云龙,2007)

有研究认为,新课改以来,我国教材发展呈现出多元化和个性化的发展趋势,教材选编思路也是百花齐放。作为语文课程的重要载体,教材的选文必须贯彻典范、文化、人本、开放等原则。但是,当前大多数语文教材选文存在重人文轻语文、重思想轻思维、重媚俗轻文化的倾向。因此,要以开放的视野和科学的尺度,精心裁选入编语文教材的选文内容。(吕芳萍,2006)

其次,关于教材的解读,研究认为教师对教材的适度阅读、适当解读是顺利实施教学的先决条件,是圆满达成教学目标的必要保证。所谓台上一分钟,台下十年功,对于教师而言,这十年的工夫在很大程度上就是在备课前对文本进行阅读、解读,直至研读。只有你的这一份工夫做得深、做得透、做得实,台上的那一分钟才能幻化出无尽的风采。(朱家珑,2009)关于怎么研读小学语文教材的文本,有研究指出:第一,作者与作品,结合课文及教学需要,适当地、有选择地介绍作者生平及主要事迹,介绍作品产生的时代背景及社会价值,对学生语文素养的形成与发展有一定作用。第二,作品的主题思想,即写作目的。在教材文本研读时,偏重于对学生观、人生观、价值观形成的研读,将作品写作目的化为语文教学的目的。第三,段落结构与表达方法。第四,语、修、逻、文知识。语文课程标准列出的有词的分类、短语结构、单句的成分。(吕谦,2006)小学语文教学负有培养学生情感态度和价值观的重要任务,在实际教学中有教师在充分理解教材中的情感因素的基础上,通过"体验—领悟",即联系生活中体验、朗读中体验、情境中体验,从而达到以领悟情感的方式对小学生进行情感教育。(庄琴、杜学元,2007)

(二)教材助学系统研究

小学语文的助学系统为教师的教和学生的学提供方便的条件和必要的引领,包括目录、卷首语、单元导语、插图、注释、生字表、写字表、笔画名称表,等等。有研究认为,助学系统的设计应该重视其激励作用,发挥其引领作用,注意其提示作用。其中引领就显得十分必要。所谓"引领",有别于"直接告知"或"明示",而是给学生的学习指明一个方向,提示学生进行某种探索和思考,通过自身的努力得到更大的收获。(范蔚,2005)也有研究提出,语文教材助读系统是协助学习者进行语文学习的重要工具,这一系统的有效发挥依赖于助读系统的合理化构建,而助读系统的合理化构建必须以理解学习者阅读思维的过程为基础并遵循学习者思维发展的规律。因此,思维发展理论对语文教材助读系统的合理化构建具有重要的指导意义。(程丽阳,2010)

在语文助读系统中,学界对插图的研究较为充分。众所周知,小学语文课本中,配合课文内容绘制了一部分插图。这些插图有的一幅图贯穿全文的始末,有的则体现了课文的精华部分,有的则是课文内容诗意的再现。充分利用课文中的插图进行教学,不仅可以激发学生的学习兴趣,加深对课文内容的理解,而且还能促进他们观察、想象,以及思维能力的发展。因此,教科书插图的创作需要根据不同类型语文课文的特点进行多样化且灵活的处理,兼顾学生的心理特点和接受能力。插图关键点创作方法是用插图的关键点对应课文的关键因素,对课文重要信息的传达、插图艺术品质的提升和学生审美的熏陶具有重要的作用。教科书插图的创作应寻找图文之间的连接点和创作的平衡点,以达到图文匹配的最佳协调性。(乔思瑾,2020)

1.关于插图的使用。有教师提出,在备课教学中,如果能有效地利用这些插图,对于开发学生智力大有益处。(郭碧君,1981)图文并茂在低、中年级尤为突出,这也符合低年级学生形象思维大于抽象思维的特点。在教学课文时,既注意引导学生观察图画,加深对课文的理解,又注意通过词、句、段的教学,让学生知道作者用怎样的词语说明图意,不断提高语言表达能力。(周锡芳,1982)儿童有强烈的求知欲望,往往易被新颖奇异的东西吸引,喜欢探求究竟。针对这种特点,在使用插图时候可以适当采取从图入手,以图引入的方法,把学生学习的积极性调动起来。(王昌桃,1982)在实际教学中,有教师总结出行之有效的插图观察方式。对于单幅图的观察顺序,可采用主观程序法(先中心后四周或先四周后中心)、方位程序法(由近及远或由远及近、由上而下或由下而上、由表及里或由里及表)、分析综合法(先局部后整体或先整体后局部等)。对多幅图的观察也要有一定的顺序。首先按照组成多幅图中的单幅图的顺序,逐一完成对单幅图的观察任务,然后把各个单幅图中人、物、景、事,按类加以比较,在通过对单幅图的观察,了解事物的相互关系的基础上,了解事物的活动过程。(赖桥仁、修桂荣,1995)在日常阅读教学中,有一些老师没有领悟到教材的编排特点,没有准确把握插图与课文的关系,没有摆正插图在教学中的位置,在运用插图的过程中,出现了诸如重图轻文、重文弃图、图文相悖、虚用插图等不足,因此在使用的过程中,必须与插图、教材等展开切实有效的对话,通过对话发挥课文插图应有的作用。(蒋成云,2007)

2.关于插图配色。小学教科书的出版发行,既要考虑印刷技术条件,也要考虑定价和家长的经济承受能力。吴研因曾说"关于颜色一层,也有经济的关系,美国富,我国穷,我国儿童不能担负多彩色图的书价,所以也难怪我国的小学教科书黯然无色。"(吴研因,1936)随着经济社会发展水平的日益提高和印刷技术的逐步发展,人们对教材的印刷质量提出了更高的要求,对插图也提出了配色及手绘等要求。20世纪80年代,小学语文中的插图,除了看图学文的插图外,都不是彩色插图。有小学老师在教学实践中发现,很多学生喜欢给插图填添上颜色。因此,有教师认为可以利用学生"插图涂改"这个课程资源,使之成为促进学生发展的一个平台。(曹明娥,2007)有研究者提出要改进小学语文插图的印刷质量,认为教材中的插图不仅能使孩子们增长知识,在启蒙阶段就识别各种景物、动物和植物等等,更重要的是通过对插图的识别,进行热爱党、热爱祖国和热爱社会主义的思想教育。这就要求课本中的插图不仅应为彩色的,还应该是逼真的,乃至完全真实的。(史九存,1984)

3.关于插图内容。中小学教材中的图片有利于学生的认识、情感、社会化等心理的发展,因此在内容选择上要格外谨慎。针对小学语文插图中男女比例不均问题,张德、赫文彦调查发现,人民教育出版社1979年至1982年版的《全日制学校小学语文》(全十册)中共有可辨男女性别的人物1323个。所有各册人物数量都是男多于女,其中第五至第十册中的男性成倍或近于成倍地多于女性。在人物的职业上,调查发现该版教材给予不同性别的人的职业是大不相同的。如保育员、营业员、纺织工人等都是女性担任,教师、医生护士、拖拉机手等虽然也有男的,但是多数是女的;而科学家、文学家则都画成了男人。(张德、赫文彦,1987)同样,有研究对苏教版小语教材的图片内容进行了统计和分析。结果显示:首先,教材中插图随年级增加呈现上升趋势。其次,教材中人物图片居多,男性是女性的3.43倍。名人图片占人物篇的32.2%,外国人图片占17%,名人职业多是高社会地位的,普通职业有3种。再次,动/植物图片占总篇数的19.2%。最后,景物/场景图片占总篇数的37.3%。(孙桂珍、汪清华,2005)有研究者从中美教材比较研究的角度,对比分析了1988年版人教社语文教材,上海、浙江、北京、天津四省市联合编写出版的小学语文教材与美国教材中所体现的儿童性别问题,认为无论故事标题,还是故事中的主角,以及插图中的角色,国内版本男性数量明显高于女性。在美国版本中,女性出现的频率较高,趋向于男女平等。中美两国课本间存在显著差异。中国课本中体现出来的传统的"重男轻女"观念依然根深蒂固地存在,而美国课本已有了较大的改观。(朱晓斌,1994)插图在小学语文教材中应具备辅助语言文字建构与运用、促进思维发展与提升、实现审美教育与积累、加深文化传承与影响等方面的功能。因此,在插图设计时要夯实图文并重的认识基础,搭建基于核心素养的图文关系理论框架,并在工作模式创新中积累实证素材,进而逐步实现小学语文教材图文关系科学性的体系化。(何致文,2017)

统编本小学语文教材在插图的绘制和编排上极具特色。首先,统编本小学语文采用手绘的形式,画风古朴,包含了很多水墨画和水彩画,色彩鲜艳,生动形象;其次,插图在编排上和设计上立足于学生的身心发展特征和发展需求、审美需求等,站在儿童的角度观察生活,充满童真童趣;再次,插图在弘扬传统文化的同时,也融入了一些时尚元素,凸显出时代的独特特色,体现了教材的创新和与时俱进。

(三)教材练习系统的研究

作为语文教材的重要组成部分,练习系统在70年的时间里伴随语文教育的改革和发展,发生了巨大的变化。在《小学语文课文类型研究》(四川教育出版社,1988)《绪论》中,袁微子提出,要进一步加强小学语文教学研究,把着力点放在基本功训练上,自觉地获得知识,重视自学能力的培养,重视课前预习和课后作业,认为作业是课堂教学的延伸。同时,他还强调思想教育重在潜移默化,认为这是符合学生的认知规律即儿童思维发展的规律,也符合学习语文的要求的。有研究将中华人民共和国成立以来小学语文教材练习系统的发展分为四个阶段,即第一阶段(1949—1963):课文后的练习从无到有,强调思想政治教育,强调语文知识的系统传授。第二阶段(1963—1978):课文后练习简约、明确,强调"双基"训练。第三阶段(1978—2000):课文后练习从简单走向繁复,注意体现训练过程,强调学习能力的培养。第四阶段(2000年至今):语文课改的根本点是促进每一个学生的全面发展,强调体验、感悟和积累,强调语文素养的形成,促进学生学习方式的改变。(郑宇,2006)吴立岗回顾了中华人民共和国成立以来小学语文教材练习系统的演变,认为语文教学研究的逐渐深入,教材中练习题的形式越来越多,涉及的内容也越来越广。1956年的课后练习大部分是从理解课文思想内容的角度提出的。1958年以后,语文教材中有关字、词、句、篇的练习逐步增加,特别是将阅读和写作联系起来的练习,在各册教材中都占了相当的比重。不少课文后面安排了朗读、默读、背诵的练习,抄写、听写、默写等作文的练习。20世纪80年代以后,语文教学强调发展智力,培养能力,教材中有意识地安排了一些有利于思维力、观察力、想象力训练的习题。教材中的单元练习改为基础训练,将学生应该掌握的阅读和写作的基本功分项列出,进行重点训练。20世纪90年代以后的义务教育课本体现素质教育,着眼于学生自学能力的培养。因此,课文练习增加了预习的要求,课后练习由思考题和练习题两部分组成。(吴立岗,2004)

蔡玉琴针对20世纪末语文教材中练习形式比较单调,且理解课文内容的要求偏高,对学生自主语言实践重视不够的现状,提出编写练习要特别重视有计划地安排识字、写字、朗读、想象、理解词句、口语交际等能力的训练。在安排上要注意由浅入深,由易到难,符合学生年龄特点,注意体现规律性,以便学生举一反三,触类旁通。练习形式要能激趣、益智,有效地培养学生的语文能力,开发智力。(蔡玉琴,2000)

首先,关于练习系统的内涵及分类。有学者认为,练习系统也称"作业系统",即在语文教材篇章之后精心编排一些习题,以帮助学生达到巩固语文知识、培养语文能力,包括课后练习和单元练习。现行小语教材中,练习系统一般都是与课文系统密切配合的,既突出训练"双基",又突出单元的训练重点,有口头和书面两种形式。(王仲杰、轩颖,2013)董蓓菲认为,作业系统是教材为帮助学生巩固、运用所学知识,按照一定目标,有计划地提供各种思考和练习。作业系统中的练习一般有四种类型:以消化理解有关知识为目的的理解性作业,以背诵记忆有关知识为目的的记忆性作业,以训练运用有关知识为目的的应用性作业,以深入思考有关知识为目的的研究性作业。(董蓓菲,2003)有研究提出,练习系统一般由课文后的练习系统和单元练习系统两大部分构成。同时,不同版本的小学语文教材,其练习的编排有不同的特点,但都要遵循《语文课程标准》的指导思想,都要符合语文课程的基本理念。(徐武生,2012)

其次,关于练习系统的比较。小学语文教材中练习系统的编制,除体现出课程改革纵向的发展演变思路,也能体现横向的课程理念的差异。有研究对人教版、北师大版和苏教版三版教材进行了横向比较,认为人教版的"语文园地"和"回顾·拓展"内容比较厚重,在语文基础知识的巩固和优秀文化的积累、学习方法规律的引导总结和语文实践活动等方面都有精心的安排。同时,人教版的栏目安排整齐明晰,从低年级到高年级具有高度的连贯性,又体现了不同年段的不同要求,稳中有变。北师大版本着"以学生语文实践活动为核心"的理念,"语文天地""综合活动"内容大都以活动的形式来组织,体现了较大的灵活性和开放性。教材还十分重视对学生学习方法、规律的引导和学习习惯的培养,"金钥匙""自检""单元小结"都是其特色栏目。但在传统优秀文化和典范语文的积累方面,北师大版教材相对单薄,整个"语文天地"的编排体现出重实践活动、轻知识积累的倾向。苏教版有两大特征,一是重视读背,一是写字。"练习"安排了"读读背背"来增加传统文化积累,安排"写好铅笔字""写好钢笔字""学写毛笔字"来练习写字。此外,还很重视语文与生活的联系,"学用字词句""处处留心""语文与生活"的编排贴近实际生活,非常亲切,而且非常注重传统文化的积累。相对而言,苏教版单元练习过于突出"写字""读背",而忽视学习方法和规律的引导、总结,安排单一,年段特点不明显。(魏云华,2015)倪文锦基于PIRLS(国际阅读素养进展研究项目)和PISA(网际学生评估项目),对比了中美教材中的阅读练习系统,认为从对我国现行的各版本小学语文教材练习系统考查看,低年级学段都存在重视字词训练,忽视阅读理解能力训练的现象,在对课文理解方面,更重视的是朗读和背诵。也就是说,我们更重视的是阅读体验,而忽视了学生阅读理解能力的养成。(倪文锦,2015)

(四)文化多元性与小学语文教材

1.研究者对教材中体现出的男性主导趋向透出质疑。在我们社会主义社会里,男女的社会地位是平等的。但是,由于种种复杂的原因,重男轻女的传统观念还存在,男优于女,女次于男,成为一种性别偏见,并在社会生活、家庭生活的各方面都有所反映。有研究提出,我们的小学语文教材(《全日制学校小学课本语文》第一至第十册,人民教育出版社1979年至1982年版)对于男女两性及其在社会生活中的地位、作用的观点,同传统的重男轻女观点是颇为相近的。这可以从教材的插图、故事性课文的主角和人物个性的塑造三个方面来看。(张德、赫文彦,1987)1994年,朱晓斌发表了《从我国三种小学语文课本看儿童性别角色的社会化——兼与美国一种阅读课本的比较》(《教育研究》1994年第10期)分析了国内三个版本教材中的故事、故事标题及插图上的男主角数量明显多于女主角;而美国版本中,男、女主角的数量趋向于持平,与国内版本存在显著差异。在职业形象上,男性无论在数量上,还是质量上都占有明显优势,从事的职业更具创造性和独立性,而女性则弱多了。在人物个性塑造上,男性更多体现了人类的优点,而女性更多表现出人类的阴暗面。中美两国文化在儿童性别角色社会化方面的差异是很明显的。

在新课改以前,中小学教材存在着明显的性别差异问题,这已为不少研究所证实。那么,新课标指导下编辑出版的新教材是否还仍然存在明显的性别形象差异呢?有研究选取部分义务教育课程标准实验小学语文教科书,就此问题进行了细致研究。杨洁、吕改莲认为,现行小学语文教材中存在着单性别中心倾向、性别价值理解误区、性别角色性格误读等问题;教材作为社会意识的载体,实际承担着社会发展牵引器的作用，只有纠正教材中存在的社会性别刻板印象，才能使教育发展真正符合男女平等的社会历史潮流。（杨洁、吕改莲，2002）王莺莺通过对人民教育出版社九年义务教育六年制小学《语文》（2001—2002年版）的文本分析，发现我国部分现行基础教育教材反映出汉文化主导、城市文化主导、男性主导等趋向。隶属不同民族、来自不同生活地域、具有不同性别的学生对学校课程的适应存在很大差异。这将极大地影响他们的学业成就。（王莺莺，2008）有研究认为，我国现行小学语文教材中，存在着男女主人公性别角色不均衡、男性职业层次高于女性、男性在能力及知识等方面优于女性等方面的问题。教材中的男女主人公形象对儿童个性的发展起着思想导向、生活导向、审美导向和角色期待等重要作用，不利于儿童的社会化。因此，今后在教材编写中，应改变传统的"男主女从"和"男强女弱"的性别观念，保持课本角色男女比。（孙小平，2007）还有学者从女性主义的视角出发，认为现代学校教育成功地"再制"了性别意识形态，无论是在学校管理，还是具体的教育教学活动中，性别分化和歧视的现象都普遍存在。这在教材的内容上表现得尤为突出。（乔晖，2008）有研究指出，语文教材具有极强的思想性和感染性，是学生认识男女性别社会特征的重要渠道。尤其在小学阶段，他们在这段时期所接受的性别文化，对他们一生都会产生深刻的影响，他们会以教材中接受的男女性别文化来形成自己的性别特征，并将之运用到生活中去。（杨萍、韩少斐，2008）由于小学语文教材中所描述的人物性别形象差异，将潜在地影响小学生成年后关于性别的态度与行为，所以，研究小学语文教材关于不同性别人物形象的差异问题很有意义。

2. 研究者对小学语文教材中蕴含的美育思想进行了挖掘。原国家教委副主任何东昌指出："没有美育的教育是不完全的教育。"原国家教委副主任柳斌指出："美育在促进人的全面发展方面有特殊作用。"又指出："在中小学里加强美育，要强调把美育渗透到各个学科中去。对学生进行审美教育，是全体教师的任务，而不仅是音乐、美术教师的任务。生活中处处有美，各科教学中都可以从自己的特点出发进行美育。"语文与审美教育的结合，催生了"语文美育学"概念的诞生。在其专著《语文美育学》（广西教育出版社，2018）中，徐林祥、郑昀提出，语文美育学是美育学与语文教育学的交叉学科,是研究语文学科审美教育活动及其规律的科学。语文美育学主要研究以下问题:语文美育的目的和任务,语文美育活动中的审美主体,语文美育活动中的审美客体(语文美),语文美育活动(识字写字教学的审美化、阅读教学的审美化、写作教学的审美化、口语交际教学的审美化、综合性学习和研究性学习的审美化),语文学习环境与审美,语文教师的审美修养等。因此,在徐林祥、郑昀认为,语文美育学是一门针对性强、目的性明确、与语文教学实践直接相关的应用学科。早在20世纪80年代末,就有研究关注到语文教学中的审美教育问题。1988—1990年,黄中南在《广西教育》上连续发表两篇论文,较早关注小学语文教材中的美育因素。魏化祥认为,美育具有自己的特点,即以美育人,寓教于美。现行小学语文教材中有许多美的篇章。这些篇章里美的人、美的事、美的物,可以唤起学生情感共鸣,使他们在赏心悦目中自觉接受美的熏陶,获得科学知识,接受思想道德教育。小语教材绝大部分是文情并茂的文艺作品,它具有很大的思想教育力和艺术感染力。因此,通过这些文学作品的教学,可以指导学生欣赏艺术美,进而培养学生感受美、判断鉴赏美、表达创造美,促进德、智、体诸方面和谐的发展。(魏化祥,1989)此类研究文章甚多,择要如下:陈澈若《小学语文教材的美育因素》(《广东教育》,1990))、吴美音《小学语文教材中的美育因素》(《小学教学研究》,1992)、罗延龄《浅谈小学语文教材的审美性》(《江西教育科研》,1994)、王克菲《小学语文教材中审美因素的发掘》(《江苏教育研究》,1994)、巢守律《小学语文教材古诗美学思想探微》(《江西教育》,1995)、王兴炬《小学语文教材中美育内容之管见》(《浙江教学研究》,1996),等等。

  3.对于小学语文教材中的德育思想的探索。文道统一,是语文课程的重要理念,也是语文教材建设的一个重要标准。从历年的大纲或课程标准中,我们也能看到思想品德教育在小学语文学习中的重要性。对于思想性的重视,是中华人民共和国成立以来教材选文的一大特点。1989年,葛大汇发表《整体的·情感的·水平的——小学语文教材编写的思考》(《上海教育(小学版)》,1989),较早关注到语文教材编写中的德育问题。小语教材从多角度展示了我国人民美好的社公德,如尊老爱幼美、爱护公务美,助人为乐美,遵纪守法美和诚实美等等,这些都是开展德育最好的材料。有学者提出,语言文字训练与思想品德教育是密不可分的。(李禾里、梁桂珍,1991)刘振军认为,我国古代诗歌是中华民族传统文化的瑰宝,是对青少年进行爱国主义教育,培养学生初步树立正确的人生观和高尚情操,陶冶爱美情趣的重要教材,它对加强思想道德教育,全面提高学生素质有着重要的不可替代的作用。(刘振军,2007)

张景仪等人认为,小学语文课文中,有丰富的爱国主义教育内容。我们以教材为本,挖掘、梳理出了爱国主义教育内容及教育的方法,列入教学计划之中,保证了语文课爱国主义教育的落地。(张景仪等,1995)有学者提出,小学语文教材的思想性应主要表现在向学生进行爱国主义教育、歌颂改革开放政策和社会主义现代化建设成就、进行辩证唯物主义启蒙教育和良好品德教育上。然而,随着时间的变迁,观念的更新,一些课文的思想性已开始出现"枯枝"与"败叶",已和我们时代的要求相悖。(张正良,1999)有研究认为,要处理好语文课堂教学与德育的关系,使之达到水乳交融的境界,应至少做到两点:一是教师要把德育看成是语文教学目标中不可缺少的组成部分,形成明确的德育取向;二是要真正找到在语文教学中实施德育的合理有效的路径。教学实践发现,语文学科德育的路径至少有四种:深入开掘文本内容及语言知识中包含的德育价值;选择或设计有利于实施学科德育的教学方式与方法;善于利用和发掘教学过程中的德育时机;链接课内与课外,延展语文学科德育的实效。(洪云,2019)

有学者通过分析香港小学语文新课程教科书中文学教材的德育元素,认为香港新课程教科书比较重视个人层面的德育价值,其中占比例最大的是审美价值的培养。在性格和意志素质的培养上都较重视儿童的机敏性和智慧性。而在两套教科书文学教材中,都较少触及对社群的责任感和家国民族的关怀,呈现了较狭窄的视野。夏惠贤、李国栋将"立德树人"涵盖的德育内容分解成"政治认同""国家意识""文化自信"和"公民人格"四个维度,采用频度统计和文本分析的方法,选取苏教版和人教版小学语文教科书作为对象进行比较研究。研究发现:在横向分布上,四个维度的频度差异显著;在纵向衔接上,四个维度出现了不同程度的"断层";在微观设计上,存在着单元主题淡化、插图情境与学生实际生活缺乏联系的现象。(夏贤惠、李国栋,2016)为改进小学语文教科书的德育内容设计,有研究者提出应改变德育内容分布过于不均的状况,注重德育内容衔接的连续性和贯通性,强化德育内容微观设计的主题性和情境性。(余婉儿,2009)

随着统编本小学语文教材在德育内容上的调整,学界从呈现方式、建构逻辑及价值体现等诸多方面对教科书进行了解读,取得了丰硕的成果。

三、小学语文教材的比较研究

教科书既是课程和教学的载体,同时也是特定文化,而且是一种经过严格筛选的文化精华的载体。文化类型的不同,价值理念上的差异,都有可能在教材编写中得到体现。新时期以来,受改革开放日益深入和对外交往日益频繁等诸多因素的影响,小学语文教材比较研究成为一个热点话题。教材的比较研究一般可以分两种,即横向比较与纵向比较。横向比较研究多为小学语文教科书文化内容或具体结构系统的比较,如小学语文教科书中道德教育、生命教育、国家理解教育、公民教育、科学教育、女性形象、儿童形象等文化内容和范文系统、练习系统、习作系统、插图、活动系统等具体结构内容。纵向比较多从文化变迁的视角研究不同时期的小学语文教科书,并分析了不同时期小学语文教科书所折射出的社会主流思想文化。(程琳、汪明春,2019)

(一)中外教材比较研究

1992年,肖龙江发表《中国文化和美国文化中儿童性别角色的社会化——小学语文课本的比较研究》(《外国中小学教育》,1992年第5期)较早关注到不同文化背景下教科书的差异性。1995年,由中国海外交流协会文教部主编的《海外华文教育文集》出版,简要介绍了美国、加拿大、荷兰、澳大利亚、英国、菲律宾、泰国、日本、马来西亚等地的华文教育情况。有研究以中国苏教版小学语文和新加坡小学华文教科书为例,从两套教科书中的主题分析入手,对隐藏在文章中的价值取向进行分析,认为语文教科书不仅在传授学生语文基本知识、培养语言能力、训练思辨和表达能力等方面起着重要的作用,而且其蕴涵的价值取向对学生思想意识的形成也有很大影响。(闫艳、程治国,2007)也有研究者从叙事学和教学论的角度对中美两国教材共同编选的课文《手捧空花盆的孩子》进行了对比研究,并指出教材内容建构的价值取向应由教材走向学材,教学内容建构应围绕意义核心展开。(丁炜,2008)还有学者从调查作文的类型、课题设计、教材安排和内容呈现及结构特点方面,对中日教材进行了比较研究。结果显示,中日教材存在明显差异。究其根本原因,生活教育理论为日本的调查作文提供了理论和实践的支持,而我国则缺乏相应的作文教育理论研究的支持。因此,发展和构建我国作文教学的教育理论体系迫在眉睫。(张荣华、方明生,2008)桑哲以人教版小学《语文》与东京书籍版新《国语》为例,对比分析了中日小学教材汉字教学内容,认为日本作为汉字文化圈的重要成员,汉字使用的历史源远流长,把我国小学语文教材中的识字教学内容的编写和日本小学教材中汉字学习内容的编写进行比较,对我们的教材改革和研究等应该有一定的借鉴和帮助作用。除教材比较外,其他如语文练习册、阅读练习系统等的比较也日益引起关注。(桑哲,2010)

(二)国内教材的横向比较研究

随着祖国大陆与台湾,内地与港澳地区交流的日益频繁,两岸四地基础教育界的往来也更为密切,相关的比较研究也持续开展。傅建明以北师大版小学语文教材及亚洲出版社版小学语文作为内地与香港的研究样本,对比分析了两版教科书在价值取向上的不同。该研究是国内首次对内地与香港小学语文教科书的价值取向进行系统研究的尝试。(傅建明,2009)此类研究以硕士论文为主。2004年,湖南师范大学学生廖鹰以《教科书如何充分地体现课程标准——基于新课程小学语文教科书各版本比较》为题撰写硕士学位论文,较早关注到"一纲多本"教材的比较研究,此后相关论文层出不穷。人教版、苏教版和北师大版小学语文教科书,是硕士论文关注较多的版本。如《新课标下三套小学语文教科书习作领域比较研究》(王庭波,2007年学位论文)即以人教版、苏教版和长春版为例,研究习作内容的异同;《人教版与北师大版小学语文教材的比较研究》(史玲玲,2008)则对比分析了人教版和北师大版小学《语文》教科书在编制上的异同;《人教版与苏教版小学语文阅读版块的比较研究》(王珂珂,2014)则主要围绕人教版和苏教版的阅读版块开展比较研究。此外,大陆与港台地区小学语文教材的比较也颇受关注。

(三)国内教材的纵向比较研究

随着时代的发展,社会思潮、主流价值观和意识形态的发展,语文教科书也在发展变化。2009年,云南师范大学邓从兰以《开明国语课本与苏教版国标本小学语文教材的比较研究》为题,较早关注到开明书局版《国语》课本对当前小学语文教材编写的启发意义。期刊论文方面,有学者根据现代汉语频率研究新成果,从常用字、词次、使用度及识字等级等方面,对我国三套小学语文课本(上海教育出版社1988年出版的小学《语文》课本、浙江教育出版社1991年出版的小学《语文·思想品德》试用课本和人民教育出版社1993年版小学《语文》课本)中的识字教材1~4册中常用字的选用、编排情况进行了实证分析。分析结果表明,三套小学语文课本识字教材在常用字的选用及其编排上存在着不同程度的不足之处。文章建议汲取现代汉字研究成果,从现代小学生的语言实际出发,完善识字教材,使识字教学定量化、科学化,提高识字教学效率。(肖龙海、李爱眉,1998)有研究者通过梳理百年小学语文教材的文化功能,提出小学语文教材选文应考虑题材、体裁的丰富多样,激发儿童学习兴趣。在内容上多选形象、直观、感性色彩强的作品,在文体上多选儿童诗歌、童话、故事、寓言、科普科幻作品等儿童文学作品。(范远波,2013)有学者通过对比人教社1992年版和2001年版小学语文教材,发现2001版教科书回归"儿童生活世界"的理念凸显;多民族文化和谐共生的主题更加突出;更加注重亲情的生活化呈现;重构了个体与集体的关系。同时也发现该教科书存在社会新出现的自致角色和功利性角色的介绍偏少,以及教科书中女性社会角色比例偏低等问题。(吴支奎、蔡晓宇,2017)屠锦红基于民国时期开明版和当代人教版小学语文教科书价值取向的比照,认为社会历史文化变迁中的语文教科书的价值形态,既有超越时空的稳定性一面,也有与时俱进的变革性一面。研究指出,人教版中隐含的男权主义、官本位思想、城市化倾向等,值得好好反思。(屠锦红,2014)有研究通过对比人教版和统编本小学语文教材,对其中的传统文化要素进行了分析,认为语文教材中传统文化的编制应该贯彻循序渐进的原则，使传统文化元素的编排更加合理，同时促进传统文化的多元化展现与融入，使传统文化元素和语文教材进行较好地融合。（龚彩虹，2018）

黄伟基于核心素养理念，运用内容分析和文本比较的方法，选择了民国时期与当代小学语文教材中若干问题同类课文进行研究，发现民国时期与当代小学语文教材的课文内容和价值导向在以下几个方面可以相互参照并获得启示：生存中的诗性与功利化的奖赏；日常生活中的亲情滋养与故事化的道德说教；质朴的理趣与秾丽的抒情。进而对当代语文教材编写和语文教学提出思考与建议：重视"格物"在儿童认知中的奠基作用；追求有教养的语文生活，慎用规训与说教；在"童年正在消逝""家庭教育力正在弱化"的背景下语文教育何能何为；正确区分与认识儿童文学的教育意义。（黄伟，2017）

（四）小学语文教材建设史的梳理

李汉潮认为，教育目的的确定受制于特定时代的社会需求、学科体系、学生心理发展水平，并随着时代的更替而变化，特定时代的教育目的决定着特定时代的小学语文教材，同时，特定时代的小学语文教材也反映了特定时代的教育目的。（李汉潮，2015）有研究将民国时期小学语文教材分为四个时期，分别为民国初期、新学制时期、正式标准颁布期以及修订、试验期。（江明，2007）闫苹、张雯则按照民国初期、新学制时期和课程标准时期对民国时期的教科书进行分类，对北师大馆藏的民国时期小学国文、国语教科书进行了比较详细的评介。（闫苹、张雯，2009）有研究认为，民国时期是中国教育现代化进程中的重要时期。无论从搭建教材批评的平台、教材内容形象化的探索、考虑不同地区儿童生活经验和学习程度的差异来说，还是从众多教育名家参与教材的编写方面来说，都为我们现在的语文教材建设奠定了坚实的基础。但过分地强调儿童需要而缺少社会价值、重视外国经验忽视民族经验、强调生活实用忽视人格修养等不足，也值得我们深刻反思。总结并借鉴其成功的经验，反思其不足，对我们今天的教材建设和发展有着积极的意义。（孙梦岚，2010）此外，有研究者对小学语文教材编辑者的历史贡献给了了充分的肯定，尤其是对解放区语文教材编辑的关注,有学者认为,刘御是无产阶级的革命教育家,他从延安时期到中华人民共和国成立初期,从事小学语文教材的编审工作,主要贡献是主持编写陕甘宁边区的第四部小学语文教材;勇于在实践中探索出编写教材的规律性;主张教材改革与教法改革同步,等等。(师朝文,2002)

第三节　小学语文教材研究的反思与展望

中华人民共和国成立 70 年来,我国小学语文教材研究在探索中不断前进,取得了丰硕的成果。在课程改革和语文学科发展的推动下,广大小学语文教育从业人员和研究者对小学语文教材的理论和实践进行了积极探索,但仍存在研究内容缺乏系统性和学理性、研究方法不够全面、研究结论的指导性不足等诸多不足,值得我们反思。

一、小学语文教材研究的反思

回顾 70 年小学语文教材研究史,我们可以清晰地看出,小学语文教材研究的队伍正在逐渐扩大,但多处于分散、孤立的状态,研究的合力并没有形成。与民国时期研究者既有深厚的理论素养,又有丰富的教学实践不同,中华人民共和国小学语文教材研究队伍泾渭分明地区分为高校研究人员、教材编写人员、各地教研员和小学语文教师等群体,研究人员的身份设定较为固定,相互之间并未形成合力。因此,小学语文教材研究成果呈现出的结果是相关成果正在逐渐增多,但系统的、高质量的、有足够深度的研究成果较少;研究的范式还没有完全确立,研究仍处于不甚成熟的阶段。

首先,研究内容缺乏系统性和学理性。语文教育研究具有很强的综合性和实践性,研究内容涉及文学、语言学、教育学、心理学等学科知识,研究过程要体现理论与实践的紧密结合,对研究者的理论素养和实践经验要求较高。在当前的教育背景下,不同的研究者具有不同的研究优势,也存在一定的局限。高校研究人员在教材理论知识上具有一定的优势,但缺乏教材使用的实践;一线教师具有丰富的教材使用经验,但缺乏理论的深度。比较而言,教材编写人员,尤其以人教社资深的编审，由于长期从事教材编写、使用相关工作，既有理论的高度，也了解教材的使用情况，往往能对教材进行很好的解读。整体而言，当前的小学语文教材的研究，大都集中在教材的使用层面，属于实践类选题，具有一定的问题意识，缺乏理论深度。此外，受传统"文选型"教材的影响，研究者一直偏向研究小学语文教科书的选文系统，相比之下，对知识系统、练习系统和助读系统的研究相对匮乏。从语文教科书的内容看，研究者对小学语文教科书价值取向的关注较多，而对知识训练、应用能力等内容的关注较少。（高湘平、郑小玲，2017）

其次，研究方法失当，没有形成一个较为成熟的研究范式。当前，我国小学语文教材的研究方法较多采用经验总结、比较研究或调查研究等方法，大量研究对小学语文教科书中某一内容进行描述性统计和简要分析，或以某一维度进行比较研究，缺乏深度反思的统计研究和缺乏理性前提的比较研究。因此，这些研究难以推进教科书的现实改进。（程琳、汪明春，2019）此外，由于广大一线教师前期缺乏专业的学术训练，在选题、文献综述、研究方法等方面存在失当的问题，研究过程存在不严谨、分析不透彻等问题。因此，导致小学语文教材研究的片面化发展，研究缺乏深度。随着20世纪末小学教育专业逐步归入普通高等教育序列，广大本科生、研究生加入小学语文教育研究的队伍中来，毕业论文激增。然而，与研究人数不成正比的是，小学教育专业毕业论文关注教材研究的较少，而且往往会重复选用相同或相近的选题，研究的整体水平不高。

再次，研究结论的科学性不足，对教材编制的实质性推进有限。小学语文教材的系统研究起步较晚，对教材史的梳理、教材编写理念的分析，以及对教材使用的调查等都不够充分，研究的积淀有限。教材作为社会关注的热点，任何细微的改动都有可能激起社会的关注，形成舆论。一方面，我们应当肯定社会舆论的关注与监督对于推动研究的发展起到了重要的作用；另一方面，我们也应警惕社会热点事件对教育研究形成不良的干扰。上文所引的鲁迅"大撤退"事件既是一个鲜明的例子。经此事件后，每当新教材颁行，社会舆论往往都会第一时间关注鲁迅作品为代表的一些经典选文是否被剔除，做了哪些改编，等等。此外，针对选文内容和助学系统的质疑，也往往在社会发酵后，影响教材的编制。如近年有小学生针对《羿射九日》内容的质疑，社会对教科书插图的质疑等，都反向说明了教材研究的相对滞后。

二、小学语文教材研究的展望

在总结中华人民共和国成立70年来小学语文教材编写的经验时，陈先云提出，中华人民共和国成立70年语文教材编写的历程，给我国语文教材建设提供了发展思路：首先，根据教育政策的支持是语文教材建设稳定发展的根本保证；其次，语文学科性质、任务和培养目标决定着教材的编写方向，左右着语文教材建设，影响着语文教育教学改革；再次，教材编写必须建立在科学研究的基础上，这是提高语文教材编写水平和教材质量的保证和前提；最后，加强教材队伍建设，建立专业的高水平编写队伍，注重传承在语文教材编写实践中积累的宝贵经验。陈先云还指出，随着研究队伍的逐渐壮大，研究者整体水平的日益提高，小学语文教材研究一定能在科学性上有所收获。（陈先云,2019）

首先，整合资源，形成教材研究共同体。当前的课程改革，尤其强调共同体建设，除学习共同体、名师工作室、课程资源开发共同体之外，教育研究也需要组建共同体。我国小学语文教科书未来的研究需要各类研究主体加强互动合作，使理论研究者、实践者、编写者等共同参与。这样才能充分发挥研究者们的研究优势，打破思维壁垒、开拓研究视角、提高研究质量，促进我国小学语文教科书研究理论和实践的双向建构，提升小学语文教材研究的科学化水平，使得研究成果更具有指导性，切实推动小学语文教材建设的持续深入发展。（程琳、汪明春,2019）我们欣喜地看到，目前已经形成了一些教科书研究的团队，比如较早涉足教材社会学分析的南京师范大学研究群体，聚焦教科书研究范式和方法及教科书学建构的首都师范大学的教材研究群体，探讨教材内容标准选择问题的湖南师范大学研究群体，等等。相信在高校及教材编写机构的带领下，在小学教师的积极参与下，在海内外研究力量的共同推动下，小学语文教材研究的合力必将形成，并在今后的教材研究中发挥重要的作用。

其次，找准定位，建构教材研究的理论体系。中华人民共和国成立以来，教材研究在探索中发展,形成了数量众多的研究成果,但大都是一鳞半爪式的一家之言,尽管有一些研究者尝试进行了一些理论建构,但仍显不足。石鸥认为,教科书研究必须全面深入地把握各种社会因素,从不同层面、不同角度进行全方位的分析综合,才能真正揭示出百年教科书演变、发展的客观规律。他提出,教科书研究的主要维度可以分为:历史学维度、教育学维度、社会学维度、文化学维度和文献学维度等。(石鸥,2007)在方法论层面上,王攀峰提出,应根据不同的研究视角,教科书研究具有不同的理论框架,必须依循相应的分析程序;针对不同的研究目的,教科书研究中灵活运用了历史研究、比较研究、内容分析、调查和统计分析、实验研究等多种方法。他强调,未来教科书研究方法的发展必须重视理论研究,建立广阔的研究视野和反思意识;加强体系建构,打造完整的教科书研究方论体系;促进范式整合,推动教科书研究范式从单一走向综合;注重合理转化,将其他学科方法论转化为教科书研究方法论。(王攀峰,2017)这样的研究方法体系,也同样适用于今后的小学语文教材研究。

最后,深化认知,推进小学语文教材动态研究的发展。所谓动态研究,包括过程导向的教科书研究和接受导向的教科书研究,前者以教科书的发展与形成过程为研究对象,后者则关注教科书文本的教学意涵。在研究的内容方面,过程导向的动态研究,对教科书的完整生命周期,包括设计、核准、传播、采用、使用以及废止的研究;接受导向的教科书研究,则研究教科书对学生的影响和在各社会团体中引起的反应。(张倩、黄毅英,2016)当前我国小学语文教材的研究主要集中在教材史的钩沉,教材内容的价值取向分析,以及教材的使用分析等,都属于静态的研究。有学者认为,教科书研究通过探索教科书政策、教科书编写、教科书使用、教科书评价等方面的改革途径,增强教科书政策制定的科学性,提升各科教科书的编制质量,从而推动我国基础教育课程教材的整体变革。因此,我们在研究的深度上要进一步强化,以动态研究取代静态研究,全面地分析教材编制的过程及其接受情况,为基础教育课程教材的整体改革提供科学的理论依据。(王攀峰、陈洋,2018)

第四章　小学语文教学研究

第一节　小学语文教学研究的历程

中华人民共和国成立以来,我国的小学语文教学研究主要经历了建国初期的经验探索与理论初创阶段、改革开放至20世纪末的研究积淀与发展阶段、20世纪以来的成熟与发展阶段。小学语文教学研究从单纯地探索教学法逐渐走向关注学生发展、关注课堂生态的立体的、生动的学术研究之路。特别是21世纪以来,在课程改革的背景下,小学语文教学研究越来越聚焦于生动、鲜活的小学语文课堂,许多优秀的教学理论研究成果逐渐在小学语文课堂中扎根生长。课堂教学成为语文教学研究的主阵地,而研究重点就是如何以先进的教育学理论为指导,改革语文课堂教学。

一、1949—1976年的小学语文教学研究

中华人民共和国成立初期的小学语文教学力图摆脱封建社会蒙学教育的桎梏,同时也急于肃清民国时期西方教学思想在小学语文教育中的影响。中华人民共和国的语文教育就在简化汉字、推广普通话、强化思想政治教育以及全面向苏联学习经验的新时代背景中展开。由于小学语文的基本学科特性、学科目的和任务的更新与变革,小学语文教学的实践与改革表现出传统与变革的矛

盾,实践经验的摸索与推广,以及对苏联小学语文教学经验的推崇与借鉴。

伴随着学科名称从"国语""国文"到"语文"的转变,以及教学内容中的简化字与汉语拼音教学,都使得小学语文教师的教学工作面临新挑战。当时许多教师国文素养不足,特别缺乏新文学素养,缺乏新思想、新方法,教育思想陈旧,没有能力改革传统的旧教学方法;也有一些教师思想比较进步,受过新教育训练,具有新知识,教学观点也比较新,但有时却不免矫枉过正,走了极端,把语文课上成了政治课。为了切实提高语文教学质量,教育领导部门做了大量启发引导工作。组织教师参与政治理论学习;组织教师学习当时先进的教育科学理论与较为成熟的教学经验;增加教师新文学知识,提高新文学理论修养,提高教师对现代优秀白话文教材的分析和处理能力。郭沫若的《新教育的教学法》、林汉达的《向传统教育挑战》、董纯才等的《国文教学新编》、潘开沛的《国文教学的理论与实践》、黎锦熙的《新国文教学法》,这些都为当时的语文教师业务学习提供了理论前提(李杏保、顾黄初,2004)。从教学思想方面,中华人民共和国成立初期的语文教学猛烈抨击旧时代蒙学教育中的封建社会思想,批判传统文化教育,特别是到"文革"时期,对中国传统文化教育的否定与批判达到顶峰。

1952年下半年开始,我国在全国范围内大规模地提倡学习苏联教育经验,凯洛夫的《教育学》成为整个教育界的必读书。这部教育理论专著以社会主义思想体系为指导构建起新的教育学体系,同时也提供了许多可以操作的具体教学方法。教学"五个环节"(组织教学、复习旧课、讲授新课、巩固新课、布置作业)被引入中国课堂教学。许多教师从教学中手足无措到掌握了教学基本过程,学会了写教案、制定教学计划,然而在实践中这五个教学环节又出现了僵化倾向。为进一步推动我国语文教学,1950年,我国大量翻译苏联小学语文教育著作,如:1950年上海大路出版社翻译出版了恩·柏·卡诺内庚的《语文教学法》;1956年人民教育出版社编译了《苏联文学教学论文选》;1957年,人民教育出版社翻译出版了果鲁伯柯夫的《文学教学法》等等。(李杏保、顾黄初,2004)

20世纪50年代末的"左倾"错误思潮使得小学语文教学研究也被裹挟入时代的洪流,思想政治在教育教学中的不断强化导致教学研究受到错误影响。20

世纪 60 年代初期,在逐步克服"左倾"错误、国民经济调整的过程中语文教学质量有了相应提高,语文教学研究也随之出现了短时期内的繁荣发展。广大语文教学工作者不断改进教学方法:从"讲透字词句"到"精讲多练",从"提倡背书,抄书等读书风气"到贯彻"少而精""启发式"教学原则,既注意了批判地继承传统语文教学经验,又注意了学生语文学习的身心发展特征,努力调动学生学习的积极性。许多地区、学校和小学语文教师的教学改革成果与教学经验、教学思想在全国产生了较大影响,受到了社会的普遍重视。如:辽宁省黑山县北关小学和北京景山学校开展的集中识字法实验,南京师范学院附属小学教师斯霞开展了分散识字法教学实验,山西省万荣县的注音识字经验,等等。当时的语文刊物、教育杂志大量刊登了当时小学语文教学改革成果,许多出版社编选了大量的语文教学参考资料和经验集。这一时期出现了两场语文教学方面的社会大讨论——"文道之争"和"怎样教好语文课",这两场大讨论几乎波及全国、全社会,将语文教学研究推向了一个高峰。语文教学工作者、语文教育专家学者们发表和出版了一批语文教学研究方面的文章和论著,如:刘培坤的《"文"与"道"——关于语文教学目的和任务的我见》、张志公的《传统语文教育初探》等。"文革"开始后,教材编写、教学实践与教学研究再度严重违背教育规律,致使教育质量下降。直至 1976 年,随着"文革"结束,小学语文教学研究迎来了改革复苏的新时期。

二、1977—2000 年的小学语文教学研究

20 世纪 70 年代末期,随着"四人帮"的覆灭和政治上思想上的拨乱反正、正本清源,人们越来越明显地感到要极大地提高全民族的科学文化水平,为社会主义中国的经济腾飞培养更多、更好的人才,必须切切实实地改进语文教学,提高中小学生运用语文工具获取知识、发展智力、传情达意的能力。没有这个基础,"在科学技术上赶超世界先进水平"的愿望就会落空。小学语文教学开始从"以阶级斗争为纲"的桎梏中逐渐解脱出来,小学语文的学科固有特性得到彰显和重视。1977 年秋天,在党中央的关怀下,教育部从全国各地邀请了几百位专家

编写中小学教材。1978年秋天，小学语文教学大纲草案拟定出来，这就是中华人民共和国成立以来的第三个小学语文教学大纲。同年，小学语文五年制通用教材规划也被制定出来。这是在特殊时期为解决青少年亟待受教育的需求而紧急出台的教学大纲与教材计划，后来又经过修订和调整，成为"文革"后小学语文教育逐步复苏和改革的重要指针。

1978年3月，社会科学院语言研究所在北京召开北京地区语言学科规划座谈会，叶圣陶在会上做了题为《大力研究语文教学，尽快改进语文教学》的长篇发言，较为系统地阐述了他对改进语文教学的见解和愿望。他指出，从前读书人读不通，塾师可以不负责任，如今普通教育阶段的语文教学却非收到应有的成绩不可，语文是工具，自然科学方面的天文、地理、生物、数、理、化，社会科学方面的文、史、哲、经，学习、表达和交流都要使用这个工具。要做到个个学生都善于使用这个工具（说多数学生善于使用这个工具还不够），语文教学才算对极大地提高整个中华民族的科学文化水平尽了分内的责任，才算对实现四个现代化尽了分内的责任。以往"少、慢、差、费"的办法不能不放弃，怎么样转变到"多、快、好、省"必须赶紧研究，总要在不太长的时期内得到切实有效的改进。（叶圣陶，1980）同年，吕叔湘也在《人民日报》发表文章《当前语文教学中两个迫切问题》，尖锐地指出中小学语文教学效果差，中学毕业生语文水平低，中小学语文教学存在问题的要害"少、慢、差、费"的问题。吕叔湘的文章反映了人们改革语文教学的迫切要求。叶圣陶称其"发人深省"，并呼吁"愿语文教师和语言学科的工作者通力协作研究语文教学，做到尽快地改进语文教学"。两位先生的观点引起了国内语言学界和语文教育界的强烈震动。随后，专家学者们开始对中小学语文教育的现状进行了深入的调查，并提出了许多改革语文教学的建议，涉及语文教学的方方面面，如语文训练的思路，语言文字训练的着力点，语文教育与思想教育的关系，作文教学的目的、内容和途径，语文教学中电化手段的运用，语文教学与其他学科的关系，语文教学调查研究和教学实验，等等。

1978年至2000年，小学语文的教学改革实验呈现出百花齐放的繁荣景象。我国这一时期出版过大量汇集名师授课教案的选集，仅上海教育出版社就出版了《小学语文教学课堂实录评介》(1983年)、《小学语文特级教师教案选》(1991年)、《名师授课录·小学语文》(1998年)、《小学语文名师课堂教学经典设计》(2004年)》等多本,至于中央和其他地方出版社出版的教案汇编类书籍更是难以计数。这类教案汇编为传播和推广优秀教师的研究成果和教学经验发挥了巨大的作用,同时也成为研究语文教学改革轨迹的弥足珍贵的实证资料。(吴忠豪,2007)因为这一时期我国社会安定,学术思想活跃,学术争鸣激烈,小学语文教坛流派纷呈,名师辈出,成果丰硕。这些教学改革实验或是着眼于解决语文教学的总体问题,或是专注于某一具体教学领域,它们深深植根于小学语文课堂这片热土,在改革开放的春风中生根、发芽、成长、壮大。其中,比较具有代表性的教学改革包括:吕敬先的小学生语文能力整体发展实验、丁有宽"读写结合"教学改革实验、霍懋征"精讲多练,提高教学效率"的小学语文改革实验、李吉林小学语文"情境教学法"实验、部件识字法实验、黑龙江省的"注音识字、提前读写"实验、朱作仁等的"小学作文程序训练"实验、山东"小学作文四步训练"实验、"集中识字·大量阅读·分步习作"教学实验、"汉字标音,及早读写"教学实验、"字族文识字"教学实验、四川省内江市"读启式"教学实验、"小学语文导读法"实验、乐连珠小学快速阅读教学实验、包全杰"作文循序教学法"实验、于永正"言语交际表达训练"作文教改实验、张平南"课外作文辅助训练"实验、加强语文学科审美教育的实验,等等。(刘华,2010)小学语文教学实践改革热潮极大地推动了小学语文的教学研究,规模化、系统化、科学化的研究态势日益明显。

20世纪80年代初期,小学语文教学研究领域的又一个重要进展就是在小学语文教学法的基础之上形成了小学语文教育学科。20世纪初,我国曾兴起小学国文、国语教材教法学科,到了20世纪80年代初发展为小学语文教学法,后期则演变形成了一门分支学科——学科教育学。小学语文教育学是小学学科教育学中的一门重要的专科教育学。1986年10月,全国高等师范院校理科教学法建设研讨会召开,认为"学科教育学的孕育与诞生是教学法学科的发展与升华"。同年12月,在全国高等师范师资培训会上,国家教委提出,"我们不仅要建立自己的教育学,还要建立自己的学科教育学。"1987年1月,江苏无锡师范学校以小学语文教育学课为突破口,进行小学学科教育学教学实验研究。这一时期的研究者们认识到小学语文教学研究,不能仅仅着眼于教学问题本身,而忽视人的全面发展,忽视人的素质的提高。语文教学研究,要研究语文教学中人的全面发展的特殊规律,而语文教学法却难以承担这一任务。当代科学发展,各门学科既分化又不断综合,这是总的发展趋势,它推动了课程的改革。中国小学语文教学的一系列改革,正反映了这种趋势。这主要表现在:突破狭窄的研究领域,加强了研究的综合性和整体性,从宏观上对学科体系进行探讨;提出了许多新的课题,如语文教育目标系统、语文教育系统要素、语文教育中智力因素与非智力因素的培养等,又如语文德育、语文美育、语文教育评估等。这些重要课题的开发,拓宽了语文教育的研究领域。小学语文教育学,是刚刚兴起的一门边缘学科,正处在开始创立学科理论体系时期。它的建立,标志着中国小学语文教育开始了由经验型向理论型发展。(林治金,1996)

1985年以来,小学语文教学法著作颇丰,有综合类的,如各高等师范院校和各地中等师范学校自编出版的小学语文教材教法课本或讲义等;有单项的,如各地出版的阅读教学法、作文教学法等有关论著。同时,出现了小学语文教育学论著。如:张隆华主编的《语文教育学》、朱作仁主编的《小学语文教学法原理》、戴宝云主编的《小学语文教育学》、周元主编的《小学语文教育学》。这一时期,语文教学研究领域还出现了不同层次、不同性质的报刊,这使得语文教育研究呈现出一个异彩纷呈的世界。在小学语文教学的研究领域,出版的专业性刊物为数也不少。如:《小学语文教学》是中国教育学会小学语文教学研究会会刊,1981年创刊,集中刊登小学语文教学改革动态、小学语文教材分析与建议、小学语文教学经验和教改实验成果等方面的文章,并为教师及时提供备课资料,在小学语文教师中有广泛影响。《小学教学》是河南省教委主办的刊物,1980年创刊。除了探讨小学阅读教学、作文教学及语文教学艺术以外,着重报道小学教坛精英、为青年教师提供业务辅导,深受小学教师欢迎。《小学语文教师》是上海教育出版社主办的小学语文教学专业性刊物,1978年创刊,设有人物专访、教材教法研究、教学例话、教学文摘、教学随笔、备课资料、知识窗等栏目,重在小学语文教

师的业务交流和业务进修。(李杏保、顾黄初,2004)

　　小学语文教育自身的学科内涵、学科本质开始在20世纪80年代中后期的小学语文教师的课堂上日益生发出来。小学语文教学研究也开始走上了解放思想、实事求是的道路。儿童语文学习的心理特征开始在语文教学中再度受到关注,广大小学教师及教育研究者在前人的理论和实践基础上开始探索小学语文教学的规律和理论。到了20世纪90年代,小学语文教育开始逐步走向学科自觉的道路,关于学科地位与学科性质问题讨论越来越明确。

　　学科性质是教学活动的出发点,对学科性质的认识决定着教学活动的安排;教学目的是教学活动的归宿,对教学目的的认识决定着教学评价的标准。小学语文教学历来存在着教不得法、效率低下的问题,究其原因,主要是对语文学科的性质和教学目的认识不清。诚如叶圣陶先生所说,国文教学没有成绩的原因,细说起来当然很多,可是概括扼要地说,只有一个,就是对国文教学没有正确的认识。叶老所指的"认识",就是对语文的学科性质和教学目的的认识。著名语言学家吕叔湘先生认为,通观圣陶先生的语文教育思想,最重要的有两点。其一是关于语文学科的性质:语文是工具,是人生日用不可缺少的工具。其二是关于语文教学的任务:语文是帮助学生养成使用语文的良好习惯。关于小学语文教学改革问题,全局性和关键性的问题是什么呢?是小学语文教学的指导思想。就是要明确小学语文是什么,小学语文教学是干什么的,小学语文教学负担着哪些别的课所不能替代的任务。明确教学指导思想是为了保证教学任务的完成,而教学任务又决定于学科性质,所以,为明确小学语文教学的指导思想,必须首先明确小学语文的学科性质和教学目的"。(聂在富,1997)

　　改革开放以来,相对宽松的社会环境和活跃的学术研究氛围,为我国的语文教育改革造就了十分难得的发展机遇,也使我国的小学语文教学改革呈现出空前的繁荣景象。活跃在这一时期的教学改革大浪中的老中青几代小学语文教师,在小学语文教学改革的第一线艰辛耕耘,孜孜探究,成为推动我国小学语文教学的发动机。时代造就了一大批蜚声语文教坛的名师,留下大量为人传诵的精彩课例。这些课例是开展语文课堂教学研究极其珍贵的原始材料。这些课例不仅展露了小学语文教师的课堂教学风采,更体现着新时期语文教学改革的特征和理念,标志着我国小学语文教学改革在这一历史时期到达的高度。(吴忠豪,2007)

三、2001—2019年的小学语文教学研究

2001年,教育部颁布了《全日制义务教育语文课程标准(实验稿)》,我国新一轮课程改革进入实验阶段,此后又在全国范围内全面实施。新世纪、新课程、新教材,这是小学语文教学以至整个义务教育阶段的语文教学改革的继续和升华,它标志着小学语文乃至教育整体认识的与时俱进、不断深入,折射出我们国家社会以及政治、民主的进步与完善。21世纪初的小学语文课程改革开启了"一纲多本时代",各地教学改革与实验遍地开花、蓬勃发展。"近年来,小学语文教学改革与实验既有微观的,也有中观的,而且逐步向整体优化的方向发展。这是系统论的思想、方法运用于小学语文教学研究的结果,是小学语文教学研究走向科学化的标志之一。"(薛凌,2002)小学语文教学研究在21世纪课程改革的大潮中焕发出新的生机。一方面,小学语文教学研究深深扎根在不断改革的小学课堂之中,另一方面有越来越多的一线小学语文教师、小学语文教学研究者开始从学术的视角去反思和研究小学语文课堂,这使得小学语文教学研究逐步走向成熟。

小学语文的教学研究在这一时期深受语文学科性质大讨论的影响,开始出现教学理念层面的大变革。"对语文课程的性质,长期争论不断,概括起来,主要有工具性说、工具性与思想性说、人文性说、工具性与人文性说。教育部2001年7月颁布的《全日制义务教育语文课程标准(实验稿)》提出,'语文是最重要的交际工具,是人类文化的重要组成部分'。一个'交际',一个'人类文化',两个'重要',表明了在课程性质上的倾向性——语文课程具有工具和人文的性质。""历次大纲都强调语文课程要做到工具性和思想性的统一。经过多年的实践和论争,大多数人已经意识到'思想性'已不足以涵盖语文课程育人的丰富多样性。因此把工具性与人文性统一作为语文课程的基本特点,是语文界经历了半个世

纪曲折道路后认识上的一个突破"(吴立岗，2004)。语文学科，它既不是语言学，也不是文学学；既不是思想政治教育课，也不是文学理论、文学创作、文学批评与鉴赏课。然而，语文学科与它们都有关系，不但如此，语文还联系着广阔的现实生活，联系着悠久的文化传统乃至一个民族的生态、心理、风俗习惯、思维方式、价值取向和行为特征等。著名语文教育家于漪先生说过，在语文教育观念体系中最为核心的是性质观，它统帅语文教育的全局，决定语文教育的发展方向。学科性质决定学科教学目的，又决定了学科教学原则与方法。在我国，关于语文学科性质的认识，曾出现过不同的理解和描述，总结其中的经验和教学，从而帮助我们认识新课程标准中关于语文课程性质的定位。(倪明，2009)

进入21世纪以后，小学语文教学研究发生导向性作用的是课程目标的逐渐变革与调整。2011年，基础教育课程改革经过十年实践探索，国家教育部对义务教育各学科课程标准进行了修订和完善，并正式印发《义务教育语文课程标准(2011年版)》。2022年5月，教育部又再次对课程标准进行了修订，颁布《义务教育语文课程标准(2022年版)》。语文核心素养被正式写入了新的课程标准之中。从"双基"到"三维目标"，再到"核心素养"，课程改革改革的深入发展推动教学研究的视角从学科本位转向了学生本位。如果说，2001年启动的新课程改革是从"双基"走向"三维目标"的话，那么，当下的教育改革则是从"三维目标"走向"核心素养"。"双基"主要是从学科的视角来刻画课程与教学的内容和要求。"核心素养"是从人的视角来界定课程与教学的内容和要求。从"双基"到"三维目标"，再到"核心素养"，其变迁基本上体现了从学科本位到以人为本的转变、从教书走向育人的转变，落实了"立德树人"的根本要求，适应了教育改革的时代和国际潮流。(徐林祥，2021)

在课程改革的引领下，21世纪初这一轮小学语文教学改革实验可以称得上是中华人民共和国成立以来规模最大(覆盖全国)，影响最深(涉及语文教学基本理念的革新)的一次小学语文教学改革实验。这场改革强调在语言教育中合理自然地渗透人文教育；强调采用对话的教学方式；强调教师设计、组织、参与、指导语文实践活动；强调利用信息技术，优化语文学习的环境。除了上述依托国家教育行政力量推动的教改实验之外，还有一些局部性的小学语文教改实验，以其自身的独特性、创新性，同样在小学语文教学改革历史上留下不容忽视的一笔。这些改革实验要么以富有前瞻性和创新性的理论作为实验的指导理论，创造语文课程与教学的新天地；要么在语文课程与教学的难点、盲点上下功夫，以实验探求解决难点、盲点问题的有效方案。前一方向上的代表有何克抗教授基于儿童思维发展新论开展的语文教育跨越式发展创新试验、方展画教授主持的小学语文"作文先导式"教学改革实验；后者的代表则有上海市小学语文"识写分流"教改实验、黑龙江省的小学语文能力评价改革实验、扬州市的"亲近母语"课外阅读教学实验等。（刘华，2010）

语文课堂教学需要借鉴先进的学术理论研究成果，并且在理论的引导下开展专业化的学术研究。语文教学研究的一个重要领域就是课堂教学。课堂教学应该是语文教学研究的主阵地，而研究重点就是如何以先进的教育学理论为指导，改革语文课堂教学。

课程改革初期，由于语文教学理论研究的滞后，对一堂语文课的评价还是处在主观性极强的"我以为"阶段。众所周知，随着新一轮课程改革的不断深入，"语文素养""人文感悟""自主探索合作""以学生发展为主"等新的教育理论和教学观念极大地冲击着广大小学语文教师教学思想和行为，使得原本就步履蹒跚的语文教学改革变得更加艰难和困惑。这些新的教育理念从理论上说无疑是先进的。但如何指导小学语文教学实践，如何在课堂教学中结合语文课程的特点进行操作？这既是个很有深度的理论问题，也是个很有操作难度的实践问题。如果不进行深入研究，极容易在实际教学中产生误读、误解现象。现在有不少观摩课形成了一种很不好的倾向，就是将现场观摩者的反映作为评价课堂教学是否成功的主要指标，这实在是一种教学主体的错位，这样就会错误地引导执教者去迎合听课教师的胃口，而不是学生发展的需要。教学的主体受到冷落，"以学生发展为本"也随之成为一句空话。俗话说，外行看热闹，内行看门道，由于几乎没有语文教育工作者把听课评教当学术工作来做，没有人把课例评议当学问来研究，因此听课评课工作往往浮于表面，缺失专业水准。很少有人能从学生学习的视角和教学的效果上,对语文课堂教学进行鞭辟入里的学理分析和研究。(吴忠豪,2007)因此,如何以学术的眼光来反思并客观地评价一堂语文课,提升语文课听课评课的专业水准,将听课评课往学术化的方向推进,这仍然是未来小学语文教学研究的一个既重要又基础的领域。

在课程改革的大量实验与实践基础上,小学语文教学研究的学科性、学术性得到前所未有的重视和提高。如果说20世纪末是小学语文教学研究的学科积淀时期,那么到了21世纪初期,在课程改革推动下,小学语文教学的研究开始全面进入学科自觉时期,其学科性质愈发明确,学科定位愈加稳定。

在21世纪的课程改革中,语文教育不仅吸收西方的先进教育理念,更注意体现我国传统教育的精华,努力建设具有中国特色的语文教育体系。在大力弘扬与继承中国传统文化的社会背景下,传统语文教学思想的研究也成为当代小学语文教学研究的一个重要组成部分。传统语文教育经典是在中国语文教育发展过程中逐步形成,是中国语文教育历史经验的总结。中国语文教育经典名著作为中华民族传统文化的一部分,亟待抢救。发现经典、挖掘经典、整理经典、保存经典,是我们这一代语文人的历史责任。经典的价值在于指导现实。研读前辈学者揭示的语文本质、规律、内容、方法、特点的论述,能更好地把握语文教育的发展方向,少走弯路,不走弯路,推进当今语文教育的改革和发展。经典的价值还在于启迪未来。虽然有些前辈学者的著作中一些内容经过时代的淘洗,用今人的眼光看来已经是过时的甚至可能是错误的,但今天的人为什么仍然需要读它?除了经典承载历史、指导现实之外,还因为经典为我们走向未来提供了经过时代淘洗积淀形成的思想资源,与经典对话,可以拓宽我们的思路,激活我们的思维,启迪我们的创造,使得我们可以站在前辈学者的肩上"接着讲",进而书写属于我们自己时代的新作品、生成属于我们自己时代的新经典。(徐林祥,2021)当代对传统语文教育理论的探索进一步推动了小学语文教学思想研究的深度发展,为有中国特色的小学语文教学思想体系的构建夯实了基础、铺平了道路。

总的来说,中华人民共和国成立后我国语文教育改革可大致概括为三个阶段:"文革"前的改革、"文革"后始于1978年的改革、世纪之交第三阶段的改革。

较大规模的语文教学内容改革有五次,全国性的语文教学方法改革也有五次。这段历史时期还出现过三次全国性的语文教育大讨论,第一次是关于语文教学目的任务的讨论("文道之争"),第二次是关于提高语文教学效率的讨论,第三次是关于语文教学人文性的讨论。(林晖、周小蓬,2016)这些改革、大讨论都是围绕着语文教育的核心问题来展开的,从整体上很好地推动了当代语文教育的发展,也推动了语文教学研究走向成熟与深入发展。

第二节 小学语文教学研究的主要成就

一、小学语文教学理论的研究

(一)小学语文教学目的、任务的研究

在全国小学语文教师积极探索和积累教学经验的同时,开始有研究者认识到明确语文教学任务和目的的重要性。因为这是进行教学改革的根本依据,任务明确了,改进教学就有了明确的目的,就有了方向;虽然改进教学不能只根据目的任务,还要根据儿童的年龄特征等等。(文以战,1957)

1.小学语文的教学目的

中华人民共和国成立初期的研究认为,小学国语教学的主要目的就在于学习如何掌握语文的工具。由于大家认识的语文教学的重要性,而努力提高儿童的国语程度。认识到培养学生具有阅读、写作能力,是使儿童学会了解与运用中国语文,打下文学教养基础,获得革命思想与新道德品质的有利的重要工具。(崔武兴,1950)使儿童通过国语科的学习能获得阅读、说话、写字、作文的能力。从阅读中丰富自己生活斗争的实际知识;从写作说话中来表达自己的思想和抒发自己的情感。正如东北区初小国语教科书最后一页所规定的一样,小学国语科的教学目的是:识字并逐步养成阅读写作和讲话的能力;养成爱祖国、爱人民、爱劳动、爱科学的思想和忠诚、勇敢、勤劳、守纪律的习惯与作风;学得一般必需的常识,养成对革命事业与对中华人民共和国建设事业具有初步的认识和信心。(唐文中、李乙鸣,1951)

中华人民共和国成立初期，中央教育部出版的《小学各科课程暂行标准初稿》中关于国语科的教学目的也作出规定：培养儿童组织和运用语言的能力，使他们对中国人民大众所习用的语言，会听、会说、清楚明确乐于表达自己的意见。培养儿童阅读和使用文字的能力，使他们对中国人民大众所应用的语体文会读、会写并且有自动阅读写作的兴趣和习惯。使儿童通过儿童文学的学习和实际生活的体验，加强对人民文学的欣赏，培养其丰富的想象力和实践国民公德的革命热情。使儿童通过语言文字并联系各科的学习，融会贯通，提高认识，初步树立新民主主义思想和国际主义精神。国语科的教学目的，一方面要培养儿童学习文化知识的初步能力，一方面还要培养儿童具有良好的生活习惯和新道德品质的修养。初步地树立劳动力，一方面还要培养儿童具有良好的生活习惯和新道德品质的修养。初步地树立劳动观点、群众观点及新爱国主义思想和国际主义思想。也就是从国语的教学中，必须使儿童初步地学习到怎样才能灵活的运用我们自己国家的语言和文字，打下学习其他科目的基础。怎样才能具备听话和组织语言的能力，以求发音正确、语调流畅，并掌握文字工具。获得阅读、写作的能力与方法，以达到会读、会讲、会写、会用的要求。更进一步地使儿童获得一般的社会常识生产知识，使其对祖国的建设及社会发展的方向具有相当的认识和足够的信心。以培养和增强儿童献身于祖国的生产建设与国际事业的情感，这些就是小学国语科教学的重心。（唐文中、李乙鸣，1951）

中华人民共和国成立初期，语文教育为配合整个国家建设总任务，强调思想政治教育。特别是在1957年整风运动和1958年的"大跃进"运动后，语文教学质量出现了大幅度下滑的局面。1959年6月3日，上海《文汇报》刊发了刘培坤的文章《"文"与"道"——关于语文教学目的和任务的我见》，引发了一场全国性的关于语文教学目的和任务问题的讨论。1959年6月5日起开辟专栏，开展"关于语文教学目的任务的讨论"。这就是语文教育史上被称为中华人民共和国的第一次"文道之争"。此后讨论的内容和范围有了扩展，逐一讨论了"怎样教好语文课"和有关作为、考试等一系列问题。这场大讨论波及多个省、市、地区，其他报刊也相继加入讨论和笔谈。纵观当时的论争，基本有三种见解：一是认为应该以"文"为主,二是认为以"道"为主,三是认为应该"文""道"并重。1961年12月3日,《文汇报》发表重要社论《试论语文教学的目的任务》,对这场讨论做了总结,认为语文教学的目的任务应该是:使学生正确、熟练地掌握与运用祖国的语言文字,培养与提高学生的阅读和表达能力,并提高教学内容的教育和感染,培养学生具有正确的观点、健康的思想感情和高尚的品德。这是中华人民共和国成立后第一次关于语文课程教学中的"文""道"关系的反思,取得了不少积极认识成果。(武玉鹏、韩雪屏,2013)

改革开放后,教育上也开始了以拨乱反正、正本清源为特征的改革。如何提高语文教学效率问题被提到议事日程上来,"双基"开始再度受到重视。教育部1978年2月新颁布的全日制十年制学校《小学语文教学大纲(试行草案)》(以下简称《教学大纲》),对小学语文的教学目的要求做了明确的规定:小学语文教学的目的是培养学生识字、看书、作文的能力,初步培养准确、鲜明、生动的文风。教学大纲规定的小学语文教学的目的要求,是从小学语文的特殊任务的角度提出来的。在培养学生语文能力的过程中,必须注意对学生进行思想政治教育,培养学生的无产阶级世界观。这是毫无疑问的。确定小学语文教学目的和要求的根据主要是:根据党的教育方针和语文科的性质、特点;根据小学教育的性质和儿童年龄特征;批判继承我国传统的语文教学经验。(麻凤鸣,1981)

确定中小学语文教学的目的任务,必须以语文的特点和中小学教育的性质二者作为依据。从语文本身的特点来看,首先,语文是人们相互交际的工具。人们运用语言文字来思想交流,达到相互了解……推广普通话也应该作为中小学语文科的一个任务。其次,作为语文的另一特点是,语言是思维的工具。语言的实质是思想。根据语言这一特点来说,语文科就必然成为我们对下一代进行思想教育的有力工具。最后,作为语文的又一特点是:"语文是人们认识事物的工具。学生通过这一工具学到了各科知识,就为以后进一步学习和参加生产劳动及社会生活准备了有利条件。对学生进行关于语文的基础知识的教学与基本技能的训练。一般把它们简称为语文的'二基'。只要抓紧这个最根本的任务,其他的任务也就可以相应地顺利地得到解决。"(李秉德,1980)李秉德强调为了很好地完成中小学语文科的目的任务,还必须看到各方面任务间存在的联系。在这里特别需要的是正确处理中小学语文科的"二基"任务和思想教育任务二者之间的关系。这也就是自古所谓"文"与"道"的关系问题。究竟怎样才能很好地统一起来呢?那就是要以无产阶级世界观为指导,在培养学生读写能力的过程中,正确地进行思想政治教育。离开读写能力的培养过程来进行思想教育,那不是语文课;而不注意思想内容的语文课,也不能把语文教好。

1986年,我国颁布了《全日制小学语文教学大纲》,对小学语文教学的目的进行了重新规定:"培养学生的识字、听话、说话、阅读、作文的能力和良好的学习习惯,并在语言文字训练的过程中进行思想品德教育。"这部分包括三个内容:一是培养五种能力,二是培养良好的学习习惯,三是进行思想品德教育。"小学语文教学的目的是培养识字、听话、说话、阅读和作文等五种能力。这样提比过去提的'培养学生识字、看书、作文的能力',更全面、更明确地体现了小学语文学科工具性的特点。"(斯霞,1988)

语文教学的工具性目的被强化的同时,也有学者提出了语文教学目的的人文性问题。20世纪后期关于语文教学目的与内容的又一场重要论争就是"工具"与"人文"之争。1993年,韩军在《限制科学主义,张扬人文精神——中国现代语文教学的思考》一文中提出:语文教学是一门社会科学,人文精神是它的基本属性。张志公则更强调语文教学的"工具性"目的,他主张:语文课主要就是培养和提高学生运用语言文字的能力,培养和提高听说读写的能力。语文教学既不能"喧宾夺主",也不能"唯主独尊",培养运用语文的能力是语文的"主",必须完成好。但由于语文的综合性,还能"捎捎带带"陶冶学生的思想,发展学生的联想力、想象力、推理力、思考力……这些是语文课的"宾"。1995年,于漪在《弘扬人文,改革弊端——关于语文教育性质观的反思》一文中提出了语文学科工具性与人文性相统一的思想,认为语文学科作为一门人文应用学科应该是语言的工具训练与人文教育的综合。至21世纪新一轮课程改革,课程标准中增加了"工具性与人文性的统一,是语文课程的基本特点",客观上反映了"科学"与"人文"、"工具"与"人文"之争的结果。(徐林祥,2021)

2.小学语文的教学任务

中华人民共和国成立初期的学者们对小学语文教学任务的表述,既强化了语文教学的思想政治教育目,又突出了小学语文教学的工具性目的。语文学科本身固有的文学性教学任务在中华人民共和国成立初期的研究中也有一些学者提及,但是随着时代潮流的变化,思想政治教育任务以及工具性的教学任务明显占据了当时的教学主流。

20世纪50年代,小学语文教学的任务服从于整个小学教育的任务,这就是以社会主义思想和现代科学知识教育学生,培养社会主义社会全面发展的成员。在这个总的任务之下,小学语文教学的主要任务如下:第一,对学生进行初步的语言教学及文学教学,使学生理解和运用祖国的语言。在初级小学阶段,语言和文学的教学都是初步的基础的性质。在这个阶段,要使学生掌握相当数量的汉字;要使学生掌握相当数量的词汇;要使学生从实际联系中熟悉一些基本的语法规则;要教学生自觉地、正确地、流利地,并尽可能有表情地阅读浅显的文艺性文章和常识性文章;要教学生发音清楚、语法正确、有条理地说话;要教学生词句通顺、书写正确,写篇幅不长的作文。第二,通过语文教学进行政治思想教育,培养学生社会主义的政治方向,建立学生辩证唯物主义世界观的基础,培养学生共产主义的道德品质。第三,通过语文教学教给学生一些自然、地理和历史等方面的基本知识。一至四年级没有自然、地理、历史等专科,有关这些方面的知识,要通过阅读课以及与阅读课相联系的自然专课来教给学生。(文以战,1957)小学语文科的基本任务,是发展儿童的语言,即提高儿童理解语言的能力和运用语言的能力。分析起来,可以有以下四个方面:一、祖国语言的教学。训练儿童理解和运用祖国语言,使他们具有阅读和表达的能力,培养他们对祖国语言的爱好。二、祖国文学的教学。训练儿童领会和欣赏适合儿童阅读的文学作品和民间创作,培养他们对祖国文学的爱好。三、在初级小学阶段还要进行科学知识的教学,向儿童灌输关于自然、地理、历史的初步知识,培养他们对于科学的爱好。四、通过文学作品、科学知识等教学,指导儿童奠定社会主义政治方向和辩证唯物主义世界观的基础,树立共产主义道德。(何天林,1956)上述这四个方面是有机结合在一起的。

"文革"结束后,小学语文教学中重提"双基",小学语文教学中进一步强化和明确了基本知识和基本技能的教学任务,学者们不仅阐述了小学语文教学任务的"双基"内涵,而且也很关注基本知识与基本技能之间的辩证关系。根据1978年《教学大纲》精神,小学语文教学的具体任务可以概括为:1.使学生学会常用汉字3000个左右,能够读准字音,认清字形,懂得意识,大部分会用;掌握常用的词汇。初步打好阅读和写作的基础,必须使学生学会常用汉字3000个左右。在识字的同时,让学生掌握一定数量的词汇;2.学会汉语拼音,以帮助识字和学习普通话;3.使学生会用铅笔、钢笔写字,学习写毛笔字;4.使学生学会查字典;5.使学生能读懂适合少年儿童阅读的书籍,理解主要内容,有初步的分析能力;6.会写简短的记叙文和常用的应用文,做到思想健康,中心明确,内容具体,层次清楚,语句通顺,书写工整,注意不写错别字,会用常用的标点符号。(麻凤鸣,1981)

"小学语文的基本知识和基本技能训练,是紧密相连,不能截然分开的。基本知识的教学,要很快转化为技能的训练。……在小学阶段,汉语的'双基'要求,主要指以下这些内容:1.汉语拼音:读、写拼音字母,拼读音节,据音识字,给汉字注音,借助汉语拼音学习普通话;2.识字和写字:掌握一定数量的汉字,具有较强的识字能力,会查字典,掌握写字的基本知识,学会写铅笔字、钢笔字,学习写毛笔字;3.阅读:掌握学过的常用词汇,有一定的朗读、默读、背诵、复述、分段、概括中心思想的能力,能读懂适合少年儿童的阅读的书报,有广泛阅读的兴趣和认真阅读的习惯;4.作文:有一定的观察事物、分析事物和逻辑思维的能力,有留心作为生活的习惯,能把自己所见所闻,有条理、有中心、语言通顺地记述下来,能写常用的应用文。"(河南省《小学语文教学问答》编写组,1982)

1978年的教学大纲付诸实施后的最初几年,小学语文教师们"经过一两年的教学实践,获得一个比较具体的体会,就是语文必须与认识事物相结合。所以到了1981年的时候,就有一些省、市提出了要加强基本功训练的问题。从明确端正教学思想到开始注意到考虑基本功训练,把小学语文教学看成是小学语文基本功训练的同义语,这是到1981年教学实践中的具体体会。"(袁微子、魏大义,1985)袁微子提出了小学低年级的六项基本功为:识字与写字;词和句子训练;朗读;说话;写话;学习观察事物。"这六项基本功,是小学低年级语文教学最基本的基本功。除这些之外,还有'默读'等等,大概这六项是最重要的基本功。"(袁微子、朱作仁,1983)

20世纪80年代以后,"双基"明确地成为小学语文教学任务的核心内容。李秉德认为,就语文教学来说,最根本的是培养学生掌握语文工具的能力。"对学生进行关于语文的基础知识的教学与基本技能的训练,一般把它们简称为语文的'二基'。只要抓紧这个最根本的任务,其他的任务也就可以相应地顺利地得到解决。"(李秉德,1980)"双基"教学要求的提出,为小学语文教师的教学提供了比较清晰的、适于实践的教学基本任务和要求,便于教师们更明确地掌握教学大纲中的核心精神和教学目的。"它是语文教学活动的基本内容。抓好了'双基'教学,就可多快好省地完成教学任务;忽视了'双基'教学,课堂上毫无目的地眉毛胡子一把抓,就不会有好的教学效果。"(河南省《小学语文教学问答》编写组,1982)

20世纪80年代初期,"双基"的提出意味着小学语文教学中的知识目标与技能目标被清晰地界定出来,并成为小学语文教学目标中的重中之重。若从当今小学语文教学中的问题与教学改革趋势来反观当时的"双基",我们可以更深刻地认识到"双基"对小学语文教学的巨大贡献及其不可避免的局限。随着语文教学目标的"工具性"与"人文性"的论争,以及新一轮课程改革明确提出了"工具性"与"人文性"相统一的关系。21世纪小学语文的教学任务内容更加丰富与充实。不同以往教师为中心的教学任务表述,课程改革后的小学语文教学任务是从学生学习的角度被提出——掌握基本的语文知识;初步培养语文能力(识字写字能力、口语交际能力、阅读能力、习作能力);初步学会语文学习方法,养成良好的语文学习习惯;情感、态度和个性心理品质方面的任务。(吴忠豪,2010)

(二)小学语文教学过程的研究

唐文中、李乙鸣主编的《小学教学方法研究(第三版)》(上海教育书店,1951)系统阐述了小学国语科的教学方法,其名虽曰"教学方法",但如果按照当前教学论的理论研究范畴来审视,作者阐述的问题已经远远超越了教学方法的范畴。该书将当时的国语科的一般过程归纳为:导言、讲读生字生词、阅读课文、讲解课文、留作业或讲解适量的普通教材。

也有学者从宏观角度对教学准备与教学实施两个教学阶段中的问题,以及课堂教学的类型进行了理论阐述,并以之为基础提出了基本教学过程(环节)。在教学准备阶段,教师需要制定学期计划和课时计划。在教学实施阶段,需要教师拟定教学过程,一课教材要达到预期的教学目的,必须通过一定的教学过程。课堂教学有不同的类型,是采用什么类型,由各节课的中心任务来决定。讲授新课类型、练习课类型、检查课类型、复习课类型;有时一节课不止一个任务,就要用综合课类型。每一类型的课都有它的组成环节,这是由教师根据上课的任务、课程的性质和学生年龄特征而定的。最常用的综合课基本环节是:(1)组织教学;(2)检查复习(也有分为检查家庭作业和复习旧课两个环节的);(3)讲授新课;(4)巩固新课;(5)布置家庭作业。小学语文课大多数是采用综合课类型,尤其是低年级最为常用。比如某一课需要一次讲完,如果分为几次去讲就会大大减低它的教育意义和教养意义,则适宜采用新授课类型。它的组织环节有组织教学、讲授新课、巩固新课和布置家庭作业。又比如另一节课,其主要任务在巩固、练习前几节学生所学的全部知识,就可用巩固课或练习课类型。它的组织环节有组织教学、巩固旧课(或进行练习)、布置家庭作业。至于各个环节的实践支配,要看具体情况而定。综合课各环节的时间分配大致如下:组织教学一、二分钟(这一、二分钟是指上课开始时说的,事实上组织教学应贯彻于整堂课),检查复习约三分钟至八分钟,讲解新课约二十分钟至三十分钟,巩固新课约十分钟,布置家庭作业约五分钟。这不过是一种假定的分配标准,实际上怎样分配要根据具体情况决定。在编写课时计划时,事先计划好各个环节的时间分配是很重要的,这是保证达到教学目的,完成教学任务的重要一环。(邓峻璧,1953)

也有学者关注到了语文学习准备阶段的问题。20世纪80年代初期,我国的学前教育尚在探索时期,发展并不充分,幼小衔接问题也尚未被提及,但是李秉德却比较有预见性地、鲜见地提出了初入学儿童的教育问题及语文学习准备问题。对于初入学儿童学习语文的基础与准备问题进行理论探讨,这不仅丰富和完善了小学语文教学过程的相关理论,而且也是从学龄儿童学习心理与特点出发,去研究教师的教学。在进行语文教学之初,教师要摸清初入学儿童的语言基础如何。只有弄清楚原理的基础是怎样的,才能知道教学该从哪里开始。因此,教师要了解初入学儿童口头语言发展水平、特征;了解学龄儿童口头语言与书面语言之间的关系;必须经常地具体地了解学生语言发展的情况。使儿童初步认识入学目的。使儿童熟悉学校环境,有重点地认识几个地方,如:本班教室的办公室、活动场所、饮水处、厕所灯。使儿童了解学校生活,懂得一些学校用语、学习常规和在学校必须遵守的一些重要规则,如怎样上课,怎样下课,各人要坐在各自的座位上,学习用品要放在一定的地方,上课的时候不要随便说话,发言要先举手,不玩东西等。使儿童知道并练习读书写字的正确姿势和执笔的方法,为识字、写字、读书作好准备。初步了解儿童口头语言的发展水平及部分儿童语言上的特点,作为以后语文教学的基础。(李秉德,1980)

袁微子认为,教学过程并不是固定的程序和步骤,而应该是一条完整而清晰的教学思路。若想让这个教学思路在整个教学过程中呈现出来并不简单,因为这就涉及了教学论中的一个基本问题:师生在教学中的关系问题。整个的教学进程是要体现教师的教学思路,要能够很准确地、适当地使学生的思路,逐步逐步地引向深入,这是一条。至于教和学,什么放在前面,什么放在后面,可以自己创造,没有一个固定的格式。(袁微子、朱作仁,1983)教学过程具有综合性,主要体现为四个特征:全面性、联系性、阶段性、实践性。教师认真地备课、认真地设计教案固然是很重要的,但教师原先预定的教学步骤,和学生的学习实际有时不协调,这个矛盾只能在教学过程当中解决。在教学过程当中要抓什么?在教学过程当中要抓基本功训练的综合性。教学过程的各个环节,不是孤立的,是互相紧密联系的。这种联系是一种很复杂的联系,不是单一的师生之间的授受关系的联系。旧式教育只是教师讲,学生听,师生授受这种单一的联系。我们要培养学生的自学能力,强调学习语文和认识事物相结合,当学生学习积极性调动起来以后,这种联系就变成多样性的、比较复杂的联系。教师要尽量找出教学过程中引导学生思维发展的一条主线来。这条主线怎么找?要根据课文的特点,根据学生的思想实际和学习实际,还要根据基本功训练的要求,找出思想联系的主线,并把这条主线跟预定的目标联系起来。教学过程本身是不断活动、不断发展的,这个过程不是死的东西。教学过程是怎样不断活动、不断发展的呢?主要特点就是它的阶段性。无论是全面性、联系性,还是阶段性,都必须跟实践发生关系。这个实践性,是基本功训练的一个十分重要的特征。因为基本功训练的目的就在于实践,就在于不仅仅是切实有效地培养提高学生语言文字的理解能力和表达能力,而且要训练学生具有共产主义思想,为培养共产主义的世界观打下基础,能够有助于培养他们成为祖国社会主义现代化建设的人才。(袁微子,1992)

(三)小学语文教学内容的研究

虽然各个时期的小学语文教学内容不尽相同,但是基本上涵盖了识字写字、阅读、口语交际、写作这四个方面。这些内容名称的表述及其在教学内容中的地位在各个时期都有着不同的变化。此外,在21世纪的课程改革中,小学语文教学内容中又结合新的教学改革形势增加了"语文综合实践活动"内容。

中华人民共和国成立初期,有研究者仍以"国语科"称呼语文学科,认为"国语科的教学范围重要的就是:阅读、说话、写字、作文四方面,这四方面的要求是各个不同而又相互结合的。阅读是国语科中最为重要的内容,阅读又是以其他教学内容为基础的,因此在探讨国语科教学重点研究内容时,按照小学生学习的逻辑顺序,将国语科重要的教学内容归纳为:识字与写字、说话指导、阅读指导、标点与文法。(唐文中、李乙鸣,1951)阅读教材可以分成两类:一类是文艺性的课文,包括童话、寓言、故事、谜语、绕口令、歌谣、小说、戏剧、文艺性散文等等;一类是常识性课文,包括自然、地理、历史等科学知识的课文。文艺性的课文占的比重较大,越是到了高年级,占的比重越大。(何天林,1956)

为了使学生理解和运用语言,必须使学生掌握丰富的词汇,使学生了解语言的规律——语法。词汇、语法、篇章结构、修辞、语音、文字是语言的各个方面,都要学习。不过学习的内容和方法要根据儿童的年龄特征来考虑。在小学阶段,不是从语言学角度来教学生语言的,不必教给他们系统的有关上述各方面的知识,主要是从实际上使他们认识,从多次的阅读和写作等练习中使他们熟悉常见的语言现象的规律。（文以战，1957）文以战还提出了汉语与阅读应该逐步由合而分的观点。他指出，汉语课的任务使教给学生汉语的基本规律，让学生正确地理解并自觉地运用祖国的语言。国语不教语法，学生只得从多年的说话、阅读、写作实践中习而不察地掌握语言规律，知其然而不知其所以然，耗费的时间和精力极多，尚不免出差错。阅读课与语法课的性质不同，任务不同，因而教材和教法也应该不同。语言与阅读分科，这是许多国家语文教学的先进经验。苏联小学从一年级后半年起就专设语法课和写法课，跟阅读课时间同样多，甚至比阅读课时间还多。（文以战，1957）

在"文革"时期，教材小学语文教材内容全面"阶级斗争化"。这尤其表现在小学课文中的记叙文教学内容，主张记叙文教学一定要坚持无产阶级政治挂帅，把转变学生的思想摆在首位，培养学生分析问题、解决问题的能力，同时要提高学生的语言表达能力。（上海市第六师范学校语文教学组，1978）

"文革"结束后，1978年的教学大纲规定，小学语文教学的内容有：（1）识字、写字教学。识字是阅读与写作的基础，它是小学语文教学的首要任务。在小学阶段，要使学生掌握常用汉字3000个左右。为了帮助识字与学习普通话，要使学生学会汉语拼音；（2）阅读教学。阅读教学是小学语文教学的重要组成部分。阅读教学是以识字为基础，同时在阅读教学过程中又可以继续识字，扩大词汇量。阅读教学可以培养学生看书报的能力和认真阅读的习惯，还可以从典范的作品中学到写作技巧，提高写作能力；（3）作文教学。作文教学，是一项语文知识综合性的训练。通过作文教学，不仅可以很好地培养儿童用书面语言表达自己思想的能力，而且可以从中提高阅读能力。小学作文教学，应该按照从说到写的顺序，逐步地教儿童学会写作；（4）基础训练。基础训练，就是小学语文教学中的各种作业练习。进行基础训练的目的，是让学生通过各种形式的作业练习，巩固学过的语文知识，初步懂得运用语言文字的一般规律，为培养读写能力打下扎扎实实的基础。上述小学语文教学的各项内容，它们既有各自的特点和体系，又相互密切地联系着，体现着小学语文教学的目的和要求。（麻凤鸣，1981）

可见，从中华人民共和国成立到"文革"结束初期，小学语文教学的内容明显更加强调和倾向于其"工具性"的功能,小学语文阅读的地位相对下降,阅读的功用中更加强调扩大识字量、读书看报以及提高写作能力的基本功用,文学阅读自身的价值和功能被忽视,儿童阅读的兴趣、思想情感、方法等被提及较少。从20世纪80年代后期,语文教学的"工具性"与"人文性"论争,小学语文阅读中的人文特性逐渐获得关注和发展。(关于阅读教学的教学内容与方法,后文有专题阐述,在此不赘述)

口语听说方面的教学(今称为"口语交际")仅仅在教学大纲的作文教学和基础训练中有偶有提及,说话只是被定位为写作教学的前提和基础。"文革"后的语文教学大纲教学任务中缺少了说话教学(口语交际教学),其原因是:"掌握语文工具的能力包括听、说、读、写四个方面。听、说针对口头语言而言,读、写针对书面语言而言。由于学生入校之先已有一定的口头语言的基础,并且在实际生活中仍在继续学习锻炼,而书面语言则主要靠在校学习,所以学生在学校里学习语文,重点应放在书面语言方面,也就是说,主要是培养阅读能力和写作能力。随着读、写能力的提高,听和说的能力也必然会得到相应的提高。当然,这并不是说,我们不应该采取有效措施来有意识地培养学生的听、说能力。为了培养学生的阅读能力和写作能力,就要求学生练好语文的基本功,也就是对学生进行关于语文的基础知识的教学与基本技能的训练。一般把它们简称为语文的'二基'。只要抓紧这个最根本的任务,其他的任务也就可以相应地顺利地得到解决。否则,如果不分主次,平均使力,就会使任何任务都不能完成。因此,中小学语文教学的一个首要问题就是必须要仅仅抓住这项最根本的任务。"(李秉德,1980)缺乏主动阅读,缺乏语言表达的训练,是"文革"时期给小学语文教学带来的潜在的、消极的影响,这种影响一直持续到20世纪末。

在小学语文的教学研究中,教学内容通常被认为是与课程内容相一致的。但在课程改革新理念的框架下,小学语文教学内容也被赋予了新的内涵。正如课程与教学的关系一样,语文课程内容与语文教学内容也是不可以截然分开的,课程层面的"理论上应该教学什么"与教学层面的"实际上需要教学什么"具有内在的一致性:都是课程专家、教科书编者与师生对"教什么""学什么"的一种设想和方案。当然,这种设想或方案在实际教学情境中会发生不同程度的改变,因而我们把实际教学情境中发生的教学内容也看作是语文课程内容。课程内容不是一种制度化的可供师生执行的外部要求和规定,同样,教学内容也不是制度化的课程内容在具体教学情境中的执行和呈现,它也包括了师生在具体教学情境中的对"教什么"与"学什么"的创生。(徐林祥,2014)伴随课程改革的深度发展,对小学语文课堂教学情境中所创生的教学内容的相关研究也日渐丰富。

(四)小学语文教学原则与方法的研究

20世纪50年代初期,小学语文教师的教学更多是个体化、经验化的,很难适应当时的教育需求与社会需求。语文学科的自身改革,也亟须科学的、系统的小学语文教学法研究予以引导,自此小学语文教学研究走上了科学化之路。对小学语文教学经验的总结和规律的探索成为当时研究者的研究主题。

1.小学语文教学原则的相关研究

小学语文教学原则是小学语文教学规律的具体反映,是小学语文教学必须遵循的基本准则。小学语文教学原则主要有"工具性"与"人文性"相统一、习得与学得相辅相成、听说读写协调发展、语言训练与思维训练相结合、积累与运用相结合。(徐林祥,2014)

1950年的《小学语文课程暂行标准(草案)》提出:"语文教学的基本原则,是使儿童学习语文工具,学会读、说、作、写。同时要联系实际,贯彻新民主主义思想和爱国主义教育。在教学过程中,应注意字和语汇的熟习,语句的讲解明白,读、说、作、写能力的逐步提高;同时并注意到当地一般社会上所存在甚至会影响儿童观点的思想问题,通过某种语文教学,适当地予以解决。"邓峻璧在怎样发挥主体、联系实际、系统讲授以及朗读课文和教生字新词等方面提出了一些教学意见。"因为发挥主体、联系实际和系统讲授是贯彻政治思想方向,保证高度的科学性,正确实现教学原则,达到预定教学目的的必要条件,而朗读默读和生字新词的教学方法,也是小学语文教学的重点之一,所以值得我们详细讨论。"(邓峻璧,1953)

汉语教学要遵循如下原则:要多做实际的练习,少讲空泛的道理;要从感性到理性,从具体到抽象;要通俗地解释语言规律,让学生逐步掌握它;要根据教学内容的特点采取不同的教学方法。(文以战,1957)常识性文章的教学原则包括:一、常识性文章教学的整个过程以直观为基础;二、常识性文章的教学,应在儿童掌握知识的基础上指导儿童实践;三、常识性文章的教学采用由部分到整体的分析方法;四、常识性文章的教学要加强语言文学因素。(周仁济,1962)

2.小学语文教学方法的相关研究

教学方法的研究是教学理论研究的核心内容之一。从某种意义上说,教学研究的发展史就是人们探索有效教学方法的历史。纵览国内外有关教学方法的研究成果,历史上积累下来的教学方法是极其丰富的。……教学方法没有统一的定义,如《中国大百科全书·教育》对教学方法的解释是:为了完成一定的教学任务,师生在共同活动中采用的手段。(中国大百科全书出版社,2002)王策三对教学方法的定义是:为达到教学目的,实现教学内容,运用教学手段而进行的,由教学原则指导的,一套方式组成的,师生相互作用的活动。(王策三,1985)

有的教育学教材中定义为:教学方法是为完成教学任务而采用的办法。它包括教师"教"的方法和学生"学"的方法,是教师引导学生掌握知识技能、获得身心发展而共同活动的方法。(王道俊、王汉澜,1999)李秉德主编的《教学论》对教学方法的定义:教学方法,是在教学过程中,教师和学生为实现教学目的、完成教学任务而采取的"教"与"学"相互作用的活动方式的总称。(李秉德、李定仁,1991)有研究认为,教学方法就是人们在教学活动中由现实的条件实现教学目的所采用的所有中介的总和。(孙宏安,1994)

语文教学方法是研究中小学语文的教学规律、教学原理的方法。近30年来,随着教育改革的深化,语文课程的发展呈现出生活化、多样化的面貌,也导致教学方法呈现出多样性、丰富性的特点。由于小学和中学的语文教学有很大差别,因而语文教学法还分为小学语文教学法和中学语文教学法。语文教学法还有一些分支,诸如识字教学法、语文基础知识教学法、阅读教学法、作文教学法等。教师在教学中选用什么样的教学方法,需要以课程标准为指南、以课程改革为方向,针对教材的特点和学生实际情况,依照本地文化的特殊性和教师的个人特长,选用恰当的教学方法。小学语文教学中常用的教学方法包括:讲授法、谈话法、朗读法、讨论法、直观演示法、练习法、读书指导法、"读、思、议、导"结合法、读写结合法、任务驱动教学法、参观教学法、现场教学法、自主学习法、问题探究式教学法、训练与实践式教学法、基于现代信息技术的教学法、过程教学法、主题教学法、情境教学法、快乐教学法、案例教学法。(胡冰茹、周彩虹,2020)

由于教学方法常常在研究语境中表达了不同层次和类型的含义,因此在教学实践和研究中常会有误用,表现为:混淆教学方法的层次、混淆方法的标准、机械地割裂教学、机械追求"创新"。(吴亮奎,2018)因此,学者们都认为,从教学方法的层次和分类上去厘清这个概念非常有必要。

教学方法可以根据教学任务、教学内容、学生特征进行分类,如下:(1)根据当前的教学任务,是传授和学习新知识,还是形成某种技能技巧,等等;(2)根据教材内容的特点,是事实性的知识,还是理论性的知识,是多是少,是科学性强还是艺术性强,等等;(3)根据学生的年龄特征,是高年级还是低年级,知识基础和心理准备如何,等等。(王策三,1985)按照教学方法的外部形态和该形态下的学生认识活动特点对教学方法进行了如下分类:第一,以语言传递信息为主的方法:讲授、谈话、讨论、读书指导;第二,以直接感知为主的方法:演示、参观;第三,以实际训练为主的方法:练习、实验、实习作业;第四,以欣赏活动为主的方法;第五,以引导探究为主的方法。(李秉德、李定仁,1991)日本学者佐藤正夫的《教育学原理》从教师、学生、教材三方面交互作用的角度提出了"提示型教学方法""共同解决问题型教学方法""自主型教学方法"的划分方式。提示型教学方法是教师在课堂上通过各种提示活动(如讲解、示范)教授课程内容、学生接受并内化这些内容的方式。共同解决问题型教学方法是通过师生的民主对话与讨论而共同思考、探究和解决问题,由此获得知识技能、发展能力和人格的教学方法。自主型的教学方法是学生独立地解决由他本人或教师所提出的课题,教师在学生需要的时候提供适当帮助,由此而获得知识技能、发展能力与人格的教学方法。(人民教育出版社,1996)

从上述有关教学方法分类研究结果可以看出,教学方法有着诸多不同的分类标准。在众多的分类方法中,按照教学方法所解决问题或适用范围的大小来"分层",是一种特别重要的分类方法。它可以帮助我们从宏观到微观、从一般到特殊,理清各种方法之间的关系。当然这种分类所理解的"层次"也是不一样的。例如以下几种分类:有人将教学方法(由教学条件到教学目的的所有中介)分为三个层次:第一个层次,指实现教学目的的总的方法,它们包括实现教学目的的所有环节,实际上这一层次的方法就是一种完整的教学体系,这类方法包括系统教学、问题教学、设计教学、发现教学、程序教学、范例教学、指导教学等;第二个层次,指在某一教学体系下的带有整体性指导意义的教学方法,例如启发式教学方法、注入式教学方法、理论和实践相结合的方法、循序渐进的方法、模拟方法等,这类方法也被称为教学原则;第三个层次,指课堂教学的具体方法,例如讲授法、讲读法、谈话法、演示法、练习法、讨论法、阅读指导法、自觉辅导法等。(孙宏安,1994)

也有人认为小学语文教学的众多方法,大体上可以分成三个层次:第一个层次的教学方法是从语文教学的总体上设计教学的方法,属于"整体的教学思路"的范畴。第二个层次的教学方法是针对某一项教学内容设计教学的方法,如识字教学的各种方法、阅读教学的各种方法、作文教学的各种方法等,属于"专项的教学思路"的范畴。以上两个层次的教学方法,一般与倡导者的语文教学思想有密切的联系,较多地从语文教学的宏观上(或从语文教学的整体,或从某一项教学内容的整体)来研究和设计教学,往往与教学内容的编排体系和重点有关,而较少论及微观的、具体的教学步骤和方式方法。第三个层次的教学方法一般是针对某一类(或篇)课文或某一种训练而设计的方法,主要研究教学的具体步骤、方法和手段,属于"教学措施和手段"的范畴,如引读法、图表教学法等。(《小学语文教学研究》编写组,1993)还有学者提出,可以把小学语文教学方法分成宏观的、中观的、微观的三个层次。微观层次的教学方法是基本的教学方法,朗读法、背诵法、自学法、练习法、讲读法、谈话法等是常用的基本方法。(江平,2004)姜玉安综合上述有关分类方法,在教学设计中选择与设计教学方法时,可以按照从宏观到微观、从一般到特殊等大体顺序,考虑以下几个层次或方面的教学方法:宏观层次(教学思想、教学理论、教学原则等);中观层次(普适的教学模式);微观层次(普适的基本的教学方法)。许多教学方法分类,其实都是微观层次的教学方法分类。例如:徐家良主编《小学语文教育学》的分类:(1)语言的方法。①讲授法(讲述、讲解、讲读);②谈话法(约束型、自主型)。(2)直观的方法。①演示法(示范板书、示范朗读、示范表演、形象演示);②参观法。(3)实习的方法。①练习法;②作业法。(徐家良,1997)张华的《课程与教学论》(上海教育出版社,2000)参阅了日本佐藤正夫的《教学论原理》,把纷繁复杂的教学方法归结为三种基本类型,即提示型教学方法(主要包括示范、呈示、展示、口述四种形式)、共同解决问题型教学方法(包括教学对话和课堂讨论两种基本形式)、自主型教学方法。

(五)小学语文教学设计的研究

小学语文的教学设计始于小学课时计划的制定。在中华人民共和国成立初期,教学设计又被称为课时计划,作为整体教学计划的重要组成部分,它更强调计划性与规范性。课时计划(教案)是具体执行学期教学进度计划的一个保证,它对课堂教学有直接的指导作用,可以使教师明确每一堂课的目的要求,使新课和旧课有适当的衔接,使教师事先准备重要问题和例证,考虑适当的教学方法,严格控制教学时间,也便利检查教学效果,提高教学质量,有计划地达成教学任务。因此,语文教师必须慎重地具体地制定课时计划。课时计划需对照学期教学进度计划来考虑每一课时应该怎样进行,教师需要考虑的内容包括教材和教法两方面。在教材方面,先要研究教材的内容,抓住这一课书的主题,定出具体的要求;然后研究如何补充,如何联系实际,引证举例;确定哪些教材应由教师系统地讲述,哪些教材必须提问学生,以及根据教材的要求给学生布置什么作业。对教学目的的处理,不仅要考虑到这一教材总的目的要求,还要认真严谨每一课时要达到什么具体目的。在教法方面,要考虑以哪一种教学方法为主,用什么方法配合,如何启发学生积极地自觉地学习功课,特别重要的,是如何贯彻各项教学原则。关于组织教学过程,主要是研究应用哪一种课的类型,应有哪些环节,以及如何精确地支配和掌握时间,如何使每一课时衔接等,都要经过细心考虑明确写出。(邓峻璧,1953)从实质上看,教学设计是为教学服务的,是为了教学的设计,它关涉教学目标的确定、教学内容的选择、教学方法的运用、教学过程的组织、教学结果的评价等诸多因素。因此,从我国传统的教学论话语出发,可以把教学设计理解为运用一定的技术和方法,依据教学目标,针对学生的实际情况,对教学活动进行系统的分析、规划、安排和决策。(吴亮奎,2018)

目前,教学设计的含义由传统到现代已经发展出的多重含义:(1)教学设计作为准备教学的实践活动或过程,即备课。教学设计作为一种实践活动早就存在,备课活动即可看作教学设计活动。(2)教学设计有时也指教案。很显然,教学设计是一个过程,但是教学设计有时也指这个过程最后形成的方案,即俗称的"教案"或"课时授课计划"等。(3)教学设计是一门学科。20世纪,教学设计活动已经发展成了一个新的研究领域,成为一门学科。它于20世纪70年代诞生于美国,以加涅的《教学设计原理》(1974年第1版和1979年第2版)为标志。现代教学设计是系统论与科学心理学相结合的产物。教学设计研究的内容远远超出备课的内容。(姜玉安,2018)

教学设计最初对我国中小学教学研究产生的影响是通过课程理论话语体系对中国传统的教学理论话语体系的冲击而出现的。研究者们运用西方的课程理论、教育心理学理论、信息技术理论来研究中小学的教学问题,教学设计便成为中小学教学研究中的一个重要概念。研究者们从各自不同的角度对教学设计的概念进行了研究,如从教学设计的形态描述来定义,教学设计就是"计划"和"方案";从教学设计的功能来定义,教学设计就是"方法""程序"和"措施";从教学设计的性质来定义,教学设计就是"技术"。(吴亮奎,2018)

现代意义上的教学设计具有明显的科学性特征。吴亮奎基于西方的课程论、教育心理学理论的基础构建了小学语文教学设计的一般过程模型与教学事件模型。一般过程模型是在迪克和凯瑞的教学设计过程模型基础上为小学语文教师构建的对自身教学设计行为的反思框架。这个框架按照"目标陈述——标准参照测验编制——教学策略选择——教学材料组织——学习结果评价"的思路展开,它为教学设计提供了可资参照的科学程序,这个程序使教师意识到自己的教学行为是一种科学行为,是目标、方法、过程、结果相互作用,具有前后一致性、连贯性的行为。教学事件模型是在加涅的心理学理论基础上提出了小学语文课的教学事件,主要包括:通过对话引起学生注意;教师和学生共同确定教学目标;激发学习的兴趣和动机;预习;回忆相关的现行知识;加工信息和样例;运用学习策略;练习;评价性反馈;总结和复习。教学过程由一个个活动的事件组成,教师和学生共同参与了这些事件,学生成为活动的中心,教学成为一种主动和有意义的活动方式。(吴亮奎,2018)语文学科的特殊性在教学设计走向科学化设计同时受到关注:汉字作为表意文字,其形象性、表意性以及汉字符号本身具有的文化性都使其与西方语言教学具有明显区别,必须重视汉语文教学过程中的直觉和审美。此外,在教学设计过程中也应注意语文学科与其他学科的差异,要从语文学科性质出发设计语文教学过程。

二、小学语文教学实践的研究

(一)小学语文识字、写字教学研究

1.拼音教学

自从1958年《汉语拼音方案》公布以后,汉语拼音就成为小学语文课程的重要组成部分,特别是20世纪80年代以后强调培养学生的识字能力,汉语拼音作为识字的必备工具,在小学识字和普通话学习方面发挥着重要的作用。小学是推广普通话的重点之一,因此小学语文科一开始就要教学标记汉语语音的工具——汉语拼音字母。掌握了这个工具,一方面用来学习普通话语音,一方面也用来帮助识字。小学语音教学,除开头拼音字母独立教学之外,以后大部分工作要跟识字教学、词汇教学、朗读教学密切结合起来进行。从一年级到六年级,要求儿童从掌握拼音字母到逐步掌握北京语音的主要规律,从利用拼音字母帮助识字到能用标准音朗读课文和进行日常交谈。(娄伯平,1958)

20世纪末以前,拼音教学大体经历了五个发展阶段:1958—1962年,汉语拼音教学初级阶段,教学内容多而复杂;教学要求高,难度大。1963—1966年为第二阶段,汉语拼音教学进行了改革并取得了一定的成绩。1973—1977年为第

三阶段,汉语拼音教学被取消和逐渐恢复。1978—1982年为第四阶段,汉语拼音教学稳步发展,成绩卓著。1982年至20世纪末为第五阶段,是广泛应用汉语拼音阶段。(课程教材研究所,1993)21世纪课程改革后,汉语拼音教学的功能和定位做了比较大的修改。由于之前拼音教学中出现了过度强化的现象,因此与之前的教学大纲相比,课程标准中对拼音教学的记忆要求、拼读要求和书写要求方面都明显有所降低。(吴立岗,2004)课程改革后,拼音教学更加关注的是其实用性,强调与学说普通话、识字教学的结合,强化汉语拼音在现实语言生活中的实际运用。

(1)汉语拼音的教学过程

经过数十年的发展,拼音教学的教学过程已经基本成熟和稳定。拼音教学的步骤或课堂教学的结构一般都含着字母教学与音节拼读教学两个主体部分:当然作为完整课堂教学结构,首尾环节也是不可缺少的。拼音字母教学的六个步骤:①谈话;②分音;③认读字母;④练习拼音、四声;⑤巩固练习;⑥布置作业。(薛焕武、李树棠,1958)孟晓东《新课程教学设计(语文)》中的汉语拼音教学过程:①创设情境,引入声母;②联系语境,教学发音;③想象练说,记忆字形;④看清位置,指导书写;⑤游戏演练,拼读音节;⑥图文结合,带调拼读;⑦设计练习,巩固音节。(孟晓东,2004、江平,2004)吴忠豪《小学语文课程与教学》中的一节汉语拼音课的教学过程:复习检查;教学新音;复习巩固;小结反馈。(吴忠豪,2015)尽管拼音字母教学与音节拼读教学不能割裂和孤立进行,但它们毕竟是两项相对独立、各具特点的内容。为了更有效地突出它们各自的特点,综合有关观点,把汉语拼音教学过程归纳如下:字母教学的过程为:①导入激趣。创设情境;导入字母。②尝试学习。观察想象,检查了解。③指导学习。教学发音;记忆字形;指导书写。④联系巩固。⑤总结测验。⑥作业延伸。音节教学的过程为:①导入激趣。②尝试拼读。③平调拼读;带调拼读。④练习巩固。⑤总结测验。⑥作业延伸。(江玉安,2018)

(2)汉语拼音的教学方法

从中华人民共和国成立初期的实践、摸索与改革,经过数十年的改革与发展,汉语拼音教学已经发展出一系列稳定而有效的教学方法。可以说,汉语拼音教学凝结着中华人民共和国一代代小学语文教育工作者的心血,是集体智慧的结晶。

中华人民共和国成立初期,在拼音教学之前,我国曾经开展过一段时间注音字母教学。当时的注音字母的教学主要采用了分析综合的拼音教学法。拼音字母教学出现后,为许多教师在注音字母教学中所推崇的"分析综合法"逐渐被沿用至拼音字母教学。"所谓分析综合法,就是从语言中进行语音的分析综合。具体地说,分析就是从一句话里把一个一个的词分开来,再把词里的音节分开来,最后把音节里的一个一个的音节分开来,再把词分开来,最后把音节里的一个一个音分开来。综合法就是把音拼成音节,把音节变成单词。分析法和综合法是相互联系的,同时并用的。""这种方法的优越性,主要在于从语言的实际中来进行注音字母教学,使儿童发音、拼音的技能完全建立在理解的基础上。"(中华人民共和国教育部小学教育司,1956)关于"分析综合法"的运用,人民教育出版社1956年对一年级注音字母教材的说明中讲得很具体。这种教学方法的步骤是:第一步,根据教科书的大图进行谈话,再把谈话中心变成一句简单的话,把句子分成词,词分成音节,再由音节分出所要学的新字母的音;第二步,根据小图练习拼音;第三步,四声练习或音节练习;第四步,书写练习。……如第一步最后得出的音节是妈妈的"妈",带儿童慢慢地念,分析出声母 m 和韵母 a,念准之后,便把 m 与前面学过的韵母 a、i、u 等相拼成音节。接着还可利用这些音节念出一些词语。(娄伯平,1958)

当然,并不是说教学汉语拼音字母采用的语音分析综合法,是最合适的,完全没有什么问题,而且再没有其他好的教学方法了。因为中华人民共和国成立初期刚开始实施这种教学不久,究竟用什么方法教最好,还待教师们通过实验来研究。其次一个问题,就是拼音字母的教学方式。20世纪50年代的小学语文课本把大部分的拼音字母教材安排在第一册的准备课后面,还有一些安排在以后的各册里面。就是学生入学时先学拼音字母,后学识字。这样几种教五六周拼音字母的教学方法的好处,可以为以后的识字教学做好准备,以后教识字可以

用拼音字母给生字注音。它的缺点是：教学时间短，进度快，学习不巩固。在有的学校，学生的学习兴趣也差。（陆静山，1959）

是不是还有别的方式呢？这也是一个值得研究的问题。比如：先识一些字，再教拼音字母。教字母时就可以给汉字注音，可以使学生看到学习拼音字母的必要，加强他们学习的兴趣。另一个方式是：一边教汉字，一边教拼音字母，也就是每周一部分的教学时间是识字，一部分的教学时间是教拼音字母。还可以有另外一种方式，就是可以考虑不按课本上的拼音字母教材教，把拼音字母结合识字教材来教。这些教学方式究竟好不好？哪种最好？是很值得研究的。（陆静山，1959）

薛焕武、李树棠等编的《小学语文教学法》从以下七个方面介绍了拼音字母教学的方法：拼音字母教学采取语音的分析综合法、教儿童分音的方法、教儿童发音的方法、教儿童拼音的方法、教儿童初步掌握四声和轻声的方法、教儿童书写的方法、练习巩固的方法。（薛焕武、李树棠，1958）袁微子主编的《小学语文教材教法》，没有把拼音教学的方法单独列出章节来论述，但在"采用多种形式教学，调动学生学习的积极性"中提到了如下教学方法：编顺口溜、儿歌，制作教具，组织游戏、表演等。（袁微子，1958）魏薇主编的《小学语文教学法》介绍了如下的方法：演示法；比较法；活动法；歌诀法。（魏薇，2002）江平主编的《小学语文课程与教学》介绍了如下方法：借助情境、语境教学声母、韵母；借助口语经验，指导学生拼读音节（拼读音节的两拼法与三拼法，拼读音节定调方法）；激发学习兴趣，提高拼音教学效率（音像、游戏、鼓励）。（江平，2004）

江玉安参考有关教材及其他资料，对汉语拼音教学的方法做如下归纳：

①字母（声母、韵母）发音的教学方法

a.借助情境法。汉语拼音字母是抽象的符号，但我们可以把它的发音与生活中熟悉的事物的发音相联系，用熟悉的事物的有关发音来帮助记忆掌握字母的发音。如教学"a"的发音，可以借助大夫给小姑娘看病的图片，说明"a"的发音就是大夫让小姑娘喊的"啊"；教学"b"，可以将"b"的字形与广播（带天线的收音机）比较，说明"b"就读广播的"播"。（b的呼读音）

b.示范发音法。对于某些特殊的字母或韵母的发音，说明发音口型、部位或方法是必要的,但教师的示范发音更重要。例如:教学"ai"的发音,(江平,2006)只是分析说明口型、气流怎么变化,可能会让学生感到更加难读;但让学生看教师的口形,听教师的发音,并多模仿几遍可能就掌握了。

c.分解音节法。对于一些单独发音有困难的字母,可以采用分析音节的方法,将含有该字母(音素)的音节慢读,以至分析出该字母的读音。如,"r""o"是比较难读的音,通过慢读"人 ren""波 bo",就能使学生意识到"r"是"人 ren"的发音的开始部分,"o"是"波 bo"的发音的后半部分,也就能发准"r""o"的音了。

d.近音比较法。发音相近的声母或韵母,如果放在一起进行比较,有助于发现它们的区别,正确掌握它们的读音。如"zh、ch、sh"与"z、c、s"的发音比较,"o"与"ao、uo"比较等。

e.儿歌强化法。儿童喜欢儿歌(顺口溜),利用儿歌是帮助儿童记忆并区别字母发音的有效方法。如"b,b,广播的 bo,每天晚上听广播。""d,d,dede 响的 de,马蹄声响 dedede。""p,p,泼水的 po,脏水不要随地泼。""q,q,气球的 qi,手拿气球庆十一。"人们编这样的儿歌正是为了强化字母的读音。

②记忆字母字形的教学方法

a.形象联想法。把字母字形与发音相似且形状相似的事物相比较。如借助大夫给小姑娘看病让小姑娘喊"啊"的图片,让学生联想到字母"a"就像那个扎小辫张着嘴巴喊"啊"的小姑娘;教学"b"时让学生看小朋友听广播(收音机)的图画,说明"b"就像收音机(广播)的样子;教学"d"时让学生看骏马奔驰留下马蹄印的图画,说明"d"就像骏马 dedede 地跑过后留下的蹄印的形状。

b.字母比较法。把容易混淆的字母放到一起进行比较。如"b、p、d、q"之间的字形比较。

c.儿歌强化法。把容易混淆的字母编成儿歌帮助学生区别记忆。如"一个门洞 nnn,两个门洞 mmm;上面伞柄 fff,下面伞柄 ttt;有背椅子 hhh,无背椅子 nnn。"

③声调的教学方法

a.示范法。教师示范,学生模仿。

b.四声连唱法。每一个音节(或韵母)按顺序唱出其四声,形成习惯,就能区分四声了。

c.图示助读法。借助不同走向的箭头或行进的小汽车帮助学生读准四声。如：

d.儿歌助记法。借助儿歌帮助学生掌握四声读法的要领。如："一声高平二声扬,三声拐弯四声降。"

④拼读音节的教学方法

a.示范法。拼读音节要重视示范作用。

b.儿歌助记法。

c.两拼法："前音轻短后音重,两音相连猛一碰。"

d.三拼连读法："声轻介快韵母响,三音连读很顺当。""声母较短韵母重,介母一滑猛一碰。"

⑤拼读音节定调方法：音节数调法；音节定调法；韵母定调法。

⑥标注调号的教学方法

儿歌助记法："a母出现头上落,没有a母找o、e、i、u并列标在后,如此标调没有错。"

⑦练习与激发兴趣的方法

a.音像展示。如借助多媒体,生动展示学习内容,吸引学生。有时只是为了使学习内容的呈现形式活泼、醒目,引起学生的无意注意,如将字母用鲜艳的颜色与其他内容区分开来,通过动画效果让字母带着声音、蹦跳着出来等。当然多媒体也不能滥用,不能喧宾夺主,不能使学生感到眼花缭乱。

b.游戏表演。如让学生戴上声母或韵母头饰找朋友,拼成音节等。

c.比赛鼓励。如看谁学得快、学得好；对于表现好的学生及时表扬等。

2.识字教学

识字教学是小学语文教学中的重要组成部分,也是小学语文低年级教学中的教学重点。识字教学包括字形的教学、字音的教学与字义的教学。字形、字音、字义的教学是根据汉字的特点而来的。掌握汉字不仅要学习汉字的音、形、义三个要素,而且还要建立起三者之间的统一联系,根据儿童的心理发展特征来看,识字过程是一个复杂的思维过程和技能活动过程。

据2000年召开的全国小学语文识字教学交流研讨会统计,我国有定称的识字教学改革实验有30多种。这些识字教学改革实验大多取得了明显的识字效果,并且都以有力的事实向世人昭示:在母语学习环境中,只要方法得当,小学生用两年时间基本可以过识字关。然而,这些识字方法也不同程度上存在着某些方面的局限。这些识字教学改革实验中比较具有代表性的包括:辽宁省黑山北关实验学校的集中识字、斯霞的分散识字(又称为随文识字)、黑龙江语委组织的注音识字、辽宁东港市的韵语识字、四川省井研县的字族识字、贾国均的字理识字、谷锦屏的听读识字、李卫民的奇特联想识字、四结合识字,等等。(吴忠豪,2015)

(1)识字教学的过程

中华人民共和国成立之初,一般教师基本上是通过词汇教学来进行识字教学的,不是孤立地教识字,并且注意了运用直观原则。许多教师开始注意正音教学,开始教学生普通话。在教学过程中凭借课本上的词、句子和短文,既完成了识字教学任务,又进行了社会主义的思想教育和科学知识教育。通过大量的实践调研,识字教学的过程被归纳为:提示生字、教学读音、指导掌握字形、讲解词义、指导书写、巩固识字等方面。中华人民共和国成立初期的识字写字教学中存在一些典型的问题,其中,识字教学中存在两个:一个是如何体现以识字为重点的问题,中华人民共和国成立初期的新课本就是依照以识字为重点的精神编写的;一个是识字的巩固问题。识字的巩固主要是靠多次的反复。反复虽然在课本的课文里和练习里已经有了,但是教师还必须在教学过程中,善于设计一些练习题,让儿童跟已经学过的字多见面。巩固识字最有效的办法是在儿童刚要遗忘的时候进行复习(即所谓再现)。然而这一点大多数教师没有设计出一套有系统的练习,有计划地帮助儿童巩固识字。(叶玉轩,1956)根据汉字本身的规律和学生学习汉字的规律,当代的识字教学一般按照下列程序进行:导入新课,引出生字;针对特定,教学生字;复习巩固,运用生字。(徐林祥,2014)多次复现是识字教学过程中的一个最基本教学策略。我国开展了大量的识字教学改革实验,但这种"多次复现"是识字教学实践中的一种通用策略,因而也体现在各种教学改革与实践的具体教学过程中。在识字教学活动中通常包括以下几个基本环节:借助拼音认一认,去掉拼音认一认,打乱顺序认一认,回到课文认一认,换个地方认一认,做做游戏认一认,扩展阅读认一认。让生字与学生反复、多次见面,从而达到巩固识字学习的效果。(吴忠豪,2015)

(2)识字教学的方法

识字教学包括字音的教学、字形的教学与字义的教学。字音、字形、字义的教学是根据汉字的特点而来的。

字音教学的基本方法是让学生利用拼音读准字音。具体做法是先把生字的拼音直接板书或电脑出示,让学生联系拼音和汉字进行认读;然后去掉拼音,让学生看字形读字音,以建立音、形之间的关系。(徐林祥,2014)教师要指导学生利用学过的汉语拼音自学生字的读音,对于一些易读错的生字,更要反复进行正音。学会查字典,利用字典的注音读准字音。另外,还要根据汉字的字音特点进行教学。(吴忠豪,2015)

字形教学是小学识字教学,尤其是低年级识字教学的关键与难点所在。字形教学要根据汉字构字规律和学生掌握字形的心理特点,教给学生识记字形的方法,培养学生独立分析、辨别字形的能力,提高学生的识记水平。(徐林祥,2014)分析字形可以帮助学生把字的笔画和结构认清楚,便于把字形记住,并且使识字的心理过程简化。字形分析法的教学,完整的说法应该是"字形的分析综合法教学"。对一个字的字形分析之后,要随即进行综合,就是把分析处理的笔画和结构单位拼成原来的字。运用字形分析法必须十分谨慎,以真正有助于识字为原则。绝不能无目的地为分析而分析,这样反会分散学生对识字的注意力。这是最重要的一点。(陆静山,1959)分析字形需要根据每个字的不同形体采用不同的方法,主要有:笔画分析法;部件(偏旁部首)分析法;造字分析法;形近比较法；儿歌（口诀）字谜法；直观形象法。（陆静山，1959、徐林祥，2014、吴忠豪，2015）识字教学中教学方式要多变化，认黑板的生字、生词、句子，读课本上的课文，用生字卡片练习识字，看图说故事，书空，板书，写字，还有谈话、思考等等。

字义教学是识字教学的核心。字义教学的主要方法有：直观演示法；联系（实际）法；注释法；辨析比较法；组词造句法；选择法；结合课文法。（徐林祥，2014、吴忠豪，2015）

3. 写字教学

识字教学中的写字，是识字教学中一个很重要的组成部分。这种写字教学实际上就是识字教学，也可以说写字是识字教学中的重点。现在的识字，要求达到"认清字形、读准字音、了解字义"；要求"能读、能写"；或者"会读、会讲、会写、会用"。这些要求中的"字形"和"写"，是识字中最难的部分，只有通过书写练习才比较容易达到。（陆静山，1963）小学语文写字教学的主要任务是：培养儿童具有正确地工整地书写汉字的技能，并且能够达到一定的熟练程度。对小学一年级的学生应当要求他们知道写字的正确姿势，并能够照着去做；能够学会铅笔写字；书写时笔顺要正确，字形结构要安排得匀称，不乱涂抹，经常保持本子的整洁。（中华人民共和国教育部小学教育司，1956）除了写字教学的物质准备和习惯训练外，写字教学通常先讲授点、横、竖、撇、捺这些汉字基本笔画，教写字是在识字过程中开始的。在识字过程中通过分析字形和书空练习，学生对字的组成部分、笔画次序有了一定的认识，在这个基础上，再要求学生写正确、写熟练。培养学生正确的书写习惯是一项长时期的工作，所以不但随时提醒学生注意，而且还取得家长的协助。具体做法是向家长介绍指导写字的方法和具体要求，使学生在家里写字时，也能得到正确的指导。（周淑萍，1956）

写字教学过程通常包括：指导、练写、讲评三个阶段（徐林祥，2014），或者细化为：指导、示范、练写、批改、讲评五个阶段。（吴忠豪，2015）

写字教学主要有两种教学方式，一种是"书空"，一种是"书实"，或叫"写字"。书空是用右手食指在空中或桌面上写字。写的时候一边写笔画，一边说出笔画名称，写完一个字要把字音读一读。书空的方式很多，常用的有：对板书空；

背着板书书空;闭眼书空;桌面书空;手心书空,等等。书空是在字形分析后进行的,如果字的笔画比较复杂,可以书空两三遍。进行书空时,教师要有明确的目标。为了辨认、熟悉字形,可以用书空;为了巩固,可以用书空;为了考查生字或写法,也可以用书空。绝不能无目的地随便乱用书空。进行书空的时候,千万不能让学生机械地、不用心地去书空,否则就失去了书空的作用。各年级运用书空也应有不同,年级越低,用得较多;年级渐高,次数减少。三年级以上,出现了新的结构单位或笔画笔顺不易辨认的,如"凿""凹",分析了字形,说明笔顺后,还要叫学生书空。(陆静山,1963)在"书实"教学中,对学生应逐渐加深要求。最初只要求看一笔写一笔;然后,看一个结构单位写一次;再后,对于那些笔画简单的字,要求看一个字写一个;最后要求达到看一个词写一次,看一个短句写一句。每个生词大体第一次写三四遍,难的字可以多写几遍,主要是用心写,不在写得多。除了教师范书,也可以叫学生板书,根据学生板书进行指导,然后叫学生执笔书写。教师在学生写字的时候,要求学生心里读字音。教师应巡视指导,特别要重视规范学生的正确写字姿势,并注意指导字的间架结构,这一点是书空不能解决的。写生字的练习,课内要进行,课外作业或家庭作业中也要进行,达到熟练和巩固生字。(陆静山,1963)

在低年级写字教学中存在的主要问题是教师不能保证教学计划上规定的写字时间。很多教师因为完不成阅读课教学任务而占用写字教学时间,因而教师指导学生写字的时间和学生练习写字的时间都少。虽然在识字教学中已经使学生知道了该怎么写,但是不让学生多动手写,他们仍然不能更好地掌握写字的基本规律,从而获得清楚、端正和迅速书写的熟练技巧。(叶玉轩,1956)当代小学语文教学中,写字教学设计过程中还必须要注意:培养学生"读"字(即观察汉字的间架结构和笔画位置)的能力;加强教师的示范指导;培养学生正确的写字姿势和良好的写字习惯。(吴忠豪,2015)

(二)小学语文阅读教学研究

阅读课是我国小学语文课程中最重要的组成部分,是母语教育的主要载体。我国的语文课程中没有语言课,学生的语言能力提高,听说读写技能的培养,主要是在语文阅读教学中实现的。因此,语文阅读教学的质量和效率在很大程度上决定了小学语文的教学质量。(吴忠豪,2015)阅读教学是教师指导学生通过阅读理解文章思想感情,掌握文字表达方法,发展阅读能力,形成阅读习惯的过程。(徐林祥,2014)

1.阅读内容的类型、体裁及其教学的相关研究

1956年的《小学语文教学大纲(草案)》中将阅读课本的课文分为两类:一类是文学作品,一类是科学知识的文章。文学作品包括童话、寓言、故事、谜语、谚语、歌谣、诗、小说、剧本和文艺性散文。科学知识的文章主要是按照小学自然、地理、历史三科教学大纲的规定编选的以这三科的知识为内容的文章。到了第五、六学年,自然、地理、历史都单独设科,阅读课本就以文学作品为主。不同的课文,应该采取不同的讲读方法。

(1)常识性文章及其教学

常识性文章与文学作品之间是存在区别的。常识性文章的教学目的主要是把自然、历史、地理知识传授给儿童,不是用艺术形象感染儿童。常识性文章,无论使用文学的手法来写也好,采用文学作品的形式也好,它的内容仍然是科学知识,不会由于表达这些知识时采用了文学作品的形式,就成了文学作品。在小学语文阅读教学中,常识性文章的教学是阅读教学中的核心问题之一。常识性文章可讲授以帮助学生扩大知识领域,启发学生的智慧;常识性文章一般是用概念说明道理的,而低年级儿童领会这些概念和抽象原理是不容易的,如果把这些概念和原理用浅明的记叙文表达出来,儿童就容易接受得多。儿童在常识性文章的阅读中,认识了事物,同时也发展了语言。

常识性文章的教学任务可总结为如下三方面:其一,要经常地加强对儿童的思想教育,要培养儿童的辩证唯物主义世界观的初步基础,培养儿童热爱党、热爱劳动人民、热爱祖国的思想情感;其二,在常识性文章的教学中要十分注意与生产劳动相结合,培养儿童的劳动习惯和简单的生产技能;其三,要有意识地发展儿童的语言,提高他们理解语言和运用语言的能力。常识性文章的教学,虽然自然、地理、历史知识文章有其各自的特点,但也有其共同性的教学原则,概

述如下:第一,常识性文章教学的整个过程应以直观为基础;第二,常识性文章的教学,应在儿童掌握知识的基础上指导儿童实践;第三,常识性文章的教学采用由部分到整体的分析方法;第四,常识性文章的教学要加强语言文学因素。常识性文章的一般教学过程可以这样安排:第一,讲读前的准备工作;第二,朗读课文;第三,分析课文的各个部分;第四,拟定提纲;第五,复述;第六,复习阅读;第七,巩固全文内容;第八,作业。(周仁济,1962)

(2)文学作品及其教学

文学作品的教学,要使儿童感受,要使儿童的感情意志得到陶冶,要使儿童对作品有全面的领会,对形象有完整的认识。1956年的小学语文教学大纲上规定:从四年级起,学生要学会分辨课本上的一些文体。我们认为在四年级以前,教师便可以在讲解课文时适当地谈些有关体裁的浅近知识,为以后掌握各种体裁打好基础。现当代文学作品最常见的形式有诗歌、小说、戏剧、散文、说唱文学五大类。如何教学生掌握现代文学作品体裁呢?可以通过比较,深入地讲清楚各种体裁的特点,把差别较大的文体放在一起比较,给儿童以鲜明的印象。当儿童对讲过的体裁的特点有了一般了解之后,教师可以利用作业当堂加以巩固,让学生练习不同体裁之间的"改写"。关于体裁的教学一定要循序渐进,按照教学大纲规定和学生的学习基础慢慢进行,先从诗歌、散文入手,逐渐深入学习。(刘溶、谢阎,1957)

文以战也认为小学语文教学中最重要的部分是阅读课,他将小学语文阅读教学的内容分为文艺性课文和常识性课文两大类,认为文艺性课文(即文艺作品,特别是儿童文学作品)是小学阅读课的主要材料。文艺作品是对学生进行共产主义全面发展教育的强有力的工具。通过文艺作品能够教学生认识社会,认识生活。文艺作品能够教学生理解语言,运用语言。至于儿童文学,它根据儿童的年龄特征,包括心理特点和语言程度等等,根据儿童教育的方针和任务,用儿童喜闻乐见的形式来对儿童进行全面发展的教育。因此,儿童文学应当是小学生课内和课外阅读的主要材料。小学语文中的文艺性课文应当逐年增加。教给小学生自然、地理和历史初步知识的任务应当由语文课担负起来。语文课担负这样的任务最适当。通过阅读课的读讲活动可以保证学生理解并记忆这些知识;反过来,这些知识又可以给阅读课提供丰富而又生动的材料,便于顺利地进行语言教学。(文以战,1957)常识性文章是中华人民共和国成立初期小学语文教材中阅读教学的重要组成部分,周仁济先生专门论述了常识性文章的一般教学过程包括如下几个步骤:①讲读前的准备工作;②朗读课文;③分析课文的各个部分;④拟定提纲;⑤复述;⑥复习阅读;⑦巩固全文内容;⑧作业。(周仁济,1962)

2.阅读教学的基本过程

培养理解能力的阅读教学,一般说来,可以把提问和朗读结合进行。读一段,提出一些有关课文内容的问题,边读边问,让学生边读边思考。也可以经过反复地朗读以后(如先着重再正确地读)再来提问进行谈话,使学生理解所读的课文。这种课的教学步骤根据一些教师的经验,可以是:(1)初步谈话,对文艺性课文可以讲一讲内容大意;有的常识性课文,进行观察和实验等。(2)生字教学。(3)课文朗读。包括试读和练习读。(4)谈话,提问或讨论研究。(5)复习朗读。字词作业练习。

一篇课文的教学,还可以考虑用更简单的教学步骤,比如下面这样:①教认生字,教写生字。②教读课文。③讲解课文的难词难句。书写这些难词难句。④复习检查(如检查熟悉读课文的程度;背诵;默写生字词句,抄写片段课文;造句等)。⑤课外作业。包括写生字,读课文,抄写课文片段或全篇课文(短篇的)等。在运用这个教学步骤中,可以根据课文和学生学习的情况进行变通。比如:①教生字之前,先把课文大意介绍一下,以便教生字时可以结合课文来解释字义。②教读课文时,除反复练习朗读之外,还可以对一些难词难句进行讲解和用一些时间来写一写。③讲解课文时,也要进行朗读,用朗读某个难词难句,引出对这个难词难句的讲解,并用朗读来结束对这个难词难句的讲解。(陆静山,1963)

21世纪课程改革后,在原有阅读教学基本过程的基础上,更加强调了学生的阅读兴趣与阅读体验感受。阅读教学的一般过程大体上可以分为"初读感知—精读感悟—总结巩固"三个阶段。在初读课文阶段,教学要做到精心导读,激发阅读兴趣,唤醒阅读期待;巧妙处理,落实字词目标,扫清阅读障碍;想方设法抓牢抓实初读,整体感知文本;热情鼓励,指导质疑问难,引发探究欲望。在精读课文阶段,要加强学生的个性化阅读,使每个学生在阅读中积极思维,展开丰富的情感活动,获得个人的感受;积极组织、引导学生合作学习、探究学习;提升阅读能力;引导学生多角度、有创意的阅读,学会利用阅读反思和批判等环节,拓展思维空间,提高阅读质量;加强预感的培养,提高学生整体把握的能力。(徐林祥,2014)

3.阅读教学方法

阅读教学的方法是一个复杂的系统。在不同的教材中,所讨论的阅读教学的方法是不尽相同的。其内涵与外延都不完全一致。例如:薛焕武、李树棠等编的《小学语文教学法》在"阅读教学的基本方法及重点工作"一节中,先介绍了"讲读法的概念及特点",然后对阅读教学的主要活动词汇教学、朗读和默读教学、编提纲和复述教学进行了详细分述。这里的"讲读法"是指一篇课文教学所采用的多种方式方法构成的完整体系,属于课堂结构层次的方法;而阅读教学的主要活动则属于具体活动或任务采用的方法。魏薇主编的《小学语文教学法》介绍了以下阅读活动中常用的方法:"边阅读边思考的方法""联系上下文的方法""联系生活实际的方法""联系自身情感体验的方法""圈画批注的方法"。这实际是阅读理解的具体方法。江平主编的《小学语文课程与教学》,在"阅读教学的内容与方法"中对以下方法进行了详细介绍:词与句的教学方法、段与篇的教学方法、朗读与默读的方法、背诵与复述的方法、精读略读与速读的方法、听说写训练的方法、课外阅读指导的方法等。这些方法指的是阅读教学过程中对不同内容或学习活动(阅读形式)的指导方法。

阅读教学方法是指教师为帮助学生解读文本、感悟阅读经验、提高阅读效益、培养阅读能力而运用的教学载体、措施、技巧和运筹的匠心。教师在语文教学中的价值在于使学生"更好地学"和"学得更好",而要实现这个价值,教师必须充分发挥自身的聪明才智,激发学生的学习热情,催生学生阅读智慧,创造理想的阅读教学境界。(孟宪军,2018)

可以看出,阅读教学的方法可以指阅读教学课堂结构设计的各种类型——

较宏观(或中观)的教学方法,也可以指课文不同层次内容的学习或指导方法,还可以指不同阅读活动的指导方法、不同教学环节完成特殊教学任务的方法。(江玉安,2018)其中,较宏观(或中观)的教学方法,是指各种阅读教学课堂结构模式。微观层面的教学方法,是指课文不同层次内容(词、句、段、篇)、不同阅读活动与不同教学步骤的教学方法。我们在教学实践与研究过程中谈及的"阅读教学方法"通常是微观层面的一些常见阅读教学方法。

阅读教学方法是多种多样的,分类视角不同,方法也不同。如果从教师"教"的活动和学生"学"的活动可以划分为两大类。从教师"教"的活动来划分,主要包括:串讲法、谈话法、讲读法、品味法、情境创设法等;从学生"学"的活动来划分,主要包括:诵读、默读、精读、略读和浏览、讨论、复述、书面练习等。阅读教学方法是一个开放的系统,不胜枚举,而且难以穷尽,以上所举仅是其中基本方法。吕叔湘先生说过,如果一种教学方法是一把钥匙,那么,在所有方法之上,还有一把总钥匙,它的名字就叫"活"。教学方法的选择必须因文而异、因人而异、因课而异。(吴忠豪,2015)阅读教学中的一些教学方法在各年代的语文课堂中一直沿用至今,同时也是学者们研究中长期论述或提及的,在此列举如下几种:

(1)朗读教学法

语文课的特点是,它具有充分的语言和文学的因素,它是作者用简洁、生动的语言写成的。朗读就是用声音把这种写在纸上的语言美及其所内含的思想情感显示出来的一种手段。通过朗读,可以把文章本身所包含的思想感情传达出来。一方面可以帮助学生理解文章的内容,对文章本身有一整体的概念,提高学生的说话能力和文字表达能力,另一方面也可以以文字本身所具有的思想情感直接感染学生。用恰当的声音,把文章的语言美及其所包含的思想情感传达出来,这就是朗读的基本原则。语文教师在朗读时应注意字音要清晰、准确;注意朗读时的停顿、轻重音;不同的思想情感,应有不同的音调与语气。要培养儿童的朗读能力,应从下面三个方面着手:教师的示范朗读;重视学生的朗读,并随时纠正他们朗读中的错误;有些好的文章,特别是好的诗歌,应要求学生背诵。背诵是练习有感情朗读的一个很好的方式。(刘家骥,1955)

20世纪50年代,在我国小学语文教学向苏联学习的过程中,也受到了苏联小学教育中重视朗读教学的影响。1956年,人民教育出版社翻译出版了苏联小学的教学指导书,其中《俄罗斯联邦小学三年级"阅读课本"教学指导书》(人民教育出版社,1956)针对阅读教学提出,三年级学生的阅读应当是自觉的、正确的、有表情的和流利的。阅读的流利性应当跟阅读的自觉性、正确性和表情性成正比例发展。三、四年级学生正常的流利阅读的标准接近于说话的速度。学生读得流利是技巧熟练的结果。任何一种技巧都是用练习的方法获得的;由此可见,学生读得越多,阅读的流利性也就越好。为了使阅读成为自觉的,学生应当仔细地做词汇作业,仔细地分辨所读作品的基本思想和可以证实作品主要内容的事实。(谢彼托娃、卡尔宾斯卡雅,1956)苏联的朗读法虽然对当时的阅读教学有一定的参考价值,但是由于两国的具体情况不同,语文不同,中国文字的复杂根深,因而对苏联经验,只能体会其精神,不能机械地加以搬用。(王抱素,1954)

我们要运用多种朗读的方法培养学生阅读能力。阅读教学以读为本,体现了语文教学的本质特点。"读",主要方式有三种:朗读、默读、诵读。其中,朗读的功能或者说作用是强大的,它有效地促进学生说话能力的提高,有助于深刻地体味文章所抒发的鲜明独特的思想感情,有助于学生更直观地领略到文章的音乐美,能增强学生对文章含蓄美和形象美的感染能力,等等。在阅读教学中怎样进行朗读指导呢?朗读要求循序渐进。朗读要做到"三深"。首先,理解要深入。其次,读中要深思。最后朗读要"深情"。朗读方式要多样化。朗读的方式有很多,有集体读,有指名读,有示范读,有分角色读,有配上动作读,有配上音乐读,等等。(倪明,2009)

朗读是阅读教学中最基本,也是最重要的方法。低年级语文课非常强调反复多次地朗读,要求学生通过朗读,自己读懂课文。其实在小学语文教学中,朗读最重要的功能不在理解课文内容,而在于帮助学生积累语言,培养语感,这是其他任何方法都无法替代的。低年级阅读教学一定要保证学生有充分的朗读课文的时间。"读懂"课文只是最低层次的要求,"读熟"课文才是更高层次的追求。因为课文朗读不达到"熟读"的程度,就难以实现语言积累的目标,也不可能形成语感。"读熟"课文,只能靠学生自己反复朗读,因此教师必须切实保证课堂上学生大声朗读的时间。

(2) 串讲法

"串"是连接、贯穿,"讲"是教师的讲解。串讲法就是教师按照课文的结构顺序,逐句、逐段地讲解学生不易理解的词语,并贯穿上下文、疏通语句文意的教学方法。串讲法是我国传统语文教育的教学方法,现在的文言文教学还是经常采用这种方法。串讲法主要是教师讲、学生听,容易形成"一言堂"的局面,不利于调动学生的学习积极性,因此,现阶段小学语文阅读教学中比较少见,但作为一种方法,串讲法自有其价值,对那些学生很难领会的难点,该串讲的还是要串讲,不过要用简洁明了的语言讲。(吴忠豪,2015)

(3) 讲读法

中华人民共和国成立初期,我国小学语文科的阅读教学主要是采用讲读法进行教学的。1956年我国公布的教学大纲中明确地规定,不同的课文应该采用不同的讲读方法,小学的阅读课文分为文学作品和科学知识两类文章。俄国的教育家乌申斯基曾经根据这两章课文的不同性质提出两种不同的讲读方法,他把文学作品的讲读称为"美感的"讲读,把科学知识文章的讲读称为"逻辑的"讲读。讲读教学的过程包括:教师的准备谈话,词汇教学,朗读和默读的指导,课文内容和结构分析,课文的复述和总结谈话等。(刘溶、谢阆,1957)

阅读教学中的谈话分析,是教师发挥主导作用下,使儿童的知识过渡到理性阶段的重要因素。这样,在阅读和分析的整个过程中,作品的基本思想就渐渐具体起来,明确起来。基本思想越具体、越明确,儿童的感受越深,爱憎越分明。1956年的大纲草案中还指出:"最后在结束的谈话中概括所得的体验,就作品的思想意义作出必要的结论,对作品中任务作出正确的评定。"教师应该提出一些主要的问题……但是问题不应该太多,否则会损害了儿童的独立性。简单一句话,就是教师应该领导谈话和掌握谈话的方向。(刘溶、谢阆,1957)讲读教学法很注意就文学作品编写各种段落大意,说明作品中所描写的时间和内容,以便儿童渐渐学会独立编写段落大意。"编段落大意的目的在使儿童深入理解课文,抓住全课的思想内容,把全课的思想内容在头脑里构成一个提纲。这个工作,一方面可以培养儿童独立阅读书报的能力和听报告的能力,另一方面可以培养儿童连贯地有条理地作文的能力,对于发展儿童的语言和思维有极大的意义。"

(4)谈话法(或提问法)

阅读教学中的谈话法(或提问法)就是用师生交谈或问答的方式来讲授课文的教学方法。由教师提出一些问题,启发学生积极思考,引导学生作出正确解答的教学方法。中华人民共和国成立初期,苏联专家发现我国语文教学多采用串讲法,因而大力提倡运用谈话法,扭转了我国语文教学中教师一讲到底的局面,提高了学生学习的积极性,加强了师生双方的情感交流。当下语文课堂内谈话法也经常为教师选用。谈话法也出现一些负面影响,例如:为提问而提问,毫无启发意义;将谈话法理解为片面的问答式教学,虽然热闹,但效率很低……因此,谈话法运用中需注意:提的问题一定要有价值,切合学生实际;提问要有目的,要集中,不能太多,挤压学生读书、思考、探究的时间;问题要有层次,面对不同学生、所有学生;问题既可以由教师提出,也可以由学生提出;问题不仅仅指向文本内容,还要指向文本的语言形式,否则就背离了"学习母语"这一语文课独担之任。(吴忠豪,2015)

阅读教学中的提问法是很有讲究的。根据课文的类型不同,提问方法也不一样。文学性课文,要提跟故事内容或情感相应的问题,还要提跟主要内容有关的问题。例如:人物是谁,发生的地点,发生的时间等等。这些问题,一般在第一个教学阶段中提。在第二个教学阶段中提的问题是解释性和分析性的,以便说明课文的具体内容。在第三个教学段落中(小结的时候)提的问题是概括性的。也可提一些故事人物的行为方面的问题,以及使学生设身处地进行思考的问题,以便对学生进行思想教育。如:如果你处在这种境况中,你将怎样?又如:课文中谁最可爱?为什么?等等。提的问题要适合学生思维程度。问题还要有思考性,那种只要用"是"或"不是"等等的简单答话就能回答的问题,是没有价值的。在提问法实施过程中还应注意培养学生思考能力。首先,让学生学会根据课文内容正确地、全面地回答问题(回答以前一定要养成学生先看课文,经过思考,再举手准备回答的习惯),以后要求他们能有所发挥地回答问题,会对课文的各个段落提出问题。(陆静山,1963)

学贵有疑。阅读教学中除了教师的教学提问之外,还包括了教师引导学生在阅读过程中学会提问。新课标中指出:阅读教学是学生、教师、文本之间对话的过程。教师要引导学生进行探究性阅读,提倡独立思考,鼓励自己提出问题、分析问题、解决问题,鼓励学生发表独特的感受、体验和理解。倡导新的学习方式,鼓励质疑,引导发现,解放学生的头脑和嘴巴,使他们敢想、敢说,用自己的方式解决疑问。低年级侧重引导学生有提出问题的兴趣,能够发现问题和干预提出问题。中高年级重在引导学生善于提问,能够提出有思考价值的问题。(倪明,2009)

(5)品味法

所谓"品味",指的是在理解的基础上,对作品的内容和形式进行欣赏和评价,欣赏文章的佳妙之处和精彩所在,对文章思想内容的正确与否、语言形式的好与差做出自己的判断。欣赏和评价是情感活动和认知活动交融的过程,是一种比较高级的阅读能力。尽管小学生年龄小,但学生的阅读理解往往伴随着欣赏和评价。所以现行语文课程标准按照不同学段儿童的年龄特点和认知发展水平,要求学生初步感受作品中生动的形象和优美的语言,揣摩课文的表达形式,领悟其意蕴和写作方法。比较是最常见的品味文章的方法。比较法有减词比较、添词比较、换词比较,还有变式比较、前后比较,让学生领悟作者是如何准确、具体、生动地进行表达的。由于小学生年龄幼小,其欣赏和评价也是最初级的,品味毕竟是比较高层次的阅读,有着浓郁的文学阅读色彩,因而占用时间不能太多。品味文学作品往往是"只可意会,不可言传"的,品味重在感悟,可以通过朗读来表现,不能强求学生用语言来表达自己的感悟。教师要尊重学生心理特点和个性,教师应当对充满童心的想法给予理解和宽容;教师要引导学生提高欣赏能力和评价水平,教师应给予学生适当的点拨和引导,为学生的欣赏和评价起示范作用。(吴忠豪,2015)

(6)复述法

复述在阅读教学中也是很重要的。"复述课文的目的在使儿童深入理解课文,提高他们的语言能力和思维能力。复述有各种各样的方式:复述个别段落或者复述整篇课文;大体依照课文复述或者用自己的话复述;详细的复述或者简要的提纲式的复述;扩大课文内容的复述或者压缩课文内容的复述;改变课文原有人称的复述(例如把第三人称改为第一人称);改变课文原有次序的复述,等等。教师必须依据儿童的能力,循序渐进地使儿童练习各种各样的复述。一般地说,第一学年只作详细的复述;从第二学年起可以作简要的提纲式的复述;科学知识的文章可以多作简要的提纲式的复述,文学作品可以多作创造性的复述;短文大都作整篇复述,篇幅很长的课文可以参用挑选主要部分来复述的方式。"

在阅读教学中学会表达,引导学生进行阅读想象、阅读归纳、阅读复述。阅读教学必须与运用表达训练紧密联系,重视引导学生基于内容的了解,去关注作者的表达,去有意识地吸收、借鉴文本的表达方式;同时,创设相关的教学情境,借助文本内容,通过"表达"(或口头或书面)来传递自己的理解和感受,在表达的实践过程中自觉或不自觉地吸收优秀的典范的书面语言,并逐渐地把它内化为自己的语言。(倪明,2009)

(7)情境创设法

情境创设法是在课堂内创设情境或借助录音、图片、简笔画、课件等音像媒体,将课文的语言还原成具体形象,让学生入情入境,领悟语言的内涵和语言表达的技巧。李吉林老师总结了语文教学中情境创设的六个途径:以生活展现情境;以实物演示情境;以图画再现情境;以音乐渲染情境;以表演体会情境;以语言描绘情境。小学语文阅读教学中运用情境教学,可以有效提高课堂教学效率。学生在探究的乐趣中持续激发自身学习动机,变被动为自我需要;在审美体验的乐趣中感知教材,变单一的听"分析"为多侧面感受;在创造的乐趣中自然地协同大脑两半球活动,变复现型的记忆为灵活运用知识。情境教学在培养学生情感、发展想象、形成语感、开发智力等方面有独到的作用。(吴忠豪,2015)

(三)写话与习作教学的研究

1.写话教学

写话的指是用书面语言写一句话或几句话,是小学语文教学中常见的一部分,也是小学生顺利迈入作文写作之门的基础。因此,写话教学在小学生作文教学中占有十分重要的地位。(李海霞,2015)

发展学生的语言是语文教学中的一项重要工作。说话是写作的基础,从说到写是必经的途径。因此,写话教学之前要有充分的准备,特别是在口头语言表达的训练方面。众多教师的实践与研究者的理论研究都表明:写话教学必然以说话能力培养为起点,由说到写是一个重要的教学过程。

初入学的儿童,语汇不丰富,说话不完整。教师应从上准备课开始就注意发展学生的语言工作。有经验的教师注意使学生的生活体验与课文知识内容结合起来,并随时注意纠正学生说话的缺点,指出什么是不完整、不真实和没有系统的说话。由近到远、由浅入深地引导学生扩展思想领域和发展语言。(郭林,1962)在指导低年级学生的写作中,应该重视培养学生表达的兴趣;表达儿童生活领域内的事物;教师可以通过提示性问题,启发学生思考,从学生的回答中就知道他有没有理解这个问题,会不会表达;鼓励学生将所回答的问题加以整理,然后动笔写;写作过程中,教师要指导低年级学生表达不会写的字,例如:可以空出一个或用符号,或画出一个形象;最后,对学生的写作要逐篇进行评价,这项工作虽然辛苦,但是学生的收获却是非常大的。(白晓天,1950)斯霞对培养学生说话和写话的能力,有成功的经验。她从准备课起就注意听学生说话,了解他们说话的情况,发现错误,随时纠正。她逐渐地有意识地在阅读教学和其他教学活动中丰富学生的词汇,培养他们说话完整、连贯、有条理的能力,并进一步要求达到能把说的话写下来。她采用了以下几种方法:注意自己语言的完整,起示范作用。要求学生说话完整、连贯、有系统、用词恰当,并设法丰富学生的词汇。通过练习,从说过渡到写,逐步把词扩展成句子和短文。结合生活实际通过参观、观察和参加各种活动来练习写话。(郭林,1962)

小学语文写话教学的过程与策略可以归纳为如下几点:从"口述"启程。教师应充分利用小学生已有的口头表达能力，鼓励他们叙述他们自己的所见所闻，大胆表达自己的真实想法和真情实感。在小学生的口头表达能力有了一定的基础之后，再指导他们将"说"和"写"结合起来，进行交叉换位，这样就能使小学生更顺利地过渡到"写"的阶段，也更有利于小学生的写话。教师需要根据小学生的认知规范、年龄特点、心理特征等开展教学设计，以培养学生对写话的兴趣，主要方式有以下几种：说一说，看一看，画一画，演一演，做一做。教师可采用以下几种方式指导小学生写话：连词成句，补充句子，模仿句子，看图写句子，接龙写话，想象写话。教师应将写话教学的内容与小学生的生活经验相结合，引导学生回归生活，在生活中、游戏中、活动中以及阅读中发现和丰富写话教学的素材。（李海霞，2015）

通过绘本阅读或者读、写、画等途径是低年级写话教学中常用的方法。阅读绘本故事，说想象故事则是培养学生的写话意识，养成良好习惯的有效途径。写话教学中不必讲究习作的框架脉络，注重发挥孩子的想象力，在潜移默化中提高组织语言的能力，让孩子在没有任何压力的特定环境下想说话、会说话、能写话，从而对习作产生朦胧的好奇心。

首先，阅读绘本故事，说想象故事。在最初阶段，选择从绘本起步，是利用绘本图文结合的特点。开始绘本阅读之旅时，先引导孩子阅读图画。用引人入胜的画面吸引孩子，让孩子沉浸在教师营造的故事情境中。在教师引讲完几组图片文字内容后，试着让学生来猜猜接下来的故事。绘本的语言有重复现象，往往也很简洁。在朗读中，给予学生想象的时间，让故事内容在孩子的脑海里形成一幅生动形象的活动画面，并与绘本上的图画相互碰撞，相互补充。同时，逐步引导孩子与教师共读，感受语言的魅力。绘本的故事发展具有一定的节奏性。故事情节的高低起伏，情节的不断发展变化，既在情理之中，又在意料之外。通过情节推想，让儿童的思想与绘本所包含的内容进行碰撞，擦出思维的火花，从而感悟作者的奇思妙想，领悟故事的结构美。其次，同题异构故事，编新奇故事。所谓"同题异构"故事，就是指根据同一个故事题目，要求孩子们说出不同的故事内容来。第一阶段是同一主题，同一材料。根据教师提供的主题和材料，指导孩子在一些情节中适当添加来展现这一故事。教师重点指导和点评学生对情节的添加是否合理,说话节奏上是否合乎讲故事要求。第二阶段,同一主题,不同材料。即只给孩子提供一个主题,要求孩子自己展开想象说一个好听的故事。这两个阶段的训练,第一阶段是基础,重在训练学生掌握一些基本的表达方法和技巧,训练学生的语言表达能力;第二个阶段是拔高阶段,重在培养学生的创新表达能力。可以根据学生的实际水平,分层次进行训练,避免全班"齐步走",以达到因材施教,逐步提高的目的。再次,画画、说说、写写故事,作故事日记。前两个方面,重点以学生练说为主,而进入一年级第二学期,尝试从画、说、写三结合的手法进行训练,推行"我的故事"三步走:画画图片,讲有趣的故事;看看照片,写生活的故事;关注生活,写自己的故事。教师要有意识地让孩子去留意生活中的点点滴滴,每周让孩子梳理生活中发生的有趣的、开心的、伤心的等不同的事例,从而培养学生关注生活、感受生活的能力。提出选择最值得写的内容写进"我的故事"中。同时,在这一阶段,适度放宽了要求:画画,配上照片,可以凭自己兴趣,只要有文字记录,即达标。(申晓辉、赵翠明,2015)

低年级写话教学现状中仍存在着诸多问题,如:写话教学目标不明;写话活动频率偏低;写话教学方法欠缺;写话教学评价刻板……教师反思这些问题时,需要思考如下问题:我们的读写活动与儿童的生命特点有没有产生共鸣?我们的读写活动呵护儿童的想象力,发展儿童的思考力了吗?我们的读写活动尊重儿童的天性,激活他们的潜能吗?想要解决上述问题,就要从下面几个方面去努力:

一是目标要明确。曹爱卫经过实践研究后,确定了如下低年级写话教学目标:(1)通过作品赏读、动手实践等多种方式,唤醒写的兴趣和愿望。(2)根据表达需要,练习写一句或几句语义连贯的话,乐意尝试运用学过的语汇和句式。(3)根据表达的需要,学习使用逗号、句号、问号、感叹号等常用标点符号,注意写话格式。(4)用汉字、拼音等多种方式,较清楚地表达自己观察或想象的事物。在上述目标里,增加了过程与方法,让目标的达成路径可视化。另外,关于常用标点符号,如冒号和双引号,在低年级写话练习中经常会遇到,还是有必要进行教授的,只是不要求学生完全掌握,允许他们出错。

二是内容要有趣。那有趣的写话材料从哪里来,该怎么选择?老师至少可以从三个层面去发掘。教材是经过众多专家一次次反复打磨编写出来的,是最权威的读写材料。经典的阅读课文对学生的写话起着示范指导作用。这样的写话,给了学生们沉淀语言的时间,也提升了学生们表达思考的能力。通过仿说,课文里的语言转换成了每个学生内在的语言。教材里的好文章、好句段,都可以进行仿说、仿写,提升学生的言说能力。从课外阅读层面来看,学生的语言是在儿歌、童谣、故事中慢慢滋长的,他们的言语能力、想象力、思考力也是在这些儿童文学作品中发展、丰富、深刻的。每个人都有一个值得分享的声音。从教师课程开发层面,如果说,前面的读是一种自发的汲取,那教师读写课程的开发,则是有目的、有计划、有序列的引导。可以根据低年级儿童的语言学习心理和读写能力的实际,把绘本引进课堂,开展创意读写,是行之有效的做法。因为绘本里有取之不竭的有趣图画,能帮助儿童建构故事的意义。

三是过程要好玩。当我们完全放松,以玩的姿态面对所做之事,就会倍感轻松和愉悦,成效也会特别好。所以,在做写话设计时,一定要向朱德庸这样的漫画大家学习,画面要好玩,让学生的世界永远充满想象,没有限制。

四是评价要积极。写话评价一定要关注学生各方面的表现,评价学生写话兴趣、写话格式、写话质量等多方面,如实反映学生达成课程标准低年级的写话要求。特别倡导两个理念:一是表扬是不需要纳税的,要表扬到孩子心里去。二是少挑孩子的理,孩子有很强的言语自我修正能力。(曹爱卫,2018)

2.习作教学

习作按照作文题目预先给定与否,可分为命题作文与自由作文。命题作文按照命题范围的宽窄可分为全命题作文与半命题作文。自由命题作文按照作文内容可以分为活动作文、话题作文、童话作文等。活动作文记录的是活动的过程与感受,话题作文围绕一个中心话题表达自己的看法,童话作文叙述的则是一个虚构的故事。(吴忠豪,2015)

作文命题必须切合实际,必须与学生自己的生活感受结合起来,使学生确实有内容可以写，才能写出好的作文。指导学生作文不仅要学习写作技巧，也要对学生进行思想教育。有了切合实际的题目，明确了作文的中心思想，还必须做好下面两项工作：第一，要启发学生想象。想象不能凭空进行，要尽可能地利用学生学过的课文和平日的观察来启发他们的想象。第二，帮助学生准备词汇，指导他们运用词汇。思维与语言是分不开的，形成思想，表达思想，必须运用词汇。词汇用得正确与否必然影响作文质量。教师在日常工作中，要重视学生的词汇积累，慢慢培养学生经常用学过的优美词语来丰富自己语汇的习惯。（郭林，1962）习作是语言的训练，也是思维的训练，要发展学生的语言能力，首先应该发展学生的思维能力。打开思路对促进学生的表达是极其重要的。李吉林在情境作文教学中主张：通过丰富情境、深化情境、拓宽情境、放宽文题范围、灵活安排材料、运用多样表达方式逐步打开学生思路。（吴忠豪，2015）

对小学生的写作指导主要是作文指导，日记和其他写作练习也属于这个范围，但都比较次要。作文的指导可以分三方面：怎样出题；如何写作；怎样批改。根据什么出题呢？有以下几个标准是应该注意的：题目的性质要根据时代要求，合乎儿童心理需要，并照顾到儿童的实际思想情况；要与课堂教学有联系，主要是结合语文科的学习内容；要配合时事，节日以及学术的各种活动。教师对学生写作过程中的指导需要注意：首先要了解题意，教师把题目的中心思想和主要内容加以解释，但只是指导方向启发儿童思想，不可连意思一块授予，以免限制儿童的思路；其次是根据题目的性质和要求决定体裁，以求进一步明确写作思想；三是搜集材料；四是组织结构，拟定简单的段落提纲，组织既有材料，取舍主从，充实每一个段落，形成初稿；五是整理和修改。批改是写作指导的重要环节，这是儿童能否逐步提高自己写作能力的基本条件。批改的目的是帮助儿童写得正确、明白，从儿童现有的基础出发逐步提高他的写作能力。教师不可根据自己的意思把话改得美丽，这是错误的。教师要通过批改指出学生努力的方向，不要强求多改。每次批改要有统一的订正符号。有时候可以把学生叫来当面批改指点。批语不要太空洞，要具体切实，批语内容要温和并富于积极性。教师批改时要注意儿童写作的通病，找出一般的优点和缺点，适当地加以纠正或发扬。（唐

文中、李乙鸣,1951）

习作教学的过程可以分为:写前指导、过程指导和作后指导三个阶段。写前指导是写作教学极为重要的阶段。这一阶段的主要任务是解决好小学生动笔写作的情感与动机问题,并以此为基础,进而解决写作内容的来源问题。在写前指导阶段,要做到激发学生兴趣。在教学中要努力激发学生写作的动机和欲望,不能用自己的思想去限制学生的思想,而要学会用学生的眼睛去看世界,用学生的耳朵去倾听生活,让自己的思想感情和学生的思想感情发生共鸣与协奏。教师要有一颗"童心"。只有这样,我们才能用自己感情的火苗点燃学生心头的火花,使学生的写作动机萌生迸发,写作欲望燃烧起来。写前指导阶段还要创设情境。教师可根据习作的要求,创设与教学需要相适应的习作情境,让学生在情境中加深体验。习作时,必能情动辞发,言之有物。教师还可以以生活展现情境、以实物展现情境、以图画展现情境、以表演体会情境、以语言描绘情境、以音乐渲染情境等。

写作过程指导阶段是写作教学的中心环节。《义务教育语文课程标准(2011年版)》在教学建议部分提出:"为学生的自主写作提供有利条件和广阔空间,减少对学生写作的束缚,鼓励自由表达和有创意的表达。鼓励写想象中的事物,加强平时练笔指导,改进作文命题方式,提倡学生自主选题。"写作教学应抓住取材、立意、构思、起草、加工等环节,指导学生在写作实践中学会写作。重视引导学生在自我修改和相互修改的过程中提高写作能力。指导的内容包括:如何围绕一个主题进行广泛思考,打开思路?如何在扩大思维领域、拓宽写作思路的基础上构思谋篇?如何选择适宜的文章样式和语言实现自己的表达需要?等等。学生写完作文后,教师要引导学生尝试自我修改,逐步养成自我修改的习惯,提升自我修改的能力。

作后指导阶段包括批改和讲评两个部分。作文批改的目的,是让学生在写作实践中不断积累、反思和感悟,从而提高包括"修改自己的习作"能力在内的写作能力,养成良好的写作习惯。作文批改的方式是多样的,有教师批改、学生自我批改、学生互相批改等。逐步培养学生的自我改文习惯是习作教学的重要任务之一，因此，教师批改固然重要，指导学生自己修改也不可忽视，要将二者结合起来。批改要考虑不同学段学生写作能力和修改能力的实际，批改时要充分考虑到学段的具体目标，不能随意提高或降低标准。习作的批改还要考虑到学生的差异性，批改时区别对待，坚持从每一个学生的实际出发，实事求是，使每一个学生的写作能力都能在自己原有的基础上不断得到提高。作文讲评的目的在于总结学生习作过程中的得与失，使学生发扬优点、克服缺点。做好习作讲评工作，能增强学生习作的信心，激发写作热情，提高写作能力。作文讲评要有针对性，围绕着本次习作训练的目标进行，不要面面俱到。还要发挥讲评的多种功能，不仅要对学生的语言运用能力进行评价，还应包括写作态度、写作习惯、文德文风的评价。作文讲评的方式很灵活，常用的有综合讲评、典型讲评、专题讲评、对比讲评四种形式。在讲评之后，可以有针对性地安排写感想、修改病句、重新写作等活动，提高习作讲评的实效性。（申晓辉、赵明翠，2015）

　　作文教学既要培养学生用词造句、布局谋篇的能力，又要培养学生观察事物、分析事物的能力。把作文教学作为一个系统来看，那么，观察事物、分析事物的认识能力是一个支系统；用词造句、布局谋篇的表达能力也是一个支系统。根据整体性原理，作文教学的整体由认识事物能力和表达事物能力两个部分组成。小学生作文教学过程优化的框架结构，应从这个基础考虑。根据系统性原理形成的作文教学过程框架结构，应把引导学生认识事物的过程，纳入作文教学过程的框架结构。这个框架结构由三个部分组成：作前准备指导、作文指导、作后评改指导。第一个过程是在进行训练前，从作文需要出发，结合课外的集体、个体活动，引导学生获取作文材料，做好前期的内容准备。后两个过程组成作文训练过程的框架结构，是在认识事物、获取了材料的基础上指导学生选定材料，确立中心，谋篇布局等技巧、方法的学习过程，即作文课堂教学过程。它们分别由六个教学步骤（环节）组成作文指导和作后评改指导课的常式训练（结构）模式（还应根据训练要求、学生基础不同编拟变式）教学过程的关系如下图所示。（徐永森，2016）

```
                    作文教学过程
           ┌───────────┼───────────┐
      作前准备指导    作文指导    作后评改指导
         (课外)        ─(课内)─
                      训练过程
       认识事物能力    表达事物能力
```

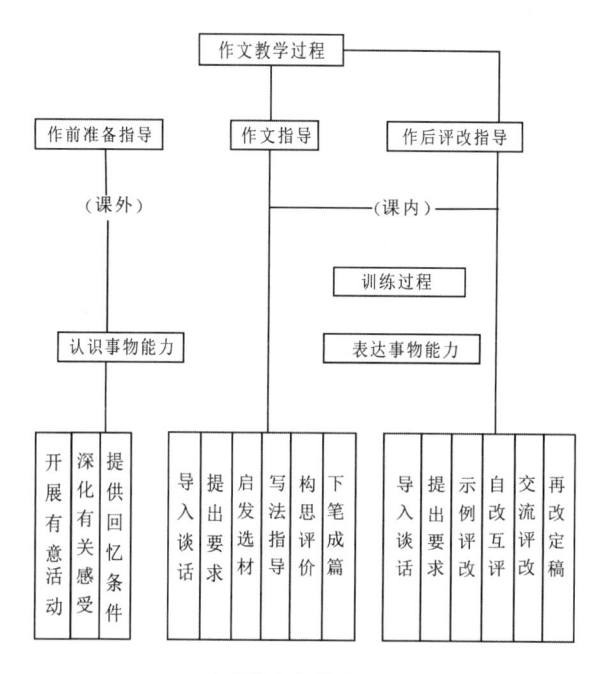

| 开展有意活动 | 深化有关感受 | 提供回忆条件 | 导入谈话 | 提出要求 | 启发选材 | 写法指导 | 构思评价 | 下笔成篇 | 导入谈话 | 提出要求 | 示例评改 | 自改互评 | 交流评改 | 再改定稿 |

小学作文教学过程图

(四)口语交际的教学研究

口语交际能力是现代公民的必备能力。培养学生倾听、表达和应对的能力,使学生具有文明和谐地进行人际交流的素养。这显然是语文教学的重要任务之一。

口语教学与写作教学之间具有密不可分的联系。1955年的《小学语文教学大纲草案(初稿)》指出,小学作文教学要按从说到写、从述到作的顺序来进行。口语教学是写作教学的基础。该大纲对"准备课"里也提出了"听"的要求。对于"说",在各年级教学大纲的阅读与作文教学中都有相关要求。当然,当时"小学语文科的内容"和各年级教学大纲中"听""说"都还没有作为独立的项目来表述。教育部在中华人民共和国成立初期颁布"小学教学计划"的时候,也提出要有口述、笔述和写作指导三项,并规定:口述课着重发展儿童的口头语言,使儿童能够清楚、明白、正确地说出自己的思想和对客观事物的描绘。口头语言和书面语言是有密切关系的。此外,语言和思维是不可分的。在发展儿童的语言工作中,不能单纯地注意丰富词汇、发展想象等方面,还必须竭力发展儿童的逻辑思维的能力。只有在培养儿童合乎逻辑的思维和思考能力的基础上,才能达到使儿童会说、会作文的目的。(何天林,1956)1956年的《小学语文教学大纲(草案)》在"说明"部分,明确地提出"小学语文学科的基本任务是发展儿童语言",儿童理解和运用语言的能力分开说即听、说、读、写的能力。尽管1963至1986年的几个版本的小学语文教学大纲中对听话、说话都有相关要求,但是对于小学生的听说教学(特别是听的能力)明显重视不够。

1988年的《九年制义务教育全日制小学语文教学大纲(初审稿)》在"教学内容和教学提示"以及"各年级的具体教学要求"中,第一次把"听话、说话"作为一项独立的、与"识字、写字""阅读""作文"等并列的内容来表述。2000年《九年义务教育全日制小学语文教学大纲(试用修订版)》,根据对现代社会口语交际能力日益重要的认识,将"听话、说话"合并成了"口语交际",更加突出强调了"交际"。2000年的《九年义务教育全日制小学语文教学大纲(试用修订版)》虽然将"听""说"合并成了"口语交际",但并没有给口语交际下具体的定义。2001年《全日制义务教育语文课程标准(实验稿)》在"教学建议"中指出:"口语交际能力是现代公民的必备能力,应培养学生倾听、表达和应对的能力,使学生具有文明和谐地进行人际交流的素养。""口语交际是听与说双方的互动过程。"这也不是"口语交际"的定义,但却点出了它的主要内涵。所谓口语交际,就是人与人在特定的交往情境中,运用口头语言及非语言因素即时传递信息、交流思想感情的活动。(江玉安,2018)

口语交际教学的过程,一般可以分为三个阶段:第一阶段,创设情境,引出话题。这一阶段的目的在于激发学生与人交谈的兴趣,并且知道围绕哪个方面来交谈。这一阶段应做的主要工作是提供条件,创设情境,使学生产生就某一方面进行交谈的愿望。第二阶段,在互动中练习听说。这是口语交际训练的中心环节,要安排充裕的时间让学生进行交流。教师的引导要体现出层次,使学生的交谈逐步深入,说的内容越来越丰富;还要注意因势利导,善于发现学生中的典范加以示范,对出现的带共性的问题酌情点拨。为了让全班学生都有较多的练习机会,可采用全班交流、小组交流、三三两两自由组合交流等多种形式。第三阶段,总结讲评。这是练习的继续和提高。在口语交际课结束之前,一般应留出一些时间，对本节课进行总结讲评。可以师生共同回顾一下本节课的学习过程和主要收获，对表现好的和进步大的同学提出表扬，还可根据本节课的教学实际，适当布置课后的语言实践活动。以上谈的是一次口语交际教学的一般过程。口语交际教学的方式多种多样，也不可能有固定的程式。教师应根据具体情况，灵活地安排教学过程。（莫莉，2015）王玮将口语交际教学的一般过程分为四个阶段：第一阶段，创设情境。口语交际教学的情境创设有三种形式：创设教学内容情境、创设学生生活情境、创设社会生活情境。第二阶段，感受拟说。学生在感受情境的过程中，必须动眼（看）、动耳（听）、动脑（思），而看、听、思的过程也就是学生主动学习、自主探索的过程。第三阶段，自由表达。自由表达需要注意氛围的和谐性、交际的互动性、能力的综合性。第四阶段，合作交流。要注意师生之间角色关系的转换和沟通。第五阶段，拓展创新。要正确认识生活与语文、交际与生活的关系。（王玮，2004）可以看出，无论口语交际教学过程被分为几个阶段，创设情境都是第一步。口语交际教学中首先强调口语的生活性、情境性是教育者与研究者们的共识。口语的交际性与应用性则在具体教学过程中通过不同的途径、方式或方法加以展开。

小学口语交际主要是通过课堂教学与日常生活两个途径来进行。其中课堂教学途径又包括专门的口语交际课、语文课堂的其他内容教学、晨读与阅读活动以及其他学科教学等。小学生的口语交际技能是通过多途径、多方式在课堂教学与各种实践活动中逐步培养的。语文课自然是口语交际教学的最主要途径，其中口语交际训练课所发挥的作用当然是最重要的。当然，口语交际训练课不是唯一途径。语文课的其他教学，如：识字写字教学、阅读教学、作为教学等都与口语交际密切相关，听说读写是密切结合的，它们也都是口语交际训练的重要途径。由于篇幅所限，在此仅重点阐述口语交际训练课的教学实践研究。

口语交际训练的主要方式很多，不必拘于一格。常用的方式有以下几种：

第一，观察事物进行口语交际。这是对事物直接观察后进行口语交际。观察可以在课上进行，也可以在课外观察，到课堂上来交流。采用观察事物后进行口语交际，需注意以下几点：要在指导观察上下功夫。教师要提出要求，指点观察的方法。观察过程中,教师要引导学生有重点、有顺序地观察,还要启发学生多动脑筋思考,多问几个为什么,发现事物之间的联系,分析事物之间的异同,从而加深对被观察事物的认识。要设计好引导的思路,使学生交谈的内容逐步深入。

第二,创设情境进行口语交际。设法把学生带入某种假设的情境,如模拟接待客人、借书、购物、打电话、帮助老人等,然后根据假设的情境练习口语交际。这种方式能使学生身临其境,容易激发他们进行口语交际的兴趣。教师要注意想象合理,说话得体。创设情境说话时,学生要模拟不同身份的人的口吻来说话,做到说话得体不大容易,教师要加强这方面的引导。

第三,听故事进行口语交际。故事可以由老师讲,也可以由学生讲,还可以听录音。进行这种类型的口语交际训练,要注意以下几点:所选的故事应富有儿童情趣,符合学生的接受能力,能引起学生兴趣,启发学生思考。教师要引导学生由所听的故事展开想象,可以引导学生用自己的话说说对故事的理解和感受,也可以对故事中提出的问题展开讨论,有的还可以练习续编故事。

第四,结合实验和制作进行口语交际。这是学生在课内、课外经常进行的活动。结合实验、制作进行口语交际,体现了学科之间的融合。所选的实验和制作要符合学生的年龄特点和认知水平。教师对说话的要求要恰当,并要妥善处理"做"和"说"的关系,使"做"和"说"有机地结合起来。

第五,在讨论、辩论中进行口语交际。讨论、辩论一般由教师提出某个话题,让学生谈看法,发表见解。这种训练,对学生思维和语言能力的要求都比较高,大多在中、高年级进行。专门组织的讨论、辩论,教师可以事先布置题目,使学生有所准备,如查阅有关资料,请教别人等,这样可以提高发言的质量。临时组织的即席讨论、辩论,教师应当把题目讲清楚,必要时还可以作适当的提示,并且给学生充分的思考和准备的时间。教师提供的讨论、辩论的话题,应当是发生在日常生活中的,是学生所熟悉和关心的,并且是有讨论和辩论的价值的。明显的正确观点或错误观点,不宜作为辩论的话题。对学生的发言不能要求过高。教师还应提醒学生注意使用礼貌用语,纠正不适当的语调

和姿势。(莫莉,2015)

(五)小学语文活动及综合性学习的教学研究

2001年的基础教育课程改革在语文课程传统的"识字写字""阅读""写作""口语交际"之外设置"综合性学习"板块,被认为是一大亮点,但也由此开启了长达十余年关于"什么是语文综合性学习""怎样实施语文综合性学习"的争论。在语文课程内设置"综合性学习"板块,既有对基础教育课程长期注重分科课程而忽视综合课程所带来弊端的反拨,也有对语文课程自身具有很强综合性学习特点的重新体认与回归。从基础教育课程的大趋势看,原先过分注重分科课程而忽略综合课程的课程设置方式,不利于当今社会对综合性人才的需求,即对具有综合知识、综合解决问题能力、智力德行兼备、传统与现代意识并行发展、本土视野与国际视野兼而有之的新型人才的需求。(熊明川,2018)从语文课程自身特点看,蔡明教授指出,语文综合性学习既植根于中国传统语文教育,又是在对中国传统语文教育综合性否定之否定过程中产生的。在他看来,孔子实施的教育就具有综合性,特别是在教育思想观念方面,有一套实践性很强的智德双修、内外兼修、知行合一的教育理念。中国古代"学"的主要意义在于求"觉悟","觉悟"既是语文学习目标,又是语文学习方法,同时也负载着语文学习内容,是一种高度综合的学习。但这种高度综合的学习在某些方面也具有明显缺陷,因此五四时期的教育先驱吸收了近代科学的分析方法,开始语文教育新的改革实验。然而这种纠偏又出现了另一种偏颇,那就是"机械地分裂教学目标、分割教学内容、分解教学步骤,导致语文教育自身的迷失"。(蔡明,2001)因此,新课改后,语文课程设置"综合性学习"板块,既是时代要求,也是对语文课程自身特点重新认识后的调整。如果说新课改设置"综合性学习"板块是对课程综合性特点的重要体认,那么2011年修订后的义务教育语文课标和2017年修订的普通高中语文课标则把"综合性"写进了语文课程性质里,指出语文课程是"学习祖国语言文字运用的综合性、实践性课程",这无疑提高了"综合性"的地位,而语文综合性学习又是体现课程综合性的重要抓手与平台。

综合性学习是一个特殊的学习领域,它与其他四个方面的教学内容不在同一层面上,它不具备比较单一的内容目标。其综合性特征体现在如下三个方面:①如何做到识字写字、阅读、写作和口语交际四个方面学习内容的综合,实现听说读写能力的整体发展。②怎样使语文课程学习与其他课程学习沟通,提高综合能力,促进人文素养与科学素养的共同进步。③如何引导学生关注自然,关注社会,关注世界,理论联系实际,学以致用,实现书本学习和生活实践学习的紧密结合。

综合实践活动课程与学科课程最大的不同,就是没有统一的教材。这一特点虽然给课程实施者以更大的自主性、灵活性、创造性,但同时也增大了课程实施的难度——怎样选择课程内容呢?为方便教师组织教学,提高综合实践活动教学的有效性,杨增宏与周鹏依据《小学综合实践活动(3—6年级)课程目标分解》,结合城乡生活、社会及学情状况,分年级列举了部分活动示例。各年级活动示例均分为四大板块:体验自然、观察社会、体验生活、动手操作,以供教师们参考。教师们可以从中选择部分示例作为课程内容,但更多的是作为一种引导,一种启发。通过这些示例,提倡教师联系当地实际,结合学生的生活经验,创造性地开发课程内容,开展教学活动,使各校综合实践活动课程体现师生特色、校本特色、地域特色。

正是因为新课改以来语文综合性学习是新生事物,而其内容及学习方式因为高度综合也带来了教学的复杂性,所以,近二十年来,尽管讨论综合性学习的文章、专著不少,但实际的实施情形却并不令人满意。在新课改施行若干年后,对综合性学习研究颇多的靳彤教授就说:"尽管义务教育新课程已实施了八年,教师们对语文综合性学习的理解依然很混乱,导致一线语文综合性学习教学实践出现偏差。"(靳彤,2008)在2011年版新课标修订若干年之后,靳彤教授依然感慨:"相比阅读、写作、口语交际、识字与写字,综合性学习在语文新课程实施过程中的境遇较为尴尬","一线教师对综合性学习相关问题认识模糊,师生更愿意选择更熟悉、更易操作的口语交际活动或写作练习,实际教学中也多放弃综合性学习"。(靳彤,2017)但不论怎么说,语文综合性学习在近二十年的研究与实践中也取得了很多共识和成绩。

第三节 小学语文教学研究的反思与展望

一、小学语文教学研究的反思

中华人民共和国成立70年以来,特别是改革开放以后,我国的小学语文教学改革与实验活动层出不穷,取得了相当丰硕的成果。在一般意义上,小学语文教学改革实验代表了同时期小学语文教学实践的最高水平,具有极强的示范性。这些教学改革与实验成果推动了小学语文教学研究发展,并不同程度地影响了教学大纲、课程标准的制定与教材的编制。纵观我国小学语文教学改革的发展历程,每个历史时期都有其特殊的改革使命。对小学语文教学改革研究进行梳理,不仅可以看到各个时期的改革重点在不同的语文教学领域中被不同程度地推进,同时也可以厘清语文教育改革研究的基本发展脉络。

(一)识字教学改革从追求速度和效率到关注识字过程

中华人民共和国成立初期,汉语拼音方案的推行、汉字简化运动、扫盲运动的开展等等,为识字教学改革提供了条件或机遇。由于历史背景原因,当时的识字教学是小学语文教学改革首要内容,其主要目标就在于如何让学生既快且好地认识汉字。短期内提高识字率,这也是提高人民大众的文化水平的基础条件。要想提高学生的语文能力,最先需要解决的就是此前识字教学"少慢差费"的状况,提出识字教学改革的要求。改革开放后,识字教学改革的研究非常活跃,其成果也非常突出。从早期的集中识字法、分散识字法、"注音识字,提前读写",再到后来的部件识字法、字理识字法,等等,这些教学改革实验从关注小学生的识字效果和效率,开始逐渐地研究识字过程中汉字的构成与小学生的识字学习规律。识字教学改革正在从单纯地研究"如何更好地教"开始思考"如何更科学地教"这样的规律性的问题。

(二)阅读教学改革重点由强调讲读到强调导读再到强调对话

中华人民共和国成立初期,小学语文的阅读教学普遍采用讲读法,要求教师根据课文类型讲清词句意思、篇章结构、文章思想感情等等。当时的阅读教学改革研究也主要是改革讲读教学的具体内容、程序等等,以提高讲读的效率。尽管讲读法使小学语文阅读教学呈现出某种程序化与规律性,并在一定意义上提高了教学效率,但不可忽视的问题是讲读法强化了教师的"讲",而忽视学生主体性,不利于学生自学能力培养。20世纪70年代末叶圣陶先生对语文改革重新提出一个重要问题:"教是为了达到用不着教,讲是为了达到用不着讲。"1986年的小学语文教学大纲中指出:"要十分重视培养学生的自学能力。自学能力是在学习语文的实践过程中形成的。教师要注意教给学生学习方法,尽可能多地让他们自己动脑、动口、动手,逐步培养学生的自学能力,养成自学习惯。"以阅读能力的培养来说,教师可以把阅读的一般过程和方法教给学生。开始先粗读,了解内容梗概;阅读中遇到障碍,先自查工具书,自看注释,自己不能解决的画出来;然后进一步细读,理解文章的结构脉络,弄懂重要词语的含义和在文章中的作用,分析课文的思想内容和表达方式;在细读之后,提出疑问发表个人见解,跟别人展开讨论;最后学习运用。除了把这个一般过程教给学生外,对许多具体的方法更要一一加以指导,如朗读、默读的方法,背诵的方法,在具体的语言环境中理解词句的方法,分段归纳段落大意和课文主要内容的方法,概括课文中心思想的方法等等。同时,教师还要引导学生在实践中不断总结自己的学习经验,鼓励他们采用不同的方法进行学习。总之,教师只是学生学习的向导,而学生才是学习的主人。培养学生的语文自学能力,还需要众多的非智力因素的参与。这些因素包括学生的学习兴趣,追求新知的进取心和独立思考的精神,学习的毅力和习惯等等,它们都直接推动学习活动的进程。因此,培养自学能力,也应该重视非智力因素的训练。"(斯霞,1988,第13页)教师的主要任务不是由自己把课文的表达内容和表达形式讲深讲透,而是启发、引导学生自己读懂读好;为此,教师要做的是创设适宜的阅读情境(以李吉林的情境教学实验为代表),是提供学生自读的机会和教给学生有效的阅读方法,如四川内江的"读启式"教学实验、"小学语文导读法实验",等等。可以说,由于强调培养学生的自读能力,整个20世纪后期的阅读教学改革实验,其核心精神已经由重"讲读"转变为重

"导读""启读"。随着第八次基础课程改革的推开,阅读改革实验的关键词又一次发生了转换——由"导读""启读"转换为"对话"。2001 年颁发的《全日制义务教育语文课程标准(实验稿)》明确指出:"阅读教学是学生教师、文本之间对话的过程。"21 世纪的阅读教学改革实验是围绕着"对话"这一核心精神展开的。教师们引导学生开展的多元解读创造性阅读、体验性阅读、探究性阅读等等,都是对话的某种具体形式或结果;教师们对阅读情境的创设、合作学习的组织等等,也往往指向促进学生与文本、学生与学生、学生与自己的对话。要指出的是,阅读教学改革重点由强调讲读到强调导读再到强调对话的转变不是断裂式的,不是将过去的一切完全推倒后重来,而是将原有教学改革成果中的合理有益成分包含于自身、又超越其上的辩证式发展。(刘华,2010)

叶圣陶先生的"教是为了不教"是具有前瞻性的改革预见,它逐渐在由思想层面走向实践层面。这一点鲜明地体现在阅读教学改革。20 世纪 80 年代以后,越来越多的小学语文阅读教学改革者与研究者开始关注学生的阅读方法与阅读能力,情感体验等非智力因素开始在阅读教学中受到重视。学生的主体性问题研究逐步浮出水面,而真正使得阅读教学中的师生关系发生理念层面的本质性变革是在 2001 年的课程改革后。依托于基础课程改革,师生关系定位问题进一步被明确,对话式的小学语文阅读教学正在从理想走入现实。

(三)小学作文教学改革研究重点由科学化、序列化转变为情境化、生活化

小学作文教学改革是小学语文教学改革中的难点,作文教学改革、实验与研究也起步相对较晚。尽管如此,各项作文教学改革还是取得了不少富有启发性的研究成果。探索小学语文作文教学改革的核心精神,我们可以发现我国小学作文教学改革研究经历了由科学化、序列化到情境化、生活化的时代转变。

我国小学作文教学改革的研究旨趣之一在于实现作文训练的科学化和序列化——即要求学生掌握哪些作文的技能技巧,先掌握什么再掌握什么,对学生进行哪些思维能力训练,先训练什么再训练什么,训练之初的要求是什么,然后是什么,这些研究问题实质上就是关于作文训练的科学内容和合理顺序的问题。朱作仁的"小学作文程序训练"实验、山东的"小学作文四步法"实验都属于

这种类型。这种作文改革的思路在20世纪八九十年代得到人们的广泛认可，成为教师们作文实践普遍追求的目标。与追求训练的科学化、序列化不同的另一条改革思路是，强调作文的情境性、交际性、实践性。这条思路基于如下假设：小学生作文首先应当解决"写什么"和"为什么写"的问题。没有素材、没有交流的需要，是制约学生作文能力提高的根本原因。因此，教师应当把学生带到具有形象性、趣味性、审美性的情境中，激发他们表达的需要，如：李吉林采用情境教学法的作文教学；创设学生之间、师生之间通过作文进行有目的交际的平台，使学生作文成为向他人表达自我和寻求理解、对话的过程。何克抗教授主持的基于儿童思维发展新论的语文教育跨越式发展创新试验，引导学生开展各种实践活动，进而因活动的需要而作文。方展画教授主持的小学语文"作文先导式"教学改革实验，还有新课程改革中的语文综合性学习。从一定意义上说，这条思路可以改变过去作文训练机械枯燥、令学生望而生畏、望而生厌的状况。在第八次课程改革的背景下，循此思路进行作文教学改革已经成为人们的普遍共识和实践的主流。实际上，上述两条改革思路各有其合理之处。如果做出非此即彼的判断和取舍，反而会损害作文教学目标的全面实现。从这一角度来看，未来的作文教学改革的主要问题应该是如何将两者更好地整合在一起，以实现作文教学改革的综合效益。（刘华，2010）

　　回溯中华人民共和国成立70年来的小学语文教学改革历程与研究历程，当代语文教育的每一次改革和创新，都深化了人们对语文教育的课程性质、教学目的、教学任务等根本问题的认识。人们从原先重视语文的工具性，到强调理解语言文字与进行思想道德教育相结合，再到工具性与人文性相统一，明确了语文课是一门应用性而非知识性的课程。在历次的改革中，语文课程的基本内容不断调整与丰富，识字教学、阅读教学、作文教学等内容的完善，从"说话"到"口语交际"的调整，"综合性学习"内容的增加，让当代语文课程更具科学性。（林晖、周小蓬，2016）这些改革、大讨论都是围绕着语文教育的核心问题来展开的，虽然也有波折，但整体上仍很好地推动了当代语文教育的发展。小学语文教育研究"去其糟粕，取其精华"，对旧语文教育进行了批判和改造，也有对新语文教育的探索研究。如今，当代语文教学研究已进入了前所未有的繁荣发展阶段。

二、小学语文教学研究的展望

基于对小学语文教学研究的历史考察，我们发现：教学研究是无法做到"绝世独立"的，因为教学研究永远无法摆脱与学生和课程之间的必然联系。首先，小学语文教学研究不能仅仅着眼于语文教学问题本身，而忽视人的全面发展，忽视人的素质的提高。没有了人的发展，小学语文教学研究就会"漫无目的"。其次，教学研究与课程改革、研究也必须"两条腿走路"。二者互为引领、同向进发，才能够实现语文教学的不断变革与发展。因此，小学语文教学研究发展趋向必然要与课程改革以及学生的全面发展密切相关。

1.小学生语文核心素养相关研究的融入与整合

2022年4月，我国教育部发布了再次修订的《义务教育语文课程标准》，在这一版课程标准中，"核心素养"首次被写入义务教育阶段的课程目标。"核心素养是学生通过课程学习逐步形成的正确价值观、必备品格和关键能力，是课程育人价值的集中体现。义务教育语文课程培养的核心素养，是学生在积极的语文实践活动中积累、建构并在真实的语言运用情境中表现出来的，是文化自信和语言运用、思维能力、审美创造的综合体现。"从20世纪80年代的"双基"，到21世纪初的"三维目标"，再到2022年的"核心素养"，课程目标的调整，体现出语文课程本身正在由学科本位真正走向学生本位。如果说"三维目标"是将课程与教学改革导向学生本位，那么经过二十年的实践探索后的"核心素养"则是将学生本位的实践引向纵深发展。未来的小学语文教学研究势必在探索小学生的语文素养及其培养方面有进一步突破。

此前，高中阶段语文课程标准中已经先于义务教育阶段将语文核心素养写入课程标准，围绕核心素养的研究已经有前期进展，但是对核心素养的深入理解，以及核心素养理念在具体课程与教学实践中的"落地"，尚需很长的时间。对于已经熟悉并深入实践了"三维目标"教学的一线教师们，这也无疑是一个更大的挑战。从对新的理念的学习，以及如何转化为日常教学实践，都需要一线教师的积极推动。可以预见的是,未来的研究中,一线小学语文教师的相关教学改革实践会成为一股重要的研究力量;教学论等相关领域的学者研究也将在高中阶段"核心素养"的理论研究与实践基础上继续拓展至小学语文教学阶段的具体问题上来。

2.小学语文教学研究中师生新旧关系类型的更替与转变

小学语文课堂中的新型师生关系的构建是小学语文教学研究中的一个历久弥新的话题。自从21世纪初的课程改革以后,对语文教学中师生关系的研究更加显得必然且迫切。事实上,对这种新型师生关系的研究早在20世纪八九十年代叶圣陶先生和袁微子先生的研究中就早有预见,其论述也鞭辟入里。如今在课程改革不断地推动下,这种师生关系的变革正悄然发生在我们的小学语文课堂之中。在21世纪课程改革背景下,无论是教学研究者与实践者都达成了共识:"我们必须改变这种教和学的关系。怎样改变这种教学关系呢?目标其实就是叶圣陶先生指出的:'教是为了达到用不着教,讲是为了达到用不着讲。'在语文教学中,教师的教应该逐步向着用不着教的目标发展,学生的学应该从接受死知识死记硬背改变为开动脑筋、自觉地学。在这种新的教学关系中,教师的责任不是轻了,而是更重了。教师要以引路人的身份给学生带路,让学生自己去走。在这种新的教学关系中,教师任务更艰巨了,因为不仅要教知识,还要给学生指明一条思路,引导并教会他们怎样去获得知识,在这条发展学生思维的路上,教师作为引导人,去促进儿童智力的发展。教师在处理教与学的关系中,就该认真考虑学生怎么学的问题,要以满腔热忱去培养学生的能力,把他们从死记硬背中解放出来,使他们得到生动活泼、主动的发展。"(袁微子,1992)袁微子在20世纪80年代初期已经敏锐地观察到了小学语文教学中存在的几个典型教学问题,并进行了深入的研究。这些观点即使是今天看来依然是鲜明而深刻的。改革后的师生关系,使得教师的任务和责任都更重了,是新旧师生关系转变过程中的矛盾所在。尽管经过新课程改革之后,教学中的这些问题得到了聚焦与关注,但是,我们也不得不承认,小学语文教学中长久以来所形成的问题,并非一朝一夕就可以解决。攻克这些难题也正是坚定地开展小学语文教学改革的前进方向。

3.小学语文教学研究中知识与能力之间辩证关系的构建

在课程改革逐层推进、深化发展的过程中,小学语文教学实践中对教学模式的探索以及教学方法改革也将更加精彩纷呈。小学语文教学改革实践中的语文知识与能力之间的关系问题也将继续向理论研究层面推进,并将进一步受到广大一线小学语文教师与教学研究者的聚焦与关注。小学语文的知识与能力之间的关系,尽管早在理论层面上达成了辩证统一的自然理想状态,但在现实的小学语文课堂中,二者之间也确实长期存在着矛盾。这种矛盾问题的根源也是由来已久的。

1980年12月袁微子先生的一篇文章《一个关键性的教学改革》中尖锐地提出了小学语文教学中所存在的问题,全面而深刻地剖析了其中的原因与改革的方向,文章中的观点时至今日看来,依然掷地有声,极具现实意义与研究价值。他指出,传统的小学语文教学往往片面重视知识的积累而忽视了能力的培养。教师很辛苦,学生负担也很重。靠死记硬背学出来的知识是死的,没经过消化的,学生既不能理解也不会用,仅仅积累了一些死知识而并没形成能力。要处理好知识与能力的关系。只有理解了的知识才是自己学到的知识,只有自己学到的知识才能确切地运用;知识能确切地运用,才能形成能力。无论理解还是运用都要靠学生自己开动脑筋,这是教师不能包办代替的。知识可以授受,脑筋却必须自己开动,能力也必须自己去锻炼,老师的作用只是启发引导。启发学生开动脑筋、引导学生锻炼能力的过程便是教师发挥主导作用的所在,也是教学是否成功的关键。

近百年来,现代语文教育尽管有很大的发展,在教学思想、教材建设、教学方法等各个方面都取得了长足的进步,但是不可否认,现代语文教育还远没有达到成熟期,语文教育研究的水准较低,教育学研究、课程与教学论研究的许多先进的理论成果,在语文课堂教学中很难得到体现,其实,教育研究、课程论研究、教学论研究,其研究成果最终应该落实在学科的课堂教学中,脱离学科课堂教学的理论研究,其命运一定也会因空泛无效而遭淘汰。语文课堂教学需要借鉴先进的学术理论研究成果,并且在理论的引导下开展专业化的学术研究。语文教学研究的一个重要领域就是课堂教学,课堂教学应该是语文教学研究的主阵地,而研究重点就是如何以先进的教育学理论为指导,改革语文课堂教学。(吴忠豪,2007)

  可以预见的是,未来一段时间内每一位小学语文教师的课堂中,知识与能力之间的关系将仍然处于矛盾和博弈的过程之中。今后小学语文教学研究中对各种教学方法、教学模式的关注,实际上都将最终指向知识与能力之间的关系这一深层问题。由于小学语文教学历史上偏重于关注语文知识而忽视能力,近些年的教学改革与研究中非常重视学生语文能力、语文素养的研究;但我们也不能在强化能力的同时忽略了语文知识的基础地位。二者之间的辩证统一关系决定了小学语文教学研究必将在推动知识与能力的统一关系构建方面做出巨大努力。这其中既要发掘中国传统语文教学中的智慧结晶,又要吸收、整合国外优秀教学研究成果。

第五章　小学语文学习研究

对小学语文学习进行全面研究至为关键,从宏观上说,其关系到语文课程标准的制定和语文教材的编写,从中观上说,关系到语文教学的组织与实施,从微观上说,关系到学生个体的身心成长和学习效率的提高。70年来,我国心理学领域、语文教育理论研究及小学语文实践领域里的工作者围绕上述问题,从不同的方面、不同的层面展开了不同程度的研究。这些研究从不同的方面深化了人们对语文学习的认识,推动了语文教育的科学发展。

第一节　小学语文学习研究的历程

中华人民共和国成立后,小学语文学习的研究历程可大致分为1949—1976年、1977—2000年、2001—2019年三个时期。每个时期有着不同的社会、文化与教育背景,梳理不同时期的研究成果,揭示不同时期的阶段特征,可以展现小学语文学习研究的基本图景。

一、1949—1976年的小学语文学习研究

中国语文学习的科学研究起步于民国时期,1916年到1919年,刘廷芳以中国成人、华侨学生、美国成人和学生共计205人为对象,对汉字学习进行了研究,内容主要涉及汉字学习的难易、再认、重现、看写等问题。研究发现,汉字

的学习是借助已识单字,通过联想解释所学。学习者必须具有一定的识字量才能产生对新字的联想作用。识字越多,这种联想能力越大。汉字字形对字义的影响,大于字音对字义的影响。1923年到1926年,艾伟对识字问题进行了中美比较研究,用实验的方法对汉字的字形、字量、识字测量、词汇、音义分析、简化字等问题进行了探究,成为我国识字心理学的经典性资料,其成果主要反映于1949年出版的《汉字问题》一书之中。另外,还有晏阳初、陈鹤琴等对汉语的常用词汇进行了研究,包琴华、陈元晖等人对注音符号进行了较早较多的研究。20世纪30年代兴起了汉字改革运动。改革的方案主要有两种:一是主张简化汉字,二是主张废弃汉字代之以拼音文字,但无明确的结论。1932年杜佐周对汉字排列问题进行了实验研究,结果表明横排识别优于竖排。此外,艾伟对小学生的阅读兴趣、朗读与默读比较、默读行为、词句和文句学习、作文行为等进行长达20年的研究,于1948年出版了《阅读心理:国语问题》一书。

中华人民共和国成立后,周恩来总理1956年提出"向科学进军"的口号,小学语文学习的科学研究在前人研究的基础上开始进一步向前推进,该时期的探讨内容颇为广泛,表现在识字、阅读和作文各个方面,呈现出初步繁荣的局面。如在识字方面,1959年沈晔在《心理学报》发表的《小学一年级学生在语文课中识字问题的初步研究》一文,是中华人民共和国在心理学方面从事科学识字研究所见到的最早成果。20世纪60代初期,特别是1962—1965年,是识字心理研究的繁荣时期。研究成果如雨后春笋,多发表于《心理学报》《人民教育》和1962年、1963年的全国心理学会年会的资料中。这些研究成果集中在以下几个方面:①关于集中和分散识字教学效果的比较和经验总结;②关于初入学儿童学习汉字记忆特点的研究;③关于教学方法、教学程序及其与记忆关系的研究;④关于字(词)义理解的研究;⑤关于汉字学习难易度的研究;⑥关于错别字的心理研究;⑦速示条件下对汉字的分析、概括、辨认能力和字形的知觉形位的研究。"文革"期间,对于语文学习心理的研究再度中断,只有极少数学者坚持做些零星的探讨。

二、1977—2000 年的小学语文学习研究

改革开放后,我国的小学语文学习的科学研究得以迅速恢复,尤其是一些心理学工作者加入研究队伍,使得对一些问题的探讨更为深入,方法也更具科学性。1979 年佟乐泉在《心理学报》上发表的《笔画繁简和词性差别对初识字儿童识记汉字的影响》是较早的研究报告。华东师范大学、杭州大学的不少研究者做了很多研究,尤其是一些研究者开始用普通心理学的体系,借鉴心理学原理,直接阐述语文教学和学习中的心理学问题,重点探讨学生在语文学习中的观察、感知、注意、记忆、想象、思维的表现和能力的培养。1983 年钟为永出版的《语文教学心理学》就是这方面的代表。随着研究的深入,1984 年朱作仁出版了中华人民共和国成立后最早的一部具有学科本身特点和体系的专著《语文教学心理学》。该书与前者的区别在于其运用心理学原理研究语文教学中的一些特有问题,如对学生识字、写字、阅读、作文学习的心理过程及规律进行了较为细致的阐述。1989 年申纪云出版的《小学语文教学心理学》是中华人民共和国首次出版的运用心理学原理以小学语文"教与学"为研究对象的专著。该书体例比较新颖,有自己的风格,有独到见解。作者以"小学生的言语能力发展"立论,以培养听说读写能力发展智力为主线,深刻地揭示了小学生的口头言语、书面言语和内部言语能力发展规律及其与小学语文教学的相互依存关系。在此基础上,具体地论述了识字、写字、阅读和作文教学中的有关心理学问题,最后落实到发展智力和因材施教上,从而构成一个完整的逻辑体系。此书的出版显示出有关小学语文学习研究的进一步加深。

这个时期除了理论上有不少建树外,一些高等院校还开设了相应的选修课程,杭州大学开始招收以语文教学心理学与教学法为研究方向的硕士研究生,以加强对语文学习的科学研究。由于认识到语文教学心理学对提高语文教学科学水平关系密切,我国一些地区对在职教师进行时间长短不一的语文教学心理学培训。同时,教育科研部门还与中小学合作开展了一些学科教学心理学实验,丰富了有关语文学习心理的理论,促进了语文学习效率的提高。

另外，香港、台湾地区对汉语学习研究也较为重视。1978年在香港召开了中国语文教学心理学研讨会，1981年以来，在香港又召开了多次国际性的中国语文教学心理学研讨会。这些学术会议交流了语文教学心理学方面的研究成果，为促进语文学习效率的提高和日后深入开展合作，创造了条件。

到了20世纪80年代中期后，我国学者胡超群、王新德、彭聃龄、舒华、谭力海、郭桃梅等人开始从脑科学的角度研究汉语认知的神经机制并积累了一定的研究成果。这些研究成果进一步揭示了人脑处理汉语时的奥秘，从而为改进识字教学提供了脑科学的依据。

对于语感的学习与培养，自20世纪80年代叶圣陶、吕叔湘、张志公等开始倡导以来，教育界开始了相关的实践与研究。进入到20世纪90年代，其已为越来越多的人所理解与认同。1991年王尚文在《教育研究》上刊发《语文教学的错位现象》，通过对语文教学中长期存在的教学活动与教学目标的错位、内容与形式的错位、感受与理解的错位等一系列错位现象的论述，认为这都是由于我们对语感的性质、功能以及如何培养等缺乏认识的结果，于是他首次提出了语文教学的"语感中心说"。这是"语感中心说"的第一次公开亮相，被学者梅新林评价为这是"语感中心说"登上语文教育历史舞台的一篇宣言。与此同时，相关的实践与研究也逐渐丰富起来。教育界对语感训练的方法(李珊林，1990)、语感与语感教学(李海林，1992)、语感学习的心理探索(杨成章，1992)、语感的性质、语感教学在语文教学中的地位和作用(王尚文，1993)等展开研究。1995年王尚文在上海教育出版社出版了语感研究的集大成之作《语感论》。该书分八章，分别对语感的性质、类型、功能、机制、心理因素、语感与美感的关系以及语感的形成与创造诸问题进行了全面、系统、深入的研究。该书被周有光评价为"是一本填补空白的著作，具有不容忽视的学术价值"。

三、2001—2019年的小学语文学习研究

2001年教育部颁布了《全日制义务教育语文课程标准(实验稿)》，掀起了我国的新课程改革，从此我国的小学语文学习研究进入了一个新的历史时期。为

符合课程标准对教学与学习的要求,研究者们对于语文学习的基本规律、语文学习方法与方式、语文阅读学习的理念、语文学习素质及培养等问题进行了探讨,有代表性的研究有:许建中的《语文学习基本规律探讨》(2002)、王光龙的《语文学习方法的理论探讨》(2003)、朱绍禹的《以问题为纽带的阅读学习新理念》(2004)、王光龙的《语文学习素质及其培养》(2005)、曾祥芹的《阅读的主体间对话和陌生感体验》(2006)、王光龙的《语文学习方式的选择和运用》(2008)等。这些专论虽然是对语文学习具体问题的零散研究,但反映了人们对语文学习问题的持续关注,展示了对语文学习研究的思想认识成果。

另外,2001年颁布的《全日制义务教育语文课程标准(实验稿)》与2011年颁布的《义务教育语文课程标准》中都提出:"学生是学习和发展的主体。语文课程必须根据学生身心和语文学习的特点,关注学生的个体差异和不同的学习需求,爱护学生的好奇心、求知欲,充分激发学生的主动意识和进取精神,倡导自主、合作、探究的学习方式。教学内容的确定,教学方法的选择,评价方式的设计,都应有助于这种学习方式的形成。"这直接促进了语文学习研究对自主、合作、探究学习方式的关注,既有对自主、合作、探究学习方式内涵和意蕴的研究,也有对其如何实施的研究,还有对其存在问题及对策的研究,以及对自主、合作、探究学习方式实施的反思性研究。其具有代表性的如:霍巍《浅析课改背景下的自主学习》(《教育实践研究》,2004)、孔波《语文研究性学习的潜质与价值》(《当代教育科学》,2004)、沈大安《自主·合作·探究——语文学习方式的转变》(《教学月刊》,2005)、王青《合作学习在语文学科教学中的意义与实施》(《辽宁教育研究》,2008)、贾勇《语文研究性学习提出的背景及意义》(《教学与管理》,2013)、成小丽《论分组合作学习在语文课堂中的运用》(《山西师大学报(社会科学版)》,2013)、崔绍怀《论自主、合作与探究的语文学习方式》(《教育评论》,2014)、桑志军《自主、合作、探究不是语文学习方式的全部》(《中学语文教学》,2003)、齐兆生、史秀玲《新课改下语文教学中"绝对化"倾向浅谈》(《当代教育科学》,2005)、钟世华《中国语文,不能丢了自己的学习方式》(《人民教育》,2012),等等。

此外，上述两版课程标准在教学建议中也都指出：学生是语文学习的主人，教师是学习活动的组织者和引导者。语文教学应在师生平等对话的过程中进行。语文教学应激发学生的学习兴趣，注重培养学生自主学习的意识和习惯，引导学生掌握语文学习的方法，为学生创设有利于自主、合作、探究学习的环境。应尊重学生的个体差异，鼓励学生选择适合自己的学习方式。在具体的学习目标中，两版课程标准还提出"培育热爱祖国语言文字的情感，增强学习语文的自信心，养成良好的语文学习习惯，初步掌握学习语文的基本方法。"课程标准的这些规定促进了对语文学习的进一步深入研究，诞生了一批有关语文学习研究的论著，如王光龙《语文学习方法的理论与实践》（中国文史出版社，2002）、王光龙《语文学习概论》（当代中国出版社，2003）、乔桂英《阅读学习方法指导学》（中国书籍出版社，2007）、乔桂英《阅读方法指导论》（语文出版社，2013）、孙芳《阅读学习论》（语文出版社，2013）、李丽、熊德雅、段慧明《口语交际学习论》（语文出版社，2013）、许建中《语文学习指导论》（语文出版社，2013）、彭小明、林陈微《写作学习论》（语文出版社，2013）、颜禾《写作方法指导论》（语文出版社，2013）、王雅萍、司亚飞《语文学习评价论》（语文出版社，2018）、陈隆升《语文综合性学习论》（语文出版社，2020）、林惠生《"语文学习学"的研究与实践——让"学习"也科学起来》（光明日报出版社，2015），等等。

这批论著的内容涉及语文的学习方法、阅读学习、作文学习、口语交际学习、学习评价、综合性学习等方面，使我国语文学习研究的内容得到进一步深化和拓展。与此同时，在部分高校教材如《语文学科教育学》《语文教学论》《语文课程与教学论》的内容框架中，语文学习也被列为独立的一章。这是21世纪基础教育语文课程改革中将一般的语文学习研究与当前的语文课程学习研究联系起来，从语文课程学习指导角度来研究中小学生的语文学习问题的新尝试。

同时，随着学界和教育实践界对语文学习研究的不断深入，有关语文学习心理的著作也不断诞生。具有代表性的论著有：谷生华、林健《小学语文学习心理学》（语文出版社，2002）、汪潮《语文学理——语文学习的心理学原理》（浙江大学出版社，2013）、周小蓬、陈建伟《语文学习心理论》（语文出版社，2013）、董蓓菲《语文学习心理学》(华东师范大学出版社,2015),等等。这些著作除了对心理学的学习理论、学习动力、影响学习的因素进行介绍外,还对小学语文学习的具体领域,即识字、写字、阅读、口语交际、写作,进行了心理学的论述。另外,汪潮还对语文学习方式的心理特征进行了论述;周小蓬、陈建伟还对语文综合性学习的心理、语文审美学习心理、语文学习心理的调节及语文学习心理的评价进行了探究,董蓓菲等对于语文学习的评价还进行了系统介绍。这些研究都使语文学习在科学化的道路上前进了一步。

第二节　小学语文学习研究的主要成就

中华人民共和国成立70年来,心理学家、语文教育理论研究者和小学一线语文教师对小学语文学习问题进行了持续不断的探索,相关的研究成果可谓汗牛充栋。这其中既包括心理学工作者从心理学的立场进行的研究,也包括语文教育研究者从语文学科的立场进行的研究,还包括许多一线小学语文教师的实践经验总结。本研究将选择其中有代表性的成果,主要从语文学习的理论研究、识字写字研究、阅读学习研究、写作学习研究、口语交际学习研究等方面对小学语文学习研究的进展情况进行梳理。

一、语文学习的理论研究

(一)语文学习研究的任务

目前学界在谈语文学习研究的任务时主要是从心理学的角度来进行的。朱作仁认为语文学习研究的任务就是要研究和揭示学生在掌握语言文字过程中的心理规律和心理特点。(朱作仁,1984)具体来说体现在四个方面:第一,心理发展水平对学生掌握语言文字的制约;第二,语文学习对于学生心理发展的作用;第三,学生语文能力结构与语文能力发展;第四,学生语文学业成就测验。(朱作仁、祝新华,2001)

曹明海认为语文学习研究的任务是:"它主要研究人类尤其是学生语文学习的心理活动及行为变化。它既注重把心理学的一般原理应用于语文学习领域,又侧重探讨个体语文学习行为的变化,并试图解释和预测这种变化。"(曹明海,1998)董蓓菲在表述语文学习研究的任务时,强调要基于教育的视角,而非心理实验的角度"研究学生个体语文学习的心理过程,以及影响语文学习结果的因素。它以学生语文学习为研究对象,以揭示学生语文学习的性质、过程和规律为目标。"(董蓓菲,2015)

(二)影响语文学习的因素

有研究者从心理学的角度出发,认为影响语文学习的因素可以分为两类,一类是智力因素,也可以称为认知因素;一类是非智力心理因素。前者中观察、想象、思维对语文学习的影响尤为突出。其中,观察是学生进行智力活动的基础,是学生提高语文能力的条件,然而学生的观察力呈现出目的性不强、片面性较大、情绪性明显、精确性较差的特征,所以在学习的过程中教师在学法指导上要激发兴趣,培养习惯;明确目的,指点方法;创设情景、引导实践。在想象力方面,他们认为想象力对于儿童的生活与学习中占据着尤其重要的位置,是儿童学习能力得以发展不可缺少的条件。小学生这方面呈现出有意想象迅速增长,想象的创造性成分逐渐增加,想象的深刻性逐步发展,喜欢并善于幻想等特征。因此,在学习语文的过程中,学生要丰富生活,积累想象的素材;学习语言,提供发展想象的基础。教师在教学的过程中要创设情境,给学生提供想象的条件;要授以想象的方法,如课文故事的扩充、后续、联想、组合,转换角度等。思维能力的发展对于学生语文学习能力的提高也至为重要。因此,他们提出教师要有计划有目的地伴随语文教学进程进行思维训练;引导学生厘清作者的思路,充分经历思维过程;引导学生独立探索知识;鼓励学生质疑问难。除了上述智力因素之外,他们还注意到了学生的学习动机、情绪情感、个人气质与意志对语文学习的重要影响。他们认为可以通过明确语文知识的具体意义,设置适当的学习难度,利用学习结果的反馈作用等措施激发学生的学习动机。可以通过体味词语、标点符号等,拨动学生的情感;通过导入情境,使学生领悟课文的情思;通过培养语感,使学生体验课文的情感,以激发有利于学生学习的情绪、情感。对于学生的气质和意志,他们认为学生在学习过程中要学会对自身的气质进行自我完善,要

通过下定决心,产生信心,收获恒心来锻炼自身的意志。(朱作仁、祝新华,2001)

还有研究者认为影响语文学习的因素可以分为内部因素和外部因素。内部因素包括信息加工的模型、注意的发展、记忆的发展、动机和情绪;"外部因素包括教材内在的逻辑结构、课文篇数、篇幅、教材难度、课程进度;教师的专业素养、教学艺术、人格特征;班级集体中的师生、生生的关系;学生家庭的社会阶层和民族文化背景等"。(董蓓菲,2015)

(三)学习理念与语文学习规律研究

对于学生在学习过程中应当抱持何种学习理念的问题,古今中外教育史上众多教育家分别对"乐学"与"苦学"都进行过经典的论述。朱作仁认为"在今天,我们是在学生中有厌学情绪,学习负担过重的情况下提出乐学的问题,所以那种把'乐学'与'苦学'对立起来,视为水火不相容,甚至从一个极端走向另一个极端,片面夸大、强调'乐学'或'苦学',从而否定两者的联系和互补,都是不科学的。""我们必须从马克思主义哲学高度正确看待和处理好'乐学'与'苦学'的关系。其实,两者是并行不悖,甚至是互相渗透的:苦中有乐,乐中有苦是也。当然,其中'苦学'是'乐学'的基础。"学生在学习的时候,除了自己有兴趣之外,更要有不怕困难的'苦学'精神。心理学早已证明,在学习中保持学生适度的"焦虑"和"紧张"是必要的。(朱作仁,1993)

在新时代社会对创新人才越来越渴求的情况下,语文深度学习的理念也开始受到研究者的青睐。有研究者对语文深度学习理念在我国的演进历程进行了研究,认为其经历了孕育阶段、萌芽阶段、发展阶段、深化阶段,依次出现了"思维深度说""文本解读深度说""套用泛化说""语用能力深度说""语文核心素养说""全人发展说"等观点。针对人们在不同阶段对深度学习内涵意蕴和思想立场的不认识,研究者认为,在培养学生核心素养的时代背景下,未来语文深度学习在目标维度上指向全人发展,在内容维度上强调关联整合,在学习方式维度上着意整体运用。(李敏、葛海丽,2020)在实现路径上,有研究者指出多元互动的学习形态、深度的思维训练、挑战性的学习活动,三者的有机融合是实现语文深度学习的基本路径。(魏本亚,2021)

学习理念的更新是基于对学习规律认识的不断加深。谷生华从语文学习心理的角度描述了语文学习通往成功的道路：

他认为语文学习的成功起于语文学习兴趣，终于语文能力的获得，进而在更高的层次上获得语文学习兴趣，最终进一步提高语文能力，如此循环往复，使语文水平与语文能力不断提升。(谷生华，2002)对于语文学习规律的研究，许建中认为：首先要区分语文学习过程中的规律与非规律，其次要区分学习规律与语文学习规律；再次要区分语文学习规律的层次；第四要抓住主要矛盾和搞好"四个结合"。所谓"主要矛盾"就是语文学习的基本规律或一般规律；所谓"四个结合"就是心理学、语言学、语文教育学、语文学习学几方面研究相结合，专家研究和群众研究两支队伍相结合；实验室研究和自然条件下的观察研究相结合；归纳研究和演绎研究相结合。之后，他提出了语文学习的八条基本规律：学得间于习得，习学相递；内化先于外化，内外相制；技能重于知识，知能相济；语言系于思维，语思相辅；言语本于情意，言意相依；言意源于生活，学用统一；创新基于模仿，仿创迁移；综合多于分析，意会神摄。(许建中，2002)

(四)语文学习能力与学习方式的研究

对于小学生的自学能力，有研究者认为小学生的自学能力在结构上应有以下九种能力组成：第一，使用工具书的能力；第二，理解题目的能力；第三，分段、并概括段意，或编拟段落提纲，或立小标题的能力；第四，根据文章主要内容，理清作者思路，提纲挈领，提要钩元的能力；第五捕捉中心句或概括课文中心的能力；第六，读懂并找出课文中的重点词语、重点句子、重点段落的能力；第七，从运用语言的角度，对照自己的习作实践，从课文中找出写作方法为自己仿效的能力；第八，提出疑难词语或问题，有发现问题、分析问题并试着作解的能力；第九，做读书笔记的能力。此外，研究者还提出了自学指导的方法：兴趣法，问题法，探究法，课文求解法，提纲法、读、画、批、写法，特长定向法。(朱作仁，1988)还有研究者认为小学生的语文学习能力的构成要素包括吸收信息的能力，即查字典、听话、阅读、做读书笔记等；运用信息的能力，即说话、作文等。这些因素相互影响，综合起来构成一个统一的整体。对于小学生获得语文学习能力的方法，认为教师要指导学生理解学习过程,引导学生掌握学习方法,重视思维能力的培养,重视非智力心理因素的发展。(毛建华,1999)

伴随着语文学习能力研究进展而行的还有学习方式研究,尤其是进入21世纪后,2001年教育部颁布了《全日制义务教育语文课程标准(实验稿)》,其中提出积极倡导自主、合作、探究的学习方式,这是对之前语文教育领域长期存在的接受式、填鸭式、死记硬背,机械训练学习方式的抛弃。之后有关语文自主、合作、探究学习方式的研究越来越多。有研究者对分组合作的学习方式在语文课堂中听、说、读、写四个方面的运用进行了研究,认为在实际语文课堂教学过程中,运用分组合作学习的方式应注意:教师引导是关键,学生参与是保障,小组核心是动力,合作竞争是方式。(成小丽,2013)也有研究者对合作学习在语文教学中的运用进行了探究,认为合作学习打破了传统语文课堂教学的组织形式,提高了学生的学习兴趣;有效发展了学生综合素质,特别是学生的非智力素质;促进了师生教学相长和共同进步。同时还强调不是什么学习内容都要开展合作学习,要正确处理合作与独立的关系,教师要适当地介入合作学习。(王青,2008)还有研究者对语文研究性学习方式展开探究,认为语文研究学习是在语文教学过程中通过创设一种类似项目研究的情境、途径,引导学生主动去探索、体验、发现,借以强化其收集、整理和输出信息的能力,从而提高语文素养,增进学习能力和创造能力。(贾勇,2013)还有研究者对语文研究性学习方式具有巨大的潜质和价值进行研究,认为其潜质表现在:语文学习的开放性、语文能力形成的实践性、文本解读的多元性;其价值表现在:激发学生语文学习的兴趣、培养并提升学生的主体性、为创新教育提供适宜的土壤。(孔波,2004)

随着自主、合作、探究学习方式的实施与探究的推广和深入,有研究者对这种学习方式提出异议,认为"自主合作探究的学习方式虽然有其积极的一面,但它是有条件的,如果教学中对其一味迎合,将给语文教学带来很大的负面影响。我们应更多地关注语文自身的特点,语文学习还是有其独特的被认知、感受、建构的方式,自主合作探究不是语文学习的全部,'他主学习'、个体学习、接受学习、体验学习也是语文学习的重要方式,从某种意义上说,是更为重要的学习方式。"(桑志军,2003)还有研究者对自主、合作、探究学习方式实施过程中的绝对化倾向提出批驳,认为其注重自主,忽视了教师的有效引导;提倡合作,忽视了学生的独立思考;强调探究,忽视了学生的基础训练。因此,他们强调"在新课程改革中,既要创新,也要继承,不能简单地用人家的教育模式来代替我们传统的优秀的教育实践,更不能搞绝对化,顾此失彼。"(齐兆生、史秀玲,2005)另外,还有研究者认为虽然自主、合作、探究等学习方式很重要,但在"儿童的语文里,不能为合作而合作,为质疑而质疑,为讨论而讨论。不舍本求末,不刻意为之,让生命与语文一同生长,这可能是语文学习更需要追求的自主。"不能用形式上的变革遮蔽了实质的改变。因此,强调中国语文,不能丢了自己的学习方式。(钟世华,2012)此外,还有研究者对小学生语文学习的途径和方式进行了总结式研究,认为小学语文学习"通常表现为课内语文学习和课外语文学习。常见的课内语文学习方式包括课堂听课、提问、问答、讨论、演讲、说话训练、阅读、背诵、写楷书字帖、写课堂笔记、写作、练习与复习等。课外语文学习方式主要有课外观察、课外阅读、课外写作、课外口语交际、课外综合性学习活动等。通过课内语文学习方式获得的语文知识或能力,学生需要课后不断地练习,才能使其得以巩固,并与其他知识贯通起来。课外语文学习方式,可视为是对课内语文学习方式的巩固和延伸。"课内语文学习和课外语文学习是不可分割的一个整体。学生采用多种途径与方式自觉主动地进行语文学习,是形成良好语文素养和语文能力的有效措施。(崔绍怀,2014)

随着对学习方式研究的深入,越来越丰富的学习方式进入人们的研究视野。有研究者认为项目式学习是提升学生语文素养的有效学习方式,它可以使学生深入领悟语文学科的核心知识,提升学生语文学习品质和语文核心素养,使其成为富有创造力的心智自由的人。(吴素荣,2019)有研究者对挑战性学习方式进行研究,认为其可以优化语文综合性学习,是破解高阶思维发展难题的一把"钥匙",它指向学生高阶思维的发展,表现为学生在探索性学习过程中自我组织、合作探究、综合提升。教学过程中,教师提取核心概念、设计任务链、实施多维评价,让学生的兴趣与能力同步,全面提升语文素养。(孙莹,2020)也有研究者指出在人工智能时代语文学习转型的背景下,语文学习方式应该是多维互动的,认为"人工智能的发展为语文学习提供了强有力的支持。积极利用人工智能技术,以移动终端教学设备为抓手,将学习者、教师、智能机器人联合起来,构建语文学习智能生态系统。同时,借助深度学习、大数据等技术,对学习者进行全面追踪,深入获取教育数据,为学习者量身定制语文学习计划,突破学习者已有的自主学习方式,为学习者的自主学习提供精准化指导,提升语文学习的质量。"(余凡、田良臣,2020)还有研究者对在信息化背景下解决好语文学习方式转型实践问题进行了研究,认为欲顺利转型,语文教师要解决好四个问题:明确任务目标、创设学习情境、多维开发资源、深度参与学习,从而实现语文学习的守正创新。(朱茂林,2021)

二、小学语文识字与写字学习及其指导研究

对于何谓识字,我国著名的心理学家艾伟早在1949年就曾给出一个经典的解释:"所谓识字者谓见形而知声、义,闻声而知义、形也。"(艾伟,1949)之后有关识字学习的研究主要围绕字形、字音、字义三个方面展开,且经过沈晔的研究,发现小学生在识字过程中的关键是识记字形,因此在识字学习中有关字形学习的研究成果也最为丰富。

(一)识字与写字学习特点研究

1.识字学习特点研究

艾伟通过对字形的观察和默写实验,得出"宜用简体字"的结论。(艾伟,1949)1959年沈晔在总结了民国时期对识字问题的研究之后,对小学一年级学生在语文课中识字问题进行了初步研究,最终他认为识字问题的关键在识记字形,识记字形的关键在学生的主动分析能力。也就是说儿童识字问题的核心是"在教学的影响下,学龄儿童分析综合能力的发展及其促进的问题。这反映在汉字掌握这一具体问题上,就是知觉方面从一笔一笔具体掌握图形到通过分析进行综合的问题;记忆方面从机械地死记到有意地理解记忆的问题;思维方面从最初没有动脑子的习惯逐步引导他们对于学习进行积极思维活动,并且学会进

行脑力活动的方法——分析,综合,比较,概括……思维过程。"(沈晔,1959)接着其与曹传咏合作对在速视条件下儿童辨认汉字字形的特点行了探究。他们发现:在客观方面,在一定条件下,熟悉的偏旁部首有助于字形辨认,但是在掌握生偏旁部首时,相关的熟偏旁部首会产生一定的干扰。因此,学生在学习新偏旁时,教师需要将相关的旧偏旁部首拿来进行分析以避免干扰。另外,字形外围相同要比内涵相同更难于辨认,这也说明儿童观察字形是从轮廓开始的。对于合体字,辨认困难的主要是内涵部分。单个汉字之间笔画的差异,对于儿童辨认汉字字形差别不大,但是如果将多个汉字分成繁简的两类字组,则简的字比繁的字要容易辨认。在主观方面,他们认为中枢因素对于辨认熟词的字形具有利助作用,而对于字序改变的熟词的字形则有干扰作用。(曹传咏、沈晔,1963)之后,二人对小学生分析综合和辨认汉字字形能力的发展过程进行了研究,他们认为这是一个从量变到质变的过程,这当中存在两个转折点:对中等水平的班级来说,第一个转折点在一年级上学期,学习汉字后约一个月左右。这一转折表现为对字形的再认、大致综合熟字的辨认都有较大的发展。这个发展与对汉字字形从不熟悉到熟悉有关。第二个转折点,在一年级下学期到二、三年级之间,表现为从熟字到生字的辨认能力的迁移,对字形的精细辨认、确认和重现能力的大大提高。第二个转折是过字形关的一个比较重要的转折。如何促成这个转折提前,很值得进一步研究。(曹传咏、沈晔,1965)还有研究者通过心理学的比较实验法,就笔画繁简和词性差别对初识字儿童识记汉字的影响进行了研究。结果表明:以认读为指标,简体字成绩比繁体字稍好;以听写为指标,则简体字明显优于繁体字。(佟乐泉等,1979)

另外,还有研究者从知觉的角度对学生辨认单个汉字的特点进行了总结:第一,对字形的辨认是先整体后个别笔画,服从知觉整体性原则,具有"完形"的趋势,易漏掉字的细节;第二,具有关系反射的性质;第三,在无意注意的状态下,儿童对一个字的知觉,一般是左胜于右,上胜于下,即上面和左面是儿童优先注意的部位;第四,强的部分掩盖弱的部分。(朱作仁,1984)也有研究者对小学儿童的方块汉字与言语拼音的识记情况进行了对比实验研究,认为在同等条

件下,儿童对方块汉字的识记效果无论是在短时记忆还是在长时记忆方面都要明显优于汉语拼音。(钱含芬等,1986)

对于汉字识别的加工单位,有研究者通过研究发现:高频字笔画数和部件数分别对汉字识别产生显著影响,低频字似乎只有当笔画数和部件数两种成分都具有一定差异时才表现出识别速度的显著差别。此结果既不支持以笔画为单位进行加工的理论模型,也不支持词识别单位化模型,这提示出汉字识别是由多种成分综合作用的结果似更合理。(张武田、冯玲,1992)还有研究者对汉字的音形义在汉字识别中启动效应的异同进行了研究,他们发现:音同启动第一,意近启动次之,形似启动更次之。(洪昆辉等,1992)张武田等人用启动掩蔽法通过实验研究了汉字识别中的语音效应,发现:高频形似音同目标字在25毫秒启动下有显著促进效应,而形异音同目标字在25和35毫秒有显著抑制效应。在低频情景下与上述相应的目标字表现出不显著的促进和抑制效应。此结果似乎表明汉字词识别过程具有程度不同的语音自动激活效应。(张武田等,1993)张武田和冯玲对汉字识别时,大脑两半球同时加工的作业成绩是否随加工阶段的增加而更显出优势进行了研究,发现:形似材料双侧视野同时识别与单侧视野识别成绩无显著差别,而同音与近义材料则表现出双侧呈现显著优于单侧呈现的作业成绩。(张武田、冯玲,1992)刘鸣则着重探讨了影响汉字字形学习的主要汉字形体特征和心理特征及两者之间的关系。结果表明:①汉字分解组合的视觉表象操作的速度与准确性,跟汉字字形学习水平具有密切关系,学习水平优良者明显优于低水平者;②不同水平汉字字形学习者在汉字分解组合的表象操作的错误类型上不尽相同,低学习水平者以顺序错误为主,中、高学习水平者的部首替换错误较多。据此,他认为应当注意采用汉字书空法和言语表述法来培养学生汉字的视觉表象的操作能力,从而改善汉字教学和学习效果。这些研究均表明,在汉字的形、音、义三者之间,形最重要;并且字词结构、笔画数、字词熟悉度、教学方法、学生水平等均影响个体对字词的学习和记忆。(刘鸣,1993)

佘贤君等人在对小学生的汉字心理词典的研究过程中发现:形声字心理词典中义符线索比音符线索的作用更大;义符、音符对低频字的影响比对高频字的影响更大;当义符、音符与字义、字音一致和不一致时,义符线索和音符线索的作用不一样。(佘贤君、张必隐,1997)小学生在识字过程中在字形的错误可归纳为结构错误、部件错误和笔画错误,最常见的是笔画错误。在字音方面的错误可归纳为声母错误、韵母错误、音调错误、平翘错误和鼻音错误。最常见的是音调错误。在字义方面的错误可以归结为三种:近音错误、近义错误、多义扩展错误。(佘贤君等,1998)刘伟和张必隐对汉字的心理贮存进行了研究,发现汉字的心理贮存是汉字的正字法形式及其所附意义内容对应联系的心理表征,阅读心理词典因而有双层的心理结构,表层结构是汉字正字法形式的心理表象,深层结构是汉字的意义系统,只有字词的形式和内涵特征建立了对应联系,才能说字词在心理词典中存在,而这种对应联系建立的过程就是字词学习的过程。心理词典存在的基础是字词学习的心理机制,字词频率浓缩了字词的学习过程,代表了字词学习的程度,决定了字词的识别方式和知觉表征单元的大小。(刘伟、张必隐,2000)

舒华等人还考察了小学生所学汉字的表音特点和分布规律,从小学课本中汉字信息的统计特点和学习方式探讨儿童掌握形声字表音规则的可能性和必要性。认为语言材料数据库的研究是了解人的语言获得和语言加工过程的一条很好的途径。(舒华等,1998)

谷生华、林健以济南、上海、重庆、扬州四地区的城乡小学生为研究对象,对小学生的识字能力构成及存在的问题进行了研究,发现其能力包括如下特征:读音能力特征、释义能力特征、记形能力特征。其中,在读音能力特征方面存在声母、韵母、声调、音节的拼写错误。在释义能力特征方面存在的问题有:就理解能力而言,存在不理解词义,或者忘记了词义,而随意解释,或是大致了解意思,而不能正确解释;就运用能力而言,掌握情况良好。这说明学生在对汉字的释义进行学习时,应将学习的重点放在对字义的精确理解与记忆上。在记形能力特征方面学生们存在的问题表现为:对笔画多的字,容易丢笔画;笔画少的字容易增加笔画;对形似字,容易误写笔画;同音字,容易写成别字。年级越低的学生,写错字的比例越大,年级越高的学生写别字的比例越大。换言之,错字主要集中在低年级学生中,而别字则主要出现在高年级学生中。经过对小学生识字能力特征的分析,谷生华认为影响小学生识字的因素为:在字音方面主要是受方言影响、受形声字声旁影响、受形似字影响、受多音字影响而读错;在字义方面主要是受汉字形旁的影响、受一字多义影响、受理解方法影响、受识记品质影响而出错;在字形方面除了受主观态度影响之外,在客观上容易写错的原因有:结构复杂,笔画太多,最容易出现增加笔画或减少笔画的错误;笔画太多,使用频率低,学生容易出错;形近字只有细微差别,学生容易出错。在写别字方面,音同、音近或义近易造成错误,识记错误和学习态度也影响书写的正确。(谷生华、林健,2002)陈俊和张积家就小学低年级学生对陌生形声字的语音提取特点进行了研究,他们发现:字频、声旁位置、声旁与整字音段的关系影响小学二年级学生对陌生形声字的语音提取。高频字的命名成绩好于低频字,声旁在右的形声字命名成绩好于声旁在左的形声字,声旁与整字音段相同的形声字命名成绩好于声旁与整字音段部分相同或完全不同的形声字,体现了"规则效应"。语文水平也影响被试对陌生形声字的语音提取。小学生对左右结构的陌生形声字的语音提取策略按使用频率依次为:读半边、部件重组、整字形似、部件形似、词汇联拼、部件意义联想、整字意义联想、部件词汇联拼。当陌生形声字的形旁不可命名时,小学一年级学生对整字的命名更倾向于利用声旁信息。形声字声旁在右时,利用可单独命名的声旁命名整字的可能性更大。当形旁可命名时,声旁的语音线索与形旁的语音线索存在竞争。(陈俊、张积家,2005)

王娟等对小学生识字过程中的义符一致性意识发展特征进行了研究,结果表明:第一,儿童的义符一致性意识随着年级增长而提高。三年级儿童尚未获得一致性意识,四年级儿童初步具备义符一致性意识,五年级儿童的义符一致性意识获得了长足的发展,六年级儿童获得了完善的义符一致性意识。第二,义符一致性意识与认知发展水平、已有知识及加工策略有密切关系。在汉字教学中应该有意识地培养儿童的义符一致性意识。(王娟等,2015)

2.写字学习特点的研究

研究者们对小学生写字学习特点的研究主要集中在错别字领域之中。所谓错别字是错字和别字的合称。所谓错字是专指写得不正确的字,即写成不成其为"字"的字;而别字则是误写成其他一字以代替原来要写的字。1980年,潘菽经过研究发现学生写字出现错别字时主要呈现下列特点:第一,错别字字数的多少与年级的高低成反比。年级越低,出错率越高,并且错字多于别字;年级越高,出错率越低,别字多于错字。第二,错字的出现频率与字的笔画多少和结构复杂程度有关。笔画多而结构复杂的字比笔画少而结构简单的字出错率高。笔画少而结构简单的字,易产生添笔错误,笔画多而结构复杂的字,易产生减笔错误或结构移位、部件混淆错误。第三,从错字发生的部位来分析,一般字的大体轮廓错误少,字形的内部细节出错多;字的细微的隐蔽部分比明晰部分错误多;别字以音近致误占多数。第四,从错别字的整体来分析,错字比别字多。在错字中,以音同形近字的错误最多,在形错字中以笔画添减错误最多。第五,不常见的字比常见的字错误多。上述特点是就一般情况而言,不是绝对的,个别情况又当别论。(潘菽,1980)朱作仁在总结前人的基础上提出小学生在写字过程中,写错字主要有四种类型:第一类是增添个别笔画;第二类是丢失个别笔画;第三类是改变字形的部分;第四类是改变字形的组织。写别字也有四类:第一类是音同而义不同的音别字;第二类是音形相近而字义不同的别字;第三类是形近而音义不同的形别字;第四类是形近而音义不同的形别字。小学生之所以写错字主要与以下三种原因有关:第一,汉字本身的特点与字词的性质;第二,一些教师的识字教学方法或安排不当;第三,与学生自身的认知有关。除了学习目的、学习态度、学习习惯,以及基础知识等方面的问题外,主要与儿童的认识特点有关,在心理上大致是由这样一些矛盾所造成:已知的音义与未知的字形的矛盾;大量感知字形与缺乏书写基本练习的矛盾;空间知觉上的一般综合能力与缺乏精细分析能力的矛盾;理解抽象词义与缺乏生活经验、知识基础的矛盾;注意的随意性与不随意性、稳定性与易变性的矛盾等。(朱作仁,1984)而申纪云从心理学角度对小学生产生错别字的原因进行了深入的分析,她认为原因主要包括以下几个方面:第一,缺乏精确的分化性知觉能力,感知不精确,辨析不准确。第二,记忆不清,似是而非地臆想类推致误。第三,对字义理解错误或不完全。第四,先前

识字的负迁移作用。第五,注意不稳定,粗心大意。(申纪云,1989)

进入21世纪后,虽仍有教育工作者就小学生写错别字进行研究,但研究成果几乎没有突破前人的研究,较有新意的是杨美芳在分析学生写错别的原因时除了总结上述原因之外,还指出了社会不规范用字的影响,以及在学生自身原因中还指出了心理定式对写错别字造成的影响。(杨美芳,2016)

(二)识字学习的心理过程

对于初入学儿童学习汉字的过程,研究者们发现:字形是掌握汉字的难点,熟记字形需握历三个发展阶段:即从识记字形结构粗略轮廓的泛化阶段起,经过建立字形结构各组成部分和形、音、义三者统一联系的初步分化阶段,到最后形成字形结构各组成部分和形、音、义三基本因素统一联系的牢固精确分化阶段。因此要彻底完成识字"四会"的任务,必须经过识字、阅读、写作几个基本教学阶段的反复练习和实践。(万云英、杨期正,1962)佘贤君等人对小学生在识字过程中汉字心理词典的发展、建构过程进行了研究,发现:字形是最主要的表层线索,字音是暂时的中介,字义是深层表征。因此随之而来的学习建议是:低年级应注重字音学习,尤其要纠正方言中的字音错误;小学各个年级都要注重字形学习,学习过程中要注意发现并纠正多笔划、少笔划、写错部件的现象。小学低年级要注重区分同音字的不同意义,中高年级要注意区分近义字和多义字的不同意义。(佘贤君等,1998)

刘伟和张必隐认为汉字的阅读认知历程为:从字形视觉信息经过视觉信息的整合到达表层心理词典,再通达到深层心理词典。此结论有利于加深对汉字认知过程的了解。(刘伟、张必隐,2000)辛涛等人对识字过程进行了研究,认为识字的实质在于建立有关字词的心理词典,构建有关字词的心理表征系统,形成有关字词的音、形、义、用的统一心理结构。其中,有关字词的音、形、义的心理表征系统属于字词结构的内部系统,而有关语用的表征系统属于字词结构的外在系统,是与语法相联的中介系统。因此,所谓识字,一方面要掌握有关字词的音、形、义三要素本身,要建立起三者之间的相互联系,以形成有关字词的整体心理结构;另一方面,要注意所掌握的字词的实际应用,以达到会读、会写、会讲、会用("四会")的目的。当然,掌握字词的音、形、义三个内在子系统及其相互关系是识字的重点,字词的运用是为了更好地掌握字词,是为掌握字词服务的。(辛涛等,2000)张积家和张厚粲对汉字认知过程中的整体与部分关系进行探讨,他们认为部分与部分、整体与部分的关系是影响汉字认知过程和策略的重要变量,人们加工汉字的过程和方式视汉字的部分与部分、整体与部分的关系而定。(张积家、张厚粲,2001)

董蓓菲认为识字的过程中要在汉字的音、形、义三者之间建立六种心理联系:第一,看见字形,知道该汉字的读音;第二,看见字形,知道该汉字的字义;第三,听见字音,知道该读音所代表的汉字的字形;第四,听见字音,知道该字音所表达的意思;第五,想表达一个意思,能发出该汉字的读音;第六,想表达一个意思,能写出该汉字的字形。(董蓓菲,2015)

(三)识字学习影响因素的研究

对影响儿童迅速精确掌握汉字的因素,研究者们通过研究发现:儿童生理和心理发展的水平、汉字本身的特点、教学的安排起着重要的作用。其中教学似乎起着决定性的作用。字形结构的简繁可能对字形的掌握有直接影响。识字教学初期,立即注意加强字形结构的分析。同时引导学生充分发挥视、听、动觉等多种分析器的协作活动,即结合书写指导加强写字练习,对精确分化字形具有积极的作用。但分析字形时需避免为分析而分析的形式主义倾向。另外,根据儿童对结构简单、笔划较少的字容易掌握的特点和以后加强字形分析的需要,在识字教学的初期,有计划地先教学生掌握一批常用基本字和基本笔划、笔顺是必要的。(万云英、杨期正,1962)

还有研究者对小学生识字的文化背景与性别差异进行了研究,认为:儿童识字受文化背景制约,出现城乡差异。其差异在于量,而不在于质。在性别上,小学四年级之前,男优于女;五年级起,转为女优于男,转折点为四、五年级。研究表明,比起男生,女生更善于形象思维。(黄仁发,1985)

进入20世纪90年代后,舒华等人对小学生语音意识和汉字形旁意识对识字的影响作用进行研究,结果发现:第一,拼音对于小学低年级的儿童学习生词虽有积极作用,但它的作用是有限的,主要是帮助儿童学习口语中熟悉的生词;并且,拼音的作用不是唯一的。第二,小学儿童的汉字形旁意识随年级升高而发展,其利用汉字形旁信息帮助学习和推理生字词的能力随着年龄增长而发展。这种能力在一年级儿童中还不明显,三、五年级儿童已能较好地利用形旁分析帮助学习和推理生字词;并且语文能力高的儿童利用形旁进行生字词学习的情况优于语文能力低的儿童。第三,形旁意义的熟悉度、生字概念的熟悉度等影响到小学儿童对汉字形旁信息的利用。(舒华等,1993)进入 21 世纪之后,他们还研究了声旁部分信息在儿童学习和记忆汉字中的作用,结果发现儿童学习和记忆汉字的正确率随声旁提供的整字读音信息不同而不同:当声旁提供全部信息时正确率最高,当声旁提供部分信息时次之,当声旁没有提供信息时最低;而且声旁提供的部分信息越多,正确率越高。结果表明,儿童对声旁提供的部分读音信息敏感,发展声旁意识对学习和记忆汉字有积极作用。(舒华等,2003)

除了上述研究外,还有研究者对汉字记忆提取的脑机制进行了研究。(罗跃嘉等,2001)对结构对称汉字识别的加工机制进行了研究。(陈传锋等,2002)对汉字中的词频和累计频率对汉语单字词在头脑中加工的作用进行了研究。(徐彩华、张必隐,2004)对声旁整字的音段、声调关系对形声字命名的影响进行了研究。(张积家、王慧萍,2001)还有研究者对笔画复杂性和重复性对笔画和汉字认知的影响,声符和义符在形声字语音、语义提取中的作用进行了研究。(张积家等,2002、2014)另外,还有研究者对汉字整体和笔画频率对笔画认知的影响(王慧萍等,2013),对声旁与笔画省略方式(省前、略后、不省)对形声字识别的影响(闫国利等,2013),对声旁语音信息对形声字加工的影响(迟慧等,2014)等进行了研究。不过,这些研究都是以成人为对象的研究,但是这些实验研究揭示了中国语文识字的内在规律,为识字教学及实验提供了重要的生理学、心理学依据。

(四)识字与写字学习指导研究

1.识字学习指导研究

唐自杰通过对比分析字形与书空两种方法对掌握字形效果的研究,认为在小学低年级，字形分析法的效果要优于书空，虽然书空对低年级学生掌握字形也有一定的作用。因此，在低年级识字教学中，应主要采用字形分析法，同时可适当地配以书空的方法为辅助。（唐自杰，1980）

张素兰、冯伯麟对集中识字与分散识字对于不同认知方式的学生的识字效果的影响进行了研究。他们认为：第一，"在集中识字中，场独立性、中间水平的儿童在集中识字中显著地优越于场依存性者，场依存性的学生不适于集中识字，场独立性的儿童适于集中识字。"第二，"在分散识字中，场独立性儿童的成绩比集中识字的成绩出现下降的趋势，场依存性者的成绩比集中识字的成绩有较大幅度的提高，说明场依存性者适于分散识字。在分散识字中各种认知方式的成绩无显著性差异。"第三，"中间水平的场依存性者对两种教学方法无显著性偏好。"所谓的场独立性是指在信息加工中对内在参照有较大依赖倾向的人的认知方式。而场依存性则是指在信息加工中对外在参照有较大依赖倾向的人的认知方式。（张素兰、冯伯麟，1985）谷生华和林健针对小学生的识字学习中出现的问题，提供了方法指导：在汉字的读音方面，"受形声字声旁影响而认错"的字，可以采取列表统计法、识新忆旧法、顺口溜和猜字谜法予以解决；"受形似字影响而认错"的字，可以采用差异凸现法、口诀法、统计比较法予以解决；"受方言影响而读错"的字，可以采取及早纠正发音错误、学习方言音与普通话声调的对应规律、多模仿多练习的措施予以解决；"受多音字影响而读错"的字，可以采用归类整理法、多音字造句法、定时朗读法予以解决。在汉字的字形方面，"受客观因素影响而写错"的字，可以通过部件拆卸法、口诀记忆法、会意拆字法、及时复习法予以解决；"受主观因素影响而写错"的字，可以采用细节凸现法、强制法、惩罚法等予以解决。（谷生华、林健，2002）张文彬以小学二、四年级学生为被试，对阅读课中集中识字与分散识字的效果进行了比较研究，他的结论是"集中识字效果略优于分散识字（集中识字的识字效果在各分维度及总体的平均值上都高于分散识字），且年级越低、学习能力越差的学生集中识字的效果越好，但两种识字效果无显著差异"。其原因是集中识字更能满足低年级学生及学困生学习的心理需求，集中识字直接指向识字教学的基本任务。同时，他还指出：第一,集中识字更符合阅读课识字量大的需要;第二,集中识字更符合学生自主识字能力的培养。因此,他强调在选择识字教学方法时要多一分理性的思考和科学的判断,切不可追求时髦,随意标新。(张文彬,2021)

另外,自1949年以来,广大的教育工作者在教学实践过程中还进行了一系列的识字方法教学实验,比较有代表性的有以下几种:

"集中识字"实验。"该实验是总结和发展我国传统经验而创造的一种识字方法。它始于1958年,由辽宁省黑山北关实验学校率先实施,后来在北京景山学校推行,取得了很好的成绩,小学生可以在两年内识字2500个,达到能独立阅读一般通俗书籍,写简单的文章,比当时的普通学校提前了两年左右。该实验因"文革"被迫中断,"文革"结束后得以恢复,并在全国许多地方的众多学校进行推广,编制了实验教学大纲,编写了不同风格的实验课本,识字教学方法也有了新的发展。

"分散识字"实验。1958年,南京师范大学附属小学斯霞向传统的识字教学法提出挑战,率先进行分散识字实验。可以说,"集中识字"与"分散识字"各有优点,也均有局限。

"部件识字"实验。河北省沧州地区的部件识字实验发轫于1965年。它按部件及其在汉字中所处部位的分析进行识字。其基本过程是:看字形的整体,就分析出它是什么结构。根据字形结构,确定它的不同部位,解释出部件,把部件组装成整个字。

"注音识字,提前读写"实验。该实验最早由黑龙江教育学院教师提出,于1982年9月开始在黑龙江佳木斯市第三小学、拜泉县育英小学和纳河县实验小学进行试验,之后逐渐影响全国。

"字源图解·注音·电教识字"实验。这是1984-1985年四川邻水师范附小开展的一项实验。该实验利用电化教育手段使抽象的文字形象化、动态化、字音与字形融为一体,增强对汉字的理解。

"韵语识字"实验,该实验由辽宁丹东东港市实验小学1987年提出并实施。它充分运用定位联想和奇特联想的方法,把小学语文教学大纲中提到的2500

个常用汉字，先组成常用的词，再用这些词组成最通俗有趣、易于理解、短小精悍并且具有儿童特点的韵文进行教学，使一年级儿童能轻松愉快地在一年内认识2500多个汉字，进而实现尽早大量阅读和写作。

"字族文识字"实验。该实验为四川井研县教育局首创，1991—1993年开展了实验。它以汉字母体为主线，采用字形类联、字音类聚、字义类推的方法，将文字演化为画面，铺设成故事，从而将一组字的形、音、义统一在生活情境之中，区别异同，充分展示汉字的构字规律。此实验证明，小学二年级可掌握常用汉字2489个，达到小学六年级的识字量，阅读量达到42万字，比普通班多27万字。该项实验被专家誉为"历史性突破"。

"字理识字"实验。该实验系湖南岳阳市教科所贾国钧主持的一项历经多年的实验研究。它依据汉字的组构规律，运用汉字形与义、音的关系进行识字教学。其教学程序是：定向——教学字音——解析字理——分析字形——练习书写。

除上述较为著名的识字实验外，其他汉字识字实验还有："快速识字，读写并进"实验(友生,1987)、"拼音直读"实验(潘自由,1991)、"在语言环境中识字"实验(李伯棠,1988)、"分类识字"实验(黄剑杰,1989)、"字谜识字"实验(辛连翔,1990)、"汉字标音，及早读写"实验（四川省万县市天城区教委课题组,1995)、"听读识字"实验(谷锦屏,1997)、"识字双轨"实验(孙丽华,1998)，等等。这些实验均从不同角度对识字学习进行了富有特色的探索与实践，丰富了识字学习的认识，为改善识字教学，提高学生的识字学习效率奠定了一定的基础。

2.写字学习指导研究

在写字学习指导方面，除了平时教师指导正确的握笔方法、坐姿、注意书写汉字时的间架结构，要求写规范字之外，潘菽研究了学生写字速度与品质之间的关系，结果发现，写字速度和写字正确性之间存在复杂的关系，非写字速度越慢书写的品质就越高，也非写作速度快书写品质就低，而是表现出突出的个体差异性。因此，对于学生写字的指导要因人而异(潘菽,1980)。李德钰对写字遍数与记忆效果之间的关系进行了研究，结果提示：第一，小学生抄写生字，连写遍数以三遍为好,这与人的瞬间记忆和短时记忆规律相吻合。在连写遍数超过三遍时,小学生的注意力就会逐渐分散,产生厌烦心理,不仅成绩不会提高,反而有下降趋势。第二,小学生分写生字,以不超过四遍为好。第三,分写和连写相比较,分写四遍的最高成绩为82分,而连写三遍的最高成绩为80分,因此,如果以五个生字为一组,在每个字连写三遍以后,可按顺序分写一遍,其记忆效果则会更好。(李德钰,1987)佟乐泉研究了写字反馈与写字效果之间的关系。他以小学一年级和四年级各16名学生为被试者,要求他们在正常、见笔不见字、见字不见笔、遮掩、盲写五种条件下书写同一句话:"我是中国小朋友"。结果显示:两组学生中书写自动化程度越低的学生,反馈的作用越大。在书写过程中,视动协调要比任何一项单独的反馈更重要。(佟乐泉,1984)因此,在指导学生写字时,要让学生一边认真看一边写。

  除了上述研究之外,如何避免学生写错别字是研究者们用力较多的领域。万云英、杨期正认为通过"同中找异""异中找同""正中辨误""误中辨正"等方法来对比辨析错别字可以取得良好的效果。(万云英、杨期正,1962)唐自杰则发现"学生主动分析与多次练习相互结合"及"学生主动分析与多角度组词相结合"效果最好,而"只讲不练"或"只练不讲"的纠错效果最差。(唐自杰,1965)朱作仁认为在纠正错别字的方法中,以下几种方法效果较好。第一,学生主动分析与联词、造句联系相结合优于抄正法。所谓抄正法,就是只让学生把写错写别的字改正一下,照正确的字重抄几遍。第二,在复习课中的正误对比法优于抄正法。第三,改错法与选择法对错别字的纠正有积极的效果。所谓改错法就是指教师将儿童的错别字故意"误"写在词语或句子里,让儿童去辨别改正。或者把容易搞错的字嵌在编好的语句中,在课堂上朗读,让儿童听写。所谓选择法是将别字和正字一起用括号嵌在一个句子里,让学生将正确的标出。第四,综合练习法对纠正错别字也有较好的效果。所谓综合练习法就是指将改正后的正字作正音、辨形、释义和运用的综合训练,借以加深理解和巩固。(朱作仁,1984)申纪云则从心理学角度提供了纠正错别字的方法:第一,辨字音,记字形;第二,区分偏旁含义,辨字形;第三,分析结构,记字形;第四,抓住少数,推及多数;第五,辨字义,

记字形;第六,反复分析,查明原因;第七,灵活运用改错法、选择法、综合练习法,帮助学生纠正错别字。(申纪云,1989)

之后,虽仍有教育工作者就小学生写错别字的纠正之法进行研究,但研究成果几乎没有突破前人的水平,较有新意的是张春雅采用实验的方法,对教师批改标识方式与学生改正错别字效果的比较研究,结果表明:不同批改标识方式对不同年级的学生改正错别字有显著影响,不管哪个年级,"全标识"的批改方式对学生影响最大,"半标识"次之,"不标识"的批改方式影响最小;不同批改标识方式对不同类型的学生改正错别字有显著差异,"全标识"的批改方式对差等生最有帮助,中等生次之。(张春雅,2017)

三、小学语文阅读学习及其指导研究

(一)有关阅读学习特点的研究

中华人民共和国成立后,在周总理向"科学进军"的号召下,研究工作者们对小学生的阅读学习开展了科学研究,其有代表性的成果如下:1962年,万云英、时蓉华对一年级儿童语文课文分段、概括段落大意的思维特点进行了研究,结果发现,只要教学方法得当,小学一年级下学期的学生就能比较正确地按课文的逻辑意义和结构特点划分段落,并概括出详简不一、基本正确的段落大意。(万云英、时蓉华,1962)接着,时蓉华、钟启泉对小学生概括段意中的表象因素和逻辑因素进行了研究,结果发现:在初步理解课文的基础上,通过进一步分析课文的内容层次、掌握课文的逻辑关系而编拟标题显著优于通过表象作用而编拟的标题。他们还认为,在初步理解课文的基础上分析逻辑层次,能促进学生深入地理解课文内容与结构,有助于充分调动其智力活动的积极性,有助于概括段意。(时蓉华、钟启泉,1965)在"文革"结束后的相关阅读研究中,黄仁发对阅读过程中小学生词语、单句、复句的掌握情况进行了系列研究,结果发现:第一,小学生的词语是随着年龄的增长而拾级而上的。小学生在词语发展的进程中,表现出的特点有二:一是受语言环境的制约,掌握段、句中的词语容易,单词则难;二是受词语性质制约,掌握实词容易,虚词则难,虚词中介、副二词更为困

难。第二，中小学生词语发展，城乡儿童差异十分显著，其原因是城乡文化背景不同，男女生之间差异不显著。第三，小学生词语发展中，存在着低潮期。城市儿童低潮明显，乡村儿童不甚明显；男生明显，女生不甚明显。第四，任何的词，都有两重总义：词汇意义和语法意义。这两种意义，在语言环境里是辩证的，在发展的进程中是互为促进的，必须同步。第五，小学生分析句子成绩的年龄差异十分显著，其成绩随着年级的增长而逐级提高，形成十分显著的阶梯性。第六，小学生在复句的发展上存在显著的年龄差异，其理解和掌握复句受着材料性质的制约。小学生复句成绩偏低的原因除了受学生自身主观原因之外，更重要的客观因素是教育和训练的"忽视"。(黄仁发，1986、1988)另外，黄仁发还对小学生归纳文章中心思想的特点进行了研究，研究发现：第一，小学生归纳文章的中心思想能力，随着增龄而增长，在其发展的进程中，小学四年级是关键年龄段，起"发切"作用。第二，小学生归纳文章的中心思想，城乡差异十分显著，但其发展过程中呈交叉现象，所以并不表示他们心理实质之不同，只说明文化背景之差异。男女之间差异不显著，女生略优，具体表现在比男生精心、细腻。第三，小学生归纳文章中心思想的成绩，随材料而异；在浅近的、有现成的语言文字可摄取的，成绩相当理想，小学高年级就可进入及格线。反之，则差。(黄仁发，1989)

莫雷等人对不同阅读过程中文章信息保持特点进行了实验研究，结果发现：在自然阅读文章的情况下，一般读者所进行的主要是运算性的信息加工活动，是一种筛选保持的过程，服从于中心效应；而在明确的记忆要求下，读者所进行的主要是联结性的信息加工活动，是一种一般的意义记忆过程，服从于首尾效应。(莫雷、陈雪枫，1997)莫雷等还对阅读过程中类比结构映射效应与共同元素效应对阅读信息保持的迁移作用进行了研究，结果发现结构映射的类比过程与共同元素的重复过程都促进文章阅读保持的迁移。(莫雷、郭淑斌，1999)

(二)对阅读感知的研究

对小学生的阅读感知进行研究，最容易从表露于外的眼球跳动情形得到观察。1984年朱作仁总结了前人的研究结果："①阅读时眼球动着的时间只占全部阅读时间的百分之五、六，大部分时间眼球是停着不动的。阅读全靠这眼球停着的时间注视字句形状。②眼球每次停顿注视读物,最多可见六、七字,最少不到一字,因为有时一字须经二、三次的注视。③眼球每次注视时间长短不一,平均在每秒的三分之一左右。④每篇文字的第一行,眼停次数较以后各行略多,这是由于开始阅读时,对全篇意义尚无头绪的缘故。"同时,他还指出:在课文的感知过程中,词是一个比较重要的单位,言语信息在人脑中可能有一个以词为单位的存储系统。词的联系愈巩固熟练,愈有利于快速阅读。所以学生在学习时应充分注意对词这个单位的掌握。(朱作仁,1984)影响阅读感知的因素有识字量和视读广度。(杨成章,1994)

对于阅读感知,除了心理学界从认知层面进行研究之外,在阅读过程中的"语感"也广为教育工作者所关注,并且对何谓"语感"也形成了不同的看法。夏丏尊认为语感就是对于"文字"的"灵敏的感觉"。叶圣陶将语感的对象由"文字"扩大为"语言文字"。他说:"了解一个字一个词的意义和情味,单靠翻查字典词典是不够的。必须在日常生活中随时留意,得到真实的经验,对于语言文字才会有正确丰富的了解。换句话说,对于语言文字才会有灵敏的感觉。这种感觉通常叫作'语感'。"(叶圣陶,2015,第 196 页)邢公畹认为语感是某一语言的本地说者对这一语言的共同的感性认识。(邢公畹,1981)之后,吕叔湘在前人的基础上又将语感具体化为语义感、语法感、语音感等。他说:"人们常说'语感',是总的名称。里面包括语义感,就是对词语的意义和色彩的敏感;包括语法感,就是对一种语法现象是正常还是特殊,几种语法格式之间的相同相异等等的敏感;当然还包括语音感。"(吕叔湘,1985)李海林认为语感是对语言隐含意义的一种深刻的感觉。(李海林,1992)苏廷桢等则强调"语感是一种感情",认为语感基本传达媒介只能是语音,所以语感也就是以一定的语音形式发生的心理语言现象,它的基本存在方式只能是有声语言。虽然不同的学者表述各异,但是多数学者的观点已渐趋一致,王尚文将其总结为"语感是人对语言直觉地感知、领悟、把握的能力。即对语言的敏感,是人于感知的刹那在不假思索的情况下,有关的表象、联想、想象、理解、情感等主动自觉地联翩而至的一种心理现象。"同时,他还强调语感不仅仅是一种语言知识,而是和人的观念、人的情绪交融在一起的,它既有语言的因素,也有认识和情感的因素;它是一种具有社会性的感觉,是对语言对象在语言知识、认识情感内容等方面全方位的整体反应的判断。(王尚文,1993)语感的本质是:"主体在言语对象的刺激之下给出有关的语感图式与之匹配形成相应的格式塔(意义的'完形')并同时做出正误、真伪、是非、美丑的判断"。(王尚文,1995)

对于语感所具有的特征,不同的研究者也有不同的看法。如:李珊林认为其具有间接性、整体性、经验性等特征。(李珊林,1990)钱华则认为其具有瞬时性、恒常性、整体性、内隐性、个体差异性等特征。(钱华,2004)最具有代表性的则是王尚文的观点,他认为语感具有两个基本特征,一是直觉性,二是个人性。直觉性是语感最基本的特征,是思维性、理解性的结晶,是理性在感性中的沉淀,是理解性溶解于其中的感性。个人性是指语感缘"语"而生,个人言语不同,语感也必不同。但语感的个人性必寓于社会性之中,否则,他就既听不懂别人的话,也说不出别人能听懂的话。语感的个人性实质上是社会性的表现形式。另外,王尚文根据言语信息的输入与输出方式之不同,还将语感分为听读型语感(也称之为输入型语感)与说写型语感(也称之为输出型语感),并指出两者虽然类型是不同的,但是它们并不是互不相干的两套语感,听读型语感是说写型语感的基础。此外,他还指出语感具有理解、情感、造型与监察功能。(王尚文,1995)2000年时,他又对语感的特征进一步总结,丰富为:感性与理性的统一,个人性与社会性的统一,科学性与人文性的统一,继承性与创造性的统一。并将语感的类型进一步细分,除上述分类类型之外,他又依据口语与书面语的不同,将语感分为口语语感和书面语语感。并认为输入型语感具有理解、表象与想象、情感功能,输出型语感具有造型与监察功能。(王尚文,2000)

对于语感的运行机制,王尚文将其分为听读型语感机制和说写型语感机制,并利用皮亚杰的发生认识论原理和心理语言学的相关研究成果对其加以阐释。(王尚文,2000)对于构成语感的心理要素,朱作仁认为其包括联想、想象的活动、情感的激发、思维的参与。(朱作仁,1984)杨成章认为构成语感的诸心理要素包括敏锐的感知、直觉的思维、丰富的想象、真切的感情体验,等等。(杨成章,1992)而王尚文认为包括记忆、表象、想象、情感。同时,他认为语感的形成与个人的先天禀赋、语言知识、文化修养、社会身份、思想感情有着重要关系,并且在此基础上还可以"创造语感"。(王尚文,2000)

(三)对阅读理解过程的研究

朱作仁认为学生在阅读过程中存在着两种不同的思维加工方式:逆分析方向和顺分析方向。所谓"逆分析方向",指的是从信息的"最低"水平——感觉材料开始,逐步连锁向上到"最高"水平——意义结构的分析过程。所谓"顺分析方向",则与上述的分析方向相反,它是从课文的一般概念化的最高水平开始,再到越来越具体化的信息,最后到特定的词,以及视觉和听觉的印象。"这两种心理历程是密不可分的,它们的关系,前者是基础,但有待于发展到后一历程,没有后一历程,读文章就知其然而不知其所以然;没有前一历程,后一历程的发展和提高就没有前提,它们是辩证统一的"。(朱作仁,1984)田本娜认为学生阅读的理解阶段,一般要经历两个过程。一是由语言形式到思想内容。对学生来说,完成了这个过程,对文章的内容、语言文字仅达到初步理解水平。更重要的是在这个过程中还不能很好地学到读书方法。二是由思想内容到语言形式。这一过程是理解作者写文章的过程。对学生来说,这是阅读的重要过程。当学生初步理解了文章的内容和思想之后,还要从已理解的内容和思想为出发点,反过来进一步理解作者为表达思想感情而进行立意与构思、布局谋篇、选材与组织、遣词造句、情感表达与道理阐述的方法。阅读理解的两个过程密不可分,相互交错,二者是辩证统一的;前一过程是基础,后一过程是提高。并将学读书和学作文统一于一个过程之中。(田本娜,1989)阅读理解的过程从微观上谈要经历字词解码——词义获得——句子理解的过程,从宏观上谈要经历段落分析——篇章训练的过程。(朱作仁、祝新华,2001)对于阅读理解心理过程的研究,还有研究者介绍了以高夫(Gough,1976、1985)为代表的"自下而上"模式、由古德曼(Goodman,1976)提出的"自上而下"模式以及鲁墨哈特(Rumelhart,1980、1985)提出的"相互作用"模式,以及国外20世纪八九十年代的课文理解阅读模型研究情况。(辛涛等,2000)

第三,对具体阅读形式的研究。首先是有关朗读心理过程的研究。朱作仁认为学生要形成初步的朗读能力需要经过三个相互联系的发展阶段:"分析阶段"——"初步综合阶段"——"分析——综合平衡阶段"。(朱作仁,1984)朗读技能是随着年龄的增长,即年级的升高而逐渐发展的,且朗读的成功必须以识字为基础,以理解为条件。学龄儿童在朗读水平的发展过程中,其呈现出以下主要特征:第一,与其朗读材料的性质相关,材料适合儿童的知识结构者,成绩便佳,反之则差;第二,朗读水平与学龄儿童的语文成绩成正相关;第三,各指标发展不平衡。一般而言,学龄儿童的朗读,"亮度"最佳,"口齿"和"准确"二指标,在适合其知识结构的朗读中相当良好,反之则差;最次者为"技能"。小学生的朗读技能在逐步形成之中,掌握朗读技能的年龄是初中,至高中技能才得以较为完善地发挥。第四,各年龄段发展不平衡。小学阶段处于逐步发展期,而整个初中段则处于高原区,影响着健康发展。第五,存在城乡差异。城市儿童朗读优于乡村儿童,但主要表现在"量"的方面,不在于"质"的方面,二者的"技能"相近。第六,存在性别差异,朗读水平随材料性质的不同而变化,总体呈现出男女朗读各有千秋的状态。不过,女生在"口龄"与"表情"方面表现出优势,这似乎与女生的发音机制和形象思维有关。(黄仁发,1986)代顺丽认为朗读是语音呈现与信息加工交互进行的一个过程。只有外部的"语音呈现",没有内部的"信息加工",是"死读";只关注如何优美地呈现语音而不顾意义理解的"美读",是只重形式而无实质的教学"花架子"。根据目标指向、外部的语音呈现和内部的信息加工等方面的不同,"语文朗读法"分为"标准朗读"和"表情朗读"两种类型。两者各有所长,不可偏废。(代顺丽,2016)另外,周雪莲等人通过对八个班的二年级汉语儿童进行了长达一年的追踪,深入探索了朗读流畅性在儿童阅读发展中的作用。结果发现,篇章朗读流畅性与学生的多项言语和阅读能力呈正相关;在控制了年龄、汉字识别和口语词汇量之后,只在三年级时发现了篇章朗读流畅性对同时期的阅读理解有独特解释作用,但未能在二年级时找到类似的横断证据;但在排除了自回归效应和其他变量的作用之后,二年级时的朗读流畅性对一年后的阅读理解具有独特的预测作用。这表明朗读流畅性在汉语儿童阅读能力发展中具有重要预测

作用,今后的理论研究和教学实践都应对此给予足够重视。(周雪莲等,2016)

其次是有关默读心理过程的研究。朱作仁认为默读能力的形成一般经历小声的"默读"阶段和无声阶段。(朱作仁,1984)万云英等人则认为默读能力的初步形成要经历从大声朗读、轻声念诵、动唇默读至无声不动唇默读的阶段。(万云英、翟惠文,1985)朱智贤认为小学生的默读能力形成可分为明显的嘴动阶段——潜在的嘴动阶段——嘴动消失阶段。(朱智贤,1990)对于默读能力的高低,朱作仁认为可以通过阅读的速度、记忆(即时识记)、理解和辨别四个方面加以测定。(朱作仁,1982)并且认为"在学生的默读能力的发展过程中,理解与速度是成正相关的。一般认为,速度与理解两者不能并存,速度高必牺牲理解,所谓'欲速则不达'。但其实则不然,速度与理解的发展是同时并进的,即阅读比较快的,理解也比较好。但是这并不意味着阅读速度可以无限地加快。要求过快,就来不及理解素材的意义。实验证明:太快或太慢的阅读都是不好的。阅读太慢,容易分散注意力,出现一些不相干的思想干扰。只有阅读的速度足以使阅读的内容完全为学生所意识到时,这种阅读才是有效的"。(朱作仁,1984)万云英等人认为,默读技能越熟练,默读越迅速,记忆百分率越高,理解越深刻。阅读技能的掌握,速度和阅读时的理解,记忆水平成正比,反之则理解差,记忆少。(万云英、翟惠文,1985)进入21世纪后,有研究者对朗读水平和课程标准中阅读素养之间的关系进行了研究,研究发现:学生的朗读水平与他们在阅读理解过程中的提取信息、推论信息、分析信息、解释信息、整合信息、整合主旨六项能力不相关。学生的朗读水平和整体阅读素养不相关。小学中高年级段的学生在课堂上大声朗读并不能有效促进他们掌握更多的阅读策略,不能有效提高他们的阅读理解力,也不能有效改善他们的阅读动机和态度。因此,给出的教学建议是在小学中高年段的阅读教学课堂上,要着眼于学生阅读素养的有效提升,不能想当然地扩大学生朗读课文的学习功能,应当给过"热"的小学课堂朗读降降"温"。(冯迪鸿,2016)

(四)影响小学生阅读理解的因素研究

朱曼殊、武进之研究了代词、句法信息、语义信息、句子结构等因素对小学生理解句子的影响,其结论是:(1)儿童对句子中代词的理解与对整个句子的理解有密切关系。(2)句法信息与语义信息在儿童理解句子过程中的作用,随主客观条件的变化而异。在通常情况下,如果句子结构不太复杂,内容又不陌生,儿童往往根据已有知识对语义信息进行加工(主观预测),而句法信息退居次要地位;若句子结构比较复杂而内容又不太熟悉时,则多半是先通过对句法信息的加工而后揭示意义。这也说明,儿童在理解新句子时,往往不是依据整个句子所提供的全部信息,而只是首先从抓住其中最少量的信息出发来选择和恢复记忆和它有关联的各种表象和联系,从而理解句子的意义。(朱曼殊、武进之,1980)

田本娜在研究中关注到非认知因素对阅读理解的重要影响,重点分析了兴趣、注意、情感与情绪、意志等非认知因素对学生阅读理解的影响。其中,其将阅读兴趣分为直接兴趣和间接兴趣两种。认为阅读的直接兴趣是由阅读内容的特点和阅读方法得当直接引起的,阅读的间接兴趣是和学习的自觉性密切联系的。而前者对于培养学生的阅读兴趣更为重要。(田本娜,1986)还有研究者关注到阅读材料中不同的语境对学生阅读理解的影响,发现:有插图的语境比没有插图的语境理解起来更容易。(张厚粲、彭聃龄,1986)还有研究者关注到了主题句对阅读理解和概括中心思想的影响,结论为:①小学四、五年级学生独立阅读时理解段意和概括中心思想,受多种内部条件和外部条件的制约。其中,文章有无主题句、年级差异以及文章本身的难易度,都各自作为一种条件以不同的程度影响着这两项任务的完成,而且这三个条件之间还有着复杂的交互作用。②主题句可以促进、加深学生对文章的理解,这种促进作用在学生对文章已有了一定程度的理解的基础上可达到最佳效果。主题句能使学生在理解文章内容的基础上更好地把握中心思想。③女生在概括中心思想和理解段意的能力比男生强。(万云英等,1990)接着,钱文与万云英对主题句和寓言规则的掌握对阅读理解的影响也进行了研究,结果发现:中小学生在阅读寓言时,对文章主题句和寓言文体规则的掌握,是加深对文章内容的理解和寓意揭示的两个重要线索,它们有助于激活读者已有认知结构中相应的比较固定的已有知识概念,从而使之迁移到新的学习情境中,加深、完成阅读理解的任务。这意味着,文章的主题句,文章体裁的特点和结构规则,是影响读者阅读理解的重要外部条件,而读者本身是否具有与所学文章内容、结构相适应的原有知识和认知结构,则是影响阅读理解和分析技能实现的内部条件。(钱文、万云英,1991)随后,万云英对文章结构分析的不同策略对阅读理解水平的影响进行了研究,结果发现:对文章结构分析的启发、引导方式,影响读者阅读的理解水平,特别是暗示学生寻找、认知文章的主题段落,有利提高读者理解文章中心思想的水平。(万云英,1993)万云英等人还对知识经验、智力和学习能力对阅读理解的影响进行了研究,结果发现:读者已有的知识经验可以促进阅读速度,加深对文章的理解;读者的学习能力与阅读速度和理解水平呈正相关的关系;读者的智力与阅读速度、理解之间也存在正相关的关系。(万云英、朱蕾,1995)而舒华等人研究了拼音在小学低年级儿童早期阅读中的作用,结果发现:低年级儿童可以在一定程度上利用拼音和语境线索克服句子阅读中的生字词障碍,能力高的儿童能更好地利用多种书面线索学习生字词。词的概念难度是影响儿童早期独立阅读的一个重要因素。(舒华等,1994)还有研究者发现句型也会影响儿童的阅读理解,具体而言,理解肯定句比理解否定句容易,理解主动句比理解被动句容易。若依据读者阅读时所需时间排序:主动的肯定句最短,被动句次之,否定句再次之,被动的否定句则需时最长。另外,学生个体的阅读经验也影响对材料的阅读理解。(朱作仁、祝新华,2001)伍新春等人研究了拼音在小学低年级儿童课外阅读中的作用,结果发现:①低年级儿童已经在一定程度上具备了独立阅读能力。在合适的阅读材料条件下儿童能很好地理解故事,并能从独立阅读中伴随学习到一定数量的词汇。②伴随学习效果受注音方式的影响,全文注音条件的伴随学习率最高,生字注音最不利于伴随学习。③生字注音不利于各种能力水平学生的独立阅读,全文注音是帮助低年级儿童独立阅读的理想注音方式。(伍新春等,2002)舒华等人研究了家庭文化背景在小学生阅读发展中所起的作用,结果表明:家庭文化背景对儿童的阅读成就有显著影响,其中在家庭文化背景所包含的家庭文化资源、父母与孩子间的文化活动(亲子文化活动)、父母教育程度和儿童独立文化活动四个方面中,仅父母与孩子间的文化活动对一年级儿童的阅读成就有直接影响,而家庭文化背景的四个方面相对独立地对四年级儿童的阅读发展产生影响。(舒华等,2002)还有人研究了课文的内容和结构对学生阅读理解的影响,发现:凡是内容明白、浅显、结构又较简单的课文,都易为儿童所接受。反之,则不易为儿童所理解。另外,人物行为描写的鲜明与否及隐蔽程度不同,也会影响学生对这一行为的理解。隐蔽而抽象的行为特征,学生不易理解,难以把握。反之,人物形象鲜明,行为特征明显的,易为儿童接受。还有,课文中反映的人物行为与儿童本身越接近的,越易为儿童理解。小学生对课文中童年主人公的行为特征和心理状态的把握,远较对成年主人公的把握深刻、广泛。(周小蓬、陈建伟,2013)

(五)有关小学生阅读能力的研究

万云英等人通过对小学二年级学生的独立阅读能力培养实验研究,结果表明:从小学二年级就始加强独立阅读的训练是可行的,实验中学生们的阅读成效较好,关键是加强了独立思考和独立阅读能力的培训。同时该研究也表明:小学二年级可以开始指导分段,概括段落大意,并要求学生练习说说"这课课文告诉我们什么道理"这种做法可以训练学生的逻辑思维能力,提高学生独立阅读的理解水平。(万云英等,1981)韩雪屏提出阅读能力的结构要素包括对书面语言的感知和理解、对书面语言的分析和鉴赏、读后的记忆效果、一定的阅读速度、多种阅读技能。(韩雪屏,1983)刘福增认为阅读能力结构由感知能力、识记能力、理解能力和评价能力组成。(刘福增,1987)武永明指出的阅读能力结构应该包括认读能力、理解能力、评价能力和创造能力。(物永明,1990)王松泉认为阅读能力结构包括指出的认读能力、理解能力、评赏能力和借鉴能力。(王松泉,1991)莫雷以小学六年级学生为被试,运用"活动—因素分析法"对小学生的语文阅读能力结构进行分析,结果显示:小学六年级学生的语文阅读能力主要由语言解码能力、组织连贯能力、模式辨别能力、筛选贮存能力、语感能力与阅读迁移能力所组成。(莫雷,1990)此研究方法对于改变过去传统的运用因素分析法进行阅读能力结构研究的做法,是一大推进。随后,莫雷运用同样的方法,以小学六年级、初三和高三的学生为被试,研究他们的阅读能力结构差别,结果发现中小学生的语文阅读能力结构随年龄的增长而发生变化,一方面表现为因素数量增加;另一方面,从质的方面而言,不同年龄学生的语文阅读能力结构中各种因素的相对地位是有变化的,总的趋势表现为语言解码能力之类较为基础的因素在整个结构中的地位逐渐减弱,而组织连贯能力等比较复杂且层次较高的对文章整体把握的能力因素,在能力结构中的重要性越来越强。这揭示了语文阅读能力结构的发展特点,而且发现了一种新的实现能力结构因素增加的方式即"接替"模式。(莫雷,1992)祝新华认为阅读能力结构包括:认读能力、理解能力、吸收能力、速读能力、语感、鉴赏能力。(祝新华,1995)冯梦龙认为阅读能力结构包含四个方面:阅读常规(使用工具书、圈点勾画、质疑问难);阅读方式,有音节(朗读、背诵)、视读(扫读、跳读、精读)、抄读(提要式、摘录式、类书式);阅读步骤(认读、辨体、解题、提要、问答、述评、复习);阅读心理(内驱力、注意力、意志力、记忆力、思考力、想象力)。(冯梦龙,1998)曾祥芹认为基础教育最基本的阅读能力包括认读能力、解读能力、赏读能力、评读能力、应用能力。(曾祥芹,1999)夏正江指出阅读能力包括知识性阅读能力、理解性阅读能力、探索性阅读能力、自动化阅读能力、朗读与默读能力、浏览检索能力、查阅工具书的能力、摘录、制作卡片的能力、写内容提要和读书笔记的能力。(夏正江,2001)

谷生华通过对小学生阅读学习的研究,认为小学生的阅读能力结构可分为认读能力、理解能力、活用能力。其中影响小学生认读能力的因素有:识字量小,有些生字难字不认识;没有掌握速读方法;不理解字义和词义;默读训练少,读的慢;没有养成良好的默读习惯。其解决之法为:用复习强化、循序扩展的方法解决识字量小、有些生难字不认识的问题。影响小学生理解能力的因素有:第一,不认识字,不理解词义;第二,文章深奥,读不懂;第三,抓不住要点,概括能力差;第四,课文枯燥,不想读;第五,不能用所学的知识解决新问题。针对第一、第二个问题,可以采取熟读、深思、查阅资料、请教他人的方法予以解决;针对第三个问题,可以采用段意"撮要"、中心"撮要"的方法;针对第四个问题,可以发挥个人的意志力克服问题;针对第五个问题,可以通过巩固旧知识,思考旧知识与新问题联系的"切入口",从而使问题得以解决。影响小学生活用能力的因素有:第一,活用意识不强,老师没有强调;第二,活用难度大;第三,所学内容多,不知活用哪些,不能将新旧知识联系起来解决问题。针对第一个问题,教师要加强引导,强化学生的活用意识;针对第二和三个问题,可采取先模仿后创造,先单项后综合的方式进行锻炼。(谷生华,2002)

上述有关小学生阅读能力及其结构要素的研究,或是心理学家、心理教育学家从认知科学角度出发,或是语文教育科研人员、语文教育实践工作者从语文学科教育教学实践出发对小学生阅读能力及其结构要素进行的研究。进入21世纪之后,在建构主义及其他相关理论的影响下,学界对阅读能力的探讨逐渐被阅读素养所取代。2015年刘晶晶和郭元祥在总结前人相关讨论的基础上,提出"阅读素养是指学习掌握阅读所需的基本素质。它不仅仅是阅读知识的本身,更重要的是学生能够在新情境中应用阅读的能力,是学习者通过阅读学习与训练获得阅读基础知识、习得阅读基本思维、内化为阅读基本技能与养成阅读基本品质的过程",进而指出小学生的阅读素养的构成是一个由阅读知识、阅读能力、阅读情志组成的三维要素空间。其中阅读知识(语言知识和文本知识)是阅读素养的基础,阅读能力是阅读素养的核心,阅读情志是阅读素养的动力。并对阅读能力进行了详细地论述,他们认为"阅读能力是指读者通过感知语言符号与已有的知识对阅读材料字、词、句、段、篇在理解、想象、分析、综合、判断、概括、创作的多种思维活动中学习语言、理解文意的能力,是阅读素养的外在显现。"并将小学语文阅读能力划分为基础性阅读能力与学科阅读能力,其中学科阅读能力又分为学科通用阅读能力和学科核心阅读能力,进而指出:"小学语文基础性阅读能力应该包括阅读理解能力、阅读欣赏能力、阅读创造能力。其中,阅读理解能力是指在感知阅读材料构词、构句、构篇知识的基础上,利用已有的经验,回忆、提取、追忆、陈述、解释的思维活动;阅读欣赏能力是指为了特定的目的和情境,对阅读材料进行辨别、区分、组织、选择、检测、评论、判断的思维活动的过程;阅读创造能力是指在原文的启发下,对原文中有价值的信息进行假设、规划、建构、设计的思维活动过程,也是一种阅读与生活的迁移能力。"小学语文学科性阅读能力包括学科通用阅读能力和学科核心阅读能力,其中学科通用阅读能力包括：使用查阅工具的能力和运用标点的能力。（刘晶晶、郭元祥，2015）罗士琰等人认为"小学语文阅读素养是阅读素养在小学语文课程学习领域的体现，是指小学生运用识、记、读、说、思、写等方式对语文学科的阅读材料进行阅读感知、阅读理解、阅读评鉴、阅读表达所需具备的知识、能力及品格的综合表现。"并指出小学生的语文阅读素养的表现形式为识（辨识）、记（记忆）、读（朗读、默读、略读、诵读、阅读量）、说（交流、复述、提问）、思（思考、想象）、写（写作）；认为"识"和"记"是小学语文阅读素养的基础，"读"和"说"是重点，"思"和"写"是发展。（罗士琰等，2016）

（六）阅读障碍的相关研究

中国的阅读障碍研究起步于20世纪90年代，张承芬、孟祥芝等人通过研究确认了我国儿童阅读障碍现象的存在，并开始了汉语阅读障碍的形态及成因的研究。（张承芬等，1998；孟祥芝等，1999）舒华等人发现阅读障碍儿童在语音意识和汉字的识别上存在困难，主要表现为缺少语音分析能力和对字义的理解与字形记忆困难。（舒华，2000）为深化小学生阅读障碍成因的研究，吴思娜等人以四至六年级的小学生为研究对象，通过正常儿童与阅读障碍儿童的对比研究，发现：影响儿童阅读的因素包括语音、语素和词典通达等。阅读障碍儿童内部存在一定的异质性。而从汉语的本身特点和语素与各测验之间的关系来看，汉语的语素缺陷可能成为阅读困难的重要原因之一。（吴思娜等，2004）后经进一步研究，发现：汉语的语素缺陷可能成为阅读困难的主要原因。（吴思娜等，2005）之后，白丽茹对阅读障碍检测及亚类鉴定进行了新的研究，提供了检测及鉴定的新途径。（白丽茹，2017）

（七）阅读评价的研究

对阅读评价的研究成果中，最具有代表性者为阅读测验。中华人民共和国成立之前，陈鹤琴就曾编出过《小学歌读测验》，艾伟编成过《国文理解能力测验》，华超编《新学制国语教科书阅读测验》，艾伟、王全桂编的《小学国语默读测验》等。继后，值得重视的有宗亮东、吕宝水编的《国语默读测验》。到20世纪80年代，我国编出的有代表性的阅读测验有，朱作仁、李志强1986年编制完成的

《中国小学毕业生歌读量表(A-1)》,该量表包括甲、乙、丙三分测验,分别用于测量小学毕业生的阅读速率、知识长进率和理解力。分测验可各自评分,最后又合成阅读总成绩,有全国抽样测试的常模资料。1987年殷普农编制完成《上海市小学阅读理解标准测验》,全组共六份,相应施用于小学一至六年级学生。该试验将阅读理解按三种水平——"字面理解""解释性理解"和"评判性理解"水平划分,并更精细地分析了测验的具体项目,是一种典型的分析性默读测验。1987年莫雷等编制了适用于小学六年级的《阅读水平量表》,该量表有四个分量表,各分量表名称为:1.语文基础知识,2.微观阅读,3.宏观阅读,4.快速阅读。1988年其所著的包括小学六年级学生在内用的《语文阅读水平测量》(三册)由中山大学出版社出版。1991年李志强、祝新华编著出版了《语文测验原理与实施法》,其中对实施语文阅读测量的方法进行了系统阐述。在21世纪,阅读素养研究兴起,相关领域进行测评研究,较有代表性的为2018年宋乃庆和罗士琰以小学生为研究对象构建了《学生阅读素养测评指标体系》。

(八)阅读学习指导的研究

为了提高和改进学生们的阅读学习,研究者们还对阅读学习的指导进行了研究。首先,对于提高朗读水平的指导。黄仁发认为学生在进行朗读学习时要模仿教师的示范,勤于练习,朗读时要眼看字,口发声,耳听音,不丢字,不添字,不重复,声音高低快慢适度,不唱读,在读得流利的基础上,要求读得有感情,符合不同的口语语调,读出词句、句子之间、段落之间的停顿,注意轻重缓急,抑扬顿挫。在练习过程中小学生要注重发音正确,口齿清晰声调准确。质量并举,质中求量。(黄仁发,1986)还要重视理解,口诵心惟,模仿请教,反复训练。再次,对于提高阅读速度的方法。杨成章提出:提高理解率,掌握视读技能(眼脑直映,扩大视读广度),注意点和注视点同步,进行科学练习(尝试回忆,限时速读,扫视性视读)。(杨成章,1994)还有研究者指出指导学生朗读学习时要注意:(1)发准音,确定好重音,包括语法重音、逻辑重音、感情重音、节律重音;(2)安排好停顿,包括语法停顿、逻辑停顿、感情停顿;(3)掌握好语调,即抑扬顿挫;(4)调整好速度。在训练时还要注意三个原则:第一,要注意朗读发展的三阶段特征;第二,要注意以理解课文为前提;第三,要做好朗读示范。(辛涛等,2000)曹祥雄提供的朗读学习指导方法为:粗读感知,细读理解,熟读精思,玩味赏读,演读入情,研读求新。(曹祥雄,2002)李兰英指出朗读学习时要把准朗读基调,可以尝试多样化方式的朗读(除了齐读之外,还可以更好的采用同桌读、同组读、分角色读、开火车读、自由朗读等)。(李兰英,2005)郑榕指出在指导学生朗读学习时要在及时发现中引导,让学生在相互欣赏中感悟,在适度评价中激励。(郑榕,2006)徐瑰瑰认为在课堂教学中对学生进行朗读学习训练时要结合课文,将课程标准的要求,具体化为课堂目标;要突出重点,让学生经历学习朗读的实践过程;要精心设计,让更多的学生获得朗读的机会。(徐瑰瑰,2014)于龙认为在进行朗读学习训练指导时应将一般朗读活动与表演性的朗读活动区别开来;把握朗读活动兼有语言输入与语言输出、横跨读写两个领域的特性,区分朗读活动的语用情境;基于准确性、流利性和速度这三个方面展开朗读评价;进一步细化朗读活动的水平层次和具体评价指标。(于龙,2015)

其次,对于提高默读水平的指导。万云英和翟惠文认为从小学三年级开始进行默读技能的培训是必要的,也是可能的。默读速度和理解相互促进,两者相辅相成。预知目的的速度训练可以培养学生的有意识记忆和机械记忆的能力。还有研究者注意到了阅读速度与识记效果之间的关系,通过研究发现:阅读速度快的,识记效果也好。其原因在于"阅读速度是以知识经验、智力活动水平为基础。知识经验多,理解能力强,反应就快,易于形成联系,记忆效果就好。这也是阅读能力高低的重要的客观标志。同时,阅读速度快的,往往是在全神贯注,积极思考下进行阅读的,从而具有优势的兴奋中心,易于把握上下文各个词所组成的意义单位,形成完整的形象和概念系统,有利于识记、保持和重现"。(朱作仁,1984)戴小力和万云英认为要提高默读水平,学生在进行默读练习时要不动唇、不出声、不指读、眼动熟练化,要持之以恒,不能一曝十寒。(戴小力、万云英,1987)杨成章认为发展内容言语,形成专注习惯,积极思维,培养语感也是提高默读水平的好方法。(杨成章,1994)还有研究者指出进行默读方式的掌握训练时,要着重视读速度的训练;默读理解的训练;默读习惯的训练。(辛涛

等,2000)

第三,对于阅读的方法与策略的指导。学生在阅读过程中掌握词义的方法有:查词(字)典法,利用上下文推测词义法,分解合成词法,词类比较法(周元,1992)。学生在阅读学习过程中进行精读的方法有:朗读涵泳法、疑问思辨法、比较阅读法、表达阅读法;略读的方法有:浏览默读法、提纲挈领法、搜寻猎读法、不求甚解法、扩散参读法;速读的方法有:无声视读法、一目十行法、循章归旨法、意会神摄法。(曾祥芹,1999)可以采取的阅读策略有:定向选读策略、"金字塔"策略、循序渐进策略、问题导向策略、取精摄要策略、合理匹配策略、学创相生策略、知行统一策略、终生阅读策略、快速高效策略。(曾祥芹,1999)学生们在进行理解词语技能的训练中,通常采用的方法有:①联系上下文理解词义;②改换同义词;③改变句式;④分析句子结构。在理解句子技能的训练中,通常的训练方法有:①抓住句子的重点词语,理解句义;②利用语境理解句子意义;③比较和变换句式;④联系上下文理解句义。在理解段落技能的训练中,通常的训练方法有:①划分段落;②概括段意;③分析段落的层次;④理解段的表达形式,如总分式、顺承式、并列式、因果式、转折式、递进式。在理解篇章的技能训练中,常用的训练方法有:①概括课文主要的内容;②概括课文的中心思想;③分析课文的结构与思路;④领会课文的表达方法。(辛涛等,2000)从宏观的阅读学习方法而言,还有:通读细研法、质疑研讨法、举一反三法。(杜虹,2002)

第四,对语感培养的指导。朱作仁认为要培养语感,第一,学生们要在把握词语的确切含义的基础上,加以揣摩比较;第二,必须把朗读和想象结合起来,训练用形象思维的方法进行朗读;第三,多多联系生活经验,积累生活经验。(朱作仁,1984)李晓熙指出在语感培养时要努力做到强化"四感"训练,即"分寸感训练""畅达感训练""情味感训练"和"形象感训练",以促进学生语感的发展。(李晓熙,1998)高松花认为学生可以采用多形式"读"(例如朗读、泛读等形式)、多层次"读"、多比较"读"三种途径增强语感的获得。(高松花,2012)马松山、田海燕认为可以通过强化文本精读、强化文本艺术手法和强化词语搭配的方法来培养语感。(马松山、田海燕,2017)

四、小学语文写作学习及其指导研究

在写作方面,严格说来,从心理学的角度研究小学生写作,20世纪80年代以前都是一片空白。80年代后,人们才开始对小学生写作进行了一系列的研究。

(一)对小学生写作学习特点及影响因素的研究

1980年,李建周对小学五年级学生在写作学习过程中,书面语的形成特点进行了研究。他发现小学五年级学生书面言语的形成有四种基本表达形态,分别是:①抄录型,这是一种比较被动的言语表达形态;②改写型,这是对"抄录型"逐步改进的言语表达形态;③写话型,这是内部言语在直接外化时的言语表达形态;④写作型,这是较合乎语法逻辑要求的言语表达形态。(李建周,1980)1981年万云英等以小学一至二年级学生为被试,对儿童的"看图说写"学习进行了研究,他们发现儿童"看图说写"的特点为:①从说到写,最初说写差别不大("看图说话"平均121—124字,其中,无指导:113—130字,有指导:150—185字)。②落笔成"文",基本不会修改,看到什么就说什么,怎么说,就怎么写,落笔基本定型。③千篇一律,"大同小异"是低年级看图写话的必经过程,有指导与独立作文交替进行,可加速"大同小异"向"大异小同"的水平过渡。④观察力、想象力和思考力同时得到发展。该研究的结论:从一年级下学期开始有计划、有目的地指导小学生看图说话和写话,是向三年级命题作文过渡的好办法。(万云英等,1981)卢正芝对范文在小学生习作训练中的作用进行了研究,结果表明:利用范文仿写有利于学生写作水平的提高,这是小学生作文训练中不可缺少的环节;小学生仿写有两个特点:①学生在进行仿写时表现出仿造、改造、创造三种水平。②一个年龄阶段在"三种水平"的人数分配上具有相对稳定性。选取的仿写范文应是学生能理解、接受的(符合其知识、心理基础及生活经验),但又略高于学生的一般作文水平。(卢正芝,1987)万云英对小学生作文中用词、造句和构思特点的研究,结果发现:小学生在作文中心思想、组织结构和文字表达的通顺程度及数量上,都有一个不断发展的过程;总的发展趋势是从不切题到切题,由内容空洞、套话连篇到内容具体充实,文字结构从病句、错别字多到基本通顺、略有层次；由只会写简单句，逐步发展到词汇丰富、会写复杂句，写作内容由大同小异（千篇一律）发展到小同大异，写作题材宽泛。（万云英，1988）另外，还有研究者对小学生写作特征进行了研究，结果发现：小学生的写作是从记述入门的，往后在记述基础上逐渐发展论说；在写作的诸指标中，小学生发展的依次是中心思想——篇章结构、遣词造句、标点符号——修辞，形成三个档次。（黄仁发，1990）还有研究者探讨了初稿阶段不同要求（要求形式完善或不求形式完善）和不同支持（内容支持或非内容支持）对小学生作文质量的影响，结果发现：小学生的书面言语表达的基本功还没有达到熟练水平，在他们作文的初稿阶段，不求形式完善而求内容充实，对于提高他们终稿的质量尤其是条理性有利；小学生对内容支持有一定程度的依赖性，尤其表现在文章的中心、质料方面；年龄差异是决定小学生作文质量的最主要原因，影响到小学生作文品质的各个侧面。（刘如平，1993）还有研究者通过实证方式系统地研究了写作构思过程的自我调控策略对写作成绩的影响，试图揭示这些策略效应的作用机制，并认为写作构思的自我调控策略有可能通过教学设计有效地传授给学生。（戴健林，1999年学位论文）刘淼、张必隐以小学五年级学生为被试，研究了"作文前计划的时间因素对前计划效应的影响"，结果表明：前计划时间是影响前计划效应的重要因素，在既有前计划又有外部视觉表征的情况下，前计划本身在前计划时限与前计划形式的关系中起着决定性的作用。（刘淼、张必隐，2000）朱晓斌对不同工作任务对写作的影响效果进行了系列的实验研究。首先，其进行了写作材料对写作影响的实验研究，结果表明：图片型材料和文字型材料所引起的认知负荷是不同的，图片形材料的认知负荷比文字形材料的要低。图片型材料对小学中低年级的学生写作具有明显的促进作用，而文字型材料对小学高年级的学生写作具有明显的促进作用。其次，进行的是写作体裁对写作影响的实验研究，结果表明：外部认知负荷对不熟练的写作图式和规则的影响远比对熟练的写作图式和规则的影响要大，两者差异显著。第三，进行的是写作类型对写作影响的实验研究，结果表明：在熟悉的写作图式和规则下，写作类型对学生写作成绩有显著的影响。除上述研究之外，朱晓斌还就话语知识、主题知识等知识状态对写作的影响进行了实验研究,结果表明:话语知识水平高的学生比水平低的学生,更容易组织材料以形成有效的写作。个体的主题知识越丰富,写作涉及该主题任务时所需的心理努力就越小,认知负荷就越低,写作成绩也就越好。(朱晓斌,2007)

(二)对小学语文写作学习心理过程的研究

朱作仁对小学生写作时的一般心理过程进行研究,认为其由以下三个环节构成:先是客观现实情景在头脑中的呈现,然后是思维加工,进行相应的构思,最后是语言文字输出。因此,学生写作的过程是包括从感知到想象,从形象思维到分析综合、抽象概括,从内部言语的外化到书面言语的表达等一系列极为复杂的心理过程。(朱作仁,1984)1986年张田若提出该过程由选材定题——构思列提纲——起草修改——批改评定四阶段组成;(张田若,1989)张鸿苓和张锐认为写作的过程是由观察——构思——表达三阶段组成;(张鸿苓、张锐,1987)张蕾认为该过程由心理储备(积累)——写作心理萌动(感受)——写作心理孕育(构思)——写作心理物化(传达)——写作心理完善(修改)五环节组成;(张蕾,1989)有李伯棠认为由观察——思维(分析)——表达三阶段组成;(李伯棠,1992)朱作仁、李志强在总结前人研究成果的基础上,进一步将该过程概括为作前准备(收集材料、选择材料、启用积蓄、审题、立意等)——构思组织(编写提纲、组织材料、详略取舍等)——起草初稿(遣词造句、构段成篇等)——修改誊清(内容增删、结构调整、文字订正、誊抄定稿等)四环节。(朱作仁,1993)余应源认为学生写作文时,是一种由感知——从客观世界攫取材料到内部语言——在头脑中进行加工制作,最后用文字表达出来的心理活动,因而与之相符合的写作过程是:观察积累材料、构思表达、修改润色三个阶段。(余应源,1998)

进入21世纪以后,研究者对小学生写作心理过程的研究受现代认知心理学的影响,更多地将写作的过程看作问题解决的信息加工的过程。刘淼将写作过程视为由思维到表达的心理过程,从思维到外部书面言语表达,要经历三级转换。第一级转换是从思维到内部言语的转换;第二级转换是从内部言语到外部口头言语表达的转换;第三级转换是外部书面言语表达的重要转换过程,但并非必要过程。因为二级转换与三级转换之间有一个过滤器,过滤器的作用是将二级转换的结果进行筛选,加工充分、质量好、能直接用于书面言语表达的部分被放行;表达上不合乎要求的则需要进行第三级转换,即进入再加工器,进行增加、删改、取消、更换、修饰等加工,合格后进入书面言语表达。对于低年级学生而言,由于他们书面言语表达能力较低,再加工的能力有限,从而使过滤器水平受到限制,检验标准降低,放行度加大,因此少有三级转换过程,或三级转换过程常常不够完善。结果表现为,书面作文与口头作文水平无显著差异,书面作文常常是口头作文的记录形式。对于中、高年级学生而言,他们已具备了一定的书面言语表达能力,但尚未达到心口如一的程度,因此三级转换过程比较充分,常常表现为书面言语表达更为精细。对于成熟的作家而言,他们已具备了很高的言语表达能力,往往能够做到心口如一、言文一致,因此他们的外部书面言语表达也无须过多地经过三级转换过程,除书写外,其思维与表达常能够达到同步。(刘淼,2001)朱晓斌认为写作是一种复杂的认知活动,写作过程中涉及许多子目标和认知加工,它们都与个体的工作记忆有关。写作中的认知活动都需要消耗有限的工作记忆资源,如果写作者在写作时同时进行计划、组织、编辑等过程,就可能引起工作记忆超载,写作质量也会因此而受限。为此,他围绕写作中阅读材料的结构、内容和形式、学生的知识情况,不同教学设计策略对学生写作成绩的影响等方面进行研究,对中小学生写作过程中的认知负荷情况进行实证研究。首先,其进行的是工作记忆中文本产生与书写活动的实验研究,结果表明:①在小学生的写作中,工作记忆的加工和储存功能相对独立。小学生写作过程中的文本产生主要与工作记忆中的加工功能有关,而书写活动则主要与工作记忆中的储存功能有关。因此,学生写作中的认知负荷不仅产生于工作记忆的加工功能中,也产生与工作记忆的储存功能中。②随着年龄增长,书写的自动化程度提高后,记忆储存功能方面的认知负荷可能会降低,此时的认知负荷可能主要来源于工作记忆的加工功能,因此,小学生写作认知活动水平也相应提高。其次,又进行了"自由目标效应"和"样例效应"的实验研究,结果表明:(1)在学生写作领域,同样存在"自有目标效应"和"样例效应"。(2)"自有目标效应"和"样例效应"对不同水平写作者有不同影响。"自由目标效应"对高水平写作者的写作有促进作用,对低水平的写作者有抑制作用;"样例效应"对低水平写作者有促进作用,但对高水平的写作者促进作用不明显。(朱晓斌,2007)

(三)对小学语文写作能力的研究

胡克英、吕敬先认为写作能力是一种综合性最强的学习能力。从它与一般能力的联系看,它是观察、想象、思维等智力的综合训练成果;从它与语文能力(特殊能力)的联系看,它又是识字、说话、听话和阅读能力的综合训练成果。正是从这个意义上说,它是内部智力技能和语言文字的外部操作技能最高的综合训练成果。(胡克英、吕敬先,1984)朱作仁和李志强赞同上述看法,但反对有人将写作能力当作是写作基本能力(观察力、想象力、思维力等)和写作专门能力(审题立意、布局谋篇、遣词造句等能力)的叠加、糅合。他们认为写作能力是语文特殊能力之一,它是一种综合地、创造性地应用语文的知识、技能进行书面表达的本领。(朱作仁、李志强,1987)之后,研究者们受现代认知心理学的影响,认为写作能力是一种由陈述性知识、程序性知识(写作技能)和策略性知识构成的学习结果,其本质是知识。(何更生等,2001)

与写作能力概念的探讨相比,更受研究者关注的是有关写作能力结构及其构成要素的研究。张鸿苓等人将写作能力结构要素概括为:观察力、思考力、联想力、想象力、审题能力、运用表达方法的能力(审题和立意)、布局谋篇的能力(选材、剪裁、组合材料类)、运用书面语言、修改。(张鸿苓等,1982)朱作仁提出写作能力结构要素概括为:审题、选择体裁、立意、搜集材料、语言表达、修改能力。(朱作仁,1984)吴立岗将写作能力结构要素概括为:搜集材料和积累材料,命题和审题,提炼和表现中心思想,安排文章结构,用词造句,修改文章。(吴立岗,1984)刘荣才将写作能力构成要素概括为:观察和分析能力、审题能力、确定中心的能力、搜集和组织材料的能力、语言的组织和表达能力。(刘荣才,1986)1987年朱作仁和李志强在总结前人研究成果的基础上,将小学生的写作能力结构要素以是否为命题作文划分为两类。其中命题作文的包括:审题(命题)的能力,立意的能力,搜集材料的能力,选材和组材(或称布局谋篇)的能力,语言表达(或称遣词造句,包括运用表达方法)的能力,修改作文的能力;非命题作文的包括:搜集材料和积累材料的能力,命题(可以是学生自己拟题)和审题能力,立意的能力,选材和组材的能力,语言表达的能力,修改作文的能力。同时他们还指出这两种序列并非截然对立,更不可作为僵化的模式,且目前提出的作文能力结构的基本要素,基本上是一种经验型的剖析与概括、归纳与提炼,相关研究还需进一步的深入与精细。(朱作仁、李志强,1987)祝新华运用因素分析方法,对小学六年级写作进行测验,发现小学生写作能力的要素由立意能力、选材能力、确定详略能力、组织材料能力、语言表达能力和应用修辞能力组成。(祝新华,1991)余应源将写作能力分为基本能力和专门能力。其中前者包括:观察积累能力、思维能力、联想力和想象力以及应用能力,后者包括:积累素材能力、审题立意能力、布局谋篇能、运用表达方法能力、语言表达能力和修改文章的能力。然后再将它们与"心理过程"与"写作过程"联系起来,揭示写作能力要素间的内在关系。(余应源,1998)韦志成认为学生的写作能力应该包括摄材能力、思考能力、言语能力、修改能力(韦志成,2002)。而何更生等人则认为写作能力是由陈述性知识、程序性知识和策略性知识构成的学习结果,知识是构成写作能力的基本要素。写作能力不必用不可捉摸的观察力、记忆力、思考力和想象力来解释,代之可以用可操作的三类知识及其相互作用来解释(何更生等,2001)。姚林群对前人的所阐述的写作能力要素进行研究之后认为:我国的写作能力要素分析表面合理,实则隐藏着问题。因为已有的能力要素研究主要是对写作过程的分析,淡化了文体要求,更多地适用于文学作品的创作。无论是立意,还是确立中心思想,事实上都带有鲜明的文学创作的倾向。而应用文(或实用文)的写作,如假条、借条、产品说明书、研究报告、简历、活动策划方案等是既不需要立意,也不需要确立中心思想的,甚至有些连审题都不需要。出现这种情况,跟我国的作文教学传统有很大的关系。我国的作文教学一直以来具有很强的人文特点,工具性则往往被忽视。"但需要明确的是,写作并不仅仅就是文学创作。中小学的写作教学所涉体裁也不仅仅局限于记叙文、议论文等。中小学写作教学的基本功用是要培养学生基本的语言文字的表达能力,使之能在这个社会生存,能够运用语言文字这一工具有效地获得他人和社会的理解和认同,为更好地适应现代社会生活和未来职业生活做准备,而不是力图让所有的人都成为文学创作家。"因此,他认为写作教学到底应教给学生什么,哪些是今天社会所需要的写作能力,还需要对一些最基本的问题做重新梳理和思考。(姚林群,2013)之后,祝新华运用实证研究的方法,得出小学生的习作关键能力由确立中心的能力、组材能力、选材能力、语言基本功、修辞能力所组成。(祝新华,2016)郭家海则从核心素养转化的角度,在文献研究的基础上,通过实证的手段,分析得出小学习作四个维度的核心素养:习惯养成与保持、语言建构与运用、思维发展与提升、情感态度与信心。(郭家海,2018)之后,其对于小学生习作的核心素养进行进一步的深入研究形成了小学习作关键能力要素框架。该框架之中,首先是小学习作关键能力可分为思维能力和表达能力。其中思维能力可以分为观察想象能力、材料处理能力、选题立意能力、思路营构能力;表达能力可分为语言运用能力、表达运用能力、手法运用能力、语境运用能力。(郭家海,2020)荣维东通过研究则认为写作能力应是由任务情景、过程能力与语篇结果构成的三维立体的写作核心素养框架。这三个维度中,"任务情境"维度需要清楚界定"为谁写、为什么目的写、以什么角色写、在什么情形或条件下写"等各种写作任务类型;"过程能力"维度回答完成上述写作任务"所需要的必备知识和技能、态度、策略"等,主要解决"怎么写"的问题;"语篇结果"维度主要回答"写成什么样的文章"的问题。(荣维东,2020)

(四)小学写作学习的评价研究

如何科学地对学生们的写作成果进行测评,控制评分误差,是一个世界性难题。从1912年英国希利格斯编制《儿童英语作文品质测评量表》和1918年俞子夷编制《小学缀法测验量表》,距今已近一个世纪,这个难题依然不同程度地存在。中华人民共和国成立后,相关的研究者也在试图攻破这个难题,先后诞生了一些具有代表性的研究成果:1984年赵保纬等编制完成了《小学作文参照量表》,适用于评定小学三至六年级学生的作文。该研究成果于1987年由北方妇女儿童出版社出版。1989年朱作仁主持研究和编写了《小学生作文量表》(参照量表),包括《小学生命题作文测验》《小学生作文标准化测验》和《小学生作文自评、互评量表》三个部分,其中《小学生命题作文测验》又有三个评定量表,即《小学生作文五项评定量表》《小学生作文六项评定量表》和《小学生作文整体评定量表》。另外,还有孙小荣、任顺元的《小学五年级看图作文量表》,林良夫的《小学六年级命题作文量表》,祝新华于 1988 年编制完成了《儿童作文标准化测验》,在此基础上于 1993 年完成了《作文测评理论与实践》。进入 21 世纪之后,董蓓菲根据国家语文课程标准知识与能力、情感和态度两个维度,设计了三个"评价维度",即:写作技能、写作策略、写作信心,制作完成了《小学生习作评价标准》。(董蓓菲,2015)除此之外,彭小明和林陈微还对写作学习评价的意义、特点、理念、内容、标准、方式与方法进行了系统论述。在评价意义上他们认为可以激励写作学习、监控写作学习、自我修改内化,在评价特点上呈现出评价内容综合化、评价方式多样化、评价主体多元化、评价效果实效化、评价标准差异性;在评价理念方面要关注人的全面发展,充分发挥写作学习的育人功能,要注重学生均衡而有个性的发展,要注重学生本人在写作学习评价中的作用;在评价内容上,要见过内容和形式;在评价标准上要明确细化;在评价方式和方法上要自我评价与同伴评价相结合,成长记录袋评价、量表化评价、课内评价和课外评价相结合。(彭小明、林陈微,2013)

(五)小学生写作学习指导研究

万云英通过对小学生的追踪研究,结果表明:有目的、有计划地将范文教学、引导学生参观、实践和加强作文指导三结合是提高学生作文能力的有效方法。(万云英,1988)有研究者指出目前学生在写作中存在的主要问题是学生缺乏对生活的感知能力和良好的语言表达能力。为此,学生要关注生活,积极参与生活,多写贴近生活的作文。同时,增加语言材料的积累,加强文体写作训练。(曹茂才,2006)还有研究者认为目前的作文教学中最大的失落在于无视学生作为人的存在,无视人的价值;其次是以动机替代目的,忽视语言的积累。因此,小学生的写作学习应该提倡自由作文,应允许学生自由选材、自由立意、自由布局、自由表达、自由修改。诵读是捷径,深厚的语言积累能反刍。依据学生不同年龄阶段的认知特点,采用不同的训练形式。(汤国梁,2006)费秀芬与何万国认为作文讲评也是促进小学生写作学习的一个重要方法,在讲评方式上要注意师生对话,生生对话,学生自我对话。(费秀芬、何万国,2013)对于小学生在写作过程中遇到的不会选择恰当的素材、兴趣不强、修改能力低等问题,蔡琰认为可以通过"生本化"的策略,从转化、趣化、多元化的角度予以解决。(蔡琰,2016)对于在小学写作学习过程中,一般比较重视中高年级的训练与指导,相对忽视低年段写话训练与指导的做法,付红宇提出要转变观念,提早写话;联系实际,说写结合;循序渐进,巧妙点拨。具体包括常规训练,积累语言,学写日记,指导选材;训练周记,体味成功;恰当命题,提高水平。(付红宇,2018)傅宝青认为可以通过范文加强对小学生作文学习进行指导。他认为学生可以通过范文实现阅读转化、联结转化、实践转化三个层次的转化,呈递进式推进学科素养的持续建构,还可以通过范文学习习作知识、言语经验、生活体验,实现基于问题驱动的自主学习,强调知识发展;和基于深度迁移的创新运用,鼓励自由表达。在范文应用中处理好短时效应和持续学习的关系,以实现学生习作能力长足发展。(傅宝青,2022)阮淑英认为现在的学生写不好作文,除缺少素材的积累、忽视阅读的重要性之外,最主要的是缺乏有效的构思训练,因此,她认为要注意运用对比构思法、复合构思法、串联构思法等加强对学生的写作指导与训练。(阮淑英,2021)李丹丹提出了可以借助思维导图的方法加强对学生习作的构思指导。(李丹丹,2021)

另外,在学生写作学习指导方面,语文教育工作者们还进行了许多写作训练实验。代表性的有:

"集中识字·大量阅读·分步习作"实验。该实验起自20世纪50年代末辽宁省黑山县北关小学所进行的集中识字实验,之后经过广大教师和教研人员不断实践和研究,逐步由识字而阅读,由阅读而写作,最终形成了"集中识字·大量阅读·分步习作"的教学模式。

分步训练实验。1978年中央教育科学研究所张田若率先总结了中华人民共和国成立后小学写作教学的经验,提出小学写作训练"三步走",第一步,口语训练(一年级);第二步,写话训练(二年级);第三步,写作训练(三至六年级)。之后,山东烟台市的李昌斌、马兆铭等人认为上述第三步训练横跨四个年级,阶段性不明确,体现不出三年级训练的特殊性,于是提出写作训练阶段可以再细分为"片段训练(三年级)"和"写作训练"。由此,"三步走"变为"四步走",并按照"一个中心,两条主线"展开实验,"一个中心"是发展思维与发展语言相结合,"两条主线"是:一条纵线——"四步走",一条横线——观察、阅读、写作相结合。1979年该实验在烟台全市15个县、区铺开,之后取得了显著成效。(李昌斌、马兆铭,1982)另外,朱作仁和李卫民所领衔开展的"小学写作程序训练"实验,也属于分步训练的一种,在浙江和国内其他一部分地区也具有一定的影响。此外,广东的丁有宽所进行"读写结合五步训练实验"也影响颇广。其五步为:第一步(一年级),侧重练好一句四要素(时、地、人、事)完善的话;第二步(二年级),侧重练好九种句群;第三步(三年级),侧重练好七种构段法;第四步(四年级),侧重练好篇章;第五步(五年级),侧重综合提高,进行自学自得、自作自改的训练。

素描训练实验。小学写作教学中的素描训练,是指以观察实物为途径,以片段的简短篇章为形式,描写与叙述相结合的写作训练。该项实验由吴立岗和贾志敏发起实施,1979年先在上海市部分学校实验,后来很快推广到浙江、江苏、广东、黑龙江,现在全国各地还有不少学校采用素描方法进行写作训练指导。

分格训练实验。分格训练序列中的"格"是指单一的基本训练单位,相当于片段训练中的某个"片断",单项训练中的"某项"。具体说,从说话、写话、片段训练到篇章训练,从写人记事到写景状物,从审题立意、选材组材到开头结尾,从培养观察能力到发展语言、思维能力,把众多的写作难点分解成一系列具体训练的"格"。其理论成果体现在1980年东北农垦总局语文教育学会所编写的《中小学作文分格训练》一书中。

"先放后收"训练实验。这是由北京景山学校发起进行的写作训练实验,他们认为学生写作应该从整体到局部地进行训练,并不主张从局部到整体的分步训练或者分格训练。具体的教学方法是读写结合。他们编写了四种教材,进行四种练习,形成了一个严密的读写训练体系。

情境写作训练实验。这是由李吉林倡导开展的一种实验,写作训练中注意创设情境、带入情境、运用情境、凭借情境,注重以词句为主的基础训练,加强应用目的的整体训练,结合感知为媒介的思维训练。该项实验现在已经成为情境教育的一个组成部分,影响广泛。

五、小学语文口语交际学习及其指导研究

2001年的《全日制义务教育语文课程标准(实验稿)》将语文课程内容整合为识字写字、阅读、作文、口语交际和综合性学习五个方面。从"听说"到"口语交际",反映了现代社会对未来公民素质的要求:具有文明、和谐地进行人际交流的素养,是我国语文教育界顺应社会发展之举;改"听说"为"口语交际",也标志着我国语文教育界就此问题在理解和认识上的提升。

学术界对于小学生的口语交际学习的研究,主要是通过对听话过程、说话的心理过程、听说的能力结构、听说能力的培养以及听说与口语交际的区别等几个方面进行研究的。

首先,在听话的心理过程方面的研究。祝新华介绍了H.S.凯恩斯关于听话的图式,将听话的心理过程分为语言知觉系统——记忆搜寻阶段——句法加工阶段——记忆存贮阶段四个过程。(祝新华,1993)朱作仁、祝新华对听话过程按照现代认知心理学理论将其概括为三个阶段:"①言语知觉阶段。这阶段是对听到的口头信息进行最初的编码即对句子的声音模式进行分析。②语法分析阶段。信息中的词语被转换成它所表示的意思连贯的心理再现。即以句子的表面结构为线索以确定句子的意思。③利用阶段。理解者把第二阶段得出的信息意思的心理再现付诸实际使用"。(朱作仁、祝新华,2001)

其次,在说话的心理过程方面的研究。朱作仁、祝新华在其著作里介绍了U.费罗姆金和F.麦克尼拉奇等人研究成果,将言语的过程分为四个过程、七个阶段。四个过程分别是:选择意思、创造句法结构、创造音素结构以及运动过程。七个阶段分别为:选择需要表达的意思、为分句选择句法结构、把内容插入句法结构中、指定出词的词法形式、指定出再现分句的音素、选择运动要求、讲出分句。然后,其还介绍了现代认知心理学家安德森的研究成果,其将言语的产生过程分为三个阶段:第一,构造阶段。即构造出意思以便按照自己的目的去进行交流

,其中包括打算说什么和怎么说。第二,转换阶段。即运用句法规则把意思转换成语言信息。第三,实行阶段。即以某种物理形式把信息表达出来。同时,其还概括了我国理论界对说话过程的观点,将其划分为四个紧密相连的环节,即:产生言语动机、确定和组织内容、选择表达方式和词句、言语表达。(朱作仁、祝新华,2001)

第三,在听说能力结构方面的研究。首先关于听话能力结构的研究,鲁金元认为人的听话能力结构由三部分组成:声音信息的吸收;话语的理解;体态语的理解。(鲁金元,1988)而黄振中认为其由四部分构成:语音听辨力;根据语音建立意义的理解力;根据意义决定行为方式的反应力;听话的速度。(黄振中,1986)张敏则认为其由五部分构成:理解语句;词汇感知;分辨正误;理解内容;感知细节。(张敏,1991)祝新华认为其由辨别语音、重组语言、理解语义、品评观点四部分构成。(祝新华,1993)后来朱作仁在前人的基础把听话能力结构的要素概括为四个方面:言语的感知与记忆、言语的理解与组织、言语的反应与品评、言语的创造。(朱作仁,2001)董蓓菲认为其有注意力、感知力、理解力、鉴赏力组成。(董蓓菲,2015)其次关于说话能力结构的研究,恽昭世认为说话的能力结构要素有:发音能力;词汇,丰富的词语是说话能力发展的基础;表达能力。(恽昭世,1985)杨成章认为其有以下要素构成:正确运用语音传达信息的能力;想运用语言表达思想的能力;恰当地组织内容的能力。(杨成章,1990)张锐与朱家钰认为其有以下三种能力构成:组织内部言语的能力、快速语言编能力、运用语音表情达意的能力。(张锐、朱家钰,1987)张敏则认为其有语用、语脉、语态、语意、语正五种要素构成。(张敏,1991)而祝新华则认为其有组织内容能力、安排语脉能力、遣润造句能力、发音能力、使用体态能力组成。(祝新华,1993)钟为永认为说话的能力结构包括组织内部言语的能力、快速选词组句的能力和运用语音表情达意的能力。(钟为永,1998)而朱作仁则在前人的基础上将说话能力结构的组成要素概括为:语言材料与法则的内部储存、组织内容、确立话题和居想观点择表达方式、发音、运用体态语。(朱作仁,2001)

第四,听说能力的培养与指导方面的研究。朱作仁认为听说能力应综合培养,将听话和说话配合起来训练,主要方式有三种:先听后说,如转述训练;先说后听,如看图说话训练;边说边听,如对话练习、讨论、辩论和平时的交谈等。(朱作仁,2001)

第五,听说与口语交际的区别研究。董蓓菲认为听说与口语交际的区别在于,后者具有动态性、复合性、临场性与简散性的特征。且二者在学习的过程中也有显著差异:首先,是关注的重点不同。前者关注于学生语言能力的培养,后者关注学生的语境适应能力。其次,是学习活动的凭借不同。听说学习可以借助非交际活动开展,而口语交际则必须借助于交际活动开展。此外,其还介绍了在口语交际中美国哲学家格赖斯提出的合作原则和英国语言学家利奇提出的礼貌原则。前者包括:质的原则、量的原则、关系原则与方式原则;后者包括:得体、宽容、表扬、谦逊、同意、同情等六项。同时,其还介绍了讲、述、谈、说四种学习口语交际的方式。(董蓓菲,2015)

第三节　小学语文学习研究的反思与展望

小学语文学习研究经过70年的积累和发展,在不同的领域均取得了一定的研究成果,亦存在一些值得关注的问题,诸如研究的基础理论问题、研究内容问题、研究方法问题等,这些问题有待反思与改进,基于小学语文学习研究的反思,可以为未来小学语文学习研究的发展指明前进的方向。

一、小学语文学习研究的反思

(一)小学语文学习基本理论研究不足

70年来,小学语文学习领域的研究,可谓成果丰硕。从小学语文学习研究的任务,到语文学习方式;从识字学习,到阅读学习;从写作学习到口语交际,可以说几乎包括了小学语文学习的所有领域。然而纵观这些研究,就会发现有关小学语文学习领域的几个基本理论问题都没有进行很好地回答。如什么是语文学习?什么是小学语文学习?小学语文学习的性质是什么?小学语文学习的任务是什么?小学语文学习应学的是什么?小学语文学习的实质是什么?小学语文学习的规律有哪些？小学生在语文学习中的地位是怎样的,有没有学科特殊性？

上述问题从小学语文课程和小学语文教学的角度,都曾进行过不同程度的探讨和回答。如小学语文课程的性质、小学语文课程的目标与要求、小学语文课程的内容,小学语文教学的性质、小学语文教学的目标与要求、小学语文教学的内容等等,然而从学习者立场进行探讨和回答的却不多。

教育界一再提倡学生怎么学,教师就怎么教。可是实际的情况却是何谓小学语文学习,小学语文学习的性质是什么,小学语文学习的特有规律有哪些等基本问题都缺乏深入研究。如"学习"作为心理学中的一个术语,其内涵不同于人们日常生活中的理解。其所讲的"学习"不仅指人类的学习,也包括动物的学习。心理学界虽然对"学习"这一概念的解释众说纷纭,但比较流行的观点大致有三种:第一种,行为主义心理学派认为学习是由经验引起的行为的相对持久的变化;第二种,认知心理学派认为学习是人的思维倾向的或能力较为持久的变化;第三种,人本主义心理学派认为学习是指自我概念的变化。上述三种解释虽然给出了关于"学习"的一般性解释,但是"小学语文学习"的特殊性却没有显示出来,因为这一概念中所包含的首先是人的学习而且还是人类群体中特殊的群体——"小学生"的学习,其次是对特殊领域——"语文"的学习,第三,这种学习更倾向于在学校中教师指导下的学习。所以,若对"小学语文学习"不能进行清晰定义,就会造成研究边界不清,从而影响研究工作的开展。因此,需要加强相关的基本理论的研究。

(二)小学语文学习研究内容的系统性不足

纵观70年的小学语文学习研究,其内容既有识字学习领域中的字形识别、识字心理过程、影响识字的因素、识字与写字学习指导,还有阅读学习中阅读学习特点、阅读认知过程、阅读理解影响因素、阅读能力及其结构分析、阅读障碍以及阅读学习评价、阅读学习指导的研究;既有写作学习的特点、写作学习的影响因素、写作学习心理过程、写作能力及其结构要素分析、写作学习评价、写作学习指导的研究;又有口语交际学习领域里的听话心理过程、说话心理过程、听说能力结构、听说能力的培养与指导、听说与口语交际的区别研究。内容可谓丰富,然而却存在研究割裂、联系松散、分布不平衡的特点。

首先研究内容割裂。从研究的成果的内容上看,可以分为心理学研究、语文教育理论研究和小学语文教学实践研究三个领域。三个领域的研究者各自根据本领域的发展要求和所在学科的内在演化而开展研究。相关研究成果没有共同关注的问题,不能进行很好地对话和交流,反映在相应的成果交流上,心理学领域的研究成果,不是语文教育理论界和小学语文实践界不想关注,而是缺乏必要的学科基础,读懂不易,且与小学语文学习和教学实践距离较远,缺乏阅读能力。语文教育理论界的研究成果,在指导小学语文实践工作时隔靴搔痒之感;而小学语文教学实践者的研究成果,多数是就事论事,经验分享,主观性较强。心理学、语文教育理论和小学语文教育实践界很少能就小学语文学习领域的某个问题展开联合研究,尤其是心理学研究领域的理论成果不能被语文教育界及时吸收与转化应用,这种趋势自20世纪80年代以来日趋明显。

其次,研究内容联系松散。前述研究成果中具有大量地采用实验法进行的个案研究,个案与个案之间未形成有效衔接。如有用一、二年级学生为被试研究陌生形声字语音提取的,有用三、四年级的学生为被试研究阅读过程中文章中心思想归纳的,还有用六年级学生为被试研究阅读能力结构的,等等,但用其他年级学生为被试时,其实验情况又分别会怎样,年级之间、男女生之间、城乡之间、区域之间是否存在差异等等,这些相关的问题从目前的研究成果来看,并未形成密切的联系性与系统性。

第三,研究内容分布不均衡。在目前的研究成果中识字与阅读学习的相关研究成果在关注的广度与深度上比较突出,且数量丰富,写作学习次之,口语交际最弱。在相关的能力结构及其要素的研究中,阅读与写作学习比较突出,口语交际次之,识字最弱。在识字、阅读、写作、口语交际四大学习领域的研究成果中,相较于学习的特点、认知过程与认知机制、影响因素、能力结构的研究而言,学习方法、学习测量与评价的研究相对较弱。

(三)小学语文学习研究方法有效性不强

总结70年来小学语文学习研究的成果,可以发现三类人的身影,一类是心理学研究者,一类是科研机构的语文教育工作者,一类是工作在教学一线的小学语文工作者。三类研究者所采用的研究方法各具特色。心理学研究者大多采用实验的方法,无论是识字学习研究,还是阅读学习研究;无论是写作学习研究,还是口语交际研究,均可见实验研究方法的运用,这在推动语文学习研究科学向前的同时,也出现了另一个面相,即实验研究逐渐实验室化。这与心理学研究的发展演进有关。

如果这70年间,以学习心理领域的研究取向进行划分,20世纪五六十年代主要进行的是识字和阅读的心理学应用研究,八九十年代主要进行的是儿童学习心理认知机制的研究,21世纪之后越来越趋向于学习的脑机制的认知神经科学的研究。这70年间,心理学的研究范式,用莫雷教授的话说,是"从一般的实验心理学的研究范式到现代认知心理学的研究范式,从认知实验心理学范式到认知神经科学范式,心理学的研究方法的发展一直朝着高级性和确定性这两大目标演变。"(莫雷,2006)然而研究方法虽然向高级和确定性方向前进了,但其研究的"场域"与小学生学习的主阵地——课堂甚至学校,却越来越远,而与实验室的关系越来越密切。这恰如贝利纳对桑代克通过采用实验室研究法使教育心理学研究走上科学化道路的评价一样:"桑代克的研究是不朽的,但方向是错误的。他在20世纪将严谨的科学方法带入了教育研究之中,使教育心理学在教育界中占有一席之地的同时,也带领着我们完全脱离教育实践。"([德]汉纳·杜蒙,2020)我们虽不能说采用实验室研究的方法是错误的,但是实验室内屏蔽了诸多真实学习情景中的干扰因素,甚至是不可能排除的干扰因素,这导致了所产生的学习理论与教育实践之间的隔膜则是无疑的。

科研机构中教育理论及语文教育工作者多采用演绎法进行相关的研究,通常借用国外的某种学习理论,进行意义的阐述,内涵的阐释,重要性的表达以及教育教学改革迫切性的呼唤。这类研究可以使学术界及实践工作者很快了解某一种理念,形成某一种改革的思潮,但通常缺乏如何深入实施的指导与探究,于是就出现如彭正梅教授所说的"教育改革在教育的海面上掀起汹涌波涛,但教学的海底却依然故我"([新西兰]约翰·哈蒂,2015)的局面。如自主、合作、探究的学习方式一经提出,各种阐释性的研究文章迅速铺开,加上语文课程标准中明确倡导的加持,于是全国上下的小学语文课堂上开始了各式各样的自主、合作与探究,表面上热闹非凡,实际上"教"与"学"的状态并未发生实质性的改变,以至于有研究者具有反对意味地指出"自主、合作、探究不是语文学习方式的全部",甚至有研究者呼吁"中国语文,不能丢了自己的学习方式"。

多数的小学语文教学工作者能结合自身的工作实践,采用经验总结法进行相关的研究。这类研究具有强烈的现实针对性和来自教育一线的泥土芬芳,但研究成果多囿于自身的实践与事实的陈述,能知其然而不知其所以然,解释力不足,显得科学性不够。

因此,针对小学生学习的真实环境,采取有针对性的研究方法,联合解决小学语文学习领域所遇到的问题显得尤为迫切。

二、小学语文学习研究的展望

(一)强化小学语文学习基本理论研究

70年来,小学语文学习研究在识字、阅读、写作、口语交际等具体领域成果丰硕,有力地推动了相关领域的教学改革和学生学习效果的改善。然而基于具体领域研究成果基础之上的小学语文学习基本理论的研究仍需加强,这对于小学语文教学与学习意义重大。

例如,语文教学领域中对于"语文教什么"的问题,长期以来聚讼纷纭,争议不断。进入21世纪的20余年中,义务教育阶段的语文课程标准已经颁布了三版,然而对于语文课程内容的问题,也就是语文课究竟要教什么的问题仍然未能回答清楚,普通高中阶段的语文课程标准也已进行了2020年修订,但对于此问题的回答也未尽人意。然而若能从学生学习的角度,对语文学习学什么展开研究,或有助于语文课教什么的问题的解决。如果能进一步突出小学生语文学习的特殊性,那么关于"小学语文教什么"的问题也将容易解决。另外,若能再加强小学生语文学习规律的研究,小学教师依此进行指导,那么鲁迅先生曾写到的学写作的"暗中摸索"之苦将得到最大限度的解决,吕叔湘先生曾经批评的,相较于其他学科至今仍然存在的小学语文教学效果"少、慢、差、费"的问题,也将有望变得"多、快、好、省"。

(二)进一步充实研究内容,增强研究的系统性

第一,加强协作,形成合力。如前所述,小学语文学习领域的研究成果在内容上呈现出割裂的状态,这主要和现代的分科治学与学术研究日益精细化有关,这是现代学术分科发展的必然结果,也是应用困境的常态呈现。因此,在小学语文学习研究上应以现实问题为导向,打破学科内研究逻辑的藩篱,进行学科交叉的研究,融合三方的研究力量,从研究问题的提炼,研究方法的选择,研究计划的实施,研究结果的呈现、教与学实践的验证、最终理论的提炼和升华,协同进行,彼此互助,共同推进小学语文学习研究的变革和现实应用性转化。

第二,扩充研究,形成系统。目前的研究成果多为个案研究,研究者们要丰富相关个案,形成系统,深化认知,探明规律。如前述莫雷教授以广州市小学六年级的学生为被试探究了小学的阅读能力结构,之后其未有关于小学其他年级学生阅读能力结构的研究成果发表。其他的研究者,尤其是小学语文实践教学领域的工作者可以学习莫教授的研究方法,将小学其他年级学生的能力结构进行研究,这样就可以形成关于小学语文阅读学习能力结构的系统认知。若不同地域的研究者能再加以对比研究,则形成的认知会更加全面、系统,将更有利于阅读学习与教学的推进。

第三,深化研究,增加认知。虽然前文已经提到识字和阅读的学习研究相对而言,广度与深度较为突出,但仍可深化,如识字领域的字音学习的特点、心理过程、认知机制;阅读领域诵读学习的特点、心理过程、影响因素、能力结构,学习诗歌、散文、童话、小说过程中各自学习的特点、认知过程、影响因素、学习方法等等仍需深化。在写作学习领域中,写作过程中的问题解决要加以深化研究,尤其是认知过程与认知机制,影响因素和指导方法的研究,以解决学生不会写,不想写,越写越怕,越写越烦的"老大难问题"。另外,还要强化符合时代和社会需求的学习测量与评价,为鉴定学习成效、调整学习状态与策略、改进教学提供指针。

(三)以真实问题情景为指引,增强学习研究的针对性

美国教育心理学家奥苏伯尔针对某些学习研究脱离学生学习主阵地,只根据实验室里的学习加以外推的做法,曾明确指出:"一种真正实在的、科学的课堂学习理论,主要关注在学校里或类似的学习环境中发生的各种复杂的、有意义的言语学习和符号学习。"(施良方,2001)因此,研究小学生语文学习不能完全依靠实验室,三个领域的研究者要形成合力,直面真实情境的学习问题的解决。

从纵向说,心理学工作者可以真实问题情境为指引,设计科学合理的研究方案;一线教育工作者可以凭借其指导,以探究的眼光展开实践教学与研究;语文教育理论工作者可以将一个个的实践成果进行抽象,形成学习理论,加以阐述与推广。从横向说,在共同真实问题情境的指引下,心理学工作者可从学生学习的认知层面进行实验研究;一线教育工作者可从实践教学的层面进行行动研究;语文教育理论工作者可从学习问题情景出发进行由表及里的深度理论研究。三者合力,共克难关,增强语文学习研究的针对性,助力语文教育教学的优化和学生学习效果的改善。

第六章　小学语文教师专业发展的研究

　　自20世纪80年代以来，教师专业发展已成为国际教育研究的一个专门领域。世界各国都把教师素质的提高作为教育改革的核心,按照国际教师专业发展的研究脉络,教师专业发展经历了由被动发展到主动发展的转变。我国的小学语文教师的专业发展也正是按照如此轨迹一路发展至今。中华人民共和国成立以来,我国小学语文教师的发展经历了从学历补充、到学历教育,再到专业自主发展的漫长历程。我们越来越清楚地认识到,21世纪语文教育改革的关键在教师,广大小学语文教师需要重新对自己进行角色定位与素养的提升。我们这里探讨的小学语文教师的专业发展研究是作为具体学科、具体学段的教师专业发展。

第一节　小学语文教师专业发展研究的历程

一、1949—1976年的小学语文教师专业发展研究

（一）本阶段研究背景

1.中华人民共和国的汉语言文字改革向小学语文教师提出新挑战

　　汉字简化与拼音教学是中华人民共和国成立之初小学语文教师面临的新任务和新挑战。中华人民共和国成立后全国各地积极开展拼音教学改革工作,大大缩短了拼音教学的时间,教学质量有了显著的提高。特别是《文字改革》曾

先后登载了音节教学法、教材及《注音识字拼音教学大纲(初稿)》后,各地的拼音教学改革工作有了新的进展。推广普通话也是全国各地小学语文教师的重要责任。20世纪50年代初期,全国教育系统掀起了学习普通话的热潮,这其中小学语文教师被认为是最关键的环节。教育部在1955年7月发出《关于举办小学语文教师普通话语音训练班的通知》中指出:现代汉语的方言相当分歧,各地人民相对交谈,不能充分交流思想,这种情况同伟大的社会主义建设是不相适应的。为使各地人民逐渐学会一种共同语,此后全国范围内大力推行以北京语音为标准音的普通话。而在推行普通话工作中,学校的语文教学,尤其是小学语文教学负有很大责任。各地积极开展语文教师的普通话培训活动。如:江苏省教育厅委托南京师范学院举办"江苏省小学语文教师普通话语音训练班",为各市、县训练讲师。1955年举办三期,每期由各市、县按照规定条件选送学员一百名左右,共计训练三百名。1956年秋季开学前将所有公私立小学和民办小学一年级语文教师都训练完毕,使他们能在秋季开学后担负起新编小学一年级课本的教学任务;此后再逐步训练其他年级语文教师,使全体小学教师都能用普通话进行教学。为了帮助小学语文教师教学普通话、提高语文朗读教学水平,帮助教师备课,学习与推广普通话,提高语文朗读教学水平,中国文字改革委员会和中央人民广播电台在1961年春季开始联合举办小学语文课本朗读教学广播讲座。这个广播讲座受到广大教师欢迎,对教师们的教学帮助很大,后经复制录音在全国各地不断推广。例如:当时的江苏省广播师范学校也在当年6月5日起就增设小学语文课本朗读教学广播讲座。

2.小学语文教师培养工作深受苏联教育思想影响

第二次世界大战后,形成了以苏联为首的社会主义国家阵营与以英美为首的资本主义国家阵营对峙的世界格局。中国为巩固与建设社会主义制度,开始了全面学习苏联经验的阶段。自中华人民共和国成立以来,党与政府在教育方面所面对的主要任务是把旧学校、旧教育改造成为新学校、新教育,即把为旧经济、旧政治服务的封建的、买办、法西斯性质的学校与教育,改造成为新政治、新经济服务的社会主义性质的学校与教育。"我们办社会主义教育是缺乏经验的,而苏联在这方面已经积累了三十多年的经验。因此,我们的教育建设和教育改革,以苏联的先进经验为主要的凭借,是完全正确而必要的。"(曹孚,1957)

(二)本阶段研究主要内容

中华人民共和国成立以来直至20世纪70年代末基础教育发展的历史中,小学师资的培养主要通过两种途径,一种就是中华人民共和国在各地组建新式的师范学校,学习苏联师范教育经验,以培养符合社会主义社会发展需要的新教师;另一种就是对已有教师开展多种形式的进修与学习活动。由于新式师范学校的人才培养尚需要时间和本土经验的积累过程,而中华人民共和国的社会主义建设又急需受教育的人才,因此对已有教师的教育和改造是这一时期的重要任务。这一时期,小学教师学历水平不达标是非常显著的问题。1953年,全国中学教师学历不合格的占43.9%,小学教师学历不合格的占86.5%;1963年,全国中学教师学历不合格的占28%,小学教师学历不合格的占65.5%;1978年,全国中学教师学历不合格的占81.8%,小学教师学历不合格的占52.9%。这些学历不合格的教师,没有受过教育专业训练,大多数文化基础差,教学能力低,不能完全胜任教学工作,直接影响着基础教育水平的提高和教育事业的发展。(温寒江、韩家鳌,1986)为了解决这一棘手问题,全国各地教育系统开展了各种形式的教师学习和进修活动。此阶段小学语文教师的培养和学习主要包括:政治、业务和文化这三个方面。以一个人民教师来说,这三方面是终身都要学的,也终身学不完的。但是,相对来说,文化水平不到初级师范程度的,应该先集中力量来学好文化,就是用自学的方法,念完初师的课程,首先使自己的文化水平达到做一个小学教师的最低标准。相当初级师范毕业程度的,可以着重学习政治。学习文化也要一门一门地学,先学语文,再学算术,再学历史、地理或自然。当然,政治、业务、文化学习不能绝对地单打一。教师应该合理地处理好政治学习与文化学习、业务学习之间的关系。我们必须反对在学习上的齐头并进,随手乱抓;但同时也反对借口单学一门,产生不问政治、不管教学的偏向。(蔡君启,1956)

(三)本阶段研究特征

20世纪50年代至70年代末,伴随我国小学语文学科的发展,小学语文教师队伍也走上了思想改造、素养提升与经验探索的道路。这一时期的小学语文教师在知识素养、教学技能以及职业伦理方面的学习与探索，更多的是通过向苏联经验学习、向优秀的小学语文教师学习而获得自身的成长。小学语文教师主要通过观摩、听课、进修、参加各种教学经验研讨会、讲座等形式开展小学语文专业、小学教学技能的研究与学习。

从20世纪50年代中后期开始，陆续出版一系列"与小学教师谈……"的教师教育书籍。例如:《和小学教师谈谈工作、学习等问题》,(蔡君启,1956)《和小学教师谈修辞》,(王禹卿,1959)《和小学教师谈语法》,(吴书柬,1962)《和小学教师谈语音》。(上海市师范学校教材编写组,1978)这一类教师素养养成类著作的出现满足了当时小学语文教育教学发展过程中的现实需要，同时也体现出小学语文教师的专业形成初期，已经有丰富的前期经验积累，并且大量的经验的积累、传授与传播，也为后面小学语文教师专业的发展成熟奠定了基础。

从最初为了应一时之需而开展的经验学习会，出版示范性教学资料，到后来逐渐有意识地传授专业知识与教学技能。这一时期对小学语文教师个体教学经验的搜集、整理，一方面提升了经验传授的效率与效果，另一方面也预示着小学语文教师的培养将被逐渐导向一种更加严肃的、严谨的学术研究之路。

二、1977—2000年的小学语文教师专业发展研究

(一)本阶段研究背景

1.教育的复苏发展使师范教育、教师继续教育走向规模化、规范化

十一届三中全会后，只短短的几年时间，我们的教育事业得到迅速地恢复和发展。无产阶级的教育事业是要培养建设共产主义的一代新人。因此，社会主义国家的教师，比历史上任何时代的教师所负的职责和任务，都更为崇高、更为艰巨，也理应比任何一个社会的教师要受到更大的尊敬。(王启贤,1986)

《中共中央关于教育体制改革的决定》中提出有步骤地实行九年制义务教育。在十几亿人口的大国，实行九年制义务教育，是教育史上的空前壮举，是关系到民族素质提高和国家兴旺发达的一件大事。实行义务教育,要解决经费、师

资等问题,其中师资是关键问题。教师的素质直接决定着教育的质量,是当时教育改革的关键一环。《中共中央关于教育体制改革的决定》指出:"必须对现有的教师进行认真的培训和考核,把发展师范教育和培训在职教师作为发展教育事业的战略措施"。这是发展我国教育事业的一个重大决策。因此,在职教师的培训工作,在各个时期中,始终是发展教育事业的一个十分重要的工作。中华人民共和国成立以来,各地教育学院、教师进修院校和有关高等院校培训各类教师的工作,取得了很大的成绩,提高了教师队伍的素质和教师队伍的合格率。据当时的国家教委统计处统计,仅党的十一届三中全会以来的六七年中,通过各种培训,小学教师达中师毕业的有76.7万人,占小学教师总数的14%;中学教师达大专毕业的有34.2万人,占中学教师总数的13%。尽管如此,从上述数据显示,20世纪80年代中期我国的教师质量问题仍不乐观,师资培训的任务还是很艰巨。20世纪中叶以后,科学技术迅速发展,知识量急剧增加,新理论、新学科不断涌现。科技发展,知识更新必然在一定程度上或迟或早地反映到基础教育中来。教育理论、心理学等学科,在改革开放后有很大发展和变化。传统的教育理论偏重于知识的传授和技能的训练,对于发展智力、培养能力和培养学生思想品德形成人生观、世界观方面,缺乏系统的成功的东西,已大大落后于教育事业发展的需要。因此,合格教师也存在一个知识更新问题,需要再学习。

无论从教育事业过去阶段的发展,还是从20世纪80年代以后实行义务教育的需求来看,都说明在职教师的培训是一个十分重要的、紧迫的战略任务。在职教师培训是一项长期的战略任务;在职教师培训有自己独特的培训方式,即多层次、多形式、多途径的多种培训方式;有自己特定的培训任务和内容,它是紧密联系小学实际,是为提高基础教育水平服务的。完成这样一个任务不是高等院校所能完全承担的,教师培训还必须有自己的培训基地。全国各地教育学院、进修院校,就是在这样的客观需要下,从无到有,从小到大,逐渐地成为小学在职教师的培训基地。到1986年,全国有省、直辖市、自治区一级教育学院30所,地(市)一级进修学院188所,县一级进修学校1782所,形成三级教师培训网,初步形成与师范院校并行的在职教师培训体系。除了切实办好教育学院、进修院校外,还必须广泛动员社会有关方面的力量,特别是高等院校、电台、电视台,承担一部分教师培训工作。过去已有许多高等院校为在职教师举办函授、各种培训班、讲座,电台、电视台举办各种讲座,都发挥了很好的作用。(温寒江、韩家鳌,1986)

2.20世纪末教师专业化引领新的教师教育改革

顺应世界潮流与时代需要,我国在20世纪80年代中期开始了面向21世纪的教师教育改革。到20世纪末,经过一二十年的改革实践,以师范大学和其他举办教师教育的高水平大学为先,专科、本科、研究生三个层次协调发展,职前职后教育相互沟通,学历与非学历教育并举,促进教师专业发展和终身学习的现代教师教育体系在这一时期逐渐形成。

中华人民共和国成立以来,尤其是改革开放以来,随着教师队伍的不断发展以及社会发展对教师质量要求的不断提高,我国对教师职业专业性的认识也在逐步深入。1986年,国家教委下发了《关于中小学教师考核合格证书试行办法》,要求中小学教师必须获得《教材教法考试合格证书》和《专业合格证书》。虽然当时工作的重点是要解决教师的学历资格问题,但是这一文件的许多具体规定实际上已经开始确认教师工作在学科专业和教育专业两个方面的专业性。1995年颁布的《中华人民共和国教育法》规定:"国家实行教师资格、职务、聘任制度,通过考核、奖励、培养和培训提高教师素质,加强教师队伍建设。"随后由国务院颁布的《教师资格条例》明确规定:"中国公民在各级各类学校和其他教育机构中专门从事教育教学工作,应当依法取得教师资格","不具备教师法规定的教师资格学历的公民,申请获得教师资格,应当通过国家举办的或者认可的教师资格考试"。(中国教育学会,2003)

1983年10月1日,邓小平为北京景山学校的题词:教育要面向现代化,面向世界,面向未来。这是在新的历史条件下,根据我国国情,从党的总路线总任务出发,适应世界新的技术革命的发展趋势提出来的。这是邓小平在新的历史时期对教育工作指导思想的精辟概括。教育要面向现代化,就是要求贯彻教育为社会主义现代化建设服务的方针,把实现现代化作为教育改革的目标,使教育适应经济和社会发展的需要。教育的现代化进程中,教师发展的现代化无疑是至关重要的一环。国家与社会发展的需要,促使20世纪末期教师的培养逐渐从学历型开始向能力型转化。

1992年9月,国家教委颁布了《中等师范学校教学大纲(试行)》。其中,《小学教育学教程教学大纲(试行)》第一次较为明确地提出:中等师范学校应培养中师生具备初步的教育研究能力。《大纲》在教学目的和要求中明确提出,通过小学教育学教程的教学,培养学生初步地运用教育理论于小学教育、教学实践的能力和今后进一步学习教育理论的能力,培养学生研究小学教育的兴趣,激发他们参与小学改革的积极愿望。小学教师应具有的一般教育能力,包括教育研究能力。为培养中师生的初步教育研究能力,《大纲》确定了相关的教学内容。

而这一时期小学教师的教育研究意识与能力是十分缺乏的。湖南省第一师范学校曾做过两次调查,第一次是1991年在湘东某县的三个乡镇对"农村小学教师的素质"问题进行了全面调查,发现三个乡镇农村小学教师不具备教育研究能力者高达51.5%,真正具备的不到10%,教研骨干屈指可数。第二次是1992年就"小学一级教师现状"问题,对全省106所城乡小学的校长进行了抽样问卷调查,了解到城市小学一级教师欠缺教育研究能力者占37.54%。乡镇小学一级教师有此欠缺者占45.16%。一级教师尚且如此,二、三级教师的教育研究能力则可想而知了。(米久奇,1994)

教师的在职培训工作,不同于一般全日制学校,有自己的办学形式和特点。由于教师的业务水平不同,教师培训的要求是多规格、多层次的。首先要培训那些教学工作有一定困难,不能完全胜任教学工作的教师,这是当时主要的任务,但同时也要继续提高学历合格的教师,只有这样才能提高整个教师队伍的素质,才能适应教育事业发展的需要,才能有效地提高基础教育的水平。20世纪80年代,北京、上海、天津、浙江、江苏等不少省(市)教育学院,为学历合格、有一定教学经验的中年教师,举办各种教学研究班,组织他们学习有关新知识、新理论,学习教育理论、心理学,研究学科教学法,普遍受到学员的欢迎。这一事实也证明了合格教师培训的必要性。一些教师进修学校举办的语文教学研究班,学习与语文有关的专业理论、教育理论,开展语文教学法研究,听优秀教师的课,看优秀教师讲课的录像,参加全国语文教学研究会年会的讨论,学员学习积极性很高,在学习期间每个学员都自觉地设计了教学改革的方案。很多教师回到第一线教学后能够把教改方案付诸实践,并且取得了一定的成绩。(温寒江、韩家鳌,1986)

1980年3月,上海市教育局举办了小学语文教师读书班。为进一步提高小学语文特级教师和骨干教师的业务能力,上海市教育局有关部门特地举办了小学语文骨干教师读书班,为他们创造进修条件。小学的特级教师和骨干教师踊跃参加,读书班根据学员的意见,采取自学和举办讲座相结合的学习形式,每两周安排一个半天作为固定的学习时间。

1980年7月,"全国小学语文教学研究会成立大会暨第一次年会"于大连召开。会议提出,提高小学语文教学质量,是培养"四化"建设人才,提高全民族科学文化水平的重要基础。为了打好基础,小学语文教学要进一步改革,既要解放思想,下决心,有勇气,又要非常慎重,搞好调查研究和试验,并且经过充分讨论。全国小学语文教学研究会的成立,就是为了研究小学语文教学理论和实际问题,探讨语文教学规律,交流教学经验,加强协作,为改革小学语文教学,提高教学质量贡献力量。

云南省教育厅1985年举办了中等师范学校小学语文教学法研究班,研究了国内外教学论发展的趋势,小学语文教学大纲和教材,并就小学语文教学法教师队伍建设等问题组织了专题讨论。(南教,1985)

小学教师的教育研究能力开始受到重视。教育研究能力是运用一定的理论和方法,研究、解决教育问题的能力。它和认知能力、教学能力一样,是教师能力结构的重要组成部分。重视教师教育研究能力的培养,是提高教师素质的重要途径,也是提高教育质量的保证。(米久奇,1995)

(二)本阶段研究主要内容

本阶段小学语文教师的在职培训与师范学校的小学语文专业师范生的培养从最初的各自发展,到20世纪末开始出现协同趋势,这二者之间的关系更加协调并共同指向了小学语文课堂的现实发展。

20世纪80年代初期,我国小学语文的教学状况仍是落后于"四化"建设的。究其原因,主要是学生识字水平与《大纲》、通用教材的要求之间还存在着很大距离。因此,加强教师进修建设是当务之急。小学语文教师进修首先应该加强政治理论的进修,以提高自己的政治水平。其次应该加强文化科学知识的进修,以提高自己的文化科学水平。一是要具备一些语言和文字方面的基础知识。二是要具备一些科学常识。第三应该加强教育理论的进修,以提高自己的业务水平。学习各家教育学说;学习优秀教师的教学经验。(李伯棠,1982)

这一时期的小学语文教师在职培训从内容到形式都呈现出更加多元的特点。由于我国幅员辽阔,不同地区教育事业发展不平衡,就是在一个学校里教师队伍的水平也是参差不齐。在职教师培训的要求、内容和方式,应有所不同,要因地因时制宜,采取多层次、多形式、多途径进行培训。在职培训的方式应该灵活多样,既要便利教师学习,又要有利于教师做好本职工作。培训工作要采取短期班与长期班、脱产与不脱产、近距离教育与远距离教育等多种形式。中师、高师文化系统进修,主要采用长期班的方式,也可以通过单科结业、培训班等短期的方式;教材教法进修、教育理论的学习,可以采用讲座或短期轮训的方式。为了使更多的在职教师能够参加学习,各种培训班应该以不脱产为主,脱产为辅。城镇地区交通方便、学校集中,一般宜采用业余的、面授的方式;农村地区、边远地区,交通不便,学校分散,则宜采用函授、电视、广播等远距离教育的方式。为了在广大农村实行义务教育,提高基础教育水平,应该大力发展远距离教育,加速中小学教师的培训工作。在职教师的提高主要靠自学。要大力提倡和鼓励教师密切结合教学进行自学和互教;要积极开展读书活动、教学研究活动和教学学术活动。把教学实践和学习研究结合起来,把教学观摩、总结经验和专业学习、教育理论学习结合起来。(温寒江、韩家鳌,1986)

在小学语文教师在职教育的多元化发展的同时,中等师范学校的小学语文教育专业的教育教学改革也成为当时教育改革内容中的重要构成部分。中等师范学校课堂教学方法的改进是深化中师教育改革发展的必然的趋势,同时也具有特殊的意义。中等师范学校的培养目标是为小学教育输送合格的教师。我国小学教师的队伍在整个教育领域中最为庞大,小学教育也担负着国民基础教育极为重要的任务。国民基础教育的进步在很大程度上取决于师范学校培养出来的一代师资的质量和水平。但是,相对于基础教育的发展而言,师范学校课堂教学的改革在当时不但没有走在前面,反而相对滞后了。师范学校的课堂,这种最需要体现"示范性"特点的地方却存在着许多一成不变的东西。似乎形成了这样的定势:做教师是需要讲究方法的,而做教师的教师却可以不去讲究方法。无论从理论还是从实践的逻辑上讲,师范教育都应成为基础教育的发轫之地。因此,基础教育的课堂教学改革的发展,要求师范学校的课堂教学改革领先一步。

教师缺乏合作意识与合作能力也是中等师范学校教育改革中的一个典型问题。在小学语文师范生培养过程中,学科知识、教学技能、教育学、心理学等学科教学的合作与交叉也是教育改革中的一种现实要求和实践趋向。课堂教学方法是灵活的,它通过教师个人的具体劳动体现出来,个性化和独特性的创造是课堂教学方法改革的根本动力。由于受教育传统的影响,我们的教师常常不太习惯在与别人的协作过程中完成一些创造性的工作,也常常缺乏与别人协同工作的技术,凡是曾经作出过教改努力的教师可能都有这样的感受。课外的协作比较困难,"课堂"更是被理解为只允许一个人进行操作的场所。事实上我们应该知道,教育学生是所有的教师共同的事情。过分强调工作独立化的现象不仅存在于教师中间,也同样存在于学生的学习活动当中。改进课堂不仅要改变教师的活动模式,更是要改变学生的学习行为方式。这样的认识一方面为我们提供了课堂改革的方向,一方面也为我们提供了方法论上的启示。(董洪亮,1996)在这种教学模式之下,课堂的教学组织和实际的教学活动方式的选择,仍然有着广阔的空间。

(三)本阶段研究特征

小学语文在职教师培训的特点可以概括为:在职性、师范性和成人性。前面所说在职培训是多层次、多形式和多途径的,就是在职性的主要体现。师范性主要体现在培训的目标和内容上。培训工作应密切结合中小学实际,培养学员热爱教育事业,具有专业知识和教学能力。在职教师培训不能简单地搬用师范院校的教学计划和教材。在教学计划上,应加强教育理论、心理学和学科教学法等课程,要增加课时,应当有教学实践与研究课。在教学内容上,凡是能联系小学教材的,应紧密联系小学教材,从理论上解决小学教材中的重点、难点问题。教育理论要指导小学教学的实践,揭示教学、教育的规律,阐明教学的方法。培训的方法要根据成人的特点,要用启发式、讨论式和研究式;讲授与自学相结合,讨论与答疑相结合,培养学员的自学能力、研究能力和教学能力。总之,要理论联系实际,学用结合,学以致用。因此,对从事师资培训工作的教师的要求,比一般师范院校更高,不仅要有较高专业素养,还要有小学教学的实践,教师备课不仅要钻研中师、高师教材,还要熟悉小学教材。许多教师进修院校的教师,到小学第一线去兼课、兼班主任,去听学员的课,进行调查研究,或聘请优秀小学教师作为兼职教师给学员讲课,传授经验,指导实习。这些都是很好的经验。(温寒江、韩家鳌,1986)

师范教育中的小学语文教育专业课程与教学开始更加关注教育改革的现实需要与小学语文课堂的教学改革实践。从深化师范学校教育改革的自身角度来看,课堂教学方法的改革构成了从应试教育模式向素质教育模式转化的一个重要的、不可缺少的环节。改革教育模式首先意味着要改变教育的方法。师范学校的教育改革要向奠基的目标回归,它应以提高教育质量为根本。重要的一环是改变现有的教学运行和操作模式,其核心是课堂教学方法的改革。但改革中等师范学校的课堂教学方法不是朝夕之间的事情,现实中还面临着许多困难的处境,从某种意义上我们可以说,改进课堂教学的方法,将是一个困难的抉择过程。

三、2001—2019 年的小学语文教师专业发展研究

小学语文教师作为从事基础学科教学的一个重要群体,其专业发展的情况直接决定了小学语文教学水平的高低。这一时期较为关注教育工作者的专业发展,每一份教育改革方案和每一份学校改进计划都强调高水平的专业发展的必要性。

(一)本阶段研究背景

1.21 世纪的中国教育事业需要专业化的教师队伍

中华人民共和国成立以来,尤其是改革开放以来,我国教师队伍的规模和素质都实现了历史性的飞跃。21世纪初,我国有大中小学教师1121.05万人,大约是中华人民共和国成立初期的10倍。小学、初中、高中教师的学历合格率分别提高到96.9%、87%和68.4%。高等教育师资的学历水平也在不断提高,具有硕士、博士学位的教师正在成为高等教育的中坚力量。全国绝大多数在岗教师都经过了不同程度、不同形式的教师教育,教师的专业水平得到稳步提高。教师专业化是现代教育发展的要求和必然趋势,不断提高我国教师专业化水平,是实施科教兴国战略、实现中华民族伟大复兴事业的现实需要。教师专业化是指教师职业要具有独特的职业要求和职业条件,具有专门的培养制度和管理制度。教师专业化的基本含义是:第一,教师专业既包括学科专业,也包括教育专业,国家对教师任职既有规定的学历标准,也有必要的教育知识、教育能力和职业道德的要求。第二,国家有教师教育的专门机构,专门教育内容和措施。第三,国家有对教师资格和教师教育机构的认定制度和管理制度。第四,教师专业发展是一个持续不断的过程,教师专业化也是一个发展的概念,既是一种状态,又是一个不断深化的过程。(中国教育学会,2003)

随着教师队伍的不断发展以及社会发展对教师质量要求的不断提高,我国对教师职业专业性的认识也在逐步深入,教师资格制度日臻成熟。2000年我国颁布的《教师资格条例实施办法》更加具体、明确地规定了教师资格证书的操作办法。这些法规与其他相关政策的相继出台,标志着我国对教师职业专业化的认识和实践在不断深化。

改革开放以来,中国社会发展程度和人民生活水平日益提高,以素质教育为核心的教育改革日益深入,社会发展和教育自身的改革都对教师质量提出了新的要求。按照教育部《面向21世纪教育振兴行动计划》和《中共中央、国务院关于深化教育改革,全面推进素质教育的决定》,2010年全国人口受教育年限将达到发展中国家的先进水平,"具备条件的地区力争使小学和初中专任教师的学历分别提升到专科和本科层次,经济发达地区高中专任教师和校长中获得硕士学位者应达到一定比例",国家原有的三级师范教育体制(中专、大专、本科)将逐步向新的三级师范教育体制(大专、本科、研究生)过渡。改革开放带来的巨大社会进步,使中国教育及其对于教师需求的重点从量的扩大转向了质的提高。

随着教育整体水平的提高,特别是基础教育改革的不断深化,我国的教师质量与全面实施素质教育要求的差距明显表现出来。教师迫切需要不断更新教育理念,适应以学生发展为本的新观念;提高将知识转化为智慧、将理论转化为方法的能力,适应综合性教学、研究性教学、实践性教学的新要求;提高将学科知识、教育理论和现代信息技术有机整合的能力,充分利用信息技术的发展,为教育和学习提供广阔空间;理解学生,促进道德、学识和个性全面发展,既要做"经师",又要做"人师"。这些都是对教师职业的特别要求。(中国教育学会,2003)

2.新一轮课程改革对教师教育的冲击与挑战

全面推进素质教育是基础教育改革和发展的根本任务。在全面推进素质教育的过程中,基础教育课程改革是一个关键的环节。2001年6月,教育部颁布了《基础教育课程改革纲要(试行)》,决定从2001年秋季开始,用五年左右的时间,在全国实行基础教育新的课程体系。新的课程理念、新的教材、新的课程评价观,强烈冲击着教师教育体系,对广大教师和教师教育工作者提出了新的、更高的要求。

新一轮基础教育课程体系在课程功能、结构、内容、实施、评价和管理等方面,都较原来的课程有了重大创新和突破。它要求中小学教师改变多年来习以为常的教学方式、教学行为,确立一种崭新的教育观念;新课程倡导一种课程共建的文化,需要教师重新认识和确立自己的角色,重视教师的课程参与,改变教师的课堂专业生活方式,通过教师参与课程建设提升教师的课程意识,使之掌握课程开发的技术。

新课程的实施,迫切要求广大教师加强学习、进修,尽快提高专业化水平。教师劳动不同于一般的劳动,教师的专业包括学科专业和教育专业两个方面。教师既应该是学科知识方面的专家,又应该是学科教学方面的专家。认为"学者即良师"是不对的;以为对小学教师学术水平要求不高也是不对的。优秀的小学教师既需要有扎实的学术根底,广阔的学术视野,不断更新知识、追逐学术前沿的意识,又需要把握教育的真谛,了解青少年发展的规律,掌握现代教育信息技术,具备热爱学生关心学生、对学生认真负责的品质,从而发展学生的智慧,发掘学生的潜力,激发学生的创造性,培养学生健全的人格。总之,教师既要做"经师",又要做"人师"。(钟启泉,2002)

开展基础教育新课程师资培训工作是"十五"期间小学教师继续教育的核心内容和主体工程。一方面,要按照"先培训,后上岗;不培训,不上岗"的原则,全体教师要尽快了解并认同新课程改革通过的背景及基本理念;要充分认识并掌握新课程改革的目标、功能、结构、内容及评价等重大变革;要真正参与到课程改革和建设中,在参与过程中转变与更新教育观念,改进传统的教学行为,增强课程改革的责任感和使命感,以主人翁的心态投入到课程改革的浪潮中。(钟启泉,2002)通过课程师资培训以及新课程逐步的实施,使广大教师进一步更新教育观念,改进教学方法、教学行为和教学手段,扩大知识面,完善知识结构,特别是要引导小学教师从实践中学习,在反思中进步,提高专业水平。另一方面,要根据基础教育新课程改革的目标和内容,深化教师职前教育改革。在教师职前教育的专业设置课程体系、教学内容和教学方式等方面进行必要的调整和改革,力求源源不断地为小学输送适应新课程要求的新型师资。

3.小学语文教师专业化是解决语文教育现实问题的基础动力

随着"深入教育改革,推进素质教育"思想的确立,语文教育面临的问题和改革的任务,对当代语文教师的素质提出新的挑战。语文教师必须重新定位自己的角色,专注于自身的专业发展。传统的以知识传授为主的语文课堂教学中,教师是知识的卫道士,课堂教学形式是讲述——接受型的,考试也均以标准化、规范化的答案去要求学生,语文所需要的吟咏涵颂,丰富的想象,不确定、不规范的整体思维被破坏了。而新课程改革要求的教学需要我们把语文教学更多地视为学生主动进行的言语实践活动的过程。因此,语文教师首先要从整体上把握语文学科的性质——人文性与工具性的统一,要真切地体会到语文学科所具有的深厚的人文魅力。语文教育的人文性是语文的本义和内在价值,它可以贴近学生的心灵世界与情感世界,如教学诗歌是对人类灵魂与命运的一种诠释,教学散文是对语言所浸润的情感的一种体悟。其次,语文教师更应认识到,语文的外延与生活的外延是相等的,要树立大语文教育观,关注学生的创新精神与实践能力的培养,要使学生学会从大自然中、从生活中挖掘素材、捕捉灵感。再次,语文教师要树立言语本位的教学观和语文教学的实践观。实践性是工具性、人文性的衍生性质,人文性、工具性实现的依托是学生的言语实践活动,只有在语文实践中学生才懂得如何学语文、用语文,并体悟语文对人的情感世界和生存状态的人性关注。学生语言能力的形成是运用言语作品并把它内化为自己心理要素的结果。基于言语本位的教学观,语文课应以关注学生语言实践为主,其主要任务是培养学生的听、说、读、写能力,即语文能力。最后,要实现这些观念的转变,首先需要教师重新审视自己的角色扮演,努力在各个方面促进自己的专业发展。实现与考试制度、评价制度改革相适应的语文教师心理的变革,这才是语文教育改革的关键。(莫莉 2015)新基础教育改革要求的语文教师的专业发展首先要求语文教师转变过去语文的知识教育的观念。注重语文对人的熏陶、感染、塑造作用,强调语文人文性与工具性的统一,不断更新语文教师的原有专业结构。

语文教育是关于中华民族共同语的教育,是我国基础教育中最重要的部分,小学语文教育更是基础中的基础。在小学教育阶段,由于小学生鲜明的向师性,小学教师的语文素养、教育素养对小学生的发展才显得尤为重要。

(二)本阶段研究主要内容

教师专业发展是教育改革实践的一个具有重大理论意义的课题,是适应时代潮流与改革潮流的。在学术领域,教师主动的专业发展倾向日益受到人们的关注,就现有的相关研究来看,对教师专业发展实际变化过程的研究较多也较为成熟,研究的内容也几乎涉及教师专业认知、行为、态度、道德、伦理等很多方面。相对而言,对教师专业发展的深层结构因素、教师在专业发展中的能动作用以及有意识促进和影响教师专业发展的途径、策略的研究还相对薄弱。特别是从具体学科层面,对小学语文教师的专业发展的微观研究在近十几年正逐渐深入和展开。小学语文教师的专业发展作为具体学科、具体学段教师的专业发展，主要探讨小学教师在语文教学方面应具备的专业发展。

小学语文教师的专业发展是指小学语文教师在一定的专业发展背景支持下，通过反思基本认同或形成新的小学语文教育理念，并不断扩充、更新原有专业结构，主动实现自我的专业发展。它最终表现为小学语文教师的主动发展，但在强调教师主动发展的同时，更注重小学语文教师的专业发展背景或外部的环境支持。

对于小学语文教师的专业发展，最终的发展内容都要落实到小学语文教师的专业结构上，主要体现为其专业结构的拓展与变化。各个时期关于教师专业结构的研究不尽相同，各种文献对小学语文教师应该具备的素养的具体表述或分类也不甚相同。不同时期往往有不同的侧重点，且尽量体现出时代特色，但所含主要内容却大致相同，且都尽量涵盖更多的方面，体现出综合性。小学语文教师应该具备的素养的内容是丰富的，结构是复杂的。对这方面研究的结果也是见仁见智、丰富多彩的。

（三）本阶段研究特征

1.小学语文教师成为自主专业发展的主体。21世纪之初，小学语文教师的专业发展正在从理念到实践逐步展开。小学语文教师的教育与培养已经从原来的学历补充、在职培训开始，逐步拓展到校本研修、自主发展。课程改革赋予了课堂中学生的主体地位，教师教育改革则推动了教师的自主、自律型的发展，教师成了教师教育中的发展主体。在教师教育改革之前，教师的自主发展或许仅是少数优秀小学语文教师的专业成长路径，但是近年来教师的自主发展已然成为全体小学语文教师的共同成长与发展道路。教师成了自我专业发展的主体，就意味着每一位小学语文教师既要按照他律式的教师成长途径发展，同时也要结合自身状态实现个性、自主发展。

2.小学语文教师的专业结构日趋明朗。初期的研究对于小学语文教师的专业结构研究仅仅限于宏观意义上的教师专业结构，如：专业信念、专业情感、专业道德、专业知识、专业能力、专业自我等。因此，可以说最初的小学语文教师专业结构是完全套用了"教师专业结构"大概念中的内涵,这种教师专业结构是"教育学意义上的专业结构",它不仅适用于探讨小学语文教师的专业结构,而且也适用于各个学段、各个学科。此后逐渐有研究者将注意力转向了"小学""语文",正如有的研究者所言,教师专业发展最终将落实在其专业结构上,而我们也可以由此看出,小学语文教师专业发展研究也必然将进一步落实到其更精细化的专业结构研究之中。

3.多样化策略为小学语文教师专业发展提供保障

从小学语文教师自主发展的方面来看,可以通过自主研修与自我反思等形式实现专业发展。教师可以通过自主读书、名师工作室、教学团队、教学竞赛、撰写教学日志、开展叙事研究、行动研究等方式推动自身专业发展。从小学语文师资的职前教育与职后培养方面来看,职前与职后的培养在这一时期逐渐实现衔接,此前时期师范教育中出现的课程、教学滞后于基础教育课程改革的问题正在得到迅速地调整与变革,改革后的小学语文师范专业教育不仅呼应了基础教育课程的改革需求,同时相对于此前的小学语文师范专业教育来说,学历层次大幅提升、课程结构更加符合教师专业化发展要求,更加科学、合理与精细化。

第二节 小学语文教师专业发展研究的主要成就

自中华人民共和国成立以来,小学语文教师的培养与发展经历了一系列变革,从小学语文教师素养发展的内涵来看,由最初单纯关注小学语文教师的思想政治、知识、能力,发展到目前关注教师的专业思想与情感、专业知识、专业能力、专业自我,有关教师素养内涵研究得到了不断的充实与完善。从教师发展的途径与策略来看,小学语文教师的发展研究从最初的经验的继承、输入、总结、交流,到如今职前、职后全面贯通,外部、内部协调发展的小学语文教师终身教育发展的全新格局。

一、小学语文教师素养内容的相关研究

从历史纵向发展来看,小学语文教师的素养结构从中华人民共和国成立之初的素养、知识、技能的平面结构逐渐发展为外在的教师素养要求与内在的发展动机与发展能力相结合的立体结构。社会对于教师素养的外部要求与教师内在发展需求与能力的有机整合,为小学语文教师专业发展描绘了更加明晰的发展方向与目标。

(一)从教学经验到专业技能

1.教学经验的传播、交流与总结

中华人民共和国成立初期,在国家出台正式的教学指导纲要之前,各地根据新学制、新教材,短期内出版了适应新形势的小学语文教师教学指导性资料,这些资料通常都是组织有经验的小学语文教师在其短期实践经验基础上编写而成的。如:1952年出版的王亚梅等编写的《小学课本语文第一册教学参考资料》中,将每课编写分为三项内容:教学目的与要求、教学建议、参考材料(王亚梅1952)。又如:天津教育社出版的《小学教学参考资料》中曾刊登了《小学国语教学的几个问题》《我的国语观摩课》《我怎样在高年级国语教学中进行思想教育和运用实例教学》等六篇有关教学观摩及教学反思的文章。

20世纪50年代中期,全国各地小学教育领域都在不断地学习苏联的理论与实践经验的同时,积累和总结我国小学教师的优良经验,从而对全国小学教师的专业发展发挥示范作用。

(1)苏联师范教育与小学教育经验的引入

1955年,我国中小学教师代表团应苏联教育部邀请,前往苏联访问和考察苏联教育,学习苏联的普通教育和师范教育经验,同时增进中苏两国教师间友谊。

"给我们印象最深的是,教师在课堂教学里,经常以教学法的观点来上课,随时结合小学的实际材料;在一系列的频繁而又循序渐进的教育实习活动里,培养学生自参观、观察、研究儿童,至担任教师的助手,直到掌握小学教师工作的全部技能为止。这里,我们清楚地看到了苏联师范学校怎样从理论上到实际上,把师范生培养成合乎规格和高度水平的小学教师"(胡寅生,1956)苏联的师范学校有自己的工作体系,从这些工作体系中充分反映出深入、细致的师范教育的如下特点:"①选择师范学生,是有一定的条件的。当新生还未经过入学考试,校长就从报名名单上,了解学生的家庭生活、业务能力性格特点等各方面的情况。录取一个学生是很慎重的,不是什么人来投考都录取,也不是单凭分数就录取。②师范学校对学生不只是进行文化知识教育,还特别注重美育,要求学生能歌善舞,同时在体育技术各方面都应有很好的修养。体现师范学校全面发展的教育,这是师范教育工作中的突出部分。③教育学生树立专业思想。当新生入学时,举行迎新会,校长在会上给他们介绍学校情况,以及学习的内容和目的。学生一到学校,就感到自己是学校的组成部分。每年1月都举行返校节,这一天,历届的校友都回到学校里来,他们相互交换意见,介绍工作情况,并且交谈教育方面的问题。这些活动,都使学生对学校产生了强烈的爱。④课堂教学有特点,与一般中学不相同。讲师讲课时都能面向小学,紧紧地与小学教育相结合。⑤师范学生每周到附小进行教育实习。他们的活动有参观、听课、研究问题、做教师的助手、自己试教等。在两年半时间中,学校有计划地循序渐进地培养他们成为合格的教师。

在苏联学习两个月以后,参观学者认识到自己在工作上的差距,就是在工作上没有把师范教育的特点反映出来。有研究者指出,要好好学习苏联经验,把师范教育工作做好。(蔡启君、肖岩 1956)据代表团实地考察发现,苏联的师范学校在教学过程中,随时贯彻着怎样做一个小学教师和关于教师修养方面的教育。在教学中使学生了解教师在培养儿童个性全面发展中的主导作用,了解教师的示范在形成儿童道德品质方面的重要意义,了解保护儿童的健康是教师的责任。严格要求师范学生说话要发音正确、合乎语法,书面作业要整洁端正、文字优美,使他们将来在各方面都能够成为小学生的榜样。(《中国中小学教师访苏代表团报告集》,1956)

1954年,正处于向苏联学习的阶段,中央教育部及各大专院校,都驻有苏联专家。这些专家经常到各校听课。小学教师王启贤回忆了当时苏联专家听课的过程。"当我带着学生走入教室时,两位专家——师大的卡尔波娃(女)教授、教育部专家达洛巴金和一位姓刘的翻译已坐在教室后面。我只好按预定计划开始讲课。一堂课下来,在开评议会时,两位专家首先向我道歉。大意是说:'过去到各校听课,总是先通知学校和任课老师,结果,我们所看到的,只是极熟练的表演课,通堂课没有看到老师是如何由浅入深,循循善诱地教,也没有看到学生由不会到会的学习过程,更没有看到通过这堂课学生有哪些提高,只是一问一答地走过场,浪费了时间,对学生并没什么补益。所以今天我们一改故例,事前并不知道,以随堂听课的形式走入教室。突然袭击,固然失礼,但为了看到中华人民共和国真实的课堂教学,也只好这样做了。我们谨向您道歉。'这堂课他们肯定了以下几点:①教学语言简练生动,学生精神集中,反应快,学习气氛浓厚。②备课认真,知识广泛,对偶发问题处理得体。在苏联未经认真备课的教师,不准上课。你们符合这种要求。③明显地见到教师教的过程,也明显地见到学生学的过程,通堂教学活动是真实的。④教师对教育教学有较高的修养,可做老师的老师。⑤评定学生板演成绩,用的是中国传统的"优良中差",未用"五级分",是美中不足。最后,他们又翻阅了我的备课簿,也频频点头称许。我认为当年的苏联专家,在教育教学上,确有不少正确的见解,值得我们借鉴。"(《教育研究》编辑部,1986)

(2)我国教学经验的总结与交流

在中共北京市委《关于提高北京市中小学教育质量的决定》和北京市第四届第四次各界人民代表会议《关于提高北京市中学和小学教育质量问题的决议》发布以后,北京市中小学教师积极响应党和政府的号召,努力改进教学和教育工作,积累了一些经验。为了广泛交流这些经验,1955年11月,北京市组织了两次小学教育工作经验交流会,教师们都感到对工作很有帮助,要求把这些材料印发给大家,以便研究和学习。1956年,北京市教育局小学教育科编辑出版了《小学教学教育工作的一些经验》,这其中收录了北京育才小学教师李伦的文章《我怎样提高了学生语文、算术的成绩》,以及北京市前门区第一中心小学一年级教研组长吴桂华的文章《我们一年级的教学研究小组》。后者阐述了她所在的教研组组建和工作实践过程,展示了中华人民共和国成立初期,小学教师的团队合作与教育研究情况。这个教研组的工作主要经历了三个阶段:一是组长具体帮助阶段;二是练习独立备课的阶段;最后是在独立备课的基础上研究教学的阶段。

中华人民共和国成立初期,小学教师在工作中面临着许多现实困难,如当时一位小学语文教师所述:"我们小组有七位教师。除我以外,六个人都没有教过一年级,其中还有两位是新教师。一年级的工作当时在我小组来说,是一个全新的、生疏的工作;我们不仅很不熟悉初入学儿童的特点,对一年级教学极其缺乏经验,而且有人连注音符号也不认识,笔顺的名称也不知道。……但我们每一个成员都迫切要求做好工作,都能虚心学习和刻苦钻研,特别是其中的党团员同志是组内的骨干力量。这又是我们的极为有利的一面"。(北京市教育局小学教育科,1956)

1956年7月,我国召开了全国语文教学会议。在会议中,小学组进行了三天的语文教学经验报告。教育部小学教育司在会议结束后,将与会教师的教学经验文章按照年级划分,两个年级为一本,汇编为三本教学经验报告选辑,即《全国语文教学会议小学语文教学经验报告选辑》。此后,这种教学经验类的选辑著作在全国范围内大量出版发行,例如:《小学语文教学经验选辑》,(教育工作社编辑部1957)《论小学语文教学改进问题》,(文以战,1957)《小学语文教学经验——四年级》,(文以战,1957)《小学语文教学经验》。(郭林,1958)

各地也开始编写小学语文教师的师范学校教材、教师进修教材以及教师实用参考书等,以满足中华人民共和国培养小学语文教师的需要。如:山东省函授师范学校编写的《小学教师业余进修教材语文选读》,北京函授师范学校编写的《河南省小学教师进修学习材料汉语学习材料》《小学教师业务学习讲座》,(张腾霄1954)《小学语文教师怎样备课》。(陆龙潭、徐鹄,1978)

2.小学语文教学经验与技能臻于成熟

20世纪80年代初,在我国小学语文教坛上出现了许多著名的特级教师。他们辛勤耕耘,用几十年的心血铸造了具有各自不同风格的教学艺术。为了便于广大小学教师、教研人员及师范学生比较集中地学习和研究特级教师的具体教学经验,为了有助于今后进一步探讨教学规律,改革教学方法,提高课堂教学质量,减轻学生过重的课业负担,《小学教学》编辑部选编了《全国特级教师小学语文教案选》。从案例中,我们可以看到这些特级教师掌握知识的广博,钻研教材的精深,设计教法的新巧。同时也可反映出他们在备课中那种一丝不苟的认真精神。这些教案除符合新教学大纲的精神、符合新教材的要求外,与过去的教案相比,还有一个明显的特点,就是在抓基础知识教学的同时,注重了发展学生的智力,培养学生的能力。对于观察、思维、表达(口头的和书面的)等能力的训练,有许多新颖的做法。在使学生学习和掌握自学方法、逐步养成良好的自学习惯方面,也有不少好的范例。

除了一线教师对于小学语文的教学经验的丰富积累之外,中等师范学校对于小学语文教师教学技能与能力的训练功不可没。20世纪八九十年代的中等师范学校(简称"中师")承担着全国大部分小学语文教师的职前培养工作,曾经培养出大量知识素养全面、技能过硬的小学语文教师。在教学技能方面特别重视小学语文教师必备的基本功。

听、说、读、写是语文的四大基本功。这四大基本功的标准既要遵照教学大纲的规定,根据教学和形势发展的需要,还要考虑学生的实际,但又要高于实际,并紧密结合思维能力的训练。小学语文教师的听、说、读、写四项基本功的标准如下:

(1)听的基本功。听别人发音,能辨清声韵调;听别人的朗读或讲话,基本上能辨清哪些是北京语言、哪些是方言;听别人朗读或发言,能抓住要点归纳中心意思,并能无误地、有条理地复述其主要内容或作好笔记;听杂乱无章的谈话,能较快地整理出逻辑顺序;能听懂浅近的文言文的朗读;能理解和欣赏电影、戏剧中思想性、艺术性较强的语句,捕捉住关键性的言辞;对不理想的朗读和发言,能立即指出其不当与不足之处,并作出正确的修改。

(2)说的基本功。能掌握五千个汉字的声韵调,用普通话交谈和教学;谈话中心明确,重点突出,有条不紊,并能确切地运用成语加不同的句式,词汇也较为丰富;对课文或文艺作品(包括寓言、童话、故事)能创造性地复述;讨论中能明确无误地发表自己的见解,并有充分的论据,而且能进行针锋相对、持之有理的辩论;能抓住事物的本质属性及其特征、问题的核心及要领,做概括和综合的说明;发言时言情一致,并能以动作帮助表情达意。没有或很少废话、粗话、套话及口头禅;说话能看对象,能根据儿童心理采用易于接受的语调和句式。

（3）读的基本功。朗读能做到正确（不错、不丢、不加），流畅（不颠倒、不重复、不断读），有感情（分清重缓急、抑扬顿挫，有一定的感染力）；在一小时之内能读完三千字左右的论说文、一万字左右的文艺作品，并能抓住论点、主要论据。了解论证过程及方法，能抓住主题思想，了解人物的性格特点。掌握作品描写、记叙、抒情的特色及景物描写的作用；能从语法、修辞和逻辑的角度剖析思想性、艺术性较高的词句，于无疑处生赞、于有疑处释疑；借助注释或工具书能读通鲁迅的杂文和《唐诗三百首》《史记》一类的古典作品，不借助工具可读通《三国演义》；查阅字典、词典中某一个字，一般不超过2分钟；能随时或经过提示背诵一百首诗词及古今中外的著名论文、散文五十篇；能有一套记忆知识和思考问题的方法。

（4）写的基本功。能写好三笔字（毛笔、钢笔、粉笔）；熟练地书写四大名家中任何一家字体；行书的抄写一般每分钟不得少于三十字，而且必须清楚、整齐；对书法有一定的评论和鉴赏能力；能用各种人称、各种叙述方法写出记叙文；能写论点明确、论据充分、论证严密的立论或驳论文章；能确切地运用比喻法、对比法；能编写某些曲艺作品，并能写出有一定质量的文艺评论（如书评、影评）；能制定工作计划，写出有一定质量的工作总结。（曾水生，1986）

除培养听说读写能力外，中师语文教学还要培养教的能力。教学能力是一种综合能力，它的形成是一个较为长期而复杂的过程。横向来说，它要求学生具有扎实的基本功，具有独立钻研、独立思考的能力；纵向来看，它包括组织教学、导入、讲解、提问、结束等多方面能力。（刘莉，1998）教学能力是听说读写诸能力的综合和创造性的运用。听说读写是基础，没有这个基础，教的能力不会产生，有了听说读写的基础，经过一定努力，教的能力就能够具备。强调中师语文教学注重培养教的能力，丝毫不意味着对听说读写放松要求和降低标准，相反对培养听说读写能力要抓得更紧，要求更高，训练更严。当然，听说读写能力不能自然地转化为教的能力，还需要学习教育理论、研究教学方法并在实践中积累教学经验。……培养学生教的能力，应该贯穿于中师语文教学的始终，不能留待三年级再抓。当然，要注意循序渐进，先易后难，年级不同侧重点也不同。培养学生教的能力,应和培养听说读写能力密切联系,同步进行,没有先后之分,不能割裂开来。培养学生教的能力,应自然地渗透到教学过程中,用教师的教去影响学生。中等师范学校教师要在教学中帮助学生学习钻研教材、学习分析文章的方法、学习处理教材、学习一些好习惯(主要包括:教学民主、以本为宗、精心设计板书、讲练结合)。(袁征,1987)

　　传统的考试方法是单一的闭卷考试;且试题知识记忆性的多,知识运用性、问题分析性、综合创新性的少,导致教育学成为教条学:教师讲条条,学生记条条,考试背条条。这种考试,不能准确检验学生知识和能力的掌握度,也不能促进教和学,更不利于教研能力的培养。教育学不应是教条学,而应是方法学、能力学。为此,应采用开卷与闭卷相结合的考试方法。闭卷考试主要改进试题的科学性,增加探新性、研究性。开卷考试具体采用如下几种方式:①案例分析。即摆出教育教学案例,要求学生运用教育教学理论进行分析。②评课。看特级教师录像课或去小学听优秀教师的课,运用有关教学理论评课。③备课。选择一篇课文或一节内容,要求学生根据备课要求钻研教材,回答有关问题。④班队工作方案设计。要求学生根据所学理论和时代特点,设计班队工作计划、主题班队会。⑤撰写教育研究小论文。包括撰写教育实习总结、教育调查报告、专题研究文章,要求学生从理论与实践结合上对某一论点进行较深刻的分析。考试其实是巩固性教学,好的考试方法即为一种好的教学方法,有利于培养能力。事实证明,上述几种考试方式与革新后的教学方法的配合使用,不仅使教育学常教常新,使学生越学越感兴趣、越觉有用,而且实实在在地培养了中师生的教研能力。(米久奇,1994)小学语文教师和教研员都是语文教学的实践者,容易埋头实践,漠视理论。实践者要重视用教育、教学理论指导实践,重视把有价值的实践上升为理论。(林治金,2001)

　　(二)小学语文教师的学科知识素养相关研究

　　提升汉语言文学专业知识素养也是这一时期小学语文教师教育的主要内容。著名的语言学家、浙江大学教授任铭善1954年著有《小学语言教学基本知识讲话》。任先生在书中指出:"这是一本讲述语言教学基本知识的书。我把重心放在基本知识这一边,而不放在教学那一边。我们的小学语文教师们为了教学上的需要,应该掌握一些语言科学的基本知识。可是这些知识并不能直接在课堂上应用。基本知识是非常重要的东西。基本知识并不是专门学问。某一种专门学问在我们的一般应用上也许并不重要,可是基本知识却非常重要。""有的教师说,我们只要依课本讲就行了。这个看法不完全对。课本是我们的工具。不是我们为课本服务,而是我们使课本为教学服务。如果没有足够的基本知识,就不能很好地使用课本,就要停止在对课本的极有限的了解程度上。必须要有系统的理论知识基础,懂得怎样把例子的许多现象,通过自己的思考,根据客观规律概括成适当的定义,才能用来解决日常工作中的各式各样的问题,工作水平从而能够不断地提高。不从基本知识出发,所得到的就往往是不牢固的、没有用处的。"(任铭善,1954)任先生论述了知识素养、教材、教学与教师发展之间的关系,强调了基本知识素养对小学语文教师发展的重要性。

从20世纪50年代中后期开始,还陆续出现了一系列"与小学教师谈……"的教师教育书籍。这一类教师素养养成类著作的出现满足了当时小学语文教育教学发展过程中的现实需要,同时也体现出小学语文教师的专业形成初期,已经有丰富的前期经验积累,并且大量的经验的积累、传授与传播,也为后面小学语文教师专业的发展成熟奠定了基础。

1956年,蔡君启从小学教师综合发展的层面论述了教师开展学习的必要性,同时还详细阐述了小学教师学习的内容、时间和方法等。我们教师要求学习,要求提高自己的政治、文化、业务水平,这种个人利益跟国家人民的利益是一致的。这是因为我们教师现有的质量一般是不高的,而教师质量的不高正是我国现在教育质量不高的主要原因。因此要提高教育质量,必须大力来提高教师的质量,特别希望教师发挥高度的学习自觉性和积极性,努力来提高自己。他还专门谈到了小学语文教师进行文化学习的方法。一般自学语文的方法是:读范文,解范文,做笔记,模仿写作等几个步骤。除此之外,教师们还应注意以下几点:要重视对"词"的辨别、理解和练习运用;要重视归纳全篇大意,划分段落,写出段落纲要等练习工作;要多读多写。(蔡君启,1956)

继20世纪五六十年代的"和小学教师谈……"系列小学语文教师用书出版后,七八十年代又陆续有该系列的书籍出版。如:《和小学教师谈修辞》,(扬州师范学校语文教研组编,1979)《和小学教师谈文体知识》,(朱子南、浦伯良,1980)《和小学教师谈语法》,(王锡良,1982)《和小学教师谈逻辑》,(江显芸,1984)《和小学教师谈儿童心理》,(陈家耀、杨宗义,1986)《和小学教师谈哲学》。(杨华生、韦兆璧,1987)相关主题从与教师谈工作、学习,谈语文专业的语音、语法、修辞等,开始深入到与小学教师谈儿童心理、谈逻辑、谈哲学。教师用书从小学语文教师经验层面上的问题开始逐渐过渡到理论层面、思辨层面上的问题。这一方面说明教师的学习需求在逐步提升,另一方面也体现出党的十一届三中全会后,我国对教师职业素养的要求也在随着社会发展需要逐步提升。

20世纪80年代后,教师知识素养的相关著作从知识普及开始逐渐走向教师知识的学术讨论。这一方面是由于小学语文教师的学历合格率大幅提升,许多师范专科学校开始逐渐升格为本科培养,教师的基本知识素养在教师职前教育阶段就已经得到培养,因此,用于满足个人自学和进修之用的教师基础知识素养方面的教师参考书大幅减少。20世纪90年代后期,伴随着教师教育改革的展开,有关教师知识的相关研究相继出现。

(三)小学语文教师的理论素养相关研究

1.小学语文教师的教育学、心理学理论学习

20世纪50年代中期,我国大量译介苏联的教育学和心理学成果,研究教育教学理论、学生的心理特征。如:A.C.马卡伦柯("马卡伦柯"又翻译为"马卡连科",苏联杰出的教育家、作家)的《家庭与学校的儿童教育》、俄罗斯教育科学学士乌·耶·塞尔基娜的文章《学童心理特性的研究》,张仲纯《了解孩子,是做个好先生的重要条件》,张腾宵《评〈了解孩子,是做个好先生的重要条件〉》。1954年,人民教育出版社翻译并出版了苏联的加赞采夫(И.Н.Казанцев)编写的《小学课堂教学的经验》。该书为苏联教师的教学经验论文选集,介绍有经验的教师们怎样深思熟虑地对待课堂教学的内容、组织和进行方法,以求在儿童教学方面达到高度的质量。最能作为特征和典型的教师工作,是他们的共产主义方的

思想方针、能够把理论跟实际联系起来并给予学生巩固的基本科学知识。

伴随着苏联教育学、心理学成果的引入，我国教育学、心理学研究开始全面学习苏联，并对中国之后几个时期的小学教师培养以及小学语文教学的理论与实践的发展产生了深远的影响。当时的小学教师学习教育与教学的基本原理被称为"业务学习"。理论性知识的学习使得当时小学语文教师的实践经验开始有意识地与教育、教学理论研究结合起来，并逐渐地推动了教学理论的本土化发展。

业务水平的高低，决定于文化水平和政治水平的高低。教师的文化政治水平必须表现在他的教育和教学工作上；离开业务工作的实际效果，空谈文化水平的高低，是没有意义的。学习业务的方向是学习苏联。关于"怎样学"的问题，大体可以总结如下：第一，必须在不断提高教师社会主义觉悟的基础上来学习苏联。第二，要学习苏联的教育理论，在学习了一定的理论之后，再学习具体的方法；然后在学习具体的方法中来提高理论，这样反复前进。第三，学习苏联必须同时批判资产阶级教育理论和教学方法。第四，要根据各校的具体条件一步一步走，不能图快，不能硬搬。第五，学习苏联要依靠集体的力量。（蔡君启，1956）

这一时期出现了专门面向小学教师的业务理论学习专著。张腾霄的《小学教师业务学习讲座》这本书比较系统地论述了教育学原理中的基本问题，包括：教育是什么；教育和政治、经济的关系；教学原则；教学内容（包括课程与教材）；教学方法；怎样做一个人民教师；怎样做一个小学校长。（张腾霄，1954）

1953年，华南人民出版社组织编写了一套"教师学习小丛书"，并申明该丛书的读者对象主要就是小学教师。该丛书主要是以编选有关小学教育的理论与经验为主，其内容主要包括：小学教育原理原则的论述，苏联衔接教育理论和教学方法的介绍，我国实行苏联衔接教学方法的经验，小学各科教学问题的研究，小学各科教学参考资料的介绍及其运用，小学行政管理、课堂管理、课外辅导以及培养儿童自觉纪律、培养儿童新的道德品质等。按不同类别分册出版。该丛书是为了满足小学教师学习和研修的需要，华南人民出版社也特别强调"本丛书所介绍的资料，无论是理论的论述或是经验的介绍，均力求切合实际。但是，这些资料都只能供教师们在研究具体教学问题时做参考之用,教师们在参考本丛书的时候必须结合自己的教学实际,灵活地运用"。

2.小学语文教学理论形成与相关研究

改革开放后直至20世纪末,我国的教育学、心理学、课程与教学论都得到了快速发展,这些无疑为小学语文教师的培养与继续教育注入了新的动力。小学语文教师的教育、教学理论学习重新受到重视。有研究提出,小学语文教学工作的规律如何掌握,要开展研究。小学语文教师要善于引导儿童,要研究儿童心理。无论是中国的、外国的、古代的、现代的,只要有利于语文教学的改革,都要认真学习。从孔夫子到陶行知,从赞科夫到布鲁纳,他们的教育学学说中都有可取的东西。但是我们的学习,一定要联系实际,有所分析,有所批判,不能生吞活剥,更不能削足适履。(李伯棠,1982)更值得一提的是小学语文课程、教学方面的研究已经在原有的经验性、技能性的著述基础上,逐渐显现出向纵深发展的趋势。基于中等师范学校的教学现实需要以及中华人民共和国成立以来小学语文教学经验的积淀与逐步提升,小学语文学科教学法的相关研究在20世纪80年代初期开始初步形成。作为当时小学语文教师培养过程中的核心主干课程,小学语文教学法在师范学校受到极大重视,同时由于在具体教学过程中产生了许多值得研究的问题,因此,当时的相关学术杂志《师范教育》《课程·教材·教法》等刊登了一系列有关小学语文教学法的文章,主要内容可归纳如下:

(1)小学语文教学法的学科定义及性质的相关研究

小学语文教材教法是专门研究小学语文教学规律的。它既是中师语文教学的重要组成部分,也是教育科学领域中分科教学法的一种,是中等师范学校一门重要的专业课。中等师范学校开设小学语文教材教法,是使师范生明确认识小学语文教学的目的和任务,熟悉小学语文教材的编排体系,了解小学语文教学的规律,掌握小学语文教学的理论和方法。毕业后能根据小学语文教学大纲、小学语文教材和学生实际情况有效地进行拼音教学、识字教学、写字教学、阅读教学和作文教学。这门课的教学效果如何,对培养中师生语文课的教学能力有很密切的关系。因此,对小学语文教材教法这门学科的教学,极有必要进行探讨,使其逐步完善。(黄永言,1983)小学语文教学法是关于小学语文教学的应用学科,它研究的是小学语文教学理论和实践,目的是探索小学语文教学的基本规律,以指导小学语文教学,促进小学语文教学科学化,提高小学语文教学效率。这门学科涉及语文、教育学、心理学、逻辑学、哲学等领域的知识,理论性、实践性和综合性是这门学科的三大特点。(南教,1985)

(2)小学语文教学法的任务与要求的研究

小语教学法这门课的教学任务应该是:第一,帮助学生认识小学语文在基础教育中的重要地位,激发他们热爱小学语文教学,树立为小学语文教育事业献身的精神。第二,用现代教学思想武装学生,成为传统教育向现代化教育"转变"的积极因素,成为"教改的先锋"。第三,帮助学生掌握小学语文教学的规律、原则和方法,具备一定的教学理论知识,为毕业后的继续提高和发展奠定坚实的基础。第四,帮助学生熟悉和掌握教学过程,使他们初步具备以下几方面的能力:正确理解小学语文教学大纲,在今后的教学中自觉运用大纲指导自己教学的能力、制订教学计划的能力;正确理解和处理教材的能力;备课能力;根据课文类型、学生实际,选择教学方法的能力;评价学生成绩以及进行质量分析的能力;了解学生语文学习情况,运用教学反馈信息,灵活地、及时地调节自己的教学能力。(南教,1985)也有学者根据当时小学语文教学法课程教学中的现实问题提出:小学语文教学法这门课的教学要求要提得切实一些。它只能对学生起个引路的作用,至于如何"登堂入室",还要靠学生毕业后在较长的教学实践中解决。所谓"引路作用",主要解决两个问题:一是让学生对小学语文教学的目的任务有深入领会,因为这是语文教学的方向问题;二是了解识字教学、阅读教学、作文教学的常规和常用教法,特别对教学原则要有较深的体会。(朱松生,1985)

(3)小学语文教学法的内容研究

小学语文教学法课旨在使中师生掌握语文教学的理论知识,培养从事小学语文教学的能力。但随着时代的发展,未来的教师,不仅要有胜任教学的能力,还要有适应未来教育发展的要求不断更新教学观念改革教学方法的创造力。所以小语教材教法课的教学内容应体现时代的特色,成为探索小学语文教学信息的窗口。教材内容在一定时期内要保持相对的稳定性,是我们进行教学的主要凭借,教学中当然应该十分重视。但时代在前进,目前教研教改之花盛开,万紫千红,教学理论不断完善,教学方法不断更新。这就要求教师注意捕捉和获取教学上的最新信息,给教材输入新鲜的生动的内容。据此,在教学中应注意对教材内容做以下改进:要注意突出重点内容,分清主次,鼓励学生自学非重点、难点内容。注意新手教改成果,及时更新,适量补充部分地区乡土教材。丰富和更新教材内容,增强教学内容的时代感,使学生既能学到小学语文教学的基本原理、原则和方法,又能及时了解当前小学语文教研教改的新成果、新动向,开阔眼界,启迪思路,促使学习向高层次发展,提高对教育发展的预见能力。(程宗川,1987)向学生介绍新成果的方法有两种:一种是课外举办专题讲座。二是课内结合教材内容进行介绍。(蔡新朝,1985)

也有学者从学科有限性角度谈到了小学语文教学法的务实问题。有观点提出:小学语文教学法应体现新的研究成果,反映当前教学改革的动向,鼓励学生了解和研究各家之说;教学当然要有新鲜的内容,意见比较一致的新的研究成果也应当吸取,但一些未成定论的各家之说则不宜多作介绍,以免学生莫衷一是。又如,有一种意见认为,教学中"应尽量多介绍一些不同的方法,供学生比较和选择"。朱松生认为欠妥。师范生能了解或掌握几种常见的主要的方法就可以了,方法一多,反而眼花缭乱。因为一般说来,师范生还无力比较各种教学方法的优劣。再如,还有一种意见认为,小学语文教学法要"凭借小学教材,培养听说读写能力。文选习作课中获得的能力,要在这里加以运用"。小学语文教学法的教学当然要注意与各科的联系,运用各种能力,但主要还是培养学生从事小学语文教学的能力。由于课时有限,因此也无力再为其他学科查漏补缺。(朱松生,1985)

到20世纪90年代,伴随着素质教育改革以及出现小学语文课程与教学的现实问题,中师的小学语文教学法再一次面临改革。人民教育出版社小学语文室新编了中师教材《小学语文教学法》。这本教材与20世纪80年代的教材相比,已明显具有指向21世纪教育改革的诸多新时代特征。第一,小学语文教学要"树立大语文教育观",把学生的社会语文学习活动有计划有组织地和课堂教学结合起来,把向社会学习语文和在实践中运用语文结合起来,无疑会大大提高语文教学的效率,使学生真正获得适应社会存在和发展的语文能力。第二,强调学法指导。学法指导的研究是小学语文教学研究的一个新领域,是当前世界教学改革和教育科研的热点。在漫长的教育史中,学法指导并没有受到人们应有的关注,传统的教学方法重视研究教法,忽视研究学法;重视教师教学效果的研究,忽视学生学习过程的研究。现代教学理论强调确立学生在教学活动中的主体地位。在改革教学方法的同时,要通过各种途径对学生的学习方法进行指导。加强学法指导,帮助学生"学会学习"是当代一种全新的教育观。(戴正兴,1997)

如果从更加宏观的视角来考察的话,那么中等师范学校的小学语文专业教学内容实际上是一个系统,一个整体。这个系统是由若干相互关联的因素有机地构成的,这些因素又各自成为一个系统,我们把它称作支系统。这些支系统大致是:①由语文基础知识、文选和写作、小学语文教材教法等课程所组成的语文教材系统;②由教师的教学思想、专业知识水平、教学业务能力、个性特点等所构成的教学系统;③由学生的学习目的、学习态度、知识结构、智力水平和心理品质等所构成的学习系统;④教师、学生、教材三大基本元素构成的课堂教学系统;⑤由课外的阅读、视听、说写等学习活动所构成的语文课外学习系统等。所有这些系统,构成一个相互联系、相互制约、相互促进、有机统一的中师语文教学整体。我们研究中师语文教学,应该从这个整体着眼,探讨并且处理好各个支系统内部的各个因素之间的相互关系。这是我们进行中师语文教研应该把握的基本层次。

如果我们把眼光再放开一点,着眼于学校这个整体,那么,我们有理由把一所学校看成一个更大的系统。在这个大系统里面,又主要包括教学系统、教育和教学行政管理(或叫作指挥)系统、后勤服务系统三个相互关联的部分。而教学系统又有政治、语文、数学、物理、化学、生物、外语、历史、地理、体育、音乐、美术、教育学、心理学及各科教学法等要素;语文只是这整个教学系统里的一个分支。从这个角度来看语文教研工作还应该注意研究和处理好语文教学与其他各学科教学之间的关系。这大致是语文教研应当重视的第二个层次。

从各个阶段的语文教学的关系来看,小学、初中、中师的语文教学又是一个系统。研究和处理好小学语文教学、初中语文教学、中师语文教学之间的关系,特别是小学语文教学与中师语文教学之间的密切关系,对于搞好中师语文教学具有重大的战略意义,是在语文教学中落实我们一贯强调的"师范性"的基础措施,是培养合格的小学语文教师的基本保证,也是中师语文教学正确向的具体体现,以上为语文教研的第三个层次。

中师语文教研的每一个层次,都有其基本的要求和特殊任务。比如,第一个层次的研究主要应从教师、学生、教材的角度,初步明确中师语文教学不同于普通高中和其他中专语文教学的特点,给进一步研究打下良好基础。第二个层次的研究应该侧重解决中师语文教学的"开放性"问题。语文教学的最大特点是它的社会性。所谓社会性,首先指语文课堂教学要联系其他学科,要联系现实社会生活,其次指课外学习语文,即在社会生活中学习语文。要通过中师语文教研来打破目前中师语文教学的半封闭状态。第三个层次的教研是要彻底明确中师语文教学的方向性。中师语文教学要开放,但方向是小学语文教学。这是我们希望尽快达到的境界。但是,无论在哪一个层次上进行研究都必须把握住一个中心问题:讲求语文教研的"整体效应",提高语文教学的社会效益。系统观点认为:整体的功能大于它的各个部分的功能之总和。事实证明,从构成整体的各个因素着眼进行教学研究和从整体着眼进行教学研究,其效果是大不相同的。如果我们中师语文教研工作也能从整体着眼,着重于研究语文教学各个系统内部的各种因素之间的整体配合和各个系统之间的整体配合,也一定会收到良好的"整体效应",语文教研水平一定会大幅度提高,语文教学质量也一定会发生可喜变化。这对培养合格的中师生无疑是十分有益的。

中师语文教学研究的基本任务是不断提高语文教学质量,为培养合格的中师生尽到应尽的责任。为此,必须从中师语文教学的全局出发,把教师队伍的建设,语文教材的研究,课堂教学的探讨,学生学习目的,方法及其知识结构,智力水平,心理特征的研究,学生语文课外学习的研究等项工作有机地结合起来,以

求得语文教研的良好的"整体效应"。(武名士,1987)

(4)小学语文教学法的教研方法相关研究

小学语文教学法这一学科具有显著的实践性,因此其教学方法与研究方法必须切合实际。(朱松生,1985)(武名士,1987)(程宗川,1987)(黄永言,1983)小学语文教材教法课不仅具有理论性,还具有很强的实践性。学习教学法理论是为了指导教学的实践活动,也只有在教学的实践活动中才能加深对教学法理论的认识。教学的技能技巧是一种神圣而微妙的艺术,只有在教学的实践运用中才能逐渐形成。因此,教学这门课就要注意它的实践性,采取让学生边学习、边实践,学中用、用中学的方法,使他们经历由理论到实践,又由实践到理论的学习过程。

教小学语文不同类型教材的教法时,一方面要指导学生学习领会不同类型教材的教学原则、过程、方法,另一方面可在小学语文课本中选择有代表性的相应课文,印发给学生,让他们练习完成教学实践的全过程。上述做法可分六个环节进行。第一,学生个人钻研教材,分析教材;第二,以小组形式研究讨论设计教学方案;第三,分组试讲、评讲;第四,选择几种不同类型的最佳教学案例。让素质较好的学生到挂钩学校进行实际教学,作出示范;第五,进行作业批改,检查教学效果;第六,个人小结,教师课堂总结、评讲。(程宗川;1987)四川省潼南师范学校以江苏教育出版社的《小学语文教材教法》作为教材,将小学语文教学法课程分成理论课、示范课、试讲课三种课型进行分课型教学。(景千、郑第九,1985)或将小学语文教学法课程的课型分为:理论讲授课、阅读讲练课、欣赏观摩课、集体试评课、实习汇报课。(李宝亭,1996)理论课由教师讲授教学原理、原则、教学目的、教学方法等。理论课每讲一章,开展一次示范课,邀请小学语文教师来校教学。在理论课和示范课的基础上,再进行试讲课。通过分课型教学的方法,师范生的听说读写能力得到了较好的培养和提高。就具体的课堂教学方法而言,主要包括:预习法、提问法、讲述法、板示法、复述法、举例法、讨论法、测验法、试教法、讲读法。(黄永言,1983)同时,研究者们都强调课堂教学必须与课外调研、讨论、见习、实习等实践活动紧密结合起来。

有研究者从师范生的综合素养出发提出了中师语文单元系列化课程教学改革设想。这是一个包含小学语文教学法课程在内的综合性课程体系，它包括以下几个方面：第一，单元系列。以文体或知识项目为序，将三年全部语文教学内容划分成若干个单元，除书法、说话训练等技术性强、训练持续性强的几种技能课外，语文不设分科。第二，知识系列。确立三年内语文知识教学的纲目，结合单元，编成科学系列。第三，语文能力训练系列。将语文的各项基本能力和基本功的训练与基础知识的教学紧紧结合起来，规定各教学阶段的训练项目和要求。第四，小语教学能力训练系列。有计划地将小学见习实习活动穿插于各单元教学之中，形成语文知识、语文能力、教学能力三者挂钩的系列。以上四个系列以单元为纲目构成整体。制订中师语文单元系列化教学的实施方案是一个大的工程。将中师语文各分科总合成一个大系列，把知识传授、基础训练、小学语文教学能力培养融为一体，可以更好地体现语文教学的科学性、阶段性，有利于教师教学，学生学以致用。阅读教学分精讲、略讲、自读三类。写作部分以文体知识、写作知识、写作评析、小学写作指导、批改、评讲为主要的教学内容，写作实践为辅，变写作课的多写为多讲、多评、多批改，着重提高师范生的写作理论水平和小学作文教学能力。改期中、期末集中性定期考试为不定期单元考核。将见习实习活动分布于各单元教学中，促进理论和实践的结合。（陆维忠 1985）小学语文教学法的课程教学在 20 世纪末，通过课型或者课程内在结构调整改革教学，提高课堂教学效率，积极探索突出师范性、坚持理论与实际相结合、全面提高学生教学能力的路径。

为了适应新型素质教育需要，创立中国特色小学语文教学新体系的需要，跨世纪的新型小学语文教师应有六大素质。一是文道结合的基本素质——既有语言文字的专业素质，又有较强的思想道德素质；二是情理结合的基本素质——既有审美情趣、一片爱心，又有一定的思维能力、理论素质；三是读写结合的基本素质——既有阅读理解的语言内化能力，又有口头笔头的语言外化表达能力；四是教学结合的基本素质——既要善为人师、循循善诱，又要教学相长、终身学习；五是严活结合的基本素质——既要有在基础知识、基本训练上紧抓不放的严格精神,又要有鼓励学生发展个性创造性的创新精神;六是苦乐结合的基本素质——既要有下苦功夫攻克语言难关、不怕自找苦吃的刻苦精神,又要有善于引导的乐学方法、自得其乐的乐学境界。(高惠莹,1997)要从中师语文教学的全局出发,把教师队伍的建设,语文教材的研究,课堂教学的探讨,学生学习目的、方法及其知识结构、智力水平、心理特征的研究,学生语文课外学习的研究等项工作有机地结合起来,以求得语文教研的良好的整体效应。具体而言就是要把学习教育改革理论和研究、总结教学工作结合起来;把研究课题教学与学习教学思想结合起来;把教研活动与教师队伍的建设,特别是对青年教师的培养结合起来;把研究课题教学与研究语文课外活动结合起来;把研究教师的教育、研究学生的学结合起来;把研究中师语文教学与研究小学语文教学结合起来。(武名士,1987)

英国哲学家罗素说过,在落后的地方,理论指导实践;在先进的地方,实践形成理论。在中师教学改革的过程中,也同样应该走一条从实践到理论再到实践的路子。在课堂当中,没有一种永远"先进"的方法,只有"适合"于我们自己和学生的方法。方法可以被抽象出来,但方法的运用却总是具体的。如果每一位教师都通过自己的实际努力引起了课堂的种种变化,那师范学校的课堂将会出现惊人的改观。(董洪亮,1996)

(四)从思想政治理论素养到全面的教师专业思想内涵

中华人民共和国成立初期,小学语文教师除了面临汉语言文化变革的挑战,同时也要完成思想政治方面的改造,实现从旧社会知识分子向中华人民共和国教师的转变。特别是小学语文学科本身就具有思想教育的学科功能,因此对当时的小学语文教师的思想政治素养的教育更是受到重视。旧社会中的小学教师地位很低,生活也无保障,更谈不上学习和提高。中华人民共和国的建立使得教育不再是为少数统治阶级服务的工具,而是人民用以揭穿反动统治阶级和建设新社会的斗争武器。由于教育的性质变了,教师的任务和地位也空前地提高了。尽管中华人民共和国成立初期国家还处于困难条件下,但党和人民政府为提高教师的社会地位和物质待遇做了很多工作。开办了大批的训练班和短期的学习组织,普遍地建立了正规的学习制度,使教师获得了学习和提高的机会,初步调整了教师的待遇,并准备在未来实行教育工作者的劳动保险制度。人民教师的头等重要的任务,就是要认真执行党和人民政府关于当前教育上的一些政策、法令、指示和决定。为此,就要求每一个教师,首先对于这些东西要认真地进行学习,并紧紧地练习自己的工作和思想的实际,不要把这些东西停留在条文上,纸面上,而是要贯彻到教学过程及日常行动中去。(张腾宵,1954)

人人都要求学习,这是中华人民共和国成立以后才在全国人民中形成的风气。小学教师的政治学习内容,主要包括三个方面:一是系统的马克思主义理论,一是党和国家的方针政策,一是当前的时事形势。学习政治最重要的一点是"理论联系实际"。马克思列宁主义的理论不是教条而是行动的指南。我们学习理论的目的,是为了提高认识,做好工作,因此学习理论如果不跟实际密切联系,就不可能真正理解马克思列宁主义,当然也达不到学习的目的。教师还应该合理地处理好政治学习与文化学习、业务学习之间的关系。我们必须反对在学习上的齐头并进,随手乱抓;但同时也反对借口单学一门,产生不问政治、不管教学的偏向。(蔡君启,1956)苏联译著《论人民教师的威信》中提出"凡从事于与下一代的共产主义教育有关的事业的人们,都应以奋不顾身的忠于苏维埃制度的精神,以奋不顾身的为人民利益服务的精神,帮助党及人民来教育青年。""苏维埃社会主义学校是真正的全体人民的学校,因为劳动者的下一代,现状都是经过学校,因此学校与教师,对于保证一切教导工作的高度政治水准的责任,也随之而增加了。苏维埃人民教师是学校的中心人物。在实现共产主义教育的伟大而崇高的目的与任务之中,教师的人格,尤其是教师的威信与个人示范,发生着重大的作用。学校中的教导任务的顺利完成,全部教导工作的高度政治水准,特别有赖于教师的人格,有赖于其专门学问的水准,有赖于掌握马克思、列宁主义的理论,掌握共产主义教育的科学与艺术的程度。"(H.A.彼得洛夫,1951)中国传统文化中的师道尊严思想,在向苏联学习教育经验的过程中逐渐融合了建立教师威信的思想,这种思想因与当时的国内、国际政治局势紧密联系而带有强烈的政治色彩与革命意义。

二、小学语文教师专业发展与专业结构的相关研究

从具体学科层面,对小学语文教师的专业发展的微观研究在近十几年正逐渐深入。小学语文教师的专业发展作为具体学科、具体学段教师的专业发展,主要探讨小学教师在语文教学方面应具备的专业发展。

(一)小学语文教师专业发展的定义及内涵相关研究

小学语文教师的专业发展是指小学语文教师在一定的专业发展背景支持下,通过反思基本认同或形成新的小学语文教育理念,并不断扩充、更新原有专业结构,主动实现自我的专业发展。它最终表现为小学语文教师的主动发展,但在强调教师主动发展的同时,更注重小学语文教师的专业发展背景或外部的环境支持。因此,小学语文教师的专业发展具有自律性和他律性。目前,我国有学者提出"自我专业发展意识与自我更新"取向的教师专业发展思路,探讨了教师专业发展的深层结构,这恰恰是对当前教师专业发展研究的补充和深入。教师专业发展的动因可能来自于外,也可能来自于内,但最终都表现为教师主动的个人选择。即使专业发展的动力来自于外在的激化、引导,也完全可能转变为教师的一种主动选择,在教师专业发展进程中表现出一种他律性自律。(莫莉,2015)

语文教师专业发展是指语文教师通过专业知识学习、语文教学实践和反思以及语文教学研究等路径提高自身的专业素养的过程,是一个专业知识水平不断提高,语文教学能力不断增长,道德品质与人格修养不断完善的过程,也是一个贯穿语文教师整个职业生涯的漫长过程。(何更生,2018)也有学者认为,小学语文教师专业发展的内涵从广义角度辨析应有四方面的含义:教师是专业人员;教师是发展中人;教师是学习者;教师是研究者。(何芙蓉、刘星,2015)可以看出,关于小学语文教师专业化的定义和内涵的相关研究,或强调小学语文教师的自主发展,或关注小学语文教师专业发展中的多元的、主动的职业角色。

(二)小学语文教师专业结构的相关研究

对于小学语文教师的专业发展,最终的发展内容都要落实到小学语文教师的专业结构上,主要体现为其专业结构的拓展与变化。各个时期关于教师专业

结构的研究不尽相同,但专业知识与专业精神是他们都共有的。20世纪90年代以后对教师素质的研究很多时候等价于教师专业结构的研究,对我们探讨教师专业结构也很有启发,比如顾明远从三个方面提出教师的特质:职业意识;业务能力;心理素质。邓志伟也从三个方面提出对教师的要求:教学素质,包括专业素质、个人素质和管理素质;个性和经验,包括经验、意识、技能、智慧、意图;操作模式。(朱汉民,2000)伴随着新基础教育课程改革,教师研究被带入一个突出的研究领域,白益民博士在其《教师专业发展论》研究中,在其师叶澜教授研究成果的基础上,提出教师的专业结构包括以下几个维度:即教人信念、知识、能力,专业态度和动机,自我专业发展需要和意识。学者莫莉认为,专业态度和动机与教育信念是相辅相成的,坚定正确的教育信念肯定会导致积极的教学态度和动机,反之则异。因此,从教育教学信念、专业知识、专业能力、教学教育经验、自我专业发展意识几个方面作为讨论教师专业结构的维度。小学语文教师的专业结构亦与此框架相吻合,只是通过对小学阶段的语文学科的具体论述使之具体化。教师的专业结构最终要落实到具体学段、具体学科领域,这是毋庸置疑的。(莫莉,2015)

小学语文教师应该具备哪些方面的素养呢？不同时期,社会对小学语文教师素养的要求是不同的。这主要体现在国家的相关法规中,在不同时期的小学语文课程与教学论教材对这个问题也大都有所论述。

中华人民共和国教育部、中国教科文卫体工会全国委员会在广泛征求意见的基础上,对1997年国家教委和全国教育工会联合印发的《中小学教师职业道德规范》进行了修订,2008年9月1日印发了《中小学教师职业道德规范》(2008年修订)。其内容共有六个方面:爱国守法、爱岗敬业、关爱学生、教书育人、为人师表、终身学习。2012年2月,教育部印发了《小学教师专业标准(试行)》(以下简称《标准》)。《标准》指出:"《专业标准》是国家对合格小学教师专业素质的基本要求,是小学教师实施教育教学活动的基本规范,是引领小学教师专业发展的基本准则,是小学教师培养、准入、培训、考核等工作的重要依据。"《标准》的第一部分提出了四条基本理念:师德为先、学生为本、能力为重、终身学习。第二部分为基本内容,按维度——领域——基本要求三个层次表述。最高的层次将职业标准分为专业理念与师德、专业知识、专业能力三个维度。其中"专业理念与师德"维度包含职业理解与认识、对小学生的态度与行为、教育教学的态度与行为、个人修养与行为四个领域;"专业知识"维度包含小学生发展知识、学科知识、教育教学知识、通识性知识四个领域;"专业能力"维度包含教育教学设计、组织与实施、激励与评价、沟通与合作、反思与发展五个领域。各个领域又都包含若干条基本要求,共60条。这个《标准》涵盖的内容比较全面,分类也比较合理,层次比较清晰。

不同时期有关教材对小学语文教师素养往往提出一些要求。例如:袁微子主编的《小学语文教材教法》,在第九章《在教学实践中提高教学水平》中,分四节论述了走上小学语文教学岗位以后要成为优秀的人民教师应努力的四个方面:要有革新精神;边实践边总结;掌握现代化教育手段;不断提高思想、文化、业务水平。《小学语文教学研究》编写组编的《小学语文教学研究》在《小学语文教师的修养》一章中,分四节论述了小学语文教师的职业道德修养、知识修养、语言修养和教学能力修养。人民教育出版社小学语文室编著的《小学语文教学法》,在第十一章《小学语文教师》中,分三节从三个方面提出教师走上工作岗位后成为一个合格的乃至优秀的小学语文教师的要求:忠诚人民的教育事业、积极参加继续教育、认真进行小学语文教学研究。魏薇主编的《小学语文教学法》,在第九章"小学语文教师的素养"一节中认为:"小学语文教师的素养包括思想政治素养、职业道德素养和专业技术素养等几个方面"。江平主编的《小学语文课程与教学》,在《小学语文教师》一章的《小学语文教师的素质》中指出:小学语文教师的"综合素质包括思想道德素质、业务素质、心理素质等。其中,核心素质是教师的人格和职业道德。"尚继武主编的《新课程背景下的小学语文学与教》,在第九章《小学语文教师专业素质及专业发展》的《小学语文教师专业素养》一节中,将教师专业素养概括为四项内容:专业知识、专业能力、专业态度和专业技能。

湖南省第一师范学校在进行中师生能力结构及其培养的课题研究中,提出

中师生专业能力结构包括四个层次,(米久奇,1994)如图所示:

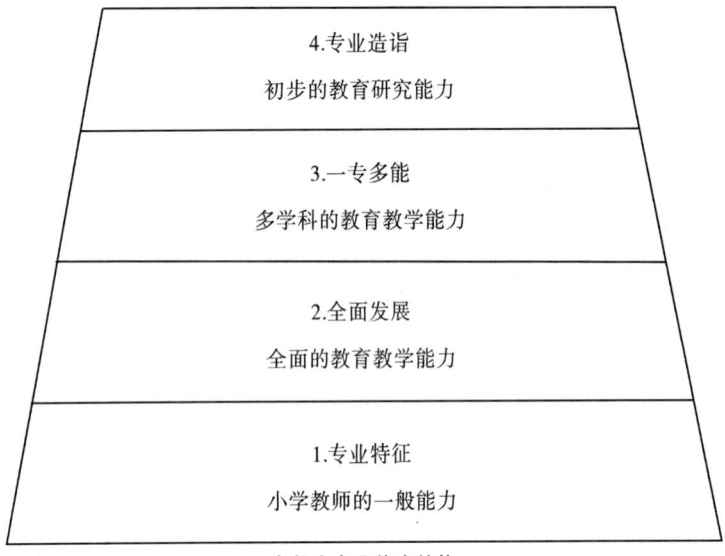

```
┌─────────────────────────┐
│     4.专业造诣          │
│   初步的教育研究能力    │
├─────────────────────────┤
│      3.一专多能         │
│   多学科的教育教学能力  │
├─────────────────────────┤
│      2.全面发展         │
│   全面的教育教学能力    │
├─────────────────────────┤
│      1.专业特征         │
│    小学教师的一般能力   │
└─────────────────────────┘
```

中师生专业能力结构

在此能力结构中,初步的教育研究能力是最高层次的专业能力。它以各种知识和各种能力为基础,是各科知识和各种能力的综合应用,是教育改革和创新、办学出特色所必需的能力;反过来,它具体体现在三种低层次和较高层次能力当中,促进它们的发展,在以后长期的教育实践中促使它们娴熟直至艺术的境界。一个小学教师如能真正做到教学与科研相结合,不断地探索和创新,在某一领域或某一领域的某方面形成独特而富有社会价值的教育教学风格,那就是达到了小学教育专家的水平了。中师为使学生将来逐步发展成为小学教育专业的研究者,必须培养他们具备一定的教育研究能力。中师三年时间有限,学习任务多。教育研究能力的培养只能是初步的,具体的培养目标应予以明确界定。米久奇提出,通过小学教育学教程的教学和教育实践活动,应培养中师生具有三个层次多个方面的教育研究能力:

第一层次:一般的教研能力。如上示范课和研究课的能力,运用教育学和心理学及学科教学法理论评课的能力。一定的规划和组织教研活动的能力,一定的总结教研活动成果的能力等。第二层次:一定的成果推广和经验总结的能力。如学习借鉴他人经验的能力,创造性运用教育科研成果的能力。总结经验上升到一定理论高度并形成一定指导性结论和原理的能力，能写一般的教育调查、经验总结和教育小论文的能力等。第三层次：初步的专题研究能力。包括发现问题并提出恰当教育研究专题的能力，初步拟定个案研究，教育调查、教育实验等研究方案的能力，一定的分析、处理教育研究材料及得出正确结论、提出解决问题的合理措施或建议的能力。一定的撰写调研报告、实验报告、研究论文的能力。三个层次教育研究能力是逐步培养和发展的。首先能从事一般教研，再能总结和推广教育教学经验和成果。然后达到能进行专题研究的高度。就三年制中师来讲，应重在前两个层次能力的培养。同时打好专题研究的初步能力基础。（米久奇，1994）

由上可见，各种文献对小学语文教师应该具备的素养的具体表述或分类不同，不同时期往往有不同的侧重点，且尽量体现出时代特色，但所含主要内容却大致相同，且都尽量涵盖更多的方面，体现出综合性。小学语文教师应该具备的素养的内容是丰富的，结构是复杂的。对这方面研究的结果也是见仁见智、丰富多彩的。但是，综合有关研究的观点，从最高层次上分，可以把小学语文教师专业素养划分为三个方面。首先，如前面所列举的教材或文献中涉及的革新精神、思想水平、职业道德修养、忠诚人民的教育事业、思想政治素养、职业道德素养、思想道德素质、心理素质、专业态度、专业理念与师德等，这些是属于情感、态度、价值观等方面的素养，主要解决教师的工作方向、动力等问题，是师德的主要内容，可以概括为"师德"；其次，如文化、知识修养、积极参加继续教育、专业知识等，主要为了满足教学知识的需要，可以概括为"知识"；第三，如"边实践边总结""掌握现代化教育手段""不断提高业务水平""语言修养""教学能力修养""专业技术素养""业务素质""专业能力""专业技能"等，主要是能力、技能方面的素养，可以概括为"能力、技能"。当然，对这三个方面的专业素养还可以高度概括为三个字：德、知、能。（江玉安，2018）

也有研究者将其中的"师德"部分进一步划分为：教育信念和专业情感。教育信念是个体在交往和实践活动中建立起来的被个体深刻理解和体验，并经过实践检验，因而始终坚信、崇奉和践行的有关教育是什么、教育的理想、教育和人生、教育和社会关系的个性化的知识体系。教师的专业情意包括专业理想、专业情操、专业性向和专业自我。专业理想是教师对成为一个成熟的教育教学专业工作者的向往与追求，它为教师提供了奋斗的目标，是推动教师专业发展的巨大动力。具有专业理想的教师对教学工作抱有强烈的承诺，他们致力于改善教育素质以满足社会对教育专业的期望，努力提高专业技能和专业服务水准，努力维护专业的荣誉、团体、形象等。教师的专业情操是教师对教育教学工作带有理智性的价值评价的情感体验，它是构成教师价值观的基础，是构成优秀教师个性的重要因素。教师的专业情操包括：理智的情操，即由于对教育功能和作用的深刻认识而产生的责任感和自豪感；道德的情操，即由于对教师职业道德规范的认同而产生的责任感和义务感。专业性向：教学工作的专业性向是指教师成功从事教学工作所应具有的人格特征，或者说适合教学工作的个性倾向。而有专家认为：喜欢从事为他人服务和教育他人的工作的其个性适合做教师。教师的专业性向在很大程度上是属于"先存的教师特征"，不易受后天发展的影响，即使改变也是一个长期的过程。专业自我：库姆斯在20世纪60年代出版的《教师的专业教育》一书中提出，一个好的教师首先是一个有独特人格的人，是一个知道运用"自我"作为有效工具进行教学的人。高"自我"的教师，倾向于以积极的方式看待自己，能够准确地、现实地领悟他们自己和所处的世界，对他人有深切的认同感，具有自我满足感、自我信赖感、自我价值感。其中，树立崇高的专业理想和养成高尚的专业情操是教师专业情意发展的主要内容。对教学工作来说，教师的专业自我是教师个体对自我从事教学工作的感受、接纳和肯定的心理倾向，这种倾向将显著地影响教师的教学行为和教学工作效果。从这个意义上说，教师专业发展的过程也是教师自我形成的过程。（湖南省教育厅2009）

小学语文教师应具备一个什么样的专业结构，不仅要依照中小学教师的共同的专业结构为标准，同时还应取决于小学生的特点和小学语文的学科特点。有研究者从小学语文教师的专业结构出发，小学语文教师应具备的素质主要包括教育教学信念、专业知识、专业能力、教育教学经验和教师自我专业发展意识五个方面。教育教学信念是指小学语文教师的师生观、儿童观以及对儿童发展与教育和小学语文学科的特定价值等方面的教育观念的总和,其中儿童观和小学语文教育价值观占主导地位;专业知识主要包括小学语文学科知识、教育专业知识及学科教学法知识三方面;专业能力主要包括小学语文教师的语文教学能力、教研能力、反思能力等方面;教育教学经验是指小学语文教师进行教育教学所具有的实践知识或反思性实践知识。它产生于教师处理不确定情境的过程中,具有日常性、情境性与行动性的特点。小学语文教师的实践知识是其教学风格的支撑点;教师自我发展意识是教师主体性的表现,其主要表现为教师对自我专业发展的规划和对自己专业成长过程的不断反思。(周慧霞,2003)

三、小学语文教师专业发展路径与策略的相关研究

(一)小学语文教师的职前教育策略

师范教育的改革是20世纪末以来我国教育领域内的热门话题之一。师范教育的发展趋势是由三级师范过渡到二级师范,并迅速跃进到一级师范。小学教师的培养进入到"三二"分段的五年制专科教育阶段或高等本科教育阶段。以培养本、专科程度小学教师为目标的初等教育专业已在全国各地师范院校相继设立。

这样的背景下,小学语文教育专业的《小学语文教学法》课程与教学改革就势在必行。《小学语文教学法》是小学师资培养中教育专业课程(教育学、心理学、学科教材教法)之一。到21世纪初期,全国各学校普遍使用的小学语文教学法教材主要包括:湖南教育出版社1981年出版的周仁济编著本,北京师范大学出版社1982年出版的高惠莹、麻凤鸣主编本,北京出版社1982年出版的张慧等编著本,湖南教育出版社1983年出版的辽、吉、黑、湘四省小学教师进修中师教材协编组协编本,人民教育出版社1988年出版的作为卫星电视教育小学教师培训教材的陈国雄、崔峦主编本,人民教育出版社1989年出版的袁微子主编本,人民教育出版社1999年出版的崔峦、蒯福棣主编本,人民教育出版社2001年出版的崔峦、蒯福棣主编本等。这些教材虽然名称稍有变化,有的称教学法,有的称教材教法;有的内容稍有增减,并紧密结合小学语文教学大纲和小学语

文教材的改革。但编写体例和总体框架变化不大,大多包括小学语文教学的基本理论、大纲、教材介绍及识字、阅读、听说、作文教学等几个部分。有的教材还附带论及语文课外活动、语文教学常规及语文教师素养。但这些小学语文教学法教材和21世纪的小学语文教学改革形成了强烈的反差。(龙文希,2003)

近年来,正是意识到基础教育课程改革的需要,部分高师院校及专家学者推陈出新,编写出版了一些与义务教育阶段语文课程改革接轨的教材。但理想与现实总有一定的差距,一方面,由于部分教材更注重理论的阐释,使得教材缺乏对师范生专业技能成长的操作性指导,纸上谈兵的教学严重制约着师范生教师职业素质的形成和发展;另一方面,由于部分高师院校的封闭性特点,使得小学语文教学法课程的课堂教学仍滞后于基础教育课程改革,难以反映当前小学语文课程改革的发展态势,与小学语文教学现状脱节。(杨华,2008)目前,对于"小学语文教学法"这样的学科教学论课程,我国绝大多数高师院校由于受教学时间、教学设施、师资条件等方面的限制,"仍沿用最传统的教学方式,'一支粉笔一张嘴',教师一人唱着独角戏,学生学习方式单一,没有经历自主学习、探究学习的过程。"显然,这种传统的讲授方式很不利于"小学语文教学法"课程目标的高水平达成。(任运昌,2008)两方面的原因直接造成新教师上岗时的不适应,所学的知识脱离小学教学实际,专业成长进程缓慢。

作为小学语文教师专业成长的起始课程,职前培养阶段开设的小学语文教学法理应与高师院校其他课程配合、呼应,与小学语文教师专业发展的各个阶段相衔接,为小学教师专业化水平的可持续发展搭建有价值的平台。因此,有必要探究小学语文教学法课程的实施策略,研讨如何通过有效教学促使师范生尽早走上专业发展之路。第一,应重构课程内容,既要吸取原有理论知识教学经验,为小学语文教学研究服务,又要避免空泛的理论教授。第二,根据陶行知先生的"教学做合一"理论改进教学策略。(在多向对话中构建新型课堂,在自主、合作中开展探究性学习,在案例评析中培养师范生的从教技能)建立合理的多元评价机制。(杨华,2008)其中,案例教学法在小学语文教学法课程教学中一直比较常用,但新课程改革后,赋予了这门课的案例教学法以更丰富的意义与内涵。"小学语文教学法"课程实施中的案例研讨一般分为三种类型：一是案例评议型，即给出具体的小学语文教育情景问题和解决方案，组织引导高师生评论其是非与优劣；二是案例求解型，即只给出小学语文教育的具体问题和相关背景，不提供解决方案，需要高师生经过深入分析与合作讨论来提出解决问题的方案并进行模拟性演练；三是案例拓展型，即提供教育问题、解决方案和教学效果都具备的案例，引导高师生把对该案例的分析作为切入点，再由此进行纵向拓展和横向延伸，将相关的语文教育理论知识串联起来，形成网络，使他们能够对小学语文教育工作进行总体把握，提高解决实际问题的能力，丰富和完善自己的语文教育素养。(任运昌，2008)

(二)小学语文教师的职后教育策略

小学语文教师实现专业发展的路径有很多，如脱产进修，攻读教育硕士或教育博士学位，参加校本研修，参加各类教研活动，开展课题研究等。但是，无论采取什么样的路径或方式，小学语文教师要实现专业发展归根结底都得靠自己有意识的学习和实践。

研究者们都一致认为，小学语文教师的自主发展是教师专业发展过程中最为重要的部分。树立专业自主发展意识是实现语文教师专业发展的前提和基础。尽管教师专业发展需要一定的外部条件，但是，专业发展毕竟是教师自己的事，外在的因素很难强迫教师去学习、转变和发展；语文教师只有把自己看作自身专业发展的规划者、执行者和评价者，专业发展才能真正得到落实。后现代主义学者认为，教师的专业发展不是一种被动、被迫、被卷入的状态，而是一个自觉主动地改造和构建自我与世界、他人、自身内部的精神世界的过程。(何更生，2018)也有研究者在强调教师自主发展的同时论述了教师专业发展过程中的内外因关系。许多研究已经显示，让教师自我制定专业发展的目的和自我指导专业发展活动，对于促进教学实践有意义的、持续的改变具有决定性作用，但外因对内因发生作用的支持性意义与内因的决定意义是同样不能忽视的。因此，教师职业自律与自我专业发展意识为教师专业发展提供了很好的"内涵发展"的思路，但同时我们又要重视促进教师专业发展的外部因素，特别是外在的动态

支持。（莫莉，2015）

　　基础教育课程改革的新形势要求每个教师必须适应新课程的需要，努力学习，不断探索，提高自身专业素养，在与学生平等对话的合作互动中，实现教学相长。何更生认为，小学语文教师的自主专业发展有两条路径：自主学习和自主反思。其中，在自主学习中实现专业发展主要通过以下两条途径：自主阅读和自主写作；关注语文教育理论的新发展和新动态。语文教师要实现专业发展必须通过有意识的自主反思实践才能实现。语文教师自主反思的实践建议如下：第一，记录教育教学事件，为教学反思提供依据；第二，将反思作为一种生活方式，渗透于日常生活的方方面面；第三，建立专业成长档案袋，实现反思的系统化和常态化。（何更生，2018）

　　提高小学语文教师的专业技能，采取简单且易于达成的方法，是切实提高小学语文教师发展的最有效的策略，主要包括：教师反思、教师合作、师生对话。教师的反思，使教师在与自我的对话中成长。教师职业的实践性和创造性要求作为教师的人不仅要有良好的文化素养、深厚的学科知识和教育理论素养，还应该依靠现有的专业知识解决实践中的问题。教师只有不断研究新情况、新问题，不断反思自己的教育教学行为，才能不断适应并促进自己的专业成长。波斯纳曾将教师的成长与其对自己经验的反思结合起来，提出了一个教师成长的公式：经验+反思=成长。撰写反思日记和撰写教学案例是小学语文教师进行教学反思的具体方法。教师的合作，使教师在与同事的对话中发展。所谓教师合作，就是教师们为了改善学校教育实践，以自愿、平等的方式，就共同感兴趣的问题，共同探讨解决的办法，从而形成一种批判性的互动关系。教师合作所指的是教师同事间的一种人际互动方式或关系形态，而且主要是作为谋求教师发展和学校教育改善的一种手段或策略。集体备课和同伴教学辅导是教师合作的主要方法。师生对话，使教师在学生的视界中重新认识自己。在师生交往中，教师以儿童为"镜子"，在发现学生中发现自我；发现学生的美好与天真，从而发现自己的活泼与热情；发现学生的优点与不足，从而发现自己教育教学的得失；发现学生对自己的喜爱与不满，从而发现自己的人格个性与品质特征；发现学生所做出的每一件令你所惊奇的事,从而发现自己所从事的职业的创造性;发现学生的喜怒哀乐,从而发现自己教育行为的适宜性。(何芙蓉、刘星,2015)

第三节　小学语文教师专业发展研究的反思与展望

一、小学语文教师专业发展研究的反思

(一)小学语文教师教育从学历教育、资格教育到自主发展,由他律到自律

在教师专业发展进程中表现出一种他律性自律。自我专业发展意识是贯穿于教师专业发展始终的,只是在教师不同的专业发展阶段,自觉发展意识和主体意识随着教师对专业角色的期待、准备、扮演、发展呈现出总体递增的趋势,直到退职为止。这其中支持教师专业成长的外部因素,包括教师职前教育、入职培训以及职后继续教育,对教师专业发展或者说对教师自我发展意识的唤起具有十分重要的作用。但同时,教师专业发展的外在支持对于以高度的职业自律、自我专业发展意识为统领的教师专业发展是不可逾越的。许多研究已经显示,让教师自我制定专业发展的目的和自我指导专业发展活动,对于促进教学实践有意义的、持续的改变具有决定性作用。但问题是,如果没有人帮助教师对实践进行反思,没有人向他们教授崭新的教学策略,没有人提供激化改进的元素,大多数教师不会在行为上发生改变。内因决定发展,但外因对内因发生作用的支持性意义与内因的决定意义是同样不能忽视的。因此,教师职业自律与自我专业发展意识为教师专业发展提供了很好的"内涵发展"的思路,但同时我们又要重视促进教师专业发展的外部因素,特别是外在的动态支持,这样我们就同时需要反思我国教师教育与教师培训及与之相应的深层观念。(莫莉,2015)

(二)小学语文课程改革为语文教师的专业发展注入强劲动力

随着"深入教育改革,推进素质教育"思想的确立,语文教育面临的问题和改革的任务,对当代语文教师的素质提出新的挑战。语文教师必须重新定位自己的角色,专注于自身的专业发展。传统的以知识传授为主的语文课堂教学中,

教师是知识的卫道士,课堂教学形式是讲述——接受型的,考试也均以标准化、规范化的答案去要求学生,语文所需要的吟咏涵颂,丰富的想象,不确定、不规范的整体思维被破坏了。而新课程改革要求的教学需要我们把语文教学更多地视为学生主动进行的言语实践活动的过程。因此,语文教师首先要从整体上把握语文学科的性质——人文性与工具性的统一,要真切地体会到语文学科所具有的深厚的人文魅力。语文教育的人文性是语文的本义和内在价值,它可以贴近学生的心灵世界与情感世界, 如教学诗歌是对人类灵魂与命运的一种诠释,教学散文是对语言所浸润的情感的一种体悟。其次,语文教师更应认识到,语文的外延与生活的外延是相等的,要树立大语文教育观,关注学生的创新精神与实践能力的培养,要使学生学会从大自然中、从生活中挖掘素材、捕捉灵感。再次,语文教师要树立言语本位的教学观和语文教学的实践观。实践性是工具性、人文性的衍生性质,人文性、工具性实现的依托是学生的言语实践活动,只有在语文实践中学生才懂得如何学语文、用语文,并体悟语文对人的情感世界和生存状态的人性关注。学生语言能力的形成是运用言语作品并把它内化为自己心理要素的结果。"语文教学是以言语内容为中介使学生获得言语规律和技巧的教学活动;语文课的本质是通过开展语文活动(言语活动)来培养学生的语言运用能力(言语能力)。"(倪文锦等,2002)因此,"语文教学是从事言语教学,而不是语言教学,而言语的内容包括了社会性、思想性、情感性,反映出社会规范与人的尊严、价值、个性、理想、信念、品德、情操的统一。因而语文学科的人文品位或语言文化特质显而易见"。(林崇德,1999)基于言语本位的教学观,语文课应以关注学生语言实践为主,其主要任务是培养学生的听、说、读、写能力,即语文能力。最后,要实现这些观念的转变,首先需要教师重新审视自己的角色扮演,努力在各个方面促进自己的专业发展。实现与考试制度、评价制度改革相适应的语文教师心理的变革,这才是语文教育改革的关键。(莫莉,2015)

因此,基础教育改革要求的语文教师的专业发展首先要求语文教师转变过去语文的知识教育的观念。注重语文对人的熏陶、感染、塑造作用,强调语文人文性与工具性的统一,不断更新语文教师的原有专业结构,包括观念结构、知识结构、能力结构等。

(三)从小学语文教学法到小学语文课程与教学论:从困惑、滞后到改革

作为小学语文师资培养过程中的核心课程,小学语文教学法这门课程一直饱受诟病,问题突出,但顽疾难去。从20世纪80年代直至当前,特别是到了新旧世纪交替的时候对于小学语文教学法的理论脱离实际的问题长期存在,之所以在二十年前更加被凸显出来。正是因为新一轮课程改革与教师专业发展的浪潮已经将理论与实践之间的矛盾、新理念与旧理念之间的矛盾变得更加尖锐和紧迫,小学语文教学法课程与教学中的问题已经到了不得不解决的境地。研究者们都提出了这门课程的滞后和陈旧问题,课程教学的单一、呆板问题等。(董洪亮,1996;杨华,2008;龙希文,2008;任运昌,2008)国民基础教育的进步在很大程度上取决于师范专业培养出来的师资质量与水平,但事实上相对于如火如荼开展的基础教育改革来说,师范教育的课堂教学非但没有走在前面,反而相对滞后了。师范教育的课堂教学,本应体现出"示范性"特点的却仍然被一成不变的某些"八股"的东西束缚着。做教师是需要讲究方法的,但是,师范学校中"教师的教师"却可以不讲究方法。无论从理论还是从时间的逻辑上讲,师范教育都应该成为基础教育的发轫之地。因此,基础教育的课堂教学改革发展,要求师范学校的课堂教学改革领先一步。(董洪亮,1996)小学语文教学法课程不仅应该让师范生在聆听中了解教学的变革,解读课程标准,更该在教学实施中创造机会引领师范生体验课标提倡的各种教学方式,在实际操作中感受改革带来的教学新变化。因为唯有真实的体验才能引发真实的感悟和反思,才能促进对教学技能的理解与把握。有研究者将陶行知先生的"教学做合一"思想来阐述小学语文教学法课程教学改革的方法非常精当。小学语文教学法课程的实施策略当响应陶先生的理论主张,"教学做合一"。(杨华,2008)陶行知先生说过"教学做合一"有两种含义:"一是方法;二是生活的说明。在方法方面:它主张教的法子根据学的法子;学的法子根据做的法子。不然,便要学非所用,用非所学了。在又一方面,它是生活的说明,在做上教的是先生;在做上学的是学生。从先生对学生的关系说,做便是教;从学生对先生的关系说,做便是学。先生拿做来教,乃

是真教;学生拿做来学,乃是实学。"(江苏教育出版社,2001)。在这个问题上,无论是师范教育的教师的"教",还是师范生的"学"都统一到"做"上面来。如何"做"呢？这个"做"就是课程改革的实践。因此,从这个意义上来说,教师的专业发展与教育改革是由新一轮课程改革引领的。师范教育中从"小学语文教学法"到"小学课程与教学论"的名称变化,再到小学教育专业课程的逐渐完善与科学化,都无不与课程改革对师资要求的变化与提高有着密切关系。但是,正如前述内容所言,师范教育应该在整个教育体系中发挥引领作用、示范作用,如果说21世纪初的教师教育改革是被动的,那么,在未来教师教育应该更多地发挥出引领和示范作用。

(四)小学语文教师专业化教育研究从宏观意义上开始向学科专业化落地

从前述对小学语文教师专业发展的定义及专业结构的诸多研究中,我们可以发现,无论是小学语文教师的在职培训,还是师范教育中的小学语文专业师范生的培养都经历了同样的过程——从教师的教育学意义上的专业化正在逐渐拓展到小学语文学科的专业化。教师的专业发展理念、理论是具有引领作用的,但是在具体的专业化发展过程中,任何一位学科教师的专业发展都必然要依托于本学科的教育、教学素养的提高,才能真正地实现教师专业发展。脱离了本学科专业发展的教师专业发展是空洞的理论学习,如同没有根基的空中楼阁;若只一味强调学科的专业素养而缺乏前瞻性的教师专业理论引领,就会使自身发展失去前进方向,甚至脱离时代需求。因此,在小学语文教师的专业发展过程中,教育的专业化与学科的专业化二者是相辅相成的。在从教育意义上的专业化拓展至学科专业化的过程中,小学语文教师的专业发展历程明显从粗放走向了精细的过程。这一点我们从课程改革的理念是如何在小学语文课堂扎根、生长的过程中可以明显地看到——小学语文教师从最初的迷茫、困惑,甚至抗拒,到逐步地接纳与融入,直到自主发展。这样的过程必然是扎根于每一节语文课教学的真实场景。据此有研究者提出,小学语文教师的专业发展要落实到教师的专业结构上来谈,我们还可以在此基础上进一步探求。小学语文教师的专业结构之中教师的语文学科知识、语文学科素养、技能是每位教师最为熟悉和最为关注的方面,而且这些专业素养不是孤立的状态,目前的研究困境在于如何在学科素养与教育素养之间搭建起桥梁,使二者有机地结合起来。小学语文教师专业发展的沃土在课堂,小学语文教师专业发展研究的根基也必须在课堂。对于小学语文教师教育的专业发展问题,教师教育研究者必须根植于小学语文课堂。每一天、每一节语文教学中,小学语文教师正在与学生一起用生动的、鲜活的课堂生活展现出他们对传统与现代的诠释,教师教育的效果在小学语文课堂中生动展现,同时也正是在小学语文课堂中被推动着。每一位小学语文教师在用内化了的教师专业理论去演绎小学语文教学。

二、小学语文教师专业发展研究的展望

小学语文教师的发展将更多地表现在自主专业发展。这也是未来小学语文教师教育如何更有效开展的一个重要环节。小学语文教师的自主发展的程度、水平与质量,一方面有赖于外部环境的影响与教师教育的质量,另一方面主要的动力源自教师内在的发展意识与能力。而教师自我发展生长点就在于对小学语文课程与教学的不断探究与实践,因此,每一位小学语文教师既是研究者,又是实践者。小学语文教师专业发展的上位研究也将为教师发展明确方向和目标。未来的小学语文教师专业发展研究将持续关注小学语文的学科特性,并将其更加合理地与教师专业发展理论整合起来,使小学语文教师专业发展更加具有针对性。

小学语文教师专业发展不是脱离小学语文课堂而独立存在的空洞理论,而必然是、也必须是深深地植根于生动、鲜活的小学语文课堂之中。真正推动小学语文教师专业发展的不是理论研究者,而是每一位小学语文教师自身。小学语文教师专业发展的推动者,正是一线的小学语文教师。他们正在用自身的小学语文教学实践不断诠释着课程改革的理念与内涵,同时他们自身在教育、教学以及语文学科方面的知识与素养也在伴随着实践而逐步丰富、升华。教师的专业发展是他律型的自律。小学语文教师在原有的职前教育基础上,通过不断的实践、学习和研究,使得小学语文教师的专业结构更加明晰。具体表现在对"小学""语文"的研究成果将被更精细化地写入小学语文教师的专业结构之中。这一方面是目前小学语文教师教育研究中仍将努力的方向，同时也是教师专业化过程中逐渐从粗犷走向精细、精准的必然趋势。小学语文教师专业发展必须"落地发展"，未来研究必然将更加关注"小学""语文学科"。如何在小学语文教师的专业发展过程中实现"教师教育"与"小学""语文"的沟通与融合，这恐怕不仅仅需要研究者的探究，而是有赖于每一位小学语文教师的辛勤工作与智慧结晶。

小学教师专业发展研究的另一个关注点应该是师范教育小学语文教育专业的课程、教学与教师的职后发展、自主发展，乃至整个教师职业生涯之间的衔接与贯通问题。此前，师范教育过程中出现的陈旧、滞后等问题虽然逐渐得以解决，但是，师范教育应在呼应基础教育改革的同时，更加关注国家乃至国际的教育改革大趋势，使得师范教育具有前瞻性，只有如此才能实现研究者们所希冀的"引领"作用。

第七章　小学语文教育评价研究

我国小学语文教学评价,与基础教育教学的改革基本同步。西方的教育改革及其评价方法传入中国后,当时的一些学者开始借用其评价方法来改革语文教学。俞子夷、廖世承、陈鹤琴、刘廷芳、艾伟等人,编制了包括语文学科在内的各种测验,在中小学进行实验。如俞子夷编制了中国较早的、较为正规的作文参照量表《小学缀法参照量表》;张九如编制了旨在正确评定教学成绩、反省教学方法、提高教学质量的《小学语文测验法》;艾伟呕心沥血30年,编制了中小学各年级各学科的测验量表、文言白话理解量表等。(雷实、张勇、夏雄峰,2003)中华人民共和国成立以来,小学语文教育评价以教学大纲(课程标准)为线索,从无到有,经过曲折的发展,正逐渐由单一化、工具化和功利化评价走向科学化评价。21世纪以来,新一轮基础教育课程改革在教育评价上取得了巨大突破,教育评价研究呈现百花齐放的态势。2020年10月,中共中央、国务院印发的《深化新时代教育评价改革总体方案》明确提出,义务教育学校重点评价促进学生全面发展、保障学生平等权益、引领教师专业发展、提升教育教学水平、营造和谐育人环境、建设现代学校制度以及学业负担、社会满意度等情况。这也为小学语文教育评价的展开和研究的深入发展指明了方向。

第一节　小学语文教育评价研究的历程

中华人民共和国成立70年来,教育评价的理念、内容和形式等都在不断演进之中。有研究认为,在我国,由于教育实践的需要,教育评价的思想和实践经验都是比较丰富的,但用科学的方法系统研究,则非常不够。(陆善涛、盛昌兆,1986)根据我国教学评价发展的现实情况,徐继存沿着教育评价理论的发展轨迹,将中华人民共和国成立之后我国教学评价的历程分为第二代的"描述"时期、第三代的"判断"时期和第四代的"建构"时期。(徐继存,2019)也有学者将70年研究历程分为知识主导期(1949—1957),这一时期我国课堂教学评价多具有苏联的影子,评价标准指向知识的讲解与传授;思想主导区(1958—1976),这一时期课堂教学评价标准经历了曲折的探索,为了纠正苏联课堂教学知识主导的片面性,尝试对评价标准进行重构,客观上讲是符合国情的探索;能力主导阶段(1977—2000),这一阶段课堂教学评价标准发生了重大转型,开始关注师生在教学过程中所表现出的能力而非单纯的知识获得或思想觉悟的提高;素养主导阶段(21世纪以来),这一阶段课堂教学评价标准发生了重大转型,开始关注师生在教学过程中所表现出的能力。(罗祖兵、郭超华,2020)从小学语文教育评价内容的演变来看,十七年时期与"文革"期间大同小异,可以算作是同一个时期。因此,本书根据小学语文教学大纲(课程标准)对课程评价的表述,将中华人民共和国成立以来小学语文教育评价分为三个时期。

一、1949—1986年的小学语文教育评价研究

中华人民共和国成立以来的历年教学大纲,无论是"草案"还是"试行草案",都没有明确提出过教学评价的要求。1955年《小学语文教学大纲草案(初稿)》中提到"读完整篇作品之后,作一次简短的谈话,提出一些综合的问题,考察儿童对作品内容是否已经得到一般的了解,感情上态度上有了怎么样的反应。"这可以说算是关于小学语文教育评价的最直接的表述。

这一时期,我国并没有明确引进教育评价的理论,相关的实践和研究大都围绕教学中出现的问题,从考察、考试等角度展开探讨。1951年,天津市六区小学国语研究会针对国语教学中比较重要的几个问题展开讨论,其中关于作业和试题,提出作业应包括问答题、练习、随笔等,试题包括听写生字(或生词、短文);注解词语;改错;把一小段生疏的文章或长句拆散,使学生重组;造句;标点符号;记述一课的中心内容;生字注音或用音拼字;默读;仿作;填空;是非法、选择法;问答题等13种。(六区文教科国语研究会,1951)小学语文教科书中的练习,主要围绕两个目的编写,暨复习书中的词汇和熟习语法结构。(朱文叔,1952)语文,作为一门学科,有它自身的规律。只有遵循其规律,才能提高教学效率。语文教学规律反映在语文练习中要体现针对性、系统性、启发性、量力性等四个原则。(沈涛、王在,1981)

1982年秋,"注音识字,提前读写"教学改革实验在黑龙江展开,1985年第一轮实验结束。上海市杨浦区第四中心小学围绕"注音识字,提前读写"教学改革,从考试的内容、形式和方法入手,开展教学评价的改革与尝试。考试主要由口试和笔试两个部分组成,其中口试部分包括智力竞赛、听说考查、朗读比赛等内容,笔试部分主要包括识字量、常用词、写作以及综合练习等内容。考试形式上,取消期中、期末考试和各种形式的测验,代之以60秒钟的智力竞赛、注音比赛、朗读会、故事会等。(上海市杨浦区第四中心小学,1985)

二、1986—2000年的小学语文教育评价研究

1986年至1991年,小学语文教学评价初步形成,国家教委1986年12月颁布的《全日制小学语文教学大纲》作为中华人民共和国成立以来第一部不附加"草案"或"试行草案"等字样的教学大纲,在第七章"努力改进小学语文教学"中用一个自然段指出"要改进考查学生成绩的方法",提出"考查的目的在于检查语文教学的效果,促进学生学习语文的积极性,改进教学,提高质量。要根据教学大纲的要求和教材内容,确定考查范围。在考查中,既要考查语文基础知识,又要考查听说读写的能力。要采取多种方式,重视在日常的教学活动中对学生的学习情况进行考察,严格控制考试次数。"有研究依据小学语文课堂教学评价的九个要素,暨教学目的要求、教学内容、课堂结构、基础知识教学、学习能力培养、课堂教学方法、课堂心理气氛、教师本身素质、课堂教学效果等制定小学语文教学评价表。(陈锡英、沈禾玲,1987)

1988年颁布的《九年制义务教育全日制小学语文教学大纲(初审稿)》在"教

学中应该注意的几个主要问题"第六条"要改进成绩考查的方法"中提出,成绩考查是检验和提高教与学效果的手段。是实现语文教学总目的的一个重要环节。要根据教学大纲的教学目的、要求和教学内容,确定考查范围,改进考查的内容和形式。成绩考查要全面,要对知识和能力进行综合考查。既要有书面的,也要有口头的。要安排好期末的成绩考查,更要注意对平时学习情况的考察,全面评估学生的学习成绩。要重视对学生学习成绩的分析,以利于改进教学。

1992年到2000年,我国的小学语文教学评价进入曲折发展的阶段。1992年颁布的《九年义务教育全日制小学、初级中学课程计划(试行)》在第三章"考试考查"部分列出五条说明了义务教育阶段课程的考试考查的性质、规定考试考查的学科、时间与次数、方式,以及依据等。根据课程计划,义务教育阶段的学期、学年和毕业的终结性考查、考试是对学生的合格水平的考核。考核要全面,要通过对学科和活动的有关知识和能力等方面的考核,促进学生整体素质的提高和特长的发展。小学语文、数学为毕业考试学科,其他为考查科目。语文、数学考试合格,思想品德考查合格,达到小学生体育合格标准,允许毕业。小学毕业考试在县级教育部门的指导下,一般由学校命题,农村也可由乡、镇教育管理机构组织命题,在基本普及初中教育的地区,不另举行小学升学考试。考试以每学期进行一次为宜,考查着重在平时进行。除毕业考试外,各级教育部门要严格控制统一考试。考试、考查可采取闭卷、开卷的书面方式,也可以采用口试、操作等方式。成绩评定可以采用百分制,也可以采用等级制、评语制。考试命题要以教学大纲为依据,体现教学的目的和要求。要建立必要的审题制度。

2000年的《九年义务教育全日制小学语文教学大纲(试用修订版)》专章介绍教学评估,从评价要求、评价对象、评价方法、考试题型与范围、评价分析等五大方面做了较为具体的阐释。提出"语文教学的评估,要符合语文学科的特点,遵循语文学科自身的规律。对教师的评估,要重视教师的教学过程和教学效果,不要以学生的考试成绩作为唯一的评估依据。对学生的评估,要有利于激励和促进学生语文水平的发展。要从态度情感和知识能力几方面、采用书面口头多种形式进行综合考查。还要注意对学生的学习态度和习惯、阅读量、习作量、口语交际能力、自学能力和参加各种语文活动的情况进行评价。不要考词语解释，不要用难题、怪题、偏题和烦琐机械的题目考学生。"

这一时期关于教学评价的研究主要围绕评价改革和实践展开。1984年，湖北省黄石电厂子弟小学在改进教学方法的同时，围绕平时考察与定期考查，作了一些改进成绩考查方法的尝试。加强平时考察方面，注意通过多种渠道、多种途径对学生平时课内外学习语文的状况进行全面考察；定期考查方面增加口试，在笔试内容上注重考查学生分析问题和解决问题的能力。（喻明子，1987）崔峦等提出，改革考试方法和教学评估体系，总的来说要充分发挥考试和评估的激励功能；考查学生的成绩，可以实行评定等级加激励性评语的做法；对学生能力的测试要全面，要重视朗读、背诵和听说能力的考查；笔试内容要简化，要加强综合性，选择、判断题要慎用，要有思维价值；对教师教学的评估，要把是否重视对学生语文能力和创造精神的培养放在突出的地位。但是，考试和评估不能"光松绑，不改革"，要防止从一个极端走向另一个极端。（崔峦、陈先云，1998）

三、2001—2019年的小学语文教育评价研究

2001年，全国教育工作会议召开，国务院批转了《基础教育课程改革纲要（试行）》，启动了中华人民共和国成立以来最为广泛和深刻的新一轮基础教育课程改革。2001年7月，《全日制义务教育语文课程标准（实验稿）》颁布实施。该课程标准在试用修订版教学大纲的基础上进行了较大幅度的调整，其中关于"教学评价"的内容改动最大。从字数上，2000年的试用修订版大纲仅用数百字篇幅表达；而实验稿课程标准不仅从总体上说明了评价的思路，而且从识字与写字、阅读、写作、口语交际、综合性学习等五个方面提出了详细的评价建议。这种外在形式的变化，而是其内在思想的深层变革，这就是其中的知识观演变向度。（程晓云，2002）课程标准倡导形成正确的评价观念：评价功能从注重甄别与选拔转向激励、反馈与调整；评价内容从过分注重学业成绩转向注重多方面发展的潜能；评价技术从过分强调量化转向更加重视质的分析；评价主体从单一转向多元；评价的角度从终结性转向过程性、发展性，更加关注学生的个别差

异;评价方式更多地采取诸如观察、面谈、调查、作品展示、项目活动报告等开放的、多样化的方式,而不仅仅依靠笔试的结果。

这一时期关于小学语文教学评价的研究,大部分来自一些一线教师在具体的教学实践过程中进行关于教育教学评价方式主要是考试的探索,数量众多,根据自身教学实践提出改革的思考,如"口试与笔试相结合""集中和分散相结合""知识与能力相结合""课内与课外相结合""评分相对与绝对相结合""自评与他评相结合",以及小学语文成果袋评价、形成性评价、SOLO 评价等。还有学者结合语文课程标准,对阶段性评价进行了探索。

第二节 小学语文教育评价研究的主要成就

从国际上看,自 19 世纪末以来,在短短的百年时间内,课程评价的理念几经变革,评价思想不断更新。根据李雁冰在《课程评价论》中的引述,美国评价专家古巴和林肯(E.G.Guba&Y.5.iLncoln)把评价领域划分为四个发展时期:第一代评价时期是测验和测量时期。第二代评价时期是描述时期。第三代评价时期是判断时期。第四代评价时期是建构时期。(倪文锦,2003)中华人民共和国成立初期,我国教育评价曾经普遍采用等级制。等级评价,相对百分制来说,模糊了学生的相对位置,而以群体位置出现。等级制减轻了学生的心理负担,保护了学生的自尊心、自信心,它更注重教育评价的人文性。但在评价的科学性方面,等级制相对体现得较差。现代教育注重科学教育与人文教育结合,关注受教育者知识、能力等智力因素与道德、情感、意志等非智力因素的全面发展。根据客观形势发展的要求,根据对教育实践的深入调查研究,教育评价,必然讲求科学价值与人文价值的综合体现。(肖俊,2001)

一、小学语文课程评价研究

2001 年 6 月,教育部印发《基础教育课程改革纲要》,强调"国家课程标准是教材编写、教学、评估和考试命题的依据,是国家管理和评价课程的基础。"语文课程评价是语文课程实施中的重要组成部分,其目的不仅是为了考查学生的语文学习目标的程度,更是为了检验和改进学生的语文学习和教师的教学,改善课程设计,完善教学过程,从而有效地促进学生的发展。(何更生,2013)关于语文课程的评价,主要从目标、内容、方法和功能等方面展开。

(一)小学语文课程评价的目标研究

语文课程评价,是语文课程实施中的一个极重要的环节。切实抓好语文课程的评价工作,对正确把握语文教学改革的方向,促进学生语文素养的全面提高,有着十分重要的意义。语文课程评价的目标就是回答在课程评价理念的背景下评什么的问题。评什么,课程标准已作了明晰的规定,即对语文课程总目标和阶段目标的具体评价。评价课程实施者能否根据国家的教育方针、学生身心发展规律和《标准》的目标要求完成教学任务和学科内容,评价实施者能否使学生达到培养目标。(李福灼、陈玉秋等,2004)新课程倡导以人为本、促进发展、面向多元等的先进评价理念,《义务教育语文课程标准(2011年版)》提出,语文课程评价应准确反映学生的学习水平和学习状况,全面落实语文课程目标。语文新课程的发展性评价是为了促进每一位学生的发展。它认为,学生的知识是建构的,智能是多元的,学生是发展中的人,是平等的,都有生命的尊严,每个人都应该受到尊重。它不仅关注学生过去与现在的表现,更关注学生未来的可持续发展;不仅关注优秀学生的发展,更关注学困生的发展;不仅关注学习结果,更关注学习过程;不仅关注基础知识与基本技能掌握情况,更关注学习能力、科学探究精神以及情感、态度、价值观等方面,是建立在人生平台上的评价。(张宇,2011)小学语文新课程评价的三个维度都是围绕学生的语文学习展开的,有研究认为知识与能力,是语文学习的基础;过程与方法,是语文学习的重点;情感态度与价值观,是语文学习的动力。(李玉杰,2004)

(二)小学语文课程评价的内容研究

小学语文课程评价的基本内容主要包括识字与写字、阅读、写作、口语交际和综合性学习等语文实践活动的评价。有研究提出,汉语拼音能力的评价,重在考查学生认读和拼读的能力,以及借助汉语拼音认读汉字、纠正地方音的情况;评价识字要考查学生认清字形、读准字音、掌握汉字基本意义的情况,以及在具体语言环境中运用汉字的能力,借助字典、词典等工具书识字的能力;阅读评价要综合考查学生阅读过程中的感受、体验、理解和价值取向,要关注其阅读兴趣、方法与习惯,也要关注其阅读面和阅读量,以及选择阅读材料的趣味和能力。重视对学生多角度、有创意阅读的评价;写作评价综合考查学生作文水平的发展状况,应重视对写作的过程与方法、情感与态度的评价,对有创意的表达应予鼓励;口语交际的评价,应重视考察学生的参与意识和情意态度,应在具体的交际情境中进行评价,让学生承担有实际意义的交际任务,以反映学生真实的口语交际水平;综合性学习的评价应着重考察学生的探究精神和创新意识,尤其要尊重和保护学生学习的自主性和积极性,鼓励学生运用多种方法,从不同的角度进行多样化的探究。(廖娅晖,2018)

  传统的语文评价内容较为单一,强调学生的记忆能力,忽略学生的理解、应用等语文综合能力,注重学生的智力因素,而忽略学生的情感、状态等非智力因素。随着新课改对语文课程评价体系的整体设计,小学语文课程评价的内容也丰富和系统起来。有研究指出,《义务教育语文课程标准(2011年版)》在评价内容上发生了以下变化:注重结构的条理性;注重语文课程评价的多种功能;突出语文课程评价的整体性和综合性;评价方式更加灵活多样;增加社区等多元主体评价;增强语文课程评价的可操作性。(崔晶菁,2015)有研究从六个方面归纳小学语文新课程评价的特点:诊断与改进结合,重在促进发展;综合性与操作性相结合,提倡多元化评价;形成性与终结性评价结合,重视过程;定性与定量评价结合,强调建设性;他评、自评与互评结合,注重多元主体的参与;全面与重点结合,关注个体差异。(李玉杰,2004)《义务教育语文课程标准(2011年版)》颁布实施后,有学者提出,需要提供基本的实验成果评价"观察点",检验课程标准是否体现了教育哲学思想和语文教育思想的进步,检验课程标准是否将这些思想转化为可操作的教育行为,检验课程标准的实际效果。应着重于具体目标内容之中,阐释和理解语文课程性质,不必固守刻板的"××性"表述定式。标准的修改完善,应是目标的更清晰和理论的再进步,应是积极改革理念的坚持与发扬。(雷实,2007)

  围绕课程的教学内容来进行评价和检测,主要考虑的是教学内容的完整结构,各种内容的检测比例、权重,题型的变化、难易梯度等命题的技术性要求,以达到比较全面、客观地检测学生对教学内容的学习、掌握情况的目的。(时金芳,2005)

(三)小学语文课程评价的方法研究

为了保证语文课程评价促进学生发展的价值取向,应当根据语文课程评价的新理念和评价原则,结合语文课程评价内容,建立评价主体多元评价项目多种、评价方式多样的语文课程评价方法体系。语文课程评价方法体系是多角度的具体评价操作方法有机组合而成的。从评价主体的角度,评价方法可以分为个人自评法、学生互评法、教师评价法、家长评价法、社会评价法等;从评价工具的角度,评价方法主要有观察评价法、访谈评价法、测验评价法、问卷评价法、卡片评价法、档案袋评价法、互动研讨评价法、专题探究评价法、成长手册评价法等;从评价结论的角度,评价方法主要包括分数评价法、符号标记评价法、等级评价法、评语评价法、展示评价法等。也有学者将小学语文课程评价的基本方法概括为四个层面,即形成性评价和终结性评价;定性评价与定量评价;教师评价、自我评价和学生相互评价;整体性评价和差异性评价。(廖娅晖,2018)何更生认为,在语文课程评价的实施中,根据评价对象和内容,可采用不同的评价方法。他总结出语文课程评价方法主要包括六种,即纸笔测试法、口头测验法、作业法、观察法、访谈法、成长袋评价法等。(何更生,2018)

《义务教育语文课程标准(2011年版)》提出:"要坚持定性评价和定量评价相结合,全面反映学生语文学习的状态及水平。"因此,在评价方法上要做到形成性评价与终结性评价、定量评价与定性评价相结合。同时,《课程标准》也强调:"语文学习具有重情感体验和感悟的特点,更应重视定性评价。"因此,在评价中,更应重视定性评价,要考虑文学作品欣赏的特殊性。文学形象的多义性,决定了人们对文学形象及其社会意义理解的不确定性,不能用一个统一的固定答案评价学生,限制学生的思维。事物的正确答案往往不止一个,要鼓励学生满足一种结论,提倡多角度地探索事物的本质。(倪文锦,2003)

(四)小学语文课程评价的功能研究

关于课程评价的功能,美国心理学家、教育学家克隆巴赫(Lee.J.Cronbach,

1963)指出,一般来说,课程评价主要有三种功能。课程改进:判定哪种教材和教法是适当的,需要在何处加以改进。针对学生的决定诊断学生的需要以便规划适用于学生的教学;判断学生的成绩,以便对学生进行选择和分组,了解学生的进步或不足。行政法规:判断良好的学校体制是什么,良好的教师有什么特征。我国台湾学者黄光雄归纳了课程评价的几项功能:①需要评估。在一项课程计划拟定之前,了解社会或学生的需要,以此作为课程开发的直接依据,并作为拟定教育目标的参考。另外,教师对进修的需要、学生对某一时段和某一学科教学的需要等,都可以通过评价来完成。②课程诊断和修订。对正在形成中的课程计划,评价可以有效地找出其优缺点及其成因,为修订提供建议。在这种反复的过程中,改进课程计划,使课程达到尽可能完善的程度。评价还可以诊断学生学习的缺陷,为矫正教学提供依据。③课程比较与选择。对不同的课程方案,通过评价可以比较其在目标设置、内容组织、教学实施以及实际效果等方面的优劣,从整体上判断其价值,再结合需要评估,对课程作出选择。④确定目标达成的程度。对一项实施过的课程计划,评价可以判定其结果,并通过与预定目标的比较对照,判断其达成目标的程度。⑤成效的判断。一项课程或教学计划在实施后究竟收到哪些成效,可以通过评价全面衡量,作出判断。这种判断不同于上述对目标达成程度的了解,而是对效果的全面把握,包括对那些预定目标之外的效果的把握。(张立昌,2017)何更生认为,语文课程评价的功能包括导向功能、检查功能、诊断功能、反馈功能、甄别功能、选拔功能、激励功能和发展功能等八个方面。(何更生,2018)在这诸多功能中,正如《普通高中语文课程标准(2017年版)》所说,语文课程评价要综合发挥检查、诊断、反馈、激励、甄别、选拔等多种功能,不宜片面强调评价的甄别和选拔功能。评价不仅要关注学生外在的学习结果,更要关注内在的学习品质。注意通过评价引导学生学会学习,自觉提升语文学科核心素养。小学语文课程评价除鉴定、甄别功能外,更加重视评价的发展性功能,包括反馈、调节功能,反思、激励功能、成长记录的功能和积极导向的功能等。(辛涛,2017)优化小学语文课程评价有利于学生知识体系的建构,有利于学生"元认识"的形成,有利于教师及时掌握学生的学习动态。(卢焕榕,2012)

二、小学语文教材评价研究

19世纪中期,国外开始教材的分析评价工作;20世纪初,教材评价的理论研究和系统科学评价正式拉开帷幕。此后,对教材评价标准和指标体系的讨论一直是研究者关注的热门话题。我国的教材评价工作在起步较晚。中华人民共和国成立后,我国实行"一纲一本"的教材编制政策,教材的相关研究和评价工作并没有得到充分重视。随着"一纲多本"时代的到来,教材评价工作也逐渐受到重视。(王晓丽,2016)前文所述各版本小学《语文》教科书的审读意见,即是教材评价的一个很好的样本。那么,教材评价的主体是谁呢?在我国,当前教材评价的主体仍是权威的教材审定委员会组织专家。甘其勋认为,母语教材的评价还应该有更多的视角。审查、审定母语教材的委员会,应该由多学科专家组成:①课程论专家,包括课程计划和教学大纲的制订者,着重评价教材执行课程计划和体现教学大纲的水准;②母语教材编辑专家,着重从历时性角度评价新编教材比原有教材有无明显的进步;③语言文字专家,着重评价教材的语言文字是否符合母语的规范,以维护母语的纯洁和健康;④文章学专家,着重评价教材中的实用文章(非文学作品)在社会应用中的价值,看是否有利于提高学生正确理解和运用祖国语言文字的能力;⑤文艺学专家,着重评价教材中的文学作品,是不是一个时期一个国家最优秀的经典作品。评价这些作品在弘扬民族优秀文化、吸收人类进步文化方面的价值;⑥心理学专家,着重评价母语教材是否符合不同年龄层次的学生的心理特征和认知规律,能否激发学生学习的兴趣;⑦社会学、文化学专家,着重评价母语教材在弘扬民族精神、维护民族尊严、尊重民族习俗、多元文化共融方面的价值,弥补教材的疏漏;⑧比较教育专家,着重评价母语教材与其他国家和地区母语教材的异同,从共时性的视角,保证母语教材在世界母语教材中的先进地位。(甘其勋,2012)

(一)小学语文教材评价的目标研究

教材评价,是衡量小学语文教材价值的重要行为和手段。自1986年以来,在教育行政部门的领导下,我国已开始了对九年义务教育阶段教材的严格而全面的审查和审定工作。有研究指出,义务教育教材的评价目标包括:教材是否符合义务教育的培养目标、国家教委颁布的课程计划、教学大纲的精神和要求；教材的科学性和思想性如何，是否符合我国国情，适应我国当前和今后一段时间内发展的需要，是否做到理论与实际相联系；教材内容的结构、编排和表述是否符合学生的年龄特征、认知规律和思维发展规律，是否能激发学生的学习积极性，有利于学生打好基础、培养能力、发展智力，使学生的兴趣、爱好和才能都得到发展；教材的程度、分量是否适当，使绝大多数学生经过努力都能达到基本要求，作业负担合理，也能适应地区差异，便于因校制宜，因材施教；某一教材在跟其他学科教材的纵、横向联系方面做得如何；教材的文字、插图、版式、印刷、装帧等是否能适应学生的特点和教学的需要等六个方面。（张卫国，1993）

语文新教材评价目的主要包括：如实展示教材面貌，分析语文新教材的主要变化，促进语文课程发展；析出新教材中的主要问题，促进语文教材建设；为学校、教师选用教材提供参考，为编写者提供多视角分析意见；作出评价示例，为自行评价和外界评价提供经验和教训。（王帅、雷实，2005）

李伯棠曾提出，我们分析研究一本语文教材，评价其利弊得失，除了要研究它是否抓住祖国语言文字的特点，是否符合学生学习祖国语言文字的规律以外，还应该结合这本教材所处的特定的历史条件来考虑，这一点非常重要。如果忽视了这一点，就不是马克思主义历史唯物主义的科学态度，而是唯心主义和形而上学。（林治金，2001）

(二)小学语文教材评价的内容研究

一套教材能否使用，当然首先要通过教育部的审查。但是否适合多数地区的教学实际，是否受到师生的欢迎，既不是行政领导所能决定的，也不是专家、学者的评说所能引领的，主要靠教材本身吸引师生，从而赢得良好的社会评价。（顾之川，2013）语文教材的评价体系除了包括对教材本身的评价，重要的是要有对学生学习语文进行评价指导，还应该包括教师教学的评价。对教材进行分析评价，首先要对教材的文本进行分析，判断教材在设计和编制方面的质量水平。作为引导学生进行学习和探索的工具，教材的编写必须符合学生认知和发展的水平和规律；必须符合学生的年龄特征和心理特点；必须与使用教材的地区、学校的经济和人文环境相匹配;必须与教师的能力和水平相适应。对教师使用教材的评价,是几乎所有教材评价都要涉及的方面,主要是实际测定教材在课程实施过程中达成目标的便利程度。这两种评价必须在教材使用的过程中进行,通过与学生、教师、校长、家长以至社会的互动来收集资料,进行分析。这是一种动态的过程。(郭建耀,2006)语文教材的评价内容包括:教材结构,教材文化构成,选文主题分析,教材编写者心中的学生与教师,自开发课文及其中"优秀课文、问题课文、平庸课文"的评定,课后练习质量的分析和统计,专题、综合性活动、作文设计、口语交际、识字、写字和汉语拼音,装帧、插图等。(王帅、雷实,2005)李慧君提出教材评价的指标可以包括教材的教学内容方面、教学性方面和技术性方面。教材的内容方面的指标包括:①教学内容选择是否合适;②组织结构是否合理;③是否注意思想教育;④能否联系生活、生产和学生的实际;⑤教学内容是否有弹性;⑥与相关学科的配合。教学性方面的指标包括:①教材体系是否符合学生的生理、心理特点;②技能和能力训练安排是否恰当;③难度大小;④学生课业负担情况;⑤趣味性。技术性方面的指标包括:①语言、文字是否规范;②图文配合;③版式;④印刷;⑤装帧。(李慧君,1996)

针对语文教科书的编制,王荣生提出,语文教科书评价问题的研究,最终会落实在评价项目的设置及指标体系的建立上。在设置评价项目、建立指标体系之前,应明确语文教科书在教学中的功用。要明确语文教科书"课本"的功能,明确语文教科书"课程研制"的责任,明确语文教科书"呈现方式"的教学价值,明确语文教科书"供选择"的商品属性。语文教科书评价的对象应该是成型的教科书;语文教科书评价应该确认评价的主体和效力。(王荣生,2013)

关于语文教科书的用字问题,张心科、郑国民认为,为了规避小学语文教科书用字的随意性,促进其科学化,需要从四个方面进行研究:明确儿童常用字与社会常用字的关系;研究汉字的难易和构字(词)能力,确定教科书的字序、字频、字间;明确不同学段的课程目标,区分不同学段教科书材料的功能,采用不同的编写程序和方式;将教科书用字的科学性纳入小学语文教科书评价体系。要注意科学化与灵活性的结合。(张心科、郑国民,2015)

(三)小学语文教材评价的效果研究

教材是课程标准(教学大纲)的具体化,既是教师进行教学的依据,也是学生获取系统知识的重要工具,因而进行教材的分析与评价,对教材的编写、审查、选择、运用都有十分重要的意义。有学者提出,教材评价的功能主要包括三个方面:①审定功能。目前,我国实行教材审定制度。国家教育部门负责国家课程教材的编写和审定管理;省级教育部门负责地方课程教材的编写和审定管理;学校行政部门负责校级课程的审定、批准工作。显然,教材评价是国家、地方、学校教材审定工作的重要组成部分。②选择功能。国家、地方、学校审定通过的教材,以清单的方式提供给地方、学校或教师,那么,他们还必须从多种版本中加以选择,而选择的基础就是评价。③改善功能。对于选择了的教材,各级政府部门、学校以及教师,都可以根据他们对教材优劣的评价,根据他们对于新课程改革理念和课程标准的理解,根据所在地区和学校、学生的实际需要和条件的评估,作出调整、补充。这时,教材评价就发挥了改善的功能。(张立昌,2017)也有研究认为,教材评价就是判定教材的有效性和可行性的价值。科学的教材评价可以①帮助教师正确地挑选教材;②指导教师正确地分析和使用教材;③向教材的编订者提供反馈信息;④为督导员提供指南,为教学评价提供一定的评价依据。(陈中永、刘文霞,1990)教材实验与评价,可以使人们发现在通常使用教材时候不易察觉的问题,而这些问题对研究教材会有很大的帮助;可以限制某些条件或突出某些因素,便于分析和研究这些条件或因素在教学中所产生的作用;可以有计划地控制条件和环境,形成便于记录和测量的状态,以便取得比较可靠的数据和资料;可以重复验证。在相似或不同的条件下,验证某一因素在教学过程中所起的作用的状况。(张卫国,1993)

教材评价研究的推进既要靠教材编写者的不懈求索,同时也应群策群力,约请相关的学科专家(如文学家、语言学家、科普专家、翻译专家等)参与研究;应有一些更加深入的专题评价研究,能使教材编写者得到实惠;应加强教材评价研究者与教材编写者之间的合作,教材评价研究者应及时为教材编写者提供全面的或专题的评价分析报告,帮助提高教材质量。(王帅、雷实,2005)翟志峰、董蓓菲通过分析美国教材评价工具得出启示,提出我们不仅要建立、健全教材评价工具,形成基于证据的教材评价程序,而且要通过教材评价工具引导教材建设符合目的性发展。(翟志峰、董蓓菲,2019)

三、小学语文教学评价研究

小学语文教学评价,就是依据小学语文教学目标对语文教学的过程及结果进行价值判断的活动(徐林祥,2010)。虽然小学语文新课改已推出了一段时间,但相关配套教学评价机制却没有迅速跟进,这造成实际教学同教学效果间无法有效衔接。在有的小学里,仍沿用着旧有的教学评价模式,根本无法反映出本单位语文新课改的真实落实情况,也就无法对教学工作进行正确的指导和帮助。应清楚地认识到,新课改的实质不仅仅是保持较高的语文教学质量,还要培养学生们的语文学习创新能力,形成正确的语文学习习惯。这就需要在评价机制这一检验教学效果的重要措施上有所突破,从主观评价和客观指标的有机结合上全面反映出整体教学效果,并通过评价结果可以对教师教学形成及时的反馈和必要的指导帮助。(杨丽萍,2014)要走出沿袭已久的以评价教师教学目标、过程、方法、语言、板书、教态等为主的课堂教学评价误区,就必须确立以学生发展为中心的新型课堂教学观,进一步拓宽语文课堂教学评价的视野,充分关注学生在课堂中的学习状态。(郁恩广,2002)应淡化终结性评价,重视诊断性评价和形成性评价的运用,构建一个动态的、发展的、开放的小学语文教学评价体系。(蒋蓉,2015)

(一)小学语文教学评价的目标研究

小学语文教学评价体现在:首先,教学目标的制定要符合不同阶段学生学习目标的要求。教学目标来自学生语文学习的需要和《语文课程标准》的要求。其次,教学方式和学习方式的适应,有利于学生的知识建构,师生可以共同设计开发学习资源,教师为学生多样方式的学习提供充分的时间和空间。最后,教和学的效果互相影响、互相延伸,教师的教学效果和价值在学生的成长与进步中得到体现,学生的学习效果更为教师的教学过程提供反思和改进的价值。(何芙蓉、刘星,2015)教学评价,是对教学活动进行基于事实的价值判断的过程,是为了检查教师的"教"与学生的"学"的效果,从而更好地促进教师改进教学工作,促进学生更好地发展。语文教学评价,是依据一定的教学目的和标准,在系统搜集资料并加以分析的基础上,对教学过程及结果做出价值判断,从而调整教学活动以增进教学效果的过程与方法。(金荷华,2019)小学语文教学评价目标存在多元化特点,在评价的过程中对学生语文学习的评价,既要关注学生知识和技能的理解和掌握,更关注他们的情感与态度的形成和发展;既关注学生语文学习的结果,更关注他们在学习过程中的变化和发展。(何芙蓉、刘星,2015)

小学语文教学评价在评价目标、评价内容、评价标准、评价方法等方面都不同程度地存在着一些弊端,如注重总结性评价,忽视形成性评价;注重定量评价,忽视定性评价;注意课内评价,忽视课外评价;注重语文学习本身的评价,忽视相关非智力因素的评价等。我们应该注重评价目标全面化,强化情感目标、技能目标的评价。(徐海鹰,2002)

(二)小学语文教学评价的内容研究

小学语文课堂教学的评价可以包括教学目标、教学内容、教学组织、教学方法、教师素养和教学效果五类。(杨九俊等,2001。按:原书采用"评估"一词,为行文方便,通改为"评价",下同)评价标准上,教学目标上要全面、具体、适宜;教学内容要合理、完整、准确;教学方法和手段要科学灵活;教学过程要体现"两全一主动",即面向全体学生,全面提高学生素质和学生主动发展;教学效果要好,教学效益要高;教师基本功方面要教态自然、大方,语言规范、逻辑严谨,板书脉络清晰,知识面广,关心学生。(薛圣玉,1999)有研究认为,新的课堂教学评价体系主要包括五个方面的内容:教学目标(20%),教学内容及方法(20%),教学过程(40%),教学效果(20%),教学素养与教学特色(另加1~5分)。每一项包括若干要点。(陈春艳,2000)

课堂提问,是教师获得学生学习反馈的最直接的方式,也是教学评价中最为教师所熟悉的方式。课堂提问问题的设计,要注意目的性、适切性,课堂提问对象的挑选应注意针对性和差异性。(董蓓菲,2003)在课堂提问中,由于评价语的使用不当,往往会使教学事倍功半。有研究提出,当前小学语文教师课堂评价语言存在着重判断轻描述的评价语言,阻碍学生深层学习;评价语言与问题联系性不强,影响学习目

标的有效达成;评价语言成人化,影响学生对学习内容的理解等不足。(高超,2014)

信息技术与语文课程整合的不断深入,为语文教学提供了丰富的资源,创设了良好的情境,改变了传统的教学模式,提高了教学的效率。从20世纪90年代"小学语文'四结合'实验"到21世纪的小学语文"阅读跨越式教育实验",多媒体在语文教学中的应用研究几乎没有中断过。在多媒体环境下的语文教学中引入绩效评价,可以通过衡量教学中的投入和产出来对语文多媒体教学开展评价,优化多媒体教学效果,提高教学的效率和效益。(王小根等,2013)

制定课堂教学评价指标应该遵循以下几个原则:首先,方向性原则。课堂教学评价应该有助于端正教学思想、指导教学、促进教学实施,起到导向作用。其次,全面性原则。评价指示既要全面反映课堂教学的各个侧面,切忌片面性,又不可主次不分,应突出主要方面,全面地加以分析评价。再次,客观性原则。评价指标含义必须明确具体,宜粗不宜细,易于实施。最后定性与定量相结合的原则。(吴爱宝,1990)

2008年,北京市采用定量研究与质性研究相结合的方法,从学生学业质量和课堂教学两方面对北京市小学五年级语文学科教学质量现状进行测试和调查。测试结果表明,学生"积累与阅读"的能力相对较弱,特别是对文本整体感知和做出评价的能力不够强。此外,学生对所学汉字字义的理解能力较弱;习作中还存在内容比较空泛的问题。有的教师教学方法的选择不够恰当,过多地采用"老师问学生答"的方式进行教学,缺乏多种教学方式的综合运用;有的教师在引导学生探究时提出的问题思维价值不高;有的教师对学生个体间的差异关注不够。(李英杰,2009)

北京市小学语文学科课堂教学评价指标(中小学管理 1996)

评价项目	评价要点	权数
1.教学目标	(1)教学目标的确定(2)教学目标的体现	0.10
2.教学内容	(3)知识的传授(4)能力的培养(5)思想教育	0.22
3.教学过程	(6)课堂结构安排(7)教学密度(8)反馈与调节	0.20
4.教学方法	(9)教法的选择与运用(10)教学手段的选用	0.20
5.教学能力	(11)教态(12)语言(13)板书(14)应变能力	0.16
6.教学效果	(15)教学任务的完成(16)学生学习的积极性(17)学生的学习负担	0.12

(三)小学语文教学评价的方法研究

对于语文这门特殊的学科,仅仅采用一种评价方法是不够的,必须综合运用多种评价方法,以取长补短、优势互补。根据分类标准的不同,小学语文教学评价大体可以有以下分类:首先,按照教学评价在教学活动中发挥的不同作用,可以分为诊断性评价、形成性评价和总结性评价。诊断性评价,又叫准备性评价,是在语文教学活动开始之前实施的预测性评价,其目的在于了解评价对象的基础和存在的问题,使语文教学活动的安排更有针对性。形成性评价,又叫过程性评价,是指在教育教学活动计划实施的过程中,对计划、方案执行的情况进行的评价。终结性评价,又叫总结性评价,是指某一教育教学活动项目告一段落或完成以后进行的评价。(蒋蓉,2015)小学语文形成性评价实验,是在小学生学习语文过程中,依据事先制定的教育目标进行教学,依据目标编制检测题,按单元进行形成性检测,通过补漏、矫正、补测,使所有学生都达到教学目标,再进行下一单元教学的评价过程。1992年,北京市丰台区开展小学语文形成性评价实验,实验主要有两方面内容,即以目标控制课堂教学和单元进行形成性检测以反馈矫正。所谓目标控制课堂教学,就是树立教师和学生的目标意识,在课堂教学中处处发挥评价的目标导向作用。具体地说,就是要理解目标、研究目标、紧扣目标。单元反馈的做法大体分为三步:首先是形成性检测;其次是补漏和矫正;第三步是补测。小学语文形成性评价实验的目的,在于探索大面积提高教学质量,特别是提高中差生质量,使全体学生都能顺利完成学习任务的途径。(杨继宗,1992)

针对语文课堂教学的特点,至少在利用评价表这种量的评价方法的时候,再辅之以质的评价方法,才会更全面地认识、描述、判断、规范和导向语文课堂教学。(兰玉荣,2001)评价方式要多样,要将定量评价和定性评价相结合,动态评价和静态评价相结合,观察、考查、考试相结合。(李冰霖,2001)所谓定性评价,就是根据小学语文课堂教学评价的内容及标准,抓住被评估者的教学特点进行口头或书面的总体评价,明确提出主要优缺点和进一步改进教学的意见。定量评价,就是评价者依据评课内容及标准,规划每个项目的权重以及等级分值,然后根据教学实际情况,逐项评定等级,再将各项的实际评分相加,即为总

分。如果是多人评价,则将各人评分相加,求其平均值。(杨九俊等,2001)

在小学语文课堂教学评价体系的构建中应采用整体性原则、个性化原则和普适性原则。在此基础上,广东中山市采用新的课堂教学评价指标,其特点是:重视课堂教学目标设置的科学性;追求学生语言实践活动的实效性;关注学生语文学习的可持续性、鼓励教师发挥教学的创造性。(陈春艳,2000)有研究探索过程性评价与终结性评价的有机结合的路径,平时评价开卷、闭卷相结合,实现评价内容和主体的多元化;期末测试以游戏性练习为主,旨在让学生在练习中得到乐趣,让学生对学科越来越有兴趣。(张元,2003)

在课堂教学中,教师对学生的言语评价包括激励式言语评价、导学式言语评价、明理式言语评价和幽默式言语评价等方式。(许冰,2011)不论采用何种教学评价方式,都要注重每位学生的感受,尊重学生的人格,以赞扬激励为主,并及时给予客观真诚的肯定和表扬,倡导和调动学生关注评价、参与评价,使学生在评价中学习、进步和提高,不断提高学生素质,提高教学质量。课堂教学评价,应该是定性与定量相结合的办法。首先,确定测评要素。小学语文课堂教学评价的九个要素:教学目的要求,教学内容,课堂结构,基础知识教学,学习能力培养,课堂教学方法,课堂心理气氛,教师本身素质,课堂教学效果。其次,拟定要素权重。再次,编制测评标准。最后,选择计量方法。(陈锡英、沈禾玲,1987)

关于阅读评价,有研究认为小学语文阅读教学评价应解决的问题包括是不是本课程的、是不是本学段的、是不是本文体的、是不是本文的、是不是综合等五个方面。(官正华,2016)针对阅读中的群文阅读评价,有研究提出,群文阅读不仅可以增加学生的阅读速度,还可以提高阅读的数量和质量。为了确保群文阅读的有效性,开展群文阅读教学时须重视对其的评价,评价的维度有五个,即议题选取、文本组织、课型选择、方法运用、教学效果。(郝洁,2019)关于口语交际能力评价,有研究提出,构建口语交际能力评价指标体系应该遵循主体性原则、发展性原则、全面性原则、过程性原则、互动性原则、可操作性原则等原则。在遵循这些原则的前提下,广东省广州市海珠区同福中路第一小学胡瑛研究制定了"小学语文口语交际能力评价表"(见下表)。

小学语文口语交际能力评价表

学生姓名：　　　　　　班级：

一级指标	二级指标	单项得分					评价记录
		5	4	3	2	1	
倾听能力 (20分)	给对方留出讲话的时间,听话听完整						
	带着友善的态度耐心倾听,听话要专注						
	边听边做出适度的情感反应						
	能够听出对方说话的要点,听话理解正确						
表达能力 (30分)	口齿清楚,声音响亮						
	词汇丰富,表达清楚、准确、规范						
	没有口头禅,停顿适当,句子简约、清楚、准确						
	语言流畅,思路清晰,能适当地运用呼应和过渡						
	说话符合当时的场合、实践和情景						
	对对方的话较恰当、巧妙和迅速地作出反应						
交流能力 (20分)	围绕共同的话题,畅所欲言						
	针对对方的话,发表自己的意见						
	实事求是,合情合理						
	意见不一致时,保持心平气和						
表现性行为 (20分)	说话自信						
	态度诚恳,礼貌谦逊						
	姿态自然大方,掌握分寸						
	交往中积极主动						
普通话 (10分)	有说普通话的良好习惯						
	能正确流利地说普通话						
总体评价	总分=	四星 (85~100分)		三星 (75~84分)	二星 (60~74分)	一星 (60分以下)	

评价人姓名：　　　　评价人身份:□家庭□老师□学生　　　评价时间：

(四)小学语文教学评价的效果研究

小学语文教学评价是小学语文教育中的重要组成部分,适当的课堂评价能够让学生获得学习上的满足感,进而可以激发学生的学习兴趣,促使学生养成积极的学习习惯。通过开展语文课堂教学评价活动,一方面促使广大教师积极钻研业务,不断提高自身的综合素质,克服了课堂教学中的随意性;另一方面也使学校教学管理工作进一步走向科学化、规范化。(孙淑艳等,2001)语文教学评价具有检查、诊断、反馈、激励、甄别和选拔等多种功能,是为了考查学生实现课程目标的程度,检验和改进学生的学习和教师的教学,改善课程设计,完善教学过程。(吴亮奎,2018)董蓓菲提出,小学语文教学评价具有评价、反馈和导向等功能。她提出,小学语文教学评价具有衡量学生语文水准,评定语文教学效果的作用;具有诊断学生困难,反馈语文教学情况的作用;具有激励学生学习,促进教学工作的作用。(董蓓菲,2003)小学语文课堂教学评价主要有导向功能、激励功能、改进功能、鉴定功能。(薛圣玉,1999)

经过几十年的发展,小学语文教学评价的理念已经为广大教师所认可,对教学评价的效果也有相当的认识,但在实施的过程中仍存在不足之处。有学者通过调查,发现小学语文教学评价存在功能缺失,标准不科学和模式单一等问题。在评价效果上,教学评价游离于教学实践之外,评价的形式大于内容,从而造成功能缺失。(杨洪港、肖杏花、何小波,2019)如何充分发挥教学评价的导向作用,有研究认为应该在实施时注意做好以下工作:首先,引导教师以"评价标准"指导各项工作,把它落实到备课、上课、总结等各项教学工作中。其次,"评价"既要客观、科学,又要避免烦琐复杂。根据小学语文学科的特点,对课堂教学优化的评价,宜采用定性评价与定量评价相结合、分项测定、整体定性的方法进行。再次,树立长远观点,订好规划,逐步实施。教师订出规划后,学校领导下班听课,应按照教师所订的规划实施的进程给予指导和做出恰当的评定,帮助教师逐步实现"评价标准"。(李德桑,1989)有学者提出,要走出沿袭已久的以评价教师教学目标、过程、方法、语言、板书、教态为主的课堂教学评价误区,必须确立以学生发展为中心的课堂教学观,进一步拓宽课堂教学评价的视野,充分关注学生在课堂中的学习状态。(郁恩广,2002)

四、小学语文学习评价研究

《基础教育课程改革纲要》提出,评价不仅要关注学生的学业成绩,而且要发现和发展学生多方面的潜能,了解学生发展中的需求,帮助学生认识自我,建立自信。《义务教育语文课程标准(2011年版)》强调学生中心,因此学习评价的核心也应体现以人为本、以生为本的理念。小学语文学习评价可以分为课堂学习评价和学业成绩评价两种。有学者将中华人民共和国成立至21世纪初的语文学习评价分为四个时期：1949年到1956年，这一时期的语文学习评价以评价思想教育和知识传授为主；20世纪50年代末到70年代末，这一时期的评价是以评价读写能力为主；20世纪80年代到20世纪末，语文学习评价逐渐走向全面化和科学化；21世纪初，国家启动了新一轮课程改革，颁布了新的语文课程标准。新课标规定，对学生语文学习应加强形成性评价，重视定性评价，采取多种评价方式。(陆云,2004)

(一)小学语文学习评价的目标研究

小学语文学习评价的目标，在于促进学生提高语文素养，帮助他们扩大视野，更好地掌握学习语文的方法。小学语文学习评价是检查教学效果、提高教学质量的手段，通过语文学习评价可以使学生了解自己的学习情况、得到鼓舞、受到督促，促使他们主动积极地学习，不断提高语文水平。教师可以从学生的语文知识、能力的实际情况中看到自己的教学是否切实有效，以便从学生实际出发改进教学。因此，要充分发挥语文学习评价对完善教学过程和促进学生发展的功能，淡化评价的甄别和选拔功能。(湖南省教育厅,2009)除促进学习和改进教学，语文学习评价还具有促进学习管理的功能。语文学习评价是整个课程实施中不可缺少的环节，它既是一个教学过程的结束，又是下一个教学过程的开始。对学生语文学习的评价是按照教育政策、教育法规、教育目标等具体要求来设计和实施的，它可以为教育行政部门和教育管理者提供学校、班级、教师、学生等在语文课程实施过程中的各方面信息。管理者可以据此制定相关的政策，采取诸如培训、教研、检查、评估、考核、监控等活动或措施，以实现对教育教学的管理和监控。(贺卫东,2018)有研究认为，学生语文学习评价的目的主要指：检验和改进学生语文学习；引导和激励学生全面发展。正确认识学生语文学习评价的目的，对于我们做好语文课程教学工作，进而促进学生全面发展，具有十分重要的意义。(刘浩、黄占军、连永贤,2006)有学者提出，在进行语文课程学习评价时，应该做到变"功利性评价"为"激励性评价"，变"一个模式评价"为"差异性评价",变"一元化评价"为"多元化评价"、注重培养和发展特长评价。(李学民, 2009)小学语文学习评价在一定程度上调节和制约着语文教学活动,具有导向、激励、反馈、总结等多重功能。

(二)小学语文学习评价的内容研究

语文学习评价的内容结构,从施受对象看可分为语文教师的素质评价、教学能力评价、教学研究能力评价、学生的语文素养评价、语文知识水平评价、语文能力评价、学习效果评价等;从形式上看,可分为语文课堂学习质量评价、课外语文学读写与语文综合性学习活动效果评价;从内容上看,可分为识字与写字学习评价、阅读学习评价、习作学习评价、口语交际学习评价、语文综合性学习评价、语文美育评价、语文德育评价、语文学习方法指导评价、语文学习心理能力评价等;从学习条件划分可分为语文学习气氛评价、语文学习环境评价、语文师资水平评价、语文学习硬件设施评价等;从构成要素上看,可分为语文学习目标、学习内容、学习步骤、学习结构、学习形式、学习方法、学习效果、学生的知识理解程度、接受能力、运用能力、学习态度和习惯、课本的编辑、选择和使用等多因素的评价;从实用性角度,上述诸多评价内容可分为语文教师评价、学生评价、语文学习过程评价、语文课程评价等。(王雅萍、司亚飞,2018)小学语文学习的评价不是甄别和选拔人才,而是全面了解学生的学习状况,激发学生的学习热情,促进学生的全面发展。因此对学生学习的评价,既要关注学生知识与技能的理解和掌握,更要关注他们在学习过程中的变化和发展。四川省芦山县以评制考,取消用百分制评估学生的学习成绩,而换之为"优秀、良好、达标、待达标"四个等级。加强对学习过程性的评价,采用自评、同学评、家长评和教师评相结合的原则,对学科发展比较突出的方面给以充分的肯定,作为学科"特长"加以评价,对学习的态度与情感、方法的掌握以"评语"的形式进行定性评价,即对学生语文学习评价采用"等级+特长+评语"的方式。(张婷荔,2012)

形成性评价是学生学习水平评价的主体,语文教学中的形成性评价应以课堂教学、学生作业和学科素养的积累为重点,并注重其多样性、多元化。(徐宝田,等 2006)1998年秋至1999年春,广东省中山市制订并使用了新的课堂教学评价方案。浙江省余姚市实验学校采用成果袋评价,提高了学生的积极性。成果袋内装的系列作品是学生在完成某一学习计划的过程中创作的各种类型的作品集,内容包括识字卡、阅读记录卡、读书笔记、口语交际录音带或光盘、调查报告等,涵盖了语文学习的五大内容。(诸晓雁,2003)为落实上海市二期课改精神,上海市卢湾区第一中心小学针对低年级学生语文学业评价开展试点工作,初步形成了过程性评价、诊断性评价、个性化评价相结合的低年级学生语文学业评价模式。(沈丽芬,2004)黑龙江省从评价的激励性、评价的过程性、评价方法的多样性、评价主体的多元性等方面进行改革探索,打破了评价只关注教师行为表现,忽视学生参与学习过程的传统的课堂教学模式,建立"以学论教"的发展性语文课堂教学评价模式。课堂教学评价的关注点转向学生在课堂上的行为表现、情绪体验、过程参与、知识获得以及交流合作等诸多方面。(张新光、黄慧兰,2003)搭建小学语文"成长课堂",让学生参与语文教学设计,让学生参与语文教学活动,让学生参与语文教学评价。(邵军,2014)

(三)小学语文学习评价的方法研究

语文学习评价要以课堂为中心,注重语文学习实践的全过程,把学生的语文学习同他们的学校生活、家庭生活和社会生活有机地结合起来,进行"开放型学习评价"。(唐本双,2002)在评价中主要通过笔试与面试相结合;分项与综合相结合;平时与阶段相结合;教师评价与学生评价相结合予以实施。(姚联芳,2002)对学生语文学习质量的评价,主要的方式是测试,即根据小学语文教学大纲规定的教学目的要求,运用测试手段,对学生学习成绩进行测量,从而对所获得的学习结果进行价值上的判定。全面衡量评定学生的语文学习质量,除测试外,还应通过观察、调查、统计等方式,对学生的知识、能力、智力各项指标的到达度,以及非智力因素所产生的影响和效果作出综合的评价。(杨九俊、姚烺强,2003)夏红、孙涛主编的《新课程:怎样进行小学语文学习评价与测试》(2005)提出小学语文课程学习评价的形式和方法包括课堂观察、问卷调查与实验、作业或作品检核、档案袋评价、测验、活动评定等。认为小学语文学习评价的方法,宜分项、分散与集中相结合;评价内容上,知识与能力相结合;评价形式上,自评、互评与教师评价相结合。也有学者认为,常用的小学语文学习评价方法包括:考试法、考察法、评语法、情境测验、成长记录袋等。(蒋蓉,2007)

20世纪80年代,质性评价逐渐进入教学评价领域。表现性评定(按:有研究也称为"表现性评价"),即是一种质性评价模式。所谓表现性评定,"为测量学习者运用先前所获得的知识解决新异问题或完成特定任务能力的一系列尝试,具体来说就是运用真实的生活或模拟的评价练习来引发最初的反应,由高水平评定者按照一定标准进行直接的观察、评判,其形式主要包括建构式反应题、书面报告、作文、演说、操作、实验、资料收集、作品展示"。(张咏梅、孟庆茂,2002,第27页)新课改以来,语文试卷命题发生巨变:价值取向,从"知识立意"走向"能力立意"、从侧重单维走向"兼顾三维";命题内容,从单一走向综合、从封闭走向开放、从刚性走向弹性;命题方式,增强了趣味性,注重人性化。(洪延平,2008)语文试题的语言要贴近学生,使学生感到亲切,身心放松,减轻考试的压力。因此,在实际的教学中命题可以从知识积累、实践活动、发展想象、张扬个性、学科融合几个方面入手。(马之先,2005)在小学语文中,口语交际能力的评价可以采用表现性评价,在具体的交际情境中,让学生承担有实际意义的交际任务,在真实的或模拟生活的情境中评价,以反映学生真实的口语交际水平。(刘辉等,2004)

江苏省海门市对小学生语文学习评价进行改革,形成了一套面向全市小学生语文学习的评价方案。方案包括笔试(100分)、朗读(10分)、背诵(10分)、口语交际(20分)、课外阅读(20分)、学习习惯等部分,其中笔试采取闭卷的形式举行,一张试卷由"积累与运用""阅读与理解""思考与表达""书写"等四个版块组成。(沈荣,2008)

于漪曾指出,"标准化试题"把语文教学引入了"死胡同",认为语文考试成绩不能反映学生真实的水平,读了许多年书,话说不好,文章写不通,这可能是现行语文教学的悲剧所在。提出"学语文,讲究语感,讲究灵气。灵气对一个学生来说非常重要。所谓灵气,就是思维敏捷,视野开阔,想象丰富,富有创见"。(于漪,1998)因此,有研究指出,小学语文教育评价要摒除评价的选拔功能、甄别功能,建立以发展功能为核心的符合教育方针要求和儿童身心发展规律的新的评价制度,来评价学生是否在原有的基础上得到全面发展,得到生动活泼主动的发展。(李冰霖,2001)适应新课标的小学语文课程评价的命题应加强三个维度之间的整合,努力做到在考查学生的语文知识和语文能力的同时,提高学生的思维能力、学习态度和人生观等深层次的素质。(陆春梅,2008)语文评价应在改革和完善考试评价办法的同时,加强过程性、形成性评价,以过关、检查、督促、激励等各种方式作保障,围绕听、说、读、写开展丰富多彩的学习活动,在激发学生学习兴趣的同时,提高学生的语文能力,帮助学生养成良好的学习习惯。(李志强、张翠萍,2003)。小学语文评价机制的改革,能淡化选拔意识,从根本上减轻学生的心理负担,准确评价学生的"平时作业"。小学生语文素质的提高是建立在存量知识基础之上的,是循序渐进的过程。因此,要对"平时作业"进行认真评价。教师对学生平时作业应认真批改、记载,把它作为对学生语文素质评价的第一手资料。(黄润凤,2001)

经过一段时间的发展,小学语文学习评价虽取得了一定的进步,但就小学语文试卷的现状而言,仍不太乐观。内容上,过于偏重知识的考查,沿袭传统的字、词、句、段的抽样考查,缺乏创新意识;形式上过于呆板,缺少灵活性,没有从小学生的身心发展规律出发,没有能够消除学生的紧张情绪,多以评优检劣为主。语文命题的设计应具有亲和力,应该注重学科整合,增强趣味性,关注学生个体差异。(邓淑琴,2013)

有研究者提出,要试试分层作业,尊重学生差异性。首先,按目标分层。将作业分成基础题、提升题、拓展题三个层次,要求学生达到的目标各不相同,从而唤起学生的学习热情;其次,按特长分层。对于作业的形式根据学生的特长、兴趣、爱好进行分层,以此激发他们对作业的兴趣;最后,按需求分层。考虑时间分层,让不同层次的学生都能摘到属于自己的"果子",获得成功的体验。(卢友玮、李忠霞,2013)

也有学者认为,新课程背景下小学语文书面考试的命题,要以"课标"为基本依据,紧扣教材,突出基础,加强整合,尽量和学生的生活实际相联系,强化学生在生活中学语文、用语文的意识,尊重学生个性。(朱建国,2007)有研究者采用"定额取样"的方法,搜集若干所香港小学在2006年六、七月间举行的期终考试的语文科考卷,进行设计理念、评核取向、考卷结构和考查内容等方面的剖析,认为这些学校的考卷均完全涵盖语文基本能力考验、写作能力考验和阅读理解能力考验等。(张寿洪,2008)

(四)小学语文学习评价的效果研究

李湘蓉等人认为,教育评价分为两种:一种是总结性评价,一种是即时评价。总结性评价是在一个教育过程完成之后,评价者对被评对象所作的全面的、正式的评价。它应有完善的评价方案和完整的结论。总结性评价主要的作用是为教育决策提供依据,当然也可以为学校、教师或学生的工作、教学和学习提供改进的指导。即时评价是指在教育活动过程中,评价者对于评价对象的具体表现所作的即时的表扬或批评。即时评价往往与教育活动过程融为一体,没有严格意义上的评价方案和评价结论,强调对具体行为的评判和指导。李湘蓉等指出,课堂学习评价是指在教学过程中,教师对学生具体学习行为的评价。如学生朗读一段课文之后,或回答某个问题之后,或做了某个练习之后,或完成了一篇作文之后,教师都会给予一定的评价,这就是课堂学习评价。很显然,它属于即时评价。抓好学生课堂学习的评价,对调动学生学习的积极性、培养学生的创新精神作用极大;加强对课堂学习评价的研究,也十分有利于充分发挥评价对教学的管理和促进功能。作为一名优秀的教师,应积极运用并主动研究即时评价,以改进教学,提高教学效率。(李湘蓉等,2002)小学语文学习评价的意义在于诊断、反馈、定向、鉴定和教育。如何才能通过小学语文学习评价来促进学生的发展呢? 有研究指出,首先,要通过形成性评价,反思教师教和学生学中存在的问题,并针对这些问题及时改善课程设计,完善教学过程,使学生遇到的问题能得到圆满解决。其次,要实施差异评价。在一个班级群体中,学生个体之间在语文学习的水平上的差异是客观存在的, 因此在评价的标准上要着眼于学生的发展。此外,为了促进学生发展,我们在语文教学中要采取多种激励措施,鼓励和帮助学生获得成功的体验,变"纠错"为"觅优",用满意的效果去强化他们学习语文的动机,促进所有学生的语文素养在原有基础上都得到全面提高。(湖南省教育厅,2009)基于统编教材的小学语文学业质量评价,要从甄别与选拔的功能逐渐向完善学校课程设置、改善教师教学方法、促进学生全面发展的功能转变,评价的实施路径要丰富多样。试题的设计应以培养学生语文核心素养为导向,以凸显学生语言应用能力为核心。(崔凤琦、刘飞,2019)

五、小学语文教师评价研究

教师评价,是一个古老的命题,从我国古代关于教师的分类,即所谓"经师易遇,人师难遭"(东汉魏昭语)可以看出,对教师的评价可谓源远流长。可以说,自打有教师这一职业以来,不同的社会主体就以各自的视角和方式对教师进行着评价。孔子所谓的"其身正,不令而行;其身不正,虽令不从",强调教师的模范作用;韩愈的"师者,所以传道受业解惑也"则重点关注到教师的价值引领作用。然而,真正近代意义上的教师评价制度则产生于20世纪50年代,而我国教师评价的研究是伴随着教育评价理论的完善而逐渐兴起的。自改革开放以来,我国的教师评价制度大体上可以分为两个阶段:1978—1986年间是教师评价制度的初步发展阶段,以1986年颁发的《教师职务试行条例》为主要标志;1987年以后是我国教师评价制度的法制化与全面建设阶段,以1995年《教育法》的颁发为主要标志。在理论研究上,20世纪70年代末至90年代初,我国教育评价理论研究基本上没有对教师评价做过专门论述,许多教育评价理论的论著中涉及教师评价的也只是教学工作评价。20世纪90年代中期,我国教育评价理论才把教师评价作为教育评价研究的重要内容之一,对教师评价的研究逐渐增多。(张华龙、刘新华,2010)

(一)小学语文教师评价的目标研究

教师评价对教师职业及其活动的影响非常突出,它影响到对教师职业的选择、教师工作中的动机和需求、教师专业水平的提高、教师职业的专业化、教师的个性和尊严。科学合理的评价具有导向、鉴定、改进、激励、管理功能,对促进教师的专业发展、提高教学效能、实现新课程改革目标具有十分重要的意义。(杨军、张征、王连英,2012)

有研究认为,教育评价有多种功能,比如有导向、解剖等发展性功能;也有筛选、预测等甄别性功能;还有奖励或惩罚等奖惩性功能。在以往很长时期,我国中小学教师评价的目的不在于发展教师,而在于鉴定教师,并根据鉴定作出奖惩或升降的决策,所以主要看到的是评价的甄别性功能与奖惩性功能,很少考虑通过评价促进教师和学校的发展。(陈振华,2014)

也有学者提出,真正的教师教学评价,其功能和价值在于诊断、激励、调节、引导,根本价值在于促进学生发展,提升教学的质量;教学评价必须坚持长期性原则、综合性原则、慎重公正的原则,以及简明易行的原则。(牛瑞雪,2018)

(二)小学语文教师评价的内容研究

我国传统的教师评价主要以提高教学技能为评价目的,以鉴定分类、奖优罚懒为主要评价功能,注重单项评价,主要采用量化考核、静态终结性评价,强调自上而下的考核,忽视自我评价。随着教育活动的发展,原有的教育评价模式已经不能够满足新的教育发展需求,教师评价体系完善与发展提上日程。2001年颁布的《基础教育课程改革纲要》明确提出:"建立促进教师不断提高的评价体系。强调教师对自己教学行为的分析与反思,建立以教师自评为主,校长、教师、学生、家长共同参与的评价制度,使教师从多种渠道获得信息,不断提高教学水平。"2002年12月,教育部发布的《关于积极推进中小学评价与考试制度改革的通知》指出:"中小学教师评价制度的改革,要有利于加强教师职业建设,促进教师业务水平的提高,建立有利于实施素质教育,发挥教师创造性的多元的、新型的中小学教师评价体系。"小学语文教师的教学能力主要包括:教学设计能力、教学实施能力、课后反思能力、教学评价能力,还有开发和利用课程资源能力和与小学语文学科相关的信息素养能力。(王芳,2010)对于小学语文说课的评价,主要包括对说课者处理教材能力的评价、对说课者教学理论素养的评价、对教学目标及其落实情况的评价、对说课者所用教学方法的评价、对教学程序设计的评价、对板书设计的评价、对练习设计的评价,以及说课者综合素质的评价等几个方面。(杨美芳,2016)

有研究认为,教师评价内容上的改革,首先要打破唯"学生学业成绩"论教师工作业绩的传统做法,建立发展性教师评价体系;其次要重视对教师参与和共事能力的考察,强调以"自评"的方式促进教师教育教学反思能力的提高。建立"以学论教"的发展性课堂教学评价模式。(申晓辉、赵翠明,2015)同时,在当前中小学师德师风问题频发,严重影响教师队伍形象,国家大力提倡"立德树人"的大背景下,在强化能力与素养评价的基础上,师德师风也应作为一个重要的评价标准。针对当下教师评价的种种阻碍师德师风建设的现象,要建设良好师德师风,教师评价应从弱化教育教学的"推手"转向强化教育教学的有效机制、从把能力业绩表现放在首位转向把师德表现放在首位、从注重表彰和褒奖少数教师转向注重激励全体教师。(吴全华,2022)

(三)小学语文教师评价的方法研究

教师评价的方法很多,较为常用的评价资料收集方法包括问卷征询、座谈会、行动观察记录等;教师教学能力评价方法则有随堂听课和临床指导两种。所谓"临床指导",要求亲眼观察课堂中的各类活动,与教师进行当面交谈,共同探讨教学中的问题,分析教师教学的优势与不足,帮助教师改进工作。这一过程中表现的评价双方不是管理与被管理、监督与被监督的关系,而突出地表现了评价者的服务性。(史小燕,2004)有研究者按照不同的维度将教师评价分为:根据所教学生成绩来评价教师;根据课程专家、校长、同事、学生的评定意见来评价教师;通过对教师的考试来评价教师;用确定目标法评价教师等。(申大光,1991)

发展性教师评价是一个持续的循环往复的过程。根据国外的经验,发展性教师评价一般每年的9月份开始,对教师进行一次系统的发展性评价,周期为2年时间,如果仅对教师的某节课进行发展性评价,所需的时间则短得多。不管是哪一类发展性教师评价,其具体实施都包括初次面谈、收集信息、评价面谈和复查面谈等主要阶段,每一个主要阶段又由若干步骤组成。(郭玉全,2003)2009年,蔡敏选取了美国七个州作为样本,分析了美国中小学教师评价制度,如纽约州的教师资格考试制度,科罗拉多州的实习教师的培训与评价,康涅狄格州的新教师"档案袋评价",马里兰州的发展性教师评价体系,田纳西州的教师评价与专业发展项目,马萨诸塞州的教师评价系统,以及亚拉巴马州的教师评价实践等。20世纪80年代末,美国斯坦福大学教师评价项目组的 J. 巴顿(James Barton)和安吉洛·柯林斯(Angelo Collins)第一次探索和尝试了在教师教育中使用档案袋以对教师进行评价的可能性。(中国轻工业出版社,2005)当时的档案袋将教师和学生的成长档案记录在一起,后来在实践中细分为教师成长档案袋和学生成长档案袋。20世纪90年代以来,教师档案袋评价开始作为一种新的评价工具在欧美等主要国家的中小学大量涌现,并随着我国新课改的实施,逐渐成为我国教师评价的重要方式,它已经成为教师在职业生涯中不断学习反思实践进步、获得专业成长的见证,正成为促进教师专业发展的一条有效途径。(任学印、高玉峰,2012)

(四)小学语文教师评价的效果研究

小学语文教师评价的最终目的并不仅仅是对小学语文教师的教学活动的有效与否作出鉴定,划分相应的等级,更重要的是使小学语文教师教学活动的价值达到最大。(周家庭,2006)教师评价的根本目的,在于确立学校教育衡量一名教师的标准,充分发挥教育评价的导向、激励、改进的功能。教师评价的依据应是学校的教育目标、教师的根本任务及国家颁布的有关教师职业道德规范要求。反思我国当前的教师评价,不少学者指出这一领域存在着相当的缺陷,需要改革和完善。①很多学校对教师工作评价太过简单化,评价的指标可能是单一的学校领导的主观印象,或是学生成绩,或是群众的选票。②有些学校力图实行对教师的科学化管理,从而造成量化过度。③有部分学校一切都搞"大锅饭",忽略对教师工作的量与质的认真考核,对教师的评价含含糊糊,不清楚,不明确,劳动收益平均分配,包括评优也往往是轮流来。这样的评价方式,不能有效激励教师努力工作,而且会打击一些希望有所作为的教师的工作积极性。④评价指标不科学、不得当。⑤作为评价对象的教师完全处于被动的地位,没有发言权和主动选择的余地(童子双,2008)。石中英提出,我国教育评价体系存在的主要问题包括:法律依据薄弱,管理体系有待完善,对教育多样性重视不够,评价数量繁多,实质性评价不足,评价结果使用功利化突出,伦理问题需要得到重视。(石中英,2020)2017年,毛利丹根据一线教师对当下教师评价的认知以及教师群体的生存现状的调查情况，提出"基于教师自身视角的中小学教师评价理论分析框架"，包括"平等与赋权""关爱与欣赏""协商与合作""回应与反馈"等四个维度。该框架强调教师评价应兼顾教师发展与教师问责的目标，遵循科学性、人文性及教育学的评价标准，突出评价在制度保障、人文关怀和激励教师自主发展等层面的导向功能。

第三节　小学语文教育评价研究反思与展望

一、小学语文教育评价研究的反思

中华人民共和国成立70年来，小学语文教育评价从无到有，逐步明确了教学评价在教育活动中的地位和作用，研究内容从单一走向多元，研究标准从以核心能力为导向到以素养为导向，研究重心从教师转向学生，取得了丰硕的成果，对教学实践起到了指导和强化作用。但是，中华人民共和国成立以来的小学语文教育评价也存在诸如研究不够均衡，缺乏深度，以及对教学的驱动不足等问题，需要进一步提高。

首先，在研究领域上，小学语文教育评价的研究不够均衡。在教育评价的诸多门类中，教学评价和学习评价的研究最为充分，广大一线教师基于教学实践对此予以了充分的关注。相比较而言，对于课程评价、教材评价的研究则稍显滞后，相关研究往往停留在对西方课程评价理念的解读和生硬的照搬，还没有消化吸收并运用于实践。在研究者中，教学评价的研究也存在不均衡的现象。目前，从事小学语文教学评价研究的一方面是高校和研究机构的研究人员，其研究往往高屋建瓴，然而失之实用，对教学实际影响有限；另一方面，众多小学教师或管理者基于实践，介绍本人或本单位的评价改革实践，但往往会在理论深度上存在不足。小学教育专业的本科、研究生毕业论文中，关注点也呈现出不均衡的一面。教学评价尤其是教师课堂评价语的使用，是小学教育专业硕士学位论文关注的一个焦点，而诸如"学习评价""课程评价"等则关注较少。截至2022年7月，在"中国知网"中，以"小学语文""课堂评价"为学位论文题目关键词，发现有论文62篇,最早一篇完成于2006年。以"小学语文""学习评价"为学位论文题目关键词,发现仅有4篇学位论文,最早的一篇完成于2015年。以"小学语文""课程评价"为学位论文题目关键词,发现只有1篇写于2002年的硕士学位论文。研究领域的不均衡,从侧面反映了当前的研究更多地集中在实践层面,缺乏理论深度。

其次,在研究深度上,小学语文教育评价的研究深度不够。通过小学语文教育评价相关研究文献的梳理,可以发现存在如下不足:首先,以小学语文为研究对象的教育评价类成果不多,大多数成果都是针对基础教育而言的,缺乏对小学语文这一特定主体评价特殊性的关注;其次,高引用的成果较少,许多研究存在某种意义上的重合现象。截至2022年7月,在"中国知网"中,以"小学语文""评价"为期刊论文题目关键词,发现有论文232篇,时间起始于1992年。其中,核心期刊以上论文仅29篇,被引10次以上论文仅30篇。

有研究者以课程评价为例,认为当前许多有关课程评价的基本理论问题还停留在说明的层次上,许多基本问题还没有在理论上澄清。如,对课程价值的研究,我们不仅要搞清楚什么是课程的价值,更要搞清楚课程的价值在课程评价中如何体现。课程评价的概念、范围、功能等问题在理论上还存在着模糊认识。因此,该研究认为,课程评价研究亟须在基础理论建设上下功夫。一方面,要对现有的研究成果进行理论上的修改、调整、深化和补充,使这些成果更加成熟和完善;另一方面,要善于在评价实践中发现和解决问题,揭示课程评价规律,丰富课程评价基本理论,并且要善于总结经验,对其分析概括,充实基本理论。(安珑山,2002)上述对课程评价研究的反思,也适用于小学语文教育研究。

再次,在研究作用上,小学语文教育评价的研究驱动不足。教育学是一门"实践之学",教育研究的内容与价值都离不开实践,尤其是教育评价的研究,更是与实践联系紧密。中华人民共和国成立以来,教育评价改革虽然取得了诸多成就,但在实践中也逐渐暴露出缺陷,最突出的有两点:一是语文素养内涵不清,二是实践上可操作性不强,需要进一步深化。(倪文锦,2018)当前,即便是研究得较为充分的教学评价,也存在对教学的驱动作用不明显的问题。从已有的相关研究可以看出,目前课堂教学评价更多地关注评价的结果而很少关注评价的过程,更多地关注评价对象而鲜有关注教学活动本身。当然,也有部分研究是真切地关注学生的综合素质的提高和教师教学水平、教学艺术的提升,但是在教学评价时缺少评价环境的创设,缺少监督和反馈机制,更多地流于形式。目前的教学评价大多是在课堂教学中完成,缺少课后教师和学生的自我评价和反思环节,得到的评价更多的是对教学现象层面的关注。另外,评价的监督和反馈体制不完善,只局限于对课堂教学的小修小补,缺乏对课堂教学评价深层次的实质性问题的解决。真正的教学评价应该是对教学过程全方位的反思与展望,从评价中吸取教训,明确得失,整合教师和学生的多方优势,使教学评价真正发挥应有的作用。(文丽云、高元衡,2020)

同样,针对教师进行的评价,如何评价现阶段中小学语文教师的素质,以保护教师们自我提高素质的积极性与主动性,更有效地促进全国语文教师素质的提高,这是教师评价工作中急待解决的问题之一,也是提高语文教学质量的首要问题。(王雅萍,1996)

二、小学语文教育评价研究的展望

首先,小学语文教育评价研究将更加科学合理。课堂教学评价是提升课堂教学质量的必要之径,是课堂教学指向发展和育人的重要保障,重要程度决定了它将是我国课堂教学领域中应长期坚持的重点研究方向。课堂教学评价方法必须由单一的量化评价走向量化、质性评价相结合。其关键是采取合适的方法和手段,正确、科学地使用量化和质性评价,从而充分发挥两者的"合力",通过这样的课堂教学评价,真正促进教师和学生的发展。(卢立涛、梁威、沈茜,2012)也有研究认为,新时代课堂教学评价标准的建构应以个性化的评价理念为指导,以专业化的建构为保障,以开放性的评价形式来落地。(罗祖兵、郭超华,2020)刘志军提出,要进一步加强课堂教学评价理论研究,做到理论研究与实践研究的视域融合;进一步加强课堂教学评价理论研究,做到理论研究与实践研究的视域融合;加强课堂教学评价指标体系的深度研究,推动课堂教学评价个性化标准的构建;增强课堂教学评价育人环境创设的研究力度,提高课堂教学评价的教育力。(刘志军,2018)随着信息技术深度参与教育活动,科学的测评量表、量化调查工具的研制,借助信息技术可以更加简便、快捷和准确。线上课程的学习,还可以借助信息技术收集学生的学习行为数据,让以往难以实现的长期数据的跟踪、收集成为可能。信息技术辅助量化测评可以瞬间完成,教学评价的诊断功能可以发挥得更好。

其次,小学语文教育评价研究的导向性将更加突出。教育评价的目的,是为了更好地开展教学,为了教育的可持续发展。随着教育评价研究的逐步深入,对教育评价具体问题的研究必将由浅入深,在深入细致研究的基础上,更好地发挥评价的导向性作用。以对课程评价标准、评价指标体系的研究为例,今后的研究必然不会是针对,不再是泛泛而提,而是致力于建立与课程评价对象的各个方面、各个层次相适应的评价标准和与之相适应的明确具体的评价指标体系;对课程评价模式的研究,将在理论与实践相结合的基础上创建与我国教育实际相适应的评价模式;对于课程评价制度的研究不再局限于意义、重要性的探讨,而是探讨如何从评价机构、评价程序、评价质量管理等方面入手建立健全课程评价制度的问题。随着网络技术的发展和学习者已有知识体系的构建,学习者的个性也越发明显,激发学习者的学习兴趣并使之长久保持是教学评价需要关注的重点。为了更好地做好课堂教学评价,发挥教学评价的教育力,需要在相关研究中做到以下三点:其一,研究者需要关注评价环境的创设。良好的评价环境是评价顺利并高效开展的必要条件。对于教师的教学评价环节,应该鼓励教师自评与学生他评相结合,并允许教师对自己的教学特色进行阐述,也允许学生对教师教学的不足之处提出自己的看法。研究者在研究中应注重从教室环境、学生个性等角度用心理学、设计学的方法为评价活动创造一个宽松、和谐的环境。其二,研究者需要关注如何为教学评价建立监督机制和治理机制。对教学评价的整个过程需要多长时间、是否进行结果公示以及如何合理高效地利用教学评价的结果让大部分学生在学习中找到兴趣等问题进行强化研究。评价的目的不仅是为了增强学生知识的掌握程度和技能的熟练程度,更要强调让学生体会到学习带来的乐趣，促进学生情感、态度、价值观的养成。其三，研究者需要建立完善的反馈链条。反馈链条不仅在于让学生了解自己的学习效果，更需要让教师、学生、家长三方对学生的学习情况有确切的感受，形成多方合力。这就需要研究者构建完整的反馈链条，探讨如何将学生的学习情况反馈给学生，又如何让家长实时地看到学生在校的成长表现，利用家长的督促作用反作用于学校的教育。

再次，小学语文教育评价的研究将伴随教育教学改革的发展持续增长。近年来，旨在培养学生核心素养的小学语文教育评价变革将成为研究的增长点。随着核心素养概念的提出及其在中小学课程体系中的突出地位，尤其是《义务教育语文课程标准（2022年版）》的颁布实施后，围绕核心素养视域下中小学教育评价的改革，将成为一个热点话题。将"核心素养"作为课程发展的逻辑起点，课程开发体系的各个环节也要相应作出调整，尤其是评价环节。就语文教育评价而言，需要系统考虑的问题包括：更新对评价领域的理解和选择，保证评价领域的丰富性；全面规划评价途径，更加重视形成性评价，更加自觉、有针对性地运用表现性评价；进一步优化任务设计，重点完善评价的反馈环节，发展分层评分技术和类型化评分工具，聚焦学生真实具体的学业成就"表现"。只有让语文教育评价各个层面、环节一起作出相应调整，保障语文教育评价改革的完整性、内部一致性和语文评价体系的丰富性，才能有助于"核心素养"在语文课程体系中真正落地。(叶丽新,2020)实际上，已经有众多的研究关注到核心素养背景下小学语文教育的评价改革。如郑新丽对学科核心素养背景下的高中语文课程评价的建议(2018)；李倩、辛涛对核心素养视域下语文考试评价内容与方式变革的关注(2018)；李倩、谭霞、吴欣歆、郑国民对教育评价变革背景下语文学科核心素养测评框架的研究(2021)；徐鹏对语文核心素养评价实施路径与未来展望的研究(2021)，等等。同样，随着国家"双减"政策的落地，基于此背景的教学评价改革也将成为研究的新的增长点。

参考文献

(一) 图书著作

[1] 艾伟.汉字问题［M］.上海：中华书局，1949.

[2] 北京函授师范学校.河南省小学教师进修学习材料·汉语学习材料［M］.郑州：河南人民出版，1956.

[3] 北京市教育局小教处.北京市小学优秀教师教学经验选编［M］.北京：北京出版社，1982.

[4] 北京市教育局小学教育科.小学教学教育工作的一些经验［M］.北京：北京大众出版社，1956.

[5] 本书编写组.新中国60年小学语文课本选（1949—2009）［C］.上海：上海教育出版社，2009.

[6] 蔡君启.和小学教师谈谈工作、学习等问题［M］.上海：新知识出版社，1956.

[7] 蔡敏编著.美国中小学教师评价及典型案例［M］.北京大学出版社，2009.

[8] 曹爱卫.低年级语文这样教［M］.上海：上海教育出版社，2018.

[9] 曹明海.追问与发现——语文学习心理论［M］.青岛：青岛海洋大学出版社，1998.

[10] 曹明海.本体与阐释：语文课程的文化建构观［M］.济南：山东教育出版社，2011.

[11] 曾天山，刘立德中国教育科研报告（2011年第一辑）［M］.北京：人民教育出版社，2011.

[12] 曾祥芹.阅读学新论［M］.北京：语文出版社，1999.

[13] 曾晓洁.小学教育研究方法［M］.北京：高等教育出版社，2015.

[14] 曾萱.与小学语文教师们同行［M］.天津：天津教育出版社，2017.

[15] 查如棠，陈焕之.小学语文教学指导书·高年级（上教版）［M］.上海：上海教育出版社，1988.

［16］常早清，潘海燕.小学教学研究与实践［M］.武汉：华中理工大学出版社，1999.

［17］巢宗祺，雷实，陆志平.语文课程标准（实验稿）解读［C］.武汉：湖北教育出版社，2002.

［18］陈国雄，刘缙.小学语文教师之友［M］.北京：人民教育出版社，1990.

［19］陈家耀，杨宗义.和小学教师谈儿童心理［M］.成都：四川教育出版社，1986.

［20］陈先云.小学语文教科书选文标准研究［M］.北京：人民教育出版社，2018.

［21］陈振华.教育的理解精：当代中国教育的反思与重建［M］.广州：广东教育出版社，2014.

［22］陈中永，刘文霞.教育与心理评价［M］.呼和浩特:内蒙古大学出版社，1990.

［23］崔友兴著.中小学教师专业发展动力论［M］.成都：西南交通大学出版社，2018.

［24］戴宝云.小学语文教育学［M］.杭州：浙江教育出版社，1992.

［25］戴汝潜.识字教育科学化与小学语文教育新体系探索［M］.北京：教育科学出版社，1999.

［26］戴振毅.中小学教育教学研究论文集［M］.北京：中国广播电视出版社，1996.

［27］邓从兰，陈永忠.语文教材建设：比较·反思与启示——以开明国语课本与苏教版教材为例［M］.昆明：云南大学出版社，2015.

［28］邓峻璧.小学语言教学的两个问题［M］.广州：华南人民出版社，1953.

［29］丁剑鸣.小学语文教育研究［M］.北京：中国文联出版社，2000.

［30］丁炜，陈静逊.小学教育科学研究方法［M］.上海：华东师大出版社，2014.

［31］董蓓菲.小学语文课程与教学论［M］.杭州：浙江教育出版社，2003.

［32］董蓓菲.语文学习心理学［M］.北京：北京大学出版社，2015.

［33］董国华，龚春燕.中小学课堂教学艺术［M］.北京：科学技术文献出版社，1998.

［34］董菊初.叶圣陶语文教育思想概论［M］.北京：开明出版社，1998.

［35］董菊初.语文教育研究方法学［M］.北京：语文出版社，1998.

［36］范远波.传承与融通：百年小学语文教材的文化功能研究［M］.广州：世界图书出版广东有限公司，2013.

［37］范远波.民国小学语文教材的嬗变［M］.广州：广东世界图书出版有限公司，

2016.

[38] 傅建明.内地香港小学语文教科书价值取向比较研究［M］.广州：广东教育出版社，2009.

[39] 甘其勋.甘其勋自选集［M］.郑州：文心出版社，2012.

[40] 高惠莹，麻凤鸣.小学语文教学法［M］.北京：北京师范大学出版社，1987.

[41] 高群，王家伦.现代语文教育名家评传［M］.南京：东南大学出版社，2014.

[42] 耿红卫.中国语文教育史教程［M］.济南：山东教育出版社，2013.

[43] 龚明斌，薛根生.小学语文CAI教学论小学语文课程与信息技术的整合［M］.长沙：湖南科学技术出版社，2004.

[44] 龚燕春，王唐平.助读系统重构［M］.徐州：中国矿业大学出版社，2017.

[45] 谷生华，林健编.小学语文学习心理［M］.北京：语文出版社，2002年.

[46] 顾黄初.语文教育论稿［M］.北京：人民教育出版社，1994.

[47] 顾书明等.小学课程设计与评价研究［M］.苏州：苏州大学出版社；2017.

[48] 顾之川.顾之川语文教育论［M］.福州：福建教育出版社,2013.

[49] 关心凤，冉茂娟等.基础教育教学基本功（小学语文卷）［M］.北京：首都师范大学出版社，2009.

[50] 广东省教育研究院，中小学语文课程教材改革与发展研究项目组.中小学语文课程教材改革与发展研究［M］.广州：广东高等教育出版社，2016.

[51] 郭根福.小学语文新课程教材教法［M］.长春：东北师范大学出版社，2003.

[52] 郭建耀，潘俊毅.新课程的有效评价［M］.北京：中国大地出版社，2006.

[53] 郭林.小学语文教学改革初步经验［M］.北京：上海教育出版社，1962.

[54] 郭林.小学语文教学经验［M］.上海：新知识出版社，1958.

[55] 郭亚丹.守正·出新·突破·超越:中学语文教学耕耘录［M］.福州：福建教育出版社，2019.

[56] 郭玉全.学校教育评价与考试改革典型案例［M］.远方出版社，2003.

[57] 韩世姣.中国语文教育思想简史［M］.上海：复旦大学出版社，2015.

[58] 《教育研究》编辑部.论师·为师·尊师：给中小学教师［M］.天津：天津教育出

版社，1986.

[59] 何芙蓉，刘星.小学语文课程与教学［M］.成都：西南交通大学出版社，2015.

[60] 何更生.语文教学论［M］.合肥：安徽人民出版社，2007.

[61] 何更生.新编语文教学论［M］.芜湖：安徽师范大学出版社，2018.

[62] 何林天.小学语文教学中的文学语言因素：小学语文教学改革问题（上册）［M］.北京：通俗读物出版社，1956.

[63] 河北大学教育系资料室.教育革命文选·中小学启发式教学经验选辑［C］.新保定报社印刷厂，1973.

[64] 河北省第一届优秀教师代表会议.小学教育经验选辑［M］.石家庄：河北人民出版社，1956.

[65] 河南省《小学语文教学问答》编写组编.小学语文教学问答［M］.郑州：河南人民出版社，1982.

[66] 河南省教育史志编辑室.河南教育志·第八编 师范教育和中小学教师 试写稿，出版社不详.

[67] 贺卫东.语文课程与教学［M］.西安：陕西师范大学出版社，2018.

[68] 胡冰茹，周彩虹.小学语文课程教学与设计［M］.苏州：苏州大学出版社，2020.

[69] 胡克英，吕敬选.小学教学简论［M］.长沙：湖南教育出版社，1983.

[70] 湖南省教育厅.小学语文教学论［M］.长沙：湖南科学技术出版社，2009.

[71] 湖南省教育厅.小学语文教学论［M］.长沙：湖南科学技术出版社，2009.

[72] 湖南省小学教师培训中心.小学教师补习初师文化试用教材 语文基础知识［M］.长沙：湖南教育出版社，1985.

[73] 黄朝霞，熊社昕.小学语文教师成长指导与实践案例［M］.武汉：武汉大学出版社，2018.

[74] 黄金明.小学语文教育科研［M］.杭州：浙江教育出版社，2001.

[75] 黄亢美.小学语文课程理念与实施［M］.桂林：广西师范大学出版社，2003.

[76] 黄亢美.小学语文课程实施与案例分析［M］.桂林：广西师范大学出版社，2005.

[77] 黄清.小学语文教材中的儿童文学研究［M］.上海：上海三联书店，2016.

[78] 黄全明.小学语文教育科研［M］.杭州：浙江教育出版社，2001.

[79] 贾万刚，张宗业.小学教育科研［M］.济南：山东人民出版社，2015.

[80] 江平.小学语文课程与教学［M］.北京：高等教育出版社，2004.

[81] 江显芸.和小学教师谈逻辑［M］.上海：上海教育出版社，1984.

[82] 江玉安.小学语文课程与教学导论［M］.长沙：湖南师范大学出版社，2018.

[83] 蒋风.儿童文学缀辑［M］.杭州：浙江少年儿童出版社，2015.

[84] 蒋蓉.小学语文教学论［M］.长沙：湖南教育出版社，2007.

[85] 蒋蓉.小学语文课程与教学论［M］.北京：北京师范大学出版社，2015.

[86] 教育半月刊社.小学作文教学［M］.郑州：河南人民出版社，1958.

[87] 教育部.义务教育语文课程标准［S］.北京：北京师范大学出版社，2012.

[88] 教育部基础教育司.全国中小学实践教学与应用现代教育技术现场会文集［C］.北京：语文出版社，1998.

[89] 教育工作社编辑部.小学语文教学经验选辑［C］.南昌：江西人民出版社，1957.

[90] 金荷华.语文教师核心素养与提升指导［M］.上海：复旦大学出版社，2019.

[91] 课程教材研究所.课程教材改革之路［M］.北京：人民教育出版社，2000.

[92] 课程教材研究所.20世纪中国中小学课程标准·教学大纲汇编（语文卷）［C］.北京：人民教育出版社，2001.

[93] 课程教材研究所．20世纪中国中小学课程标准·教学大纲汇编：课程（教学）计划卷［G］.北京：人民教育出版社，2001.

[94] 课程教材研究所．新中国中小学教材建设史：1949—2000研究丛书·总论卷［M］.北京：人民教育出版社，2010.

[95] 课程教材研究所编.课程教材研究十年［M］.北京：人民教育出版社，1993.

[96] 课程教材研究所编.课程教材研究十年［M］.北京：人民教育出版社，1993.

[97] 课程教材研究所编.新中国中小学教材建设史（1949—2000）研究丛书（小学语文卷）［C］.北京：人民教育出版社，2010.

[98] 雷实，张勇，夏雄峰.小学语文教学评价［M］.长春：东北师范大学出版社，2003.

[99] 李秉德.小学语文教学方法［M］.兰州：甘肃人民出版社，1980.

[100] 李秉德，李定仁.教学论［M］.北京：人民教育出版社，1991.

[101] 李伯棠.小学语文教材简史［M］.济南：山东教育出版社，1985.

[102] 李伯棠.小学语文教学艺术［M］.合肥：安徽教育出版社，1992.

[103] 李福灼，陈玉秋等.语文课程教学论［M］.南宁：广西师范大学出版社，2004.

[104] 李海林.语文教学科研十讲［M］.杭州：浙江教育出版社，2005.

[105] 李海霞.新时期小学语文教学策略研究［M］.北京：新华出版社，2015.

[106] 李华平，刘敏.走向深处：语文新课程教学100问［M］.成都：四川文艺出版社，2011.

[107] 李家栋.小学语文新课程教学法［M］.北京：开明出版社，2003.

[108] 李建萍.新课程：怎样进行小学语文学习评价与测试［M］.成都：四川大学出版社，2005.

[109] 李建萍.新课程：怎样进行小学语文学习评价与测试［M］.成都：四川大学出版社；2005.

[110] 李清臣，徐艳伟.中小学教育研究的理论与方法：帮您走出教育教学的困境［M］.郑州：河南大学出版社，2008.

[111] 李湘蓉等.小学语文教学评价［M］.北京：语文出版社，2002.

[112] 李杏保，顾黄初.中国现代语文教育史［M］.成都：四川教育出版社，1997.

[113] 李玉学，李威.小学语文教学基本功训练［M］.长春：东北师范大学出版社，1999.

[114] 梁文艳.中小学教师教学质量评价及其影响因素研究基于增值性模型分析［M］.北京：北京师范大学出版社，2017

[115] 廖娅晖.小学语文教学设计［M］.北京：中国铁道出版社，2018.

[116] 廖娅晖.小学语文教学设计,中国铁道出版社，2018.

[117] 林崇德.学习与发展——中小学生心理能力与培养［M］.北京：北京师范大学出版社，1999.

[118] 林晖,周小蓬.中国语文教育思想发展史［M］.北京：北京大学出版社，2016.

[119] 林治金.语文教育论文选编［M］.青岛：青岛出版社，2001.

[120] 林治金，张茂聪.小学语文课程标准研究与实施［M］.济南：山东教育出版社，2005.

[121] 林治金.中国小学语文教学史［M］.济南：山东教育出版社，1996.

[122] 刘浩，黄占军，连永.小学语文教学策略［M］.长春：东北师范大学出版社，2006.

[123] 刘华.小学语文课程60年（1949—2009）［M］.长春：吉林出版集团责任有限公司，2010.

[124] 刘华.中外小学母语课程标准比较研究［M］.兰州：甘肃教育出版社，2017.

[125] 刘家骥.谈谈小学语文教学中的几个问题［M］.郑州：河南人民出版社，1955.

[126] 刘淼.作文心理学［M］.北京：高等教育出版社，2001.

[127] 刘荣才.小学教育心理学［M］.武汉：湖北教育出版社，1986.

[128] 刘溶，谢阎.略谈小学语文阅读教学［M］.武汉：湖北人民出版社，1957.

[129] 刘士镇，洪宗礼.中外母语教材比较论集［C］.南京：江苏教育出版社，2001.

[130] 刘万伦，叶亚林.教育教学知识与能力（小学）［M］.上海：复旦大学出版社，2018.

[131] 刘问岫，王光宇.中小学教学原理［M］.北京：知识出版社，1984.

[132] 刘长海.跟杜威学做小学教师［M］.武汉：湖北教育出版社，2013.

[133] 龙文希.小学语文课程标准与教材内容读本［M］.长春：东北师范大学出版社，2006.

[134] 娄伯平.小学语文课中的汉语教学［M］.长沙：湖南人民出版社，1958.

[135] 楼伟等.小学教师怎样上课［M］.上海：上海教育出版社，1979.

[136] 陆静山.小学识字教学问题［M］.上海：上海教育出版社，1959.

[137] 陆静山.小学阅读教学问题［M］.上海：上海教育出版社，1963.

[138] 陆龙潭，徐鹄.小学语文教师怎样备课［M］.上海：上海教育出版社，1978.

[139] 陆云.新课程小学语文学习论［M］.南宁：广西教育出版社，2004.

[140] 陆云，朱小锦.小学语文新课程校本教研问题与指导［M］.西安：陕西师范大学

出版社，2005.

[141] 陆志平，薄俊生.课程标准与教学大纲对比研究（小学语文）[M].长春：东北师范大学出版社，2003.

[142] 麻凤鸣.小学语文教学研究[M].长春：吉林人民出版社，1981.

[143] 麻凤鸣，祝淑英.小学语文教学和班主任工作[M].北京：北方妇女儿童出版社，1987.

[144] 马大建.普通中小学教学常规与评价[M].北京：中国轻工业出版社，2008.

[145] 马笑霞.阅读教学心理学[M].石家庄：河北教育出版社，1997.

[146] 马笑霞.语文教学心理学[M].杭州：浙江大学出版社，2001.

[147] 毛利丹.中小学教师评价研究[M].北京：中国社会科学出版社，2017

[148] 孟宪军.语文阅读教学本体建构[M].济南：山东教育出版社，2018.

[149] 莫雷.阅读与学习心理的认知研究[M].北京：北京师范大学出版社，2006.

[150] 莫莉.新课程小学语文教学的理论与实践[M].昆明：云南大学出版社，2015.

[151] 倪宝元.语言学与语文教育[M].上海：上海教育出版社，1995.

[152] 倪明.小学语文课程与教学研究[M].上海：上海教育出版社，2009.

[153] 倪文锦、欧阳汝颖.语文教育展望[M].上海：华东师范大学出版社，2002.

[154] 倪文锦主编.文化强国与语文教材改革[M].北京：语文出版社，2015.

[155] 聂在富.小学语文教学研究[M].济南：明天出版社，1997.

[156] 潘菽主编.教育心理学[M].北京：人民教育出版社，1980.

[157] 裴娣娜.现代教学论生成发展之思[M].北京：人民教育出版社，2012.

[158] 彭小虎.小学语文课程与教学论[M].长春：东北师范大学出版社，2006.

[159] 彭小明，林陈微.写作学习论[M].北京：语文出版社，2013年.

[160] 钱焕琦.中国教育伦理思想发展史[M].北京：改革出版社，1998.

[161] 瞿德泉.小学语文新课程教学新探[M].上海：东方出版中心，2005.

[162] 人民教育出版社.十年制学校小学课本（试用本）语文第九册教学参考书[M].北京：人民教育出版社，1962.

[163] 任光霞.小学语文课程与教学研究[M].长春：吉林人民出版社，2020.

［164］任铭善.小学语言教学基本知识讲话［M］.杭州：浙江人民出版社，1954.

［165］任学印、高玉峰.校长与教师专业发展［M］.石家庄：河北大学出版社，2012.

［166］山东省函授师范学校编.小学教师业余进修教材 语文选读（上）［M］.济南：山东人民出版社，1954.

［167］上海市第六师范学校语文教研组编.小学记叙文教学资料［M］.上海：上海教育出版社，1978.

［168］上海市师范学校教材编写组.和小学教师谈语音［M］.上海：上海教育出版社，1978.

［169］尚继武.新课程背景下的小学语文学与教［M］.济南：山东教育出版社，2008.

［170］邵绪朱.中小学教学研究与改革［M］.北京：科学技术文献出版社，1988.

［171］申大光.现代教师素质与管理［M］.北京：海潮出版社，1991.

［172］申纪云.小学语文教学心理学［M］.重庆：西南师范大学出版社，1989.

［173］申晓辉，赵翠明.小学语文课程标准与教学［M］.苏州：苏州大学出版社，2015.

［174］申晓辉，赵翠明.小学语文课程标准与教学［M］.苏州：苏州大学出版社，2015.

［175］沈龙明.课堂教学艺术断想录：中小学教师教学参考用书［M］.北京：**警官教育出版社**，1999.

［176］施良方.学习论［M］.北京：人民教育出版社，2001.

［177］石鸥.新中国中小学教科书图文史·语文［M］.广州：广东教育出版社，2015.

［178］史成明.语文科本体论基础［M］.南京：东南大学出版社，2010.

［179］谭文丽，文莉.小学语文新课程学与教［M］.北京：北京大学出版社，2004.

［180］谭文丽.小学语文课程与教学论［M］.成都：四川教育出版社，2006.

［181］汤振纲，齐云霞.斯霞语文教学艺术研究［M］.福州：福建教育出版社，2018.

［182］唐文中，李乙鸣.小学教学方法研究（第三版）［M］.北京：教育书店，1951.

［183］陶行知.陶行知文集［C］.南京：江苏教育出版社，2001.

［184］天津教育社.小学教学参考资料［M］.北京：天津教育社，1950.

[185] 佟乐泉.视觉因素在儿童书写汉字中的作用［A］//中国心理学会编.全国第五届心理学术会议文摘选集（内部资料）［C］.1984.

[186] 万云英，时蓉华.一年级儿童对语文教材分段、概括段落大意的思维特点［A］//中国心理学会教育心理专业委员会.教育心理论文选［C］.北京：人民教育出版社，1962.

[187] 万云英等.低年级儿童看图作文能力的培养与发展［A］//中国心理学会第三次会员代表大会及建会60周年学术会议文摘选集［C］.1981年12月（内刊）。

[188] 汪叔阳，曹慰年.小学语文考试改革研究与实践［M］.上海：上海教育出版社，2001.

[189] 王策三.教学论稿［M］.北京：人民教育出版社，1985.

[190] 王道俊、王汉澜.教育学［M］.北京：人民教育出版社，1999.

[191] 王凤玲.语文课程与教学引论［M］.北京：中国戏剧出版社，2010.

[192] 王华敏等.中国现代语文教育发展史［M］.昆明：云南教育出版社，1987.

[193] 王荣生.语文科课程论基础［M］.上海：上海教育出版社，2003.

[194] 王荣生.求索与创生：语文教育理论实践的汇流［M］.济南：山东教育出版社，2013.

[195] 王尚文.语感论［M］.上海：上海教育出版社，1995.

[196] 王叔新等.高师小学教育专业实践教学模式改革探索［M］.杭州：杭州出版社，2007.

[197] 王松泉，王柏勋，王静义.中国语文教育史简编［M］.北京：社会科学文献出版社，2002.

[198] 王锡良.和小学教师谈语法［M］.上海：上海教育出版社，1982.

[199] 王显才.小学优秀教师教育创新指导［M］.长春：东北师范大学出版社，2007.

[200] 王雅萍，司亚飞.语文学习评价论［M］.北京：语文出版社，2018.

[201] 王亚梅等.小学课本语文第一册教学参考资料［M］.上海：上海春明出版社，1952.

[202] 王志成.小学写字教学的研究［M］.上海：商务印书馆，1948.

[203] 王仲杰，轩颖.小学语文课程与教学［M］.长春：东北师范大学出版社，2013.

[204] 王宗海.小学语文教学中的问题与对策［M］.长春：东北师范大学出版社；2005.

[205] 韦志成.语文学科教育学［M］.武汉：华中师范大学出版社，2002.

[206] 魏本亚.语文教育研究方法论［M］.北京：高等教育出版社，2008.

[207] 魏薇.小学语文教学法［M］.济南：齐鲁书社，2002.

[208] 魏云华.新课改后各类教材特点的比较研究［M］.北京：人民教育出版社，2015.

[209] 温儒敏.温儒敏论语文教育［M］.北京：北京大学出版社，2010.

[210] 温儒敏.温儒敏语文讲习录［M］.杭州：浙江人民出版社，2019.

[211] 文汇报.苏联是我们忠实的朋友和老师——中国中、小学教师代表团访苏观感［M］.上海：新知识出版社，1956.

[212] 文以战.论小学语文教学改进问题［M］.上海：新知识出版社，1957.

[213] 文以战.论小学语文教学改进问题［M］.上海：新知识出版社，1957.

[214] 文以战.小学语文教学经验（一——四年级）［M］.北京：北京出版社，1957.

[215] 吴立岗.小学作文素描教学［M］.杭州：浙江教育出版社，1984年.

[216] 吴立岗.小学语文教学研究［M］.北京：中央广播电视大学出版社，2004.

[217] 吴亮奎.语文课程与教学研究：1979—2009（小学卷）［C］.南京：南京师范大学出版社，2014.

[218] 吴亮奎.小学语文教学设计问题与方法［M］.福州：福建教育出版社，2018.

[219] 吴亮奎.小学语文教学设计——问题与方法［M］.福州：福建教育出版社，2018.

[220] 吴书柬.和小学教师谈语法［M］.济南：山东人民出版社，1962.

[221] 吴也显等.现代小学教师教学基本技能［M］.南京：南京师范大学出版社，1998.

[222] 吴忠豪.小学语文课程与教学论［M］.北京：北京师范大学出版社，2004.

[223] 吴忠豪.语文教育研究大系（1978—2005）·小学教学卷［M］.上海：上海教育出版社，2007.

［224］吴忠豪，薛法根.小学语文名师·文本教学解读及教学活动设计（三年级上）［M］.上海：上海教育出版社，2018.

［225］吴忠豪.小学语文课程标准与教材研究［M］.北京：教育科学出版社，2016.

［226］吴忠豪.外国小学语文教学研究［M］.上海：上海教育出版社，2009

［227］武玉鹏、韩雪屏等.语文课程教学问题史论［M］.北京：中国社会科学出版社，2013.

［228］夏虹，孙涛.新课程：怎么进行小学语文学习评价与测试［M］.成都：四川大学出版社，2005.

［229］夏家发.小学语文课程标准与教材分析［M］.北京：科学出版社，2012.

［230］《小学教学》编辑部.全国特级教师小学语文教案选［C］.郑州：河南人民出版社，1983.

［231］《小学语文教学研究》编写组.小学语文教学研究［M］.南京：江苏教育出版社，1993.

［232］谢德宜，晋帆.中小学教师教学策略与艺术［M］.昆明：云南教育出版社，2001.

［233］谢平.雏形到完善中国中小学语文课程标准文本的分析与审视［M］.成都：西南交通大学出版社，2018.

［234］辛涛等.小学语文教学心理学［M］.北京：北京教育出版社，2000.

［235］熊明川.生命语文论稿［M］.成都：四川人民出版社，2018.

［236］徐传德.南京教育史［M］.北京：商务印书馆，2012.

［237］徐继存.教学论研究［M］.福州：福建教育出版社，2019.

［238］徐家良.小学语文教育学［M］.北京：高等教育出版社，1997.

［239］徐林祥.语文教育研究方法［M］.上海：华东师范大学出版社，2010.

［240］徐林祥.小学语文课程与教学论［M］.北京：教育科学出版社，2014.

［241］徐林祥.语文教育回望与前瞻［M］.北京：山东教育出版社，2021.

［242］徐林祥，郑昀.语文美育学［M］.桂林：广西教育出版社，2018.

［243］徐巧英著.小学语文教材分析研究［M］.南宁：南宁民族师范学校印刷厂，

1992.

[244] 徐文博,戴孔栋.小学语文教材分析[M].成都：四川大学出版社,1998.

[245] 徐武生.小学语文课程与教学,江西高校出版社,2012.

[246] 徐永森.小学作文教学论[M].北京：上海外语教育出版社,2016.

[247] 许书明,徐海梅.中国古代语文教育史[M].北京：科学出版社,2016.

[248] 薛炳群.小学语文有效教学评价[M].济南：齐鲁书社,2007.

[249] 薛凌.小学语文教学新论[M].合肥：安徽人民出版社,2002.

[250] 薛晓嫘.新课程语文阅读学业成就评价[M].重庆：重庆大学出版社,2008.

[251] 闫苹,张雯.民国时期小学语文教科书评介[M].北京：语文出版社,2008.

[252] 严开宏.小学教育研究方法[M].上海：华东师范大学出版社,2010

[253] 扬州师范学校语文教研组.和小学教师谈修辞[M].上海：上海教育出版社,1979.

[254] 杨成章等.语文学科教育学[M].重庆：西南师范大学出版社,1990.

[255] 杨鼎夫.小学语文课程标准解读与课例分析[M].广州：广东人民出版社,2003.

[256] 杨洪港,肖杏花,何小波.浅谈小学语文教学管理[M].长春：吉林人民出版社,2019.

[257] 杨华生,韦兆璧.和小学教师谈哲学[M].济南：山东教育出版社,1987.

[258] 杨九俊,姚烺强.小学语文教学概论[M].南京：南京大学出版社,2003.

[259] 杨九俊,姚烺强.小学语文新课程教学概论[M].南京：南京大学出版社,2005.

[260] 杨九俊,姚烺强.小学语文教材概说[M].南京：南京大学出版社,2000.

[261] 杨军,张征,王连英.小学语文新课程教学论[M].上海：世界图书出版公司,2012.

[262] 杨增宏,周鹏.小学语文课堂学习与课例研究[M].合肥：安徽大学出版社,2016.

[263] 叶圣陶.叶圣陶语文教育论集[C].北京：教育科学出版社,1980.

[264] 叶圣陶,刘国正主编.叶圣陶教育文集［C］.北京：人民教育出版社，1994.

[265] 余应源.语文教育学［M］.南昌：江西教育出版社，1998.

[266]《语文学习》编辑部,教学争鸣录［M］.上海：上海教育出版社，2000.

[267] 袁桂林,熊梅.小学教育科学研究方法基础［M］.长春：东北师大出版社，2000.

[268] 袁微子.小学语文课文类型研究［M］.成都：四川人民出版社，1982.

[269] 袁微子.小学语文教材教法［M］.北京：人民教育出版社，1984.

[270] 袁微子,高惠莹,霍懋征.小学语文教学指导书（人教版）［M］.北京：人民教育出版社，1988.

[271] 袁微子,魏大义.小学语文教学改革的新趋势:关于"三个百问"与小学语文教学［M］.长沙：湖南教育出版社，1985.

[272] 袁微子,朱作仁.论小学语文教学［M］.出版社不详，1983.

[273] 袁微子,朱敬本,杨惠棠编.袁微子小学语文教学论集［M］.杭州：浙江教育出版社，1992.

[274] 云南省教育委员会.云南省小学特级教师教学经验选［M］.昆明：云南教育出版社，1996.

[275] 恽昭世.小学听说训练［M］.杭州：浙江教育出版社，1985.

[276] 张必隐.阅读心理学（修订版）［M］.北京：北京师范大学出版社，2004.

[277] 张晨瑛,励汾水,陈树宝.新课程小学语文教学论文撰写与例举［M］.宁波：宁波出版社，2005.

[278] 张鸿苓等.语文教学方法论［M］.北京：北京师范大学出版社，1982.

[279] 张厚粲,彭聃龄等.心理学［M］.北京：中央广播电视大学出版社，1986.

[280] 张华.课程与教学论［M］.上海：上海教育出版社，2000。

[281] 张立昌.课程设计与评价［M］.长春：东北师范大学出版社，2017.

[282] 张立昌.课程设计与评价［M］.长春：东北师范大学出版社，,2017.

[283] 张隆华,曾仲珊.中国古代语文教育史（第2版）［M］.成都：四川教育出版社，2000.

[284] 张隆华.语文教育学［M］.重庆：重庆出版社，1987.

[285] 张腾霄.小学教师业务学习讲座［M］.郑州：大象出版社，1954.

[286] 张田若.小学生作文纵横观［A］//韩作黎.中国作文年鉴1985—1988［C］.郑州：文心出版社，1989.

[287] 张云鹰.新小学语文活动课程设计［M］.广州：中山大学出版社，2003.

[288] 张振芳.小学语文新课程设计［M］.合肥：安徽人民出版社，2004.

[289] 张志公.传统语文教育初探［M］.上海：上海教育出版社，1962.

[290] 赵海红.小学语文教材研究［M］.长春：东北师范大学出版社，2018.

[291] 赵晓丹.小学语文教学技能导练［M］.上海：复旦大学出版社，2011.

[292] 中国大百科全书总编辑委员会.中国大百科全书·教育［M］.北京：中国大百科全书出版社，2002.

[293] 中国教育学会.新世纪教师专业化的理论与实践［M］.上海：东北师范大学出版社，2003.

[294] 中国中小学教师访苏代表团报告集.第一——三卷［C］.北京：人民教育出版社，1956.

[295] 中华人民共和国教育部小学教育司.全国语文教学会议·小学语文教学经验报告选辑［C］.北京：人民教育出版社，1956.

[296] 中央教育研究所.叶圣陶语文教育论集（上）［M］.北京：教育科学出版社，1980.

[297] 钟启泉.现代课程论［M］.上海：上海教育出版社，1989.

[298] 钟启泉.新课程师资培训精要［M］.北京：北京大学出版社，2002.

[299] 钟为永.语文教学心理学［M］.杭州：浙江人民出版社，1983.

[300] 钟为永.语文教育心理学［M］.北京：警官教育出版社，1998.

[301] 周家庭.小学语文教学与研究［M］.海口：南海出版公司2006.

[302] 周庆元.语文教育研究概论［M］.长沙：湖南人民出版社，2005.

[303] 周仁济.小学语文中常识性课文教学［M］.长沙：湖南人民出版社，1962.

[304] 周元.小学语文教育学［M］.上海：华东师范大学出版社，1992.

[305] 周作人.儿童文学小论［M］.北京：商务印书馆，2018.

[306] 朱汉民.儒家人文教育的审思［M］.武汉：湖北教育出版社，2000.

[307] 朱绍禹，庄文中.国际中小学课程教材比较研究丛书·本国语文卷［C］.北京：人民教育出版社，2001.

[308] 朱晓斌.写作教学心理学［M］.杭州：浙江大学出版社，2007年.

[309] 朱智贤.中国儿童青少年心理发展与教育［M］.北京：中国卓越出版社，1990.

[310] 朱子南，浦伯良.和小学教师谈文体知识［M］.上海：上海教育出版社，1980.

[311] 朱自强，王荣生，徐冬梅等.小学语文教材七人谈［M］.桂林：广西师范大学出版社，2015.

[312] 朱作仁.语文教学心理学［M］.哈尔滨：黑龙江出版社，1984.

[313] 朱作仁.小学语文教学法原理［M］.上海：华东师范大学出版社，1988.

[314] 朱作仁.丁有宽的教育思想与教学法［M］.广州：广东教育出版社，1993. 朱作仁，祝新华.作文测评理论与实践［M］.武汉：湖北教育出版社，1991.

[315] 祝新华.小学语文教学心理学导论［M］.上海：上海教育出版社，2001.

（二）期刊论文

[1] 安珑山.课程评价研究:反思与展望(下)［J］.常州师专学报（社科版），2002（03）

[2] 包培淮.语文到底"姓"什么?——为什么必须抛弃工具说［J］.中学语文教学，2001（04）

[3] 北京市小学语文学科课堂教学评价方案（试行）［J］.中小学管理，1996（Z1）

[4] 蔡明.语文课"综合性学习"的历史发展［J］.语文建设，2001（10）

[5] 蔡新朝.在教学法教学中注意引进新成果［J］.师范教育，1985（03）

[6] 蔡玉琴.关于小学语文教材的几个具体问题［J］.语文建设，1993（07）

[7] 蔡玉琴.对小学语文教材改革的思考［J］.课程·教材·教法，2000（07）

[8] 蔡祖泉.试论信息技术在语文课程改革中的作用［J］.中国远程教育，2002（10）

[9] 曹传咏、沈晔.在速示条件下儿童辨认汉字字形的试探性研究 I.字体大小照明条件和呈现及反映方式对辨认时间的影响［J］.心理学报，1963（03）.

[10] 曹传咏、沈晔.在速示条件下儿童辨认汉字字形的试探性研究 II.字形结构的若干

因素对字形辨认的影响［J］.心理学报，1963（04）.

［11］曹传咏、沈晔.在速示条件下儿童辨认汉字字形的试探性研究 III.中枢因素对字形辨认的影响［J］.心理学报，1963（04）.

［12］曹传咏、沈晔.小学儿童分析概括和辨认汉字字形能力的发展研究 I.在速示条件下辨认字形能力的发展［J］.心理学报，1965（01）.

［13］曹传咏、沈晔.小学儿童分析概括和辨认汉字字形能力的发展研究 II.分析概括字形能力的发展及其与辨认发展的关系［J］.心理学报，1965（02）.

［14］曹传咏、沈晔.小学儿童分析概括和辨认汉字字形能力的发展研究 III.精细辨认的发展［J］.心理学报，1965（02）.

［15］曹建召，陶本一.三套小学低年级语文教材用字研究——以人教版、苏教版和上教版教材为研究对象［J］.教育学报，2008（03）.

［16］曹茂才.提高学生写作能力要着力解决的两个主要问题［J］.中国教育学刊，2006（08）.

［17］曹明娥.插图涂改：一种有待开发的课程资源［J］.上海教育科研，2007（12）

［18］曹文兵.关于语文课程人文性的探究［J］.语文建设，2014（06）

［19］曾洁.小学生语文综合能力评价［J］.基础教育课程，2005（05）

［20］曾水生.合格小学语文教师必备的基本功［J］.师范教育，1986（03）

［21］曾素林，郭元祥.中美义务教育语文课程标准比较及启示［J］.中国教育学刊，2013（01）

［22］晁樾.语文课以教语文为主［J］.江苏教育，1961（21）

［23］陈春艳.按照素质教育的要求构建小学语文课堂教学评价体系［J］.学科教育，2000（07）

［24］陈丛岚.小学语文课程评价方式的探索和应用［J］.基础教育研究，2006（05）

［25］陈国雄.关于义务教育小学语文教材的编写说明［J］.小学教学研究，1990（09）

［26］陈晖.谈小学语文教师的儿童文学修养［J］.语文教学通讯，2007（12）

［27］陈俊，张积家.小学低年级学生对陌生形声字的语音提取［J］.心理科学，2005（04）

[28] 陈黎明，王明建.义务教育语文课程标准评价建议综述 [J].聊城大学学报（社会科学版），2009（01）.

[29] 陈婷.鄂教版小学语文课文《青蛙和蛇》的编写反思与建议 [J].教师教育论坛，2017（12）.

[30] 陈锡英，沈禾玲.小学语文课教学评价的初步尝试 [J].天津教育，1987（06）.

[31] 陈先云.九年义务教育（人教版）小学语文教材介绍 [J].小学教学研究，1999，(02).

[32] 陈先云.文体协调:小学语文教科书选文的语言形式标准 [J].课程·教材·教法，2016 (12).

[33] 陈先云.新中国成立以来小学语文课程教材的发展历程与思考 [J].课程·教材·教法，2019（12）.

[34] 陈勇.语文课程"工具论"的辩护与坚守 [J].教育学报，2010（06）.

[35] 陈玉华.小学低年级语文学业评价方法的改革探索 [J].上海教育科研，2003（08）.

[36] 陈中庆.小学语文形成性评价探索——以一年级上学期语文学习形成性评价为例 [J].大连教育学院学报，2010（03）.

[37] 成小丽.论分组合作学习在语文课堂中的运用 [J].山西师大学报（社会科学版），2013（S4）.

[38] 程丽阳.思维发展理论:语文教材助读系统的构建依据 [J].教育理论与实践，2010（33）.

[39] 程琳，汪明春.改革开放40年我国小学语文教科书研究回顾与思考 [J].教育理论与实践，2019（11）.

[40] 程晓云.知识观的演变与教学评价的变革——语文课程新标准与旧大纲的比较分析 [J].太原师范学院学报（人文科学版），2002（03）.

[41] 程宗川.小学语文教学法的时代性和实践性 [J].师范教育，1987（12）.

[42] 崔凤琦，刘飞.基于统编小学语文教材的学业质量评价 [J].语文建设，2019（20）.

[43] 崔晶菁.2011年版《义务教育语文课程标准》中评价建议的变化 [J].语文学刊，2015（04）

[44] 崔峦.小学语文教材基础训练部分的特点 [J].山东教育，1990（01）

[45] 崔峦.凭借义务教育教材，深化小学语文教学改革 [J].课程·教材·教法，1996（11）

[46] 崔峦.学习《语文课程标准》深化语文教学改革（上） [J].课程·教材·教法，2002（03）

[47] 崔峦.学习《语文课程标准》深化语文教学改革（下） [J].课程·教材·教法，2002（04）

[48] 崔峦.小学语文课程改革要正确处理四个关系 [J].课程·教材·教法，2004（08）

[49] 崔峦.回顾·总结·展望——人民教育出版社五十年小学语文教材编写历程 [J].课程·教材·教法，2010（01）

[50] 崔峦，陈先云.适应时代要求，深化小学语文教学改革 [J].课程·教材·教法，1998（07）

[51] 崔绍怀.论自主、合作与探究的语文学习方式 [J].教育评论，2014（01）.

[52] 代顺丽.语文朗读法的本质及类型 [J].课程·教材·教法，2016（06）.

[53] 戴正兴.博采众长 特色显著——中师新编教材《小学语文教学法》评析 [J].课程·教材·教法，1997（10）

[54] 邓淑琴.浅谈小学语文命题设计策略 [J].教育理论与实践，2013（35）

[55] 丁炜.中美小学语文教材内容建构的比较：以课文《手捧空花盆的孩子》为例 [J].比较教育研究，2008（11）

[56] 丁炜，钱晓琳.培养有能力的交际者——美国的口语交际教学 [J].外国中小学教育，2003（02）

[57] 董蓓菲.语文课程标准研制的国际视域 [J].全球教育展望，2015（10）

[58] 董春亮.从杜威的教材观谈小学语文教科书中人物的选编——以沪教版第十册小学语文教科书为例 [J].语文学刊，2013（11）

[59] 董洪亮.中等师范学校改进课堂教学方法面临的选择 [J].课程·教材·教法，

1996（08）

[60] 董小玉.用优良种子播撒孩子们心田——论国标本西师版小学语文教材中的选文标尺［J］.教育研究与实验（新课程研究），2005（08）

[61] 董有志.小学语文课堂思辨性阅读的策略研究——以沪教版课文《信任》为例［J］.教育参考，2017（04）

[62] 窦桂梅.为生命奠基——小学语文教改的三个超越［J］.天津师范大学学报（基础教育版），2001（04）

[63] 杜常善.语文到底"姓"什么?语文：汉字、语言、文章、文学的谐和统一——兼答两位诘难者［J］.中学语文教学，2001（07）

[64] 杜殿坤.赞科夫对小学语文教学的观点综述［J］.外国教育资料，1980（04）

[65] 范蔚.小学语文教科书的基本结构及其教育功能负载［J］.课程·教材·教法，2005（07）

[66] 范晓东，尹昕.新中国高中语文课程目标的历史演进与政策逻辑［J］.天津师范大学学报（基础教育版），2021（01）

[67] 范远波.慎防教材编写的不良暗示——百年小学课文《狐狸和乌鸦》的分析［J］.中国教育学刊，2010（10）

[68] 范远波.论民国时期的儿童文学与小学语文教材［J］.教育学报，2007（12）

[69] 方智范.关于语文课程目标的对话（一）［J］.语文建设，2002（01）

[70] 方智范.关于语文课程目标的对话（二）［J］.语文建设，2002（02）

[71] 方智范.关于语文课程目标的对话（三）［J］.语文建设，2002（03）

[72] 冯迪鸿.给小学课堂朗读热降温［J］.语文建设，2016（10）

[73] 高超.试论教师运用课堂评价语言的问题及其影响——以小学语文为例［J］.当代教育科学，2014（02）

[74] 高惠莹.创立中国特色小学语文教学新体系是是素质教育的奠基工程［J］.小学语文教学，1997（12）

[75] 高林生.口语交际教学应注意的几个问题——兼谈苏教版小语教材的编写理念［J］.小学教育科研论坛，2002（01）

[76] 高如峰.法国中小学本国语文课程的改革［J］.全球教育展望，2002（06）

[77] 高松花.培养学生语感的有效途径初探［J］.小学教学参考，2012（22）

[78] 高万同.试论苏教版小学语文教材的"简"［J］.江苏教育，1997（04）

[79] 龚彩虹.两种小学语文教科书中传统文化要素的比较研究［J］.语文建设，2018（32）

[80] 龚鹏飞.新中国中小学学制改革：历程、特点与愿景［J］.教育史研究，2021（02）

[81] 龚晓林.警惕语文学科人文性的"迷茫"［J］.教学与管理，2011（10）

[82] 贡如云.话语经验说：语文课程性质之重思（上）［J］.中学语文教学参考，2019（13）

[83] 贡如云.话语经验说：语文课程性质之重思（下）［J］.中学语文教学参考，2019（16）

[84] 顾黄初.叶圣陶与汉语文课程建设［J］.课程·教材·教法，1990（10）

[85] 顾黄初.语文学科性质之我见［J］.语文学习，1997（01）

[86] 顾黄初.语文学科课程改革的价值与趋势［J］.中学语文，2000（09）

[87] 顾之川.关于语文工具论的思考［J］.山东师范大学学报（人文社会科学版），2013（04）

[88] 顾之川.新中国语文教育七十年［J］.语言战略研究，2019（04）

[89] 官正华，董晓群.小学语文阅读教学评价应解决的五个问题［J］.教学与管理，2016（14）

[90] 郭根福.明确语文课程目标把握教改方向［J］.教学与管理，2004（02）

[91] 郭圣林.实现儿童视角学科视角社会视角的统一——民国小学语文教科书编写经验及启示［J］.语文建设，2014（22）

[92] 郭志明.小学语文教学口头评价问题研究［J］.小学语文教学，2004（04）

[93] 哈顺通拉嘎.民国时期小学蒙语文教科书概况综述［J］.集宁师范学院学报，2013（04）

[94] 韩雪屏.语文教学法课性质体系初探［J］.包头师专学报（社会科学版），1983

(02)

[95] 韩艳梅.大陆《语文课程标准》与台湾《语文课程纲要》之比较研究[J].教育科学,2003(03)

[96] 郝洁.小学语文群文阅读教学的评价[J].教学与管理,2019(26)

[97] 何更生.现代教育心理学的语文课程目标分类观[J].语文建设,2007(11)

[98] 何更生,严玮懿,宋颖文.现代心理学的写作能力观及其教学含义[J].华东师范大学学报(教育科学版),2001(04)

[99] 何光峰,顾瑾玉,秦晓文.基于证据的课堂教学评价框架的构建与应用[J].教育理论与实践,2018(14)

[100] 何慧君.在改革中前进——三十五年来的小学语文教材编写工作[J].课程·教材·教法,1984(05)

[101] 何克抗,李克东,谢幼如,王本中.小学语文"四结合"教学改革试验研究[J].电化教育研究,1996(01)

[102] 何晓文.五国小学语文课程比较研究[J].外国中小学教育,1996(05)

[103] 何正武.网络环境下的小学作文评价[J].中国电化教育,2006(02)

[104] 何致文.小学语文教材图文关系科学性研究[J].课程·教材·教法,2017(09)

[105] 洪延平.小学语文试卷命题的嬗变[J].天津师范大学学报(基础教育版),2008(04)

[106] 洪云.小学语文教学中的德育取向与实现路径[J].教育科学,2019,(01)

[107] 侯友成.从一项教学质量抽查看苏教版小语教材的特点[J].江苏教育,1998(11)

[108] 胡根林,陶本一.语文教学大纲(课程标准)小学识字量规定比较[J].教育科学研究,2009(03)

[109] 胡海舟.语文课程改革问题的哲学审思[J].教学与管理,2007(19)

[110] 胡岚岚.小学低年级学生语文学科学业评价的改革探索[J].吉林教育,2014(02)

[111] 胡瑛.小学语文口语交际能力评价指标体系的构建[J].教育导刊,2006(08)

［112］黄甫全.新中国课程研究的回顾与展望［J］.教育研究，1999（12）

［113］黄强.教材改革的总走向与沿海版小学语文的编写特点［J］.教育导刊，1995（10）

［114］黄仁发.中小学生语言的发展和教育系列研究之一——中小学生识字的发展和教育［J］.心理发展与教育，1985（02）

［115］黄仁发.学龄儿童朗读技能发展的研究报告［J］.心理科学通讯，1986（06）

［116］黄仁发.中小学生归纳文章中心思想的特点分析［J］.心理发展与教育，1989（02）

［117］黄仁发.中小学生写作特征初探［J］.心理科学通讯，1990（01）

［118］黄润凤.小学语文评价机制的实践与创新［J］.小学教学研究，2001（06）

［119］黄少虹.意之突破缘于语句——谈义务教育小学语文教材认识的几点变迁［J］.佳木斯教育学院学报，1996（02）

［120］黄伟.核心素养视域下民国与当代小学语文教材若干课文比较与审思［J］.南京晓庄学院学报，2017（02）

［121］黄永言.中等师范学校小学语文教材教法课的教法问题［J］.课程·教材·教法，1983（01）

［122］霍懋征.小学语文教学改革上的一点探讨［J］.人民教育，1979（07）

［123］霍懋征.着眼于提高民族素质的好教材——对人教版义务教育小学语文教材的几点看法［J］.人民教育，1992（10）

［124］霍生玉.苏教版小学语文教材"识写分流"的编排策略研究［J］.徐州师范大学学报（教育科学版），2010（03）

［125］姜俐冰.百年汉语拼音教学发展变化论略——基于小学语文课程标准（教学大纲）纵向比较的视角［J］.宁夏大学学报（人文社会科学版），2018（05）

［126］蒋成云.阅读教学中课文插图运用失衡现象举例［J］.教学与管理，2007（32）

［127］蒋蔚芳.小学语文考试改革的初步尝试［J］.上海教育，1999（11）

［128］蒋仲仁.小学语文科的任务—小学语文教学大纲（草案）［J］.江苏教育，1957（06）

[129] 蒋仲仁.试论语文科是工具学科［J］.江苏教育，1964（01）

[130] 蒋仲仁.语文课·政治课·文学课［J］.江苏教育，1964（03）

[131] 蒋仲仁.语文教学三十年［J］.教育研究，1979（04）

[132] 解光穆.语文课程人文属性观评述［J］.宁夏大学学报（人文社会科学版），2021（02）

[133] 金荷华.对国外新世纪"语文课程标准"的透视与反思［J］.全球教育展望，2011（12）

[134] 金林祥.评"六三三"学制［J］.华东师范大学学报（教育科学版），1983（01）

[135] 金木.清末民初的小学国文课程标准——小学语文教学大纲演变与发展述评（一）［J］.山东教育，1992（04）

[136] 靳彤.语文综合性学习再认识［J］.课程·教材·教法，2008（10）

[137] 靳彤.统编本初中语文综合性学习的编写体例及教学建议［J］.语文建设，2017（10）

[138] 靳玉乐，罗生全.课程论研究三十年：成就、问题与展望［J］.课程·教材·教法，2009（01）

[139] 景干、郑第九.小语教学法课型探索［J］.师范教育，1985（05）

[140] 孔波.语文研究性学习的潜质与价值［J］.当代教育科学，2004（04）

[141] 赖桥仁，修桂荣.引导小学生观察语文教材插图的方式［J］.教育评论，1995（03）

[142] 赖瑞云."体验"理念在语文课程改革中的体现［J］.教育研究，2002（10）

[143] 兰玉荣.对小学语文课堂教学评价的思考［J］.教学与管理，2001（09）

[144] 雷实.语文学科目标的再认识［J］.教育研究与实验，1998（01）

[145] 雷实.中小学语文课程改革三论［J］.课程·教材·教法，2000（03）

[146] 雷实.关于义务教育语文课程标准的阶段性评价［J］.课程·教材·教法，2007（06）

[147] 雷实.民国国语国文教科书研究［J］.教育研究与实验，2013（06）

[148] 雷实.语文课程设计与文化开放［J］.课程·教材·教法，2017（07）

[149] 李宝亭.专业课教学怎样突出师范性——浅谈中师《小学语文教学法》的教学 [J].课程·教材·教法，1996（04）

[150] 李冰霖.立足可持续发展，培育未来新人——小学语文教学新思维 [J].课程·教材·教法，2001（10）

[151] 李伯棠.跟小学语文教师谈进修 [J].湖南教育，1982（03）

[152] 李伯棠.稳步地改进小学语文教材 [J].华东师范大学学报（哲学社会科学版），1982（06）

[153] 李伯棠.小学语文教材的字汇研究 [J].课程·教材·教法，1984（01）

[154] 李传庚.论思维科学对小学语文教学的理论指导功能 [J].语文建设，2015（20）

[155] 李德桑.谈小学语文课堂教学优化的评价标准 [J].广东教育，1989（10）

[156] 李德钰.写字遍数与记忆效率的研究 [J].小学教学研究，1987（09）

[157] 李繁.浅谈农村小学语文教师儿童文学素养的培养 [J].教育理论与实践，2012（26）

[158] 李繁.小学语文教师儿童文学素养的培养策略 [J].教学与管理，2019（01）

[159] 李广.小学语文深度学习:价值取向、核心特质与实践路径 [J].课程·教材·教法，2017（09）

[160] 李海林.语言的隐含意义、语感与语感教学 [J].语文学习，1992（10）

[161] 李海林.语文工具论批判 [J].语文学习，1996（05）

[162] 李汉潮.小学语文课程价值取向的嬗变 [J].湖北第二师范学院学报，2011（05）

[163] 李汉潮.民国小学语文教科书儿童本位探析 [J].语文建设，2015（28）

[164] 李建周.小学五年级学生作文中书面言语形成的基本形态 [J].儿童心理与教育心理，1980（02）

[165] 李兰英.小学低年级语文朗读教学的思考 [J].教育评论，2005（06）

[166] 李良品，王晋.语文课程"工具性"的百年演进与述评 [J].学术论坛，2005（10）

[167] 李灵玲，商玮娜.小学语文教材儿童伦理性的主体建构——以人教版小学语文教材所选课文为例［J］.山西师大学报（社会科学版），2014（S4）

[168] 李明，乔晖.回归儿童世界——来自《开明国语课本》的小学语文教材编选启示［J］.天津市教科院学报，2013（02）

[169] 李娜，王晶.民国小学语文教材研究——以《初级国语读本》为例［J］.江汉学术，2015（05）

[170] 李能斌.衡量语文素质的依据：构建小学语文教学质量评价体系的思考与实践［J］.师范教育，2001（6）

[171] 李青，苑昌昊，李广.小学语文课程性质研究70年回顾与展望［J］.现代教育管理，2020（07）

[172] 李荣英.教什么 怎么教——高职高专《小学语文教学法》课程教学内容与形式改革新思路［J］.广东技术师范学院学报，2009（02）

[173] 李维鼎.正本清源说"工具"［J］.语文学习，1997（10）

[174] 李学斌.儿童文学：中小学语文教育的"助推器"——高师院校小学教育专业儿童文学课程建设［J］.首都师范大学学报（社会科学版），2014（02）

[175] 李学红.承前启后，夯实基础——冀教版小学语文中年级教材分析及教学要求［J］.教育实践与研究（小学版），2007（Z1）

[176] 李学红，杨振兴.冀教版小学语文一年级上册教材说明及教学建议［J］.教育实践与研究，2005（Z1）

[177] 李妍.先直面语文再谈"鲁迅大撤退"［J］.江西教育，2010（35）

[178] 李贻训.语文课不要教成政治课［J］.安徽教育，1978（11）

[179] 李英杰.北京市2008年小学语文教学质量报告——以小学五年级语文学科为例［J］.教育科学研究，2009（09）

[180] 李英杰.小学语文学科教学质量的课堂评价——基于11节录像课的分析［J］.教育科学研究，2014（04）

[181] 李永婷，徐文彬.基础教育课程改革研究的现状、问题与反思［J］.当代教育科学,2016(19)

[182] 李玉杰.小学语文新课程评价特点探析［J］.教育探索，2004（08）

[183] 李志强，张翠萍.新课程理念下的小学语文评价［J］.当代教育科学，2003（23）

[184] 梁静，包海诚.人教版小学语文教科书中的传统节日分析［J］.基础教育研究，2017（11）

[185] 廖晓翔.实践与反思:新课程的"三维目标"［J］.教育导刊，2005（05）

[186] 刘丹.鲁迅真的"大撤退"了吗?——关于中学语文课本鲁迅作品选目［J］.鲁迅研究月刊，2022（02）

[187] 刘华.关于语文课程标准中国化的思考［J］.中学语文教学，2003（11）

[188] 刘辉，金露.表现性评价方法在小学语文课程评价中的应用［J］.中小学教师培训，2004（04）

[189] 刘晶晶，郭元祥.小学语文阅读素养：内涵、构成及测量［J］.课程·教材·教法，2015（05）

[190] 刘莉.中师生语文教学能力的培养［J］.佳木斯教育学院学报，1998（01）

[191] 刘淼，张必隐.作文前计划的时间因素对前计划效应的影响［J］.心理学报，2000（01）

[192] 刘鸣.汉字分解组合的表象操作与汉字字形学习的关系［J］.心理学报，1993（03）

[193] 刘朴兵.从历史看小学语文教材中的坐姿、家具与器物插图——以人教版、苏教版和北师大版为例［J］.课程·教材·教法，2012（09）

[194] 刘茜、周可心.语文课程改革二十年：成就、问题与展望［J］.长春师范大学学报，2021（01）

[195] 刘仁增.建构"语用型"小学语文教材的思考与设想［J］.课程·教材·教法，2007（11）

[196] 刘如平.初稿阶段不同要求和不同支持对小学生作文质量的影响初探［J］.华东师范大学学报（教育科学版），1993（01）

[197] 刘如正.语文课程改革实践中的几个误区［J］.中国教育学刊，2006（11）

[198] 刘树任.小学语文课堂教学评价初探［J］.当代教育科学，2003（12）

[199] 刘伟，张必隐.汉字的心理贮存和认知历程［［J］.北京师范大学学报（人文社会科学版），2000（05）

[200] 刘霞.例谈苏教版小学语文教材的生命伦理关怀［J］.江苏教育研究，2007（07）

[201] 刘秀英.九年义务教育"五·四"制小学语文教材（北师大版）简介［J］.小学教学研究，1999（08）

[202] 刘勋达，郭元祥.我国语文课标表现性标准的缺失——中澳语文（英语）课标对比研究［J］.河北师范大学学报（教育科学版），2013（04）

[203] 刘月娥，李臣之.论语文"工具性"与"人文性"的钟摆与动态统一［J］.教学与管理，2015（28）

[204] 刘占泉.期待文言语料进入小学语文教材［J］.语文建设，2015（16）

[205] 刘贞福.论感悟——学习语文新大纲、课程标准的体会［J］.课程·教材·教法，2004（03）

[206] 刘志军，徐彬.我国课堂教学评价研究40年:回顾与展望［J］.课程·教材·教法，2018（07）

[207] 六区文教科国语研究会.六区小学国语教学上几个问题的总结［J］.天津教育，1951（01）

[208] 龙文希.小学师资培养中的语文教学法课程改革试探［J］.湖北教育学院学报，2003（09）

[209] 龙永干."儿童文学"课程在小学语文师资培养中的价值与意义［J］.高教探索，2018（11）

[210] 卢立涛，梁威，沈茜.我国课堂教学评价现状反思与改进路径［J］.中国教育学刊，2012（06）

[211] 卢谦.让母语教材的编写更贴近一线教学［J］.中国教育学刊，2016（06）

[212] 卢友玮，李忠霞.小学语文作业设计与评价的探索与实践［J］.中国教育学刊，2013（S3）

［213］卢正芝.范文在小学生习作训练中的作用［J］.教育研究与实验，1987（01）

［214］鲁金元.听说训练讲座［J］.语文教学通讯，1988（01）

［215］陆春梅.适应新课标的小学语文课程评价命题思路［J］.教育导刊，2008（09）

［216］陆善涛，盛昌兆.浅论中、小学学校教育评价［J］.上海教育科研，1986（03）

［217］陆维忠.中师语文单元系列化教学设想［J］.师范教育,1985(11)

［218］陆志平.关于语文课程标准中教材编写建议的对话［J］.语文建设，2002（04）

［219］栾成勇.在小学语文教学中有效开展科学教育简析［J］.学校党建与思想教育，2011（15）

［220］罗朝述.小学语文教材中的科学美［J］.四川教育学院学报，1999（02）

［221］罗丹.基于统编本教材的小学语文考试评价研究［J］.语文建设，2018（09）

［222］罗生全.70年课程研究范式的回顾与展望［J］.湖南师范大学教育科学学报，2019（03）

［223］罗士琰，宋乃庆，王雁玲.基于实证的小学语文阅读素养研究：内涵、价值及表现形式［J］.中国教育学刊，2016（10）

［224］罗瑜.如何认识语文课程"工具性与人文性的统一"［J］.人民教育，2002（12）

［225］罗祖兵，郭超华.新中国成立70年课堂教学评价标准的回顾与展望［J］.中国教育学刊，2020（01）

［226］洛寒.反对把语文教成政治课［J］.人民教育，1961（08）

［227］洛寒.不要把语文课教成文学课［J］.人民教育，1963（01）

［228］吕叔湘.关于中小学语文教学问题［J］.安徽师范大学学报（人文社会科学版），1978（02）

［229］吕叔湘.学习语法与培养语感［J］.语文学习，1985（01）

［230］马俊铭.赞可夫的学习理论［J］.中学语文，1986（10）

［231］马群仁.对当前小学语文教育的反思［J］.课程·教材·教法，2002（01）

［232］马之先.小学语文命题探索［J］.教学与管理，2005（08）

［233］孟令全.小学语文教材编写体系的重大改革设立读写训练项目［J］.课程·教材·

教法，1996（09）

[234] 孟祥芝,舒华.汉语儿童阅读障碍研究［J］.心理发展与教育，1999（04）

[235] 米久奇.试论中师生初步教育研究能力的培养［J］.课程·教材·教法，1994（09）

[236] 米久奇.小学教师教育研究能力的培养［J］.湖南教育，1995（11）

[237] 莫雷.小学六年级语文阅读水平量表编制报告［J］.华南师范大学学报（社会科学版），1988（01）

[238] 莫雷.小学六年级学生语文阅读能力结构的因素分析研究［J］.心理科学通讯，1990（01）

[239] 莫雷.中小学生语文阅读能力结构的发展特点［J］.心理学报，1992（04）

[240] 穆济波.中学校国文教学问题［J］.中等教育，1923（02）

[241] 南教.小学语文教学法教师的任务［J］.师范教育，1985（05）

[242] 倪鸣.小学习作评改的现状与建议——基于江苏省义务教育学业质量监测相关数据的分析与思考［J］.基础教育课程，2020（18）

[243] 倪文锦.义务教育语文课程评价与考试改革［J］.全球教育展望，2003（09）

[244] 倪文锦.我看工具性与人文性［J］.语文建设，2007（Z1）

[245] 倪文锦.语文新课程评价与学业质量标准［J］.语文建设，2018（31）

[246] 聂小山.赞可夫的教学理论和实践［J］.江西教育，1980（01）

[247] 牛瑞雪.教学评价研究40年回顾、反思与展望［J］.课程·教材·教法，2018（11）

[248] 潘荷.试论小学语文教材改革［J］.理论观察，2011（06）

[249] 潘庆玉.背景·理念·问题——《全日制义务教育语文课程标准》（实验稿）评论［J］.山东师范大学学报（人文社会科学版），2002（01）

[250] 潘苇杭,潘新和.语文课程目标和内容体系重构——由写作五大素养谈起［J］.语文建设，2015（10）

[251] 潘新和.语文到底"姓"什么?——语文课程性质当是"言语性"［J］.中学语文教学，2001（05）

[252] 潘涌.论语文课程改革的实质——范式转型的历史视角 [J].语文建设, 2008 (05)

[253] 庞洁贞.发展性评价在小学习作教学中的应用 [J].教育导刊, 2006 (01)

[254] 钱琼箫.浅议小学语文活动课程 [J].江西教育科研, 2000 (01)

[255] 乔继英.儿童文学小学语文教育必不可少的课程资源 [J].语文学刊, 2010 (09)

[256] 乔思瑾.教科书插图创作研究——以统编小学语文教科书为例 [J].课程·教材·教法, 2020 (09)

[257] 邱宝萱.作文评改, 别在嫩苗地上驰马 [J].福建论坛（社科教育版）, 2006 (02)

[258] 权瑚.中韩两国小学语文教学大纲比较 [J].课程·教材·教法, 2001 (05)

[259] 任京民."三维目标"有几个争议的问题探讨 [J].中小学教师培训, 2009 (01)

[260] 任运昌.高师小学语文教学法课程实施中的案例研讨 [J].重庆教育学院学报, 2008 (02)

[261] 桑哲.中日小学教材汉字教学内容编写之比较——以人教版课标实验教科书小学《语文》与东京书籍版新《国语》为例 [J].课程·教材·教法, 2010 (07)

[262] 上海市教科院智力开发研究所.九年义务教育小学教材在贫困地区使用情况的调查研究报告 [J].教育研究, 1999 (02)

[263] 尚继武, 张广杰.小学教育专业语文方向学科教育类课程的改革构想 [J].辽宁教育研究, 2005 (07)

[264] 邵军.小学语文"成长课堂"的构建初探 [J].当代教育科学, 2014 (22)

[265] 申小龙.汉语的人文性与中国文化语言学重评《马氏文通》 [J].读书, 1987 (08)

[266] 申小龙.关于语言的共性问题——汉语人文性答辩之一 [J].语文建设, 1988 (03)

[267] 沈大安.评价改革势在必行——新世纪小学语文教学思考之三 [J].小学语文教

学，2000（04）

[268] 沈红.儿童文学对小学生语文学习的意义与阅读指导［J］.课程·教材·教法，2010（04）

[269] 沈丽芬.小学低年级学生语文学业评价的研究与实践［J］.现代教学，2004（10）

[270] 沈涛，王在.语文练习杂说［J］.扬州师院学报（社会科学版），1981（03）

[271] 沈晔.小学一年级学生在语文课中识字问题的初步研究［J］.心理学报，1959（6）

[272] 师朝文.论刘御对小学语文教材教法的贡献［J］.云南师范大学学报，2002（06）

[273] 石鸥.最不该忽视的研究——关于教科书研究的几点思考［J］.湖南师范大学教育科学学报，2007（05）

[274] 时蓉华，钟启泉.小学生概括段意的两个有关因素［J］.心理学报，1965（03）

[275] 史九存.小学教科书的印刷质量亟待提高［J］.课程·教材·教法，1984（02）

[276] 史力范，刘美凤，吕巾娇.小学语文口语交际课程目标的设计研究［J］.中国电化教育，2009（10）

[277] 舒华，刘宝霞.拼音在小学低年级儿童早期阅读中作用的研究［J］.心理发展与教育，1994（03）

[278] 舒华，孟祥芝.汉语儿童阅读困难初探——来自阅读困难儿童的统计数据［J］.语言文字应用，2000（03）

[279] 舒华，宋华.小学儿童的汉字形旁意识的再研究［J］.心理科学，1993（05）

[280] 舒华等.小学低年级儿童利用拼音学习生字词的实验研究［J］.心理发展与教育，1993（01）

[281] 舒华等.小学儿童的汉字形旁意识的实验研究［J］.心理科学，1993（03）

[282] 宋家淇.语文课就是语文课［J］.江苏教育，1961（21）

[283] 宋乃庆，罗士琰.学生阅读素养测评指标体系构建研究——以小学生为例［J］.东北师大学报（哲学社会科学版），2018（04）

[284] 苏渭昌."六三三"学制研究［J］.北京师范大学学报，1980（06）

[285] 隋丰俊.论以儿童文学为根基的语文阅读教学［J］.语文建设，2014（03）

[286] 孙汉洲.语文活动课程与创新思维的培养［J］.语文教学通讯，1999（11）

[287] 孙宏安.简论教学方法的定义、分类和选择［J］.教育科学，1994（04）

[288] 孙建国.儿童文学视野下小学语文中的儿童哲学教育［J］.教育导刊，2011（03）

[289] 孙建国.小学语文中儿童文学教育的人文性［J］.教育导刊，2012（04）

[290] 孙建龙，王云峰."小学语文课程与教学论"学科建设与教学改革［J］.课程·教材·教法，2005（02）

[291] 孙梦岚.浅谈民国时期小学语文教材编写经验的积极意义［J］.集宁师专学报，2010（01）

[292] 孙小平.小学语文教材中主人公性别角色对儿童个性的影响及对策思考［J］.甘肃高师学报，2007（03）

[293] 孙小荣，任顺元.小学五年级看图作文评分标准初步研究［J］.教育与进修（杭州教育学院编，内部资料），1984（02）

[294] 谭梅，张瑾.民国时期小学语文教材的演变及其各阶段的特点［J］.教育与教学研究，2014（12）

[295] 谭琼华.叶圣陶语文教材编辑思想与实践［J］.山东理工大学学报（社会科学版），2016（05）

[296] 唐本双.从《标准》新理念看小学语文学习评价改革［J］.四川教育学院学报，2002（08）

[297] 唐自杰.几种纠正错别字的方法与识记和保持的关系［J］.心理学报，1965（04）

[298] 唐自杰.分析字形与书空对掌握字形的效果的比较［J］.儿童心理与教育心理，1980（3-4）

[299] 陶爱萍，吴建平，苏小娜.不同年代小学语文教材环境教育内容与环境观的比较研究［J］.内蒙古师范大学学报（教育科学版），2009，22（06）

［300］陶本一，于龙."语文"的阐释［J］.课程·教材·教法，2007（11）

［301］田本娜.阅读教学过程［J］.福建教育，1989（05）

［302］田本娜.略论语文学科的工具性和人文性的统一［J］.天津师范大学学报（基础教育版），2002（02）

［303］田本娜.北京景山学校小学语文教材编写50年述评［J］.课程·教材·教法，2010（09）

［304］佟乐泉等.笔画繁简和词性差别对初识字儿童识记汉字的影响［J］.心理学报，1979（02）

［305］屠锦红.民国与当代小学语文教科书价值取向比较研究——以"开明版"和"人教版"为例［J］.河北师范大学学报（教育科学版），2014（02）

［306］万云英.小学生作文用词、造句和构思特点初析——作文能力培养的追踪研究之一［J］.心理发展与教育，1988（02）

［307］万云英，杨期正.初入学儿童学习汉字的记忆特点［J］.心理学报，1962（03）

［308］万云英，翟惠文.小学生默读技能的培养［J］.心理学探新，1985（02）

［309］万云英，朱蕾.知识经验、智力和学习能力对阅读理解的影响［J］.心理科学，1995（03）

［310］汪潮.试论小学语文教材编写的理念和设计［J］.浙江教育学院学报，2006（02）

［311］王策三.关于课程改革"方向"的争议［J］.教育学报，2006（02）

［312］王昌桃，王国林.小学语文乡土教材编写初探［J］.课程·教材·教法，1988（04）

［313］王春锡，王振全.孔子教学评价思想及其当代启示［J］.语文建设，2018（12）

［314］王栋生.喧嚣浮躁起风波——关于"鲁迅大撤退"的反思［J］.人民教育，2010（23）

［315］王芳.小学语文综合性学习评价研究［J］.辽宁教育，2008（11）

［316］王光龙.深入开展语文学习方法学的研究［J］.河南师范大学学报（哲学社会科学版），1993（04）

[317] 王光龙（2003）.语文学习方法的理论探讨［J］.山西师大学报（社会科学版），2003（03）.

[318] 王贺玲.小学语文课本阅读量的现状与思考［J］.河北师范大学学报（教育科学版），2011（12）.

[319] 王鉴,单新涛.中国课程论百年发展的历程、特点与展望［J］.课程·教材·教法，2020,40(10).

[320] 王林."儿童文学化":二十世纪二三十年代小学语文教材的主流［J］.课程·教材·教法，2006（12）.

[321] 王金勇.冀教版小学语文三年级上册教材说明及教学建议［J］.教育实践与研究，2005（Z1）.

[322] 王锦萍.冀教版小学语文四年级上册教材说明及教学建议［J］.教育实践与研究，2006（Z1）.

[323] 王宁.汉字教学的原理与各类教学方法的科学运用（上）［J］.课程·教材·教法，2002（10）.

[324] 王宁.汉字教学的原理与各类教学方法的科学运用（下）［J］.课程·教材·教法，2002（11）.

[325] 王泉根.新世纪十年"儿童阅读运动"综论［J］.学术界，2011（06）.

[326] 王泉根.略论中国近现代语文教材与儿童文学［J］.课程·教材·教法，2019（08）.

[327] 王荣生.21世纪两岸三地对语文课程目标的定位［J］.学科教育，2001（08）.

[328] 王荣生.论语文课程与教学目标的分析框架（上）［J］.教育探索，2001（12）.

[329] 王荣生.论语文课程与教学目标的分析框架（下）［J］.教育探索，2002（01）.

[330] 王荣生.香港特区中国语文课程改革及发展趋势［J］.上海教育科研，2002(10).

[331] 王荣生.语文课程标准所预示的范型转换［J］.教育研究，2003（02）.

[332] 王荣生.再论语文课程目标的分析框架［J］.中国教育学刊，2003（11）.

[333] 王荣生.从德国两个州的课程标准看语文课程形态的筹划［J］.外国中小学教育，2007（08）.

[334] 王荣生.对语文教科书评价的几点建议——兼谈语文教科书的功用［J］.中国教育学刊，2007（11）

[335] 王荣生.语文课程标准编制的历史经验与教训——1956年语文教学大纲述评［J］.课程·教材·教法，2008（01）

[336] 王瑞荣，刘玉惠，张永梅.小学生口语交际能力评价的思考与实践［J］.当代教育科学，2004（23）

[337] 王尚文.语文教学的错位现象［J］.教育研究，1991（10）

[338] 王尚文.语感：一个理论与实践的热点［J］.语文学习，1993（03）

[339] 王世堪.人文性、工具性及其他［J］.课程·教材·教法，2009（06）

[340] 王松泉．论阅读教学内容［J］.课程·教材·教法，1991（09）

[341] 王玮.口语交际课的教学模式［J］.课程·教材·教法，2004（06）

[342] 王小根，王丽丽，吴仁昌.基于层次分析的语文阅读多媒体教学绩效评价指标研究［J］.电化教育研究，2013（07）

[343] 王晓丽.国外教材评价:基本特征、发展趋势及启示［J］.课程·教材·教法，2016（09）

[344] 王雅萍，司亚飞.小学语文教学评价发展特点探究［J］.语文教学通讯，2005（01）

[345] 王莺莺.我国基础教育教材中的主流文化印迹——对人民教育出版社九年义务教育六年制小学《语文》的文本分析［J］.湘潭师范学院学报（社会科学版），2008（05）

[346] 王应华.苏教版小学语文教材问题分析及思考［J］.南京晓庄学院学报，2006（03）

[347] 王毓新.SOLO评价对小学语文教育教学的启发（上）［J］.教育理论与实践，2007（16）

[348] 王毓新.SOLO评价对小学语文教育教学的启发（下）［J］.教育理论与实践，2007（18）

[349] 王元华.语文课程诸标准的基本标准［J］.教育学报，2011（02）

[350] 王元华.语用学与基础教育语文课程改革［J］.课程·教材·教法，2014（09）

[351] 韦志成.语文课程改革中的十大关系［J］.语文建设，2004（09）

[352] 魏本亚.语文深度学习的实现路径［J］.中学语文教学，2021（01）

[353] 魏大义."从内容入手"是整体改革的核心——赞可夫语文教学理论初探［J］.四川教育，1988（04）

[354] 魏薇.对建立开放式小学语文课程的思考［J］.课程·教材·教法，2001（09）

[355] 温儒敏."部编本"语文教材的编写理念、特色与使用建议［J］.课程·教材·教法，2016（11）

[356] 温儒敏.如何用好"统编本"小学语文教材［J］.课程·教材·教法，2018（02）

[357] 文丰.建国前的小学国语课程标准——小学语文教学大纲演变与发展述评（二）［J］.山东教育，1992（07-08）

[358] 文丽云，高元衡.课堂教学评价研究的反思与展望［J］.黑龙江生态工程职业学院学报，2020（06）

[359] 闻默.叶圣陶教材编辑活动与思想研究——纪念人民教育出版社成立50周年［J］.课程·教材·教法，2000（11）

[360] 毋小利.语文课程：如何走出人文性的困境［J］.教学与管理，2014（18）

[361] 吴爱宝.省编小学语文新实验教材第一册编写说明［J］.江西教育，1991（10）

[362] 吴格明.理性：语文课程改革不应缺失的价值坐标——语文课程改革的深度反思［J］.课程·教材·教法，2012（02）

[363] 吴立岗.列·符·赞可夫谈小学语文教学［J］.小学教学研究，1980（03）

[364] 吴立岗.中小学语文教材改革的几点探索［J］.上海师范大学学报（自然科学版），1988（03）

[365] 吴倩，丁小彦，周龙芬.以评价创新促进学科核心素养落地——重庆市巴蜀小学语文学科素养评价的校本探索［J］.中小学管理，2018（03）

[366] 吴全华.指向师德师风建设的教师评价改革［J］.当代教育科学，2022（04）

[367] 吴仁林.论中师生课文分析能力的培养［J］.浙江师大学报，1993（03）

[368] 吴思娜，舒华，刘艳茹.语素意识在儿童汉语阅读中的作用［J］.心理与行为研究，2005（01）

[369] 吴思娜，舒华，王彧.4~6年级小学生发展性阅读障碍的异质性研究［J］.心理发展与教育，2004（04）

[370] 吴小鸥，雷熙.新中国语文教科书60年之演进［J］.湖南师范大学教育科学学报，2011（02）

[371] 吴旭.中新两国小学语文（华文）课程目标和内容比较［J］.《当代教育评论》2017第6辑.扬州大学教育科学学院，2017

[372] 吴研因.批评小学教科书的标准［J］.教与学，1936（10）

[373] 吴研因.试论旧有小学教育的特质［J］.人民教育，1950（03）

[374] 吴攸之.发展儿童语言是小学语文科的基本任务——学习"小学语文教学大纲（草案）"笔记［J］.江苏教育，1957（04）

[375] 吴支奎，蔡晓宇.小学语文教科书价值取向的比较研究——以人教社1992年版和2001年版两套教科书为例［J］.教育导刊，2017（11）

[376] 吴治中.人文性——语文的根本属性［J］.职教通讯，1997（03）

[377] 吴忠豪，陈建先."表达"与"阅读"，谁主沉浮——中外小学语文课程目标的比较研究［J］.语文教学通讯，2008（10）

[378] 吴忠豪，汤振纲.关于小学语文课程改革的讨论［J］.课程·教材·教法，2010（12）

[379] 吴忠豪，于龙.回顾与检讨：改革开放以来小学语文教学三十年［J］.课程·教材·教法，2009（08）

[380] 伍新春等.拼音在儿童课外阅读中作用的研究［J］.心理发展与教育，2002（02）

[381] 武名士.关于中师语文教学研究的探讨［J］.师范教育，1987（01）

[382] 武振江.小学高年级语文教学中的思想品德教育［J］.课程·教材·教法，1982（03）

[383] 夏正江.试论中小学生语文阅读能力的层级结构及其培养［J］.课程·教材·教法，2001（02）

[384] 肖北方，杨再隋.论语文教学的工具性、教育性和审美性——对语文学科性质的

再认识［J］.课程·教材·教法，1995（06）

［385］肖俊.小学语文学科综合等级评价的操作与思考［J］.西昌师范高等专科学校学报，2001（01）

［386］肖龙海，李爱眉.对我国三套小学语文课本识字教材的比较分析［J］.杭州大学学报，1998（04）

［387］萧瑞.语文教材不应是范文汇编——试谈九年制义务教育小学语文教材的编写［J］.小学教学研究，1989（09）

［388］谢淑海.我国新课程"三维目标"研究十年：回顾与反思［J］.河北师范大学学报，2012（06）

［389］辛安亭.中小学语文教学改革的两个大问题［J］.西北师大学报（社会科学版），1977（03）

［390］辛涛.新课程下小学语文课程评价体系的研究［J］.中学课程资源，2007（10）

［391］辛涛.新课程背景下"小学语文课程与教学论"课程体系的改革构想［J］.连云港师范高等专科学校学报，2009，26（02）

［392］邢公畹.论"语感"［J］.语文研究，1981（01）

［393］邢红兵，舒华，李平.小学儿童词汇获得的自组织模型［J］.当代语言学，2007（03）

［394］徐宝田，聂西利，李玉亮.小学语文评价改革的研究与实践［J］.当代教育科学，2006（01）

［395］徐冬梅.儿童文学和小学语文教学［J］.语文教学通讯，2006（09）

［396］徐海鹰.小学语文教学评价改革的思考与实践［J］.苏州教育学院学报，2002（S1）

［397］徐景绘.浅谈小学生口语交际能力的培养［J］.中国教育学刊，2011（S1）

［398］徐林祥.关于语文课程性质与内容的两个问题——兼谈2011年版课程标准的不足［J］.语文建设，2013（22）

［399］徐林祥.浅谈小学语文课程目标的价值取向［J］.七彩语文（教师论坛），2014（09）

[400] 徐培林.小学生习作的多元化评价［J］.中国教育学刊，2018（S1）

[401] 徐素芬.小学语文景山实验教材的编排特点分析［J］.林区教学，2006（11）

[402] 徐秀春.小学语文四年级人教版教材存在的问题与建议［J］.教育导刊，2009（04）

[403] 徐志铁.语文素质教育目标与课程改革［J］.山东教育科研，1998（06）

[404] 许冰.浅谈小学语文教学中教师对学生的言语评价［J］.天津教育，2001（11）

[405] 许建中.语文学习规律研究刍议［J］.保定师范专科学校学报，2002（01）

[406] 许建中.语文学习基本规律探讨［J］.上海师范大学学报（哲学社会科学.教育版），2002，31（01）

[407] 许建中，李明华.文学习作应纳入语文课程目标［J］.语文建设，2009（06）

[408] 许军娥.中小学语文教师阅读儿童文学作品的调查与建议［J］.教学与管理，2008（10）

[409] 许卫全.从叶圣陶的语文教材观谈当下小学语文教材的编写［J］.连云港师范高等专科学校学报，2014（04）

[410] 许晓放，张雄.人教版小学语文教材选文的德育因素分析［J］.现代中小学教育，2015（05）

[411] 薛剑莉，万素花，秀梅.人教版小学语文教材古诗词选文的现状及得失［J］.教学与管理，2015（32）

[412] 薛晓嫘.语文课程目标概论［J］.当代教育科学，2006（12）

[413] 阎立钦.一个迫切需要解决的问题［J］.教育研究，1999（01）

[414] 杨成章.语感学习的心理探索［J］.语文学习，1992（11）

[415] 杨华.高师《小学语文教学法》课程实施策略初探［J］.广西教育学院学报，2008（01）

[416] 杨继宗.小学语文形成性评价实验［J］.教育科学研究，1992（01）

[417] 杨建国.新中国成立前后小学语文教科书概述［J］.语文建设，2014（16）

[418] 杨江丁.改革小学语文学业评价推进小学语文教学改革［J］.上海教育，1999（08）

［419］杨洁，吕改莲.社会性别刻板印象的直接映射——对小学语文教材人物的性别分析［J］.陕西师范大学学报（哲学社会科学版），2002（04）

［420］杨丽萍.小学语文教学改革存在的问题分析及对策探讨［J］.语文建设，2014（09）

［421］杨梅芳.小学生错别字调查报告［J］.教学与管理，2016（27）

［422］杨美芳.小学语文说课评价体系的建构［J］.教学与管理，2016（15）

［423］杨钦芬.我国语文课程标准存在的问题及改进——来自中美澳课程标准的比较［J］.天津师范大学学报（基础教育版），2016（04）

［424］杨伟.北师大版小学语文实验教科书简介——以创新精神体现课程标准［J］.语文教学通讯，2003（10）

［425］杨文仲.关于培养中师生听说能力的思考［J］.语文建设，1991（07）

［426］杨再隋.怎样认识语文教学的综合性——学习《语文课程标准》心得之一［J］.语文建设，2001（10）

［427］杨再隋.探索小语教材编写的新思路——兼论湘教版小学语文新课标教材的编写思想［J］.湖南教育，2005（05）

［428］杨再隋.探索编写小学语文教材的新思路［J］.基础教育课程，2006（03）

［429］杨再隋，罗佳鑫.小学语文教材的课程理念与编写策略——论湘教版小学语文教材的主要特色［J］.语文教学通讯，2015（12）

［430］姚联芳.构建小学生语文学习水平的评价体系［J］.苏州教育学院学报，2002（S1）

［431］姚林群.中小学生语文写作能力：要素、水平及指标［J］.课程·教材·教法，2013（03）

［432］叶丽新.系统调整:语文教育评价对核心素养发展诉求的回应［J］.中国教育学刊，2020（02）

［433］叶圣陶.关于语言文学分科的问题［J］.人民教育，1955（08）

［434］殷普农.上海市小学一至六年级阅读理解标准测验的编制和测试报告［J］.华东师范大学学报（教育科学版），1987（01）

[435] 于翠玲.民国时期小学语文教科书插图的编辑特色［J］.中国编辑，2016（03）

[436] 于静.问渠哪得清加许为有源头活水来：使用长春版小学语文教材阶段性小结［J］.吉林教育，2007（06）

[437] 于龙.语文课堂朗读教学的现状、成因及对策［J］.课程·教材·教法，2015（08）

[438] 于漪.弘扬人文改革弊端——关于语文教育性质观的反思［J］.语文学习，1995（06）

[439] 于漪."标准化试题"把语文教学引入了"死胡同"［J］.人民教育，1998（06）

[440] 于漪.我看新课程标准［J］.中学语文，2003（01）

[441] 余婉儿.香港小学语文新课程教科书中文学教材的德育元素分析［J］.陕西师范大学学报（哲学社会科学版），2009（S1）

[442] 余应源，漆书清.小学语文综合能力评价初探［J］.江西师范大学学报，2005（01）

[443] 郁恩广.小学语文课中的学生课堂学习状态评价研究［J］.上海教育科研，2002（07）

[444] 郁恩广.语文课堂教学评价新视野［J］.教学与管理，2002（08）

[445] 喻明子.改进小学语文成绩考查方法的尝试［J］.课程·教材·教法，1987（12）

[446] 袁楣鸿.沪教版小学语文教材性别角色研究［J］.教育导刊，2017（02）

[447] 袁微子，陈国雄.小学语文教材简介［J］.课程·教材·教法，1989（12）

[448] 袁微子，何慧君.六年制小语文基本教材的编写设计［J］.课程·教材·教法，1984（03）

[449] 袁向荣.论《开明国语课本》中的文学教育价值——基于教材的文本分析［J］.语文建设，2012（06）

[450] 袁征.中师语文要培养学生教的能力［J］.师范教育，1987（10）

[451] 岳婧瑶.统编本语文教材插图的设计特点与作用［J］.语文建设，2018（29）

[452] 翟志峰，董蓓菲.基于课程标准和证据:美国语文教材评价工具研究［J］.外国中

小学教育，2019（02）

［453］翟志峰，王光龙.民国时期（1923—1949）语文课程标准研究［J］.语文建设，2013（31）

［454］张承芬等.阅读困难儿童认知特征研究［J］.心理学报，1998（01）

［455］张春雅.批改标识方式对学生改正错别字效果的比较研究［J］.上海教育科研，2017（09）

［456］张德，赫文彦.小学语文教材里一个值得重视的问题［J］.现代中小学教育，1987（02）

［457］张东兴.冀教版小学语文二年级上册教材说明及教学建议［J］.教育实践与研究，2005（Z1）

［458］张厚莲.小学语文中儿童文学作品的教学研究［J］.中国教育学刊，2017（01）

［459］张华龙，刘新华.中小学教师评价研究的梳理与反思［J］.现代教育科学，2010（02）

［460］张积家，张厚粲.汉字认知过程中整体与部分关系论［J］.应用心理学，2001（03）

［461］张积家等.笔画复杂性和重复性对笔画和汉字认知的影响［J］.心理学报，2002（05）

［462］张建华.试论语文测试题型的科学化［J］.课程·教材·教法，1987（09）

［463］张锦云.新·实·活:北师大版《小学语文》实验教材之特点［J］.安庆师范学院学报（社会科学版），2003（04）

［464］张菁，郭兆军.习作评价现状与改进策略研究［J］.当代教育科学，2015（06）

［465］张开勤.九省编"注音识字，提前读写"实验教材特色初探［J］.语文建设，1991（04）

［466］张良田."语文工具论"辨正［J］.湖南教育，1999（16）

［467］张璐璐.对《语文课程标准》中目标的理解［J］.安徽教育,2002(21)

［468］张敏.儿童听话和说话能力的因素分析及测评研究［J］.教育研究，1991（06）

［469］张倩，黄毅英.教科书研究之方法论建构［J］.课程·教材·教法，2016（08）

[470] 张庆.学习"新大纲",用好苏教版小学语文教材［J］.江苏教育，2000（07）

[471] 张秋玲.百年语文课程标准中的"浅易文言文"［J］.课程·教材·教法，2013，（06）

[472] 张世栋.语文学科名称之百年流变［J］.中国矿业大学学报（社会科学版），2004（04）

[473] 张寿洪.香港小学中国语文科总结性评估考卷分析［J］.陕西师范大学学报（哲学社会科学版），2008（S1）

[474] 张婷荔.小学语文学习评价的探索与实践［J］.课程教育研究，2012（08）

[475] 张卫国.谈教材实验中的评价问题［J］.课程·教材·教法，1993（04）

[476] 张武田，冯玲.关于汉字识别加工单位的研究［J］.心理学报，1992（04）

[477] 张心科，郑国民.关于小学语文教科书用字科学化的思考［J］.课程·教材·教法，2015（04）

[478] 张新光，黄慧兰.黑龙江省义务教育课程改革 小学语文教学评价机制的建构与思考［J］.黑龙江教育（小学版），2003（Z4）

[479] 张璇.论小学语文教材选文"儿童文学化"的缺失［J］.天津师范大学学报，2016（04）

[480] 张雅俐.小学生口语表达能力调查研究——以运城市盐湖区某小学三、四、五年级小学生为例［J］.教育理论与实践，2018（14）

[481] 张依芳.小学语文教师使用教科书乱象探析［J］.教育理论与实践，2015（35）

[482] 张永虎.中美小学语文教学价值取向管窥［J］.教学与管理，2014（02）

[483] 张咏梅，孟庆茂.表现性评定及其相关问题［J］.教育理论与实践，2002（07）

[484] 张宇.对小学语文学习发展性评价的尝试［J］.教育教学论坛，2011（13）

[485] 张元.小学语文教学评价改革的探索和实践［J］.语文建设，2003（04）

[486] 张志公.关于语文教学中科学性与艺术性问题的探讨［J］.天津师院学报，1979（02）

[487] 赵克莉.小学语文开放性考试构想［J］.小学教育科研论坛，2004（04）

[488] 赵谦翔.让绿色充盈心灵——学习语文课程标准的体会［J］.人民教育，2002

（03）

[489] 赵晓珍，刘月香.部编本小学语文教材儿歌选文分类及特征［J］.宁夏师范学院学报，2021（05）

[490] 郑国民.关于我国九年义务教育语文课程改革的思考.课程教材教法》2000（10）

[491] 郑国民.关于我国九年义务教育语文课程改革的思考［J］.课程·教材·教法，2000（10）

[492] 郑国民.制约课程目标取向选择的因素［J］.课程.教材.教法,2002(12)

[493] 郑泉，李兴韵.三种版本的小学语文教材中插图人物的性别刻板印象研究［J］.教育导刊，2014（04）

[494] 郑宇.从课文后练习的编排看当代小学语文教育的走向［J］.课程·教材·教法，2006（03）

[495] 钟世华.中国语文，不能丢了自己的学习方式［J］.人民教育，2012（23）

[496] 钟贤权.活动课程的特征与语文活动课的构想［J］.绵阳师专学报（哲学社会科学版），1997（03）

[497] 钟贤权.语文教材编写改革刍议［J］.教育评论，2013（02）

[498] 周粲茵.语文课程目标价值取向的历史反思［J］.教学与管理，2014（34）

[499] 周立群.缺失与重构:基于标准的语文课程内容的思考——以小学语文课程教学为例［J］.课程·教材·教法，2010（06）

[500] 周敏.语文课程人文性的知识进化论审视［J］.课程·教材·教法，2009（10）

[501] 周锡芳.我怎样教小学低年级语文课［J］.课程·教材·教法，1982（02）

[502] 周秀萍.评价改革对小学语文教学的启示［J］.福建教育（A版），2002（12）

[503] 周一贯.文体研究在小学语文教学中的意义［J］.小学教学研究，1983（02）

[504] 朱家珑.传承与创新:论小学语文课程的文化品性——兼谈国标本（苏教版）小语教材的文化观［J］.教育理论与实践（学科版），2007（10）

[505] 朱建国.新课程背景下小学语文书面考试的命题创新［J］.中小学教师培训，2007（12）

[506] 朱立芳.儿童文学资源在小学语文教学中的有效利用［J］.教学与管理，2006

[507] 朱曼殊，武进之.影响儿童理解句子的几个因素［J］.心理科学通讯，1981（01）

[508] 朱琦，何敏.小学作文教学中"档案袋评价"的研究［J］.当代教育科学，2009（18）

[509] 朱松生.小学语文教学法的教学要求要切合实际［J］.师范教育，1985（02）

[510] 朱文叔.小学课本语文第一册八个练习的说明［J］.人民教育，1952（09）

[511] 朱晓斌.从我国三种小学语文课本看儿童性别角色的社会化——兼与美国一种阅读课本的比较［J］.教育研究，1994（10）

[512] 朱自强.论儿童文学立场的语文教材观［J］.语文教学通讯，2010（01）

[513] 朱自强.论儿童文学立场的语文教材观［J］.语文教学通讯，2010（03）

[514] 朱作仁，李志强.论学生写作能力的结构要素及其发展阶段［J］.教育评论，1987（04）

[515] 诸晓雁.小学语文采用成果袋评价的尝试［J］.中国教育学刊，2003（09）

[516] 祝新华.语文能力结构研究［J］.教育研究，1995（11）

[517] 庄玉霞，丰际萍.小学高年级习作能力评价的探索［J］.当代教育科学，2008（12）

（三）报纸类

[1] 曹孚著.坚定不移的学习苏联教育经验［N］.教师报，1957-10-8

[2] 吕叔湘.当前语文教学中两个迫切问题［N］.人民日报，1978-3-6

[3] 于漪，程红兵.关于语文教育人文性的对话.文汇报，1996-04-16

[4] 陈一鸣.教材换血乌龙记［N］.南方周末，2010-09-16

[5] 郭戈.统编教材是新时代的必然要求［N］.中国教育报，2019-12-26